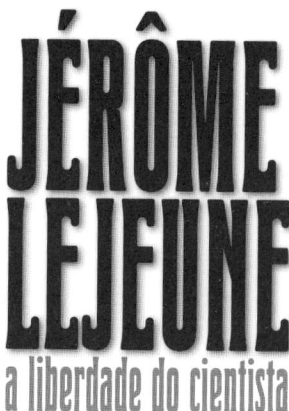

JÉRÔME LEJEUNE
a liberdade do cientista

Conheça nossos clubes

Conheça nosso site

- @editoraquadrante
- @editoraquadrante
- @quadranteeditora
- Quadrante

Aude Dugast

JÉRÔME LEJEUNE
a liberdade do cientista

Tradução
Diogo Chiuso

QUADRANTE

Todos os direitos reservados a
QUADRANTE EDITORA
Rua Bernardo da Veiga, 47 | Tel.: 3873-2270
CEP 01252-020 | São Paulo - SP
atendimento@quadrante.com.br
www.quadrante.com.br

Direção geral
Renata Ferlin Sugai

Direção de aquisição
Hugo Langone

Direção editorial
Felipe Denardi

Produção editorial
Juliana Amato
Gabriela Haeitmann
Karine Santos
Ronaldo Vasconcelos
Roberto Martins

Capa
Gabriela Haeitmann

Diagramação
Sérgio Ramalho

Título original: *Jérôme Lejeune : La liberté du savant*
1ª edição — 2024
Copyright © Groupe Elidia, 2019

Dados Internacionais de Catalogação na Publicação (CIP)

Dugast, Aude
Jérôme Lejeune: a liberdade do cientísta / Aude Dugast – 1ª ed. – Tradução de Diogo Chiuso – São Paulo: Quadrante Editora, 2024.

ISBN: 978-85-7465-718-9

1. Biografia 2. Cristianismo 3. Síndrome de Down 4. Aborto e eutanásia
I. Titulo II. Autor

CDD 920 / 230 / 616.858842 / 344.041

Índices para catálogo sistemático:

Biografia – 920 : Cristianismo – 230 : Síndrome de Down – 616.858842 : Aborto e eutanásia – 344.041

Sumário

Isenção de responsabilidade da autora — 11

CAPÍTULO 1
Asas da amizade — 13

CAPÍTULO 2
As raízes do Céu — 19

CAPÍTULO 3
Amor como única bagagem — 43

CAPÍTULO 4
O voo — 55

CAPÍTULO 5
"O sonho da minha existência" — 89

CAPÍTULO 6
A inteligência a serviço dos pobres — 117

CAPÍTULO 7
Uma alma em paz, mas com o coração na boca — 147

CAPÍTULO 8
O advogado dos que não têm voz — 175

CAPÍTULO 9
A batalha das crianças francesas — 215

CAPÍTULO 10
Testemunha dos homens 245

CAPÍTULO 11
Uma pedra no sapato 265

CAPÍTULO 12
Uma amizade providencial 297

CAPÍTULO 13
Atravessando o deserto 325

CAPÍTULO 14
Querido doutor 357

CAPÍTULO 15
Rei Mago dos tempos modernos 389

CAPÍTULO 16
Estamos nas mãos de Deus 423

Epílogo 439

Posfácio 441

Agradecimentos 443

Referências bibliográficas 445

"Ninguém pode ser um verdadeiro amigo do homem sem antes ser amigo da verdade".

— *Agostinho de Hipona (Epist. 155, 1.1)*

Para as sete esperanças de Maria.

*A Pedro, cujo sorriso angelical é um reflexo do Céu,
e a todos os pacientes de Jérôme Lejeune
e seus familiares.*

Para os apaixonados pela verdade.

Isenção de responsabilidade da autora

Neste livro, a maioria das palavras de Jérôme Lejeune são citações.

Todas as frases destacadas são citações, cujo autor é indicado como referência.

As citações curtas inseridas na história ou em um diálogo são indicadas simplesmente por uma nota de rodapé.

No caso de sucessão de frases de um mesmo texto, a referência é indicada na última citação.

Diálogos sem referência derivam sempre de situações reais.

CAPÍTULO 1
Asas da amizade
1997

À medida que a copa das árvores vai se aproximando, o piloto reduz ainda mais a velocidade e vira lentamente, posicionando-se contra o vento, em preparação para o pouso:

"Este trecho do gramado será mais que suficiente para acomodar os quatro helicópteros", observa. "Sem nenhum risco".

Ele sente um frio na espinha ao pensar nas consequências de um movimento errado.

Na parte traseira da aeronave, cujo casco brilha sob o sol de agosto, o Santo Padre João Paulo II se regozija. Finalmente chegou à pequena aldeia de Chalo-Saint-Mars para visitar o túmulo de seu "irmão Jérôme". Nem tudo foi fácil. A agenda da magnífica Jornada Mundial da Juventude de 1997, em Paris, não lhe deu trégua, mas foi uma alegria ver centenas de milhares de jovens reunidos: rostos bonitos e luminosos, jovens corações cheios de anseios, beleza e grandiosidade. Depois daquela intensa semana espiritual, o mais difícil para eles seria continuar vivendo de coração para coração com Jesus, não ceder às pressões do mundo, permanecer "no mundo sem ser do mundo". Agora pelo menos sabem que não estão sós. Eles são a nova geração de cristãos na França e em todo o mundo — a jovem Igreja Católica.

O helicóptero faz seu pouso suave. O Papa recorda com emoção sua tristeza três anos antes, com a notícia do falecimento de seu amigo Jérôme, em 3 de abril de 1994, manhã do domingo de Páscoa. Com a cabeça apoiada nas mãos, exclamou: "Meu Deus, eu precisava tanto dele!". No dia seguinte enviou ao Cardeal Lustiger, Arcebispo de Paris, uma carta de homenagem na qual expressava sua gratidão pelo carisma do Professor Jérôme Lejeune. Cada uma das palavras escolhidas cuidadosamente naquele dia permanecem gravadas em seu coração:

> "Eu sou a ressureição e a vida. Quem crê em mim, ainda que morra, viverá" (Jo 11, 25).

Essas palavras de Cristo vêm à mente enquanto enfrentamos a morte do professor Jérôme Lejeune. Se o Pai Celestial o chamou de volta desta Terra no mesmo dia da Ressurreição de Cristo, é difícil não ver essa coincidência como um sinal. A Ressurreição de Cristo é um grande testemunho de uma vida que é mais forte do que a morte. Iluminados por estas palavras do Senhor, vemos em toda morte humana uma participação na morte de Cristo e na sua Ressurreição, especialmente quando a morte ocorre no próprio dia da Ressurreição. Essa morte dá um testemunho ainda mais forte da vida para a qual o homem foi chamado em Jesus Cristo. Ao longo da vida do nosso irmão Jérôme, este apelo representou uma diretriz. Como biólogo erudito, era apaixonado pela vida. Foi uma das maiores autoridades do mundo em sua área, com várias organizações o convidando para conferências e buscando seus conselhos, respeitado até mesmo por aqueles que não compartilhavam de suas convicções mais profundas.

Hoje queremos agradecer ao Criador, "de quem toda paternidade tira o seu nome" (Ef 3, 15), pelo carisma particular do falecido. Devemos falar aqui de um carisma, porque o professor Lejeune sempre soube usar seu profundo conhecimento da vida e de seus segredos para o verdadeiro bem do homem e da humanidade, e só para isso. Tornou-se um dos mais fervorosos defensores da vida, especialmente da vida dos nascituros que, em nossa civilização contemporânea, é frequentemente ameaçada, a ponto de se pensar em uma ameaça programada. Hoje essa ameaça também se estende aos idosos e doentes. As instituições humanas, os parlamentos eleitos democraticamente, usurpam o direito de poder determinar quem tem o direito de viver e, inversamente, a quem pode ser negado esse direito, sem que exista qualquer culpa de sua parte. De diferentes maneiras, nosso século experimentou tal comportamento, especialmente durante a Segunda Guerra Mundial, e também após o fim da guerra. O professor Jérôme Lejeune assumiu plenamente a responsabilidade do cientista, pronto para se tornar um "sinal de contradição", sem considerar as pressões exercidas pela sociedade permissiva ou o ostracismo a que foi condenado.

Hoje somos confrontados com a morte de um grande cristão do século XX, um homem para quem a defesa da vida tornou-se um apostolado. Não há dúvida de que, na atual situação mundial, esta forma de apostolado leigo é especialmente necessária. Hoje, queremos agradecer a Deus, o Autor da vida, por tudo o que o professor Lejeune foi para nós, por tudo o que ele fez para defender e promover a dignidade da vida humana. Desejo agradecer-lhe em particular por ter tomado a iniciativa de criar a Pontifícia Academia Pro Vita. Membro da Pontifícia Academia das Ciências por muitos anos, o professor Lejeune preparou todos os elementos necessários para esta nova fundação, da qual foi o primeiro presidente. Estamos certos de que, daqui em diante, ele rezará à Sabedoria Divina por esta instituição, que deve sua existência em grande parte a ele.

Cristo disse: "Eu sou a ressurreição e a vida. Quem crê em mim, ainda que morra, viverá...". Acreditamos que essas palavras se cumpriram na vida e na morte do nosso irmão Jérôme. Que a verdade sobre a vida seja também uma fonte de força espiritual para a sua família, para a Igreja em Paris, para a Igreja da França e para todos nós, a quem o Professor Lejeune deixou um testemunho verdadeiramente resplandecente de sua vida como homem e como cristão.

Uno-me em oração a todos os que participam de seu funeral e lhes envio, por meio do Cardeal Arcebispo de Paris, a minha Bênção Apostólica".[1]

As hélices param. Acompanhado de seus colaboradores próximos e alguns bispos, o Santo Padre atravessa com passos lentos e firmes o bosque que margeia o cemitério onde a família de Jérôme o espera. No alto do belo vale de Chalouette, o cemitério de Chalo está às portas do Céu. A torre da igreja paroquial ergue-se diante dos túmulos dispostos naquela colina de luz, indicando o Paraíso ao alcance

---

1 João Paulo II, *Carta ao Cardeal Lustiger*, 4 de abril de 1994.

das mãos. Desde a entrada, a paz daquele lugar, que parece flutuar entre a terra e o céu, apodera-se de nós.

O Santo Padre avista a esposa do professor, rodeada de seus muitos filhos e netos. Todos correm para recebê-lo. As autoridades civis insistiram que se tratava de uma visita muito particular, por isso, apenas a família, o velho pároco da aldeia, uma freira com Síndrome de Down, chamada Marie-Ange, uma jovem paciente de Jérôme chamada Clément, e Roland, um amigo do Centre de l'Esperance,[2] foram autorizados a vir rezar aqui com ele. E um grande número de guardas e policiais... São mais numerosos que as árvores que cercam o cemitério! Longe dali, uma multidão de amigos que gostariam de rezar com o Santo Padre junto ao túmulo de Jérôme é contida por barreiras e cordas de segurança. Do Papa, eles só veriam o helicóptero.

João Paulo II se ajoelha diante do túmulo do amigo, decorado com flores amarelas e brancas, as cores do Vaticano — uma delicadeza da Senhora Lejeune. Ali ele contempla, ao pé da cruz, o bloco de granito rosa semipolido, erguido em um canteiro de flores e arbustos. A morte desvanece diante da vida em flor. Da pedra jorra água viva. É a vitória da vida... a vitória, gravada em quatro letras gregas douradas, N.I.K.E. Todos sentem uma sensação de paz indefinível. E alegria.

O Santo Padre recolhe-se longamente em silêncio, depois entoa a *Salve Regina*:

> "Salve Rainha, Mãe da Misericórdia! Vida, doçura e esperança nossa, salve!"...

Crianças e adultos juntam suas vozes à de João Paulo II. Por um momento de eternidade. Os netos são incrivelmente espertos.

---

2 *Centre d'aide par le travail (CAT) de l'Espérance*, muito próximo à família Lejeune.

João Paulo II se levanta. Com expressão sorridente, convida todos a se aproximarem, feliz por conhecer a família de Jérôme, que ele sabia ser tão querida a seu coração. Um por um, os pais e depois os filhos se apresentam, fazem uma reverência, abraçam-no e dizem algumas palavras. Na emoção, as frases preparadas para aquele momento se perdem. É preciso improvisar. O calor do olhar do Santo Padre os encoraja. Finalmente, chega a vez dos pequeninos. Vianney, na candura dos seus três anos, ergue os olhos para o lindo sorriso aureolado de branco, impaciente para fazer a pergunta que o ocupara desde a manhã: "Onde está o seu helicóptero?".

CAPÍTULO 2
As raízes do Céu
1926–1950

Em 19 de junho de 1926, os sinos da igreja Saint-Jacques-le-Majeur, em Montrouge, tocavam alegremente. Pela sua voz de bronze, Saint-Jacques anunciava boas notícias para a pacífica cidade. De telhado em telhado, as notas voavam e iam caindo numa garoa fina e alegre sobre os jardins e as casas, deslizando de rua em rua para convidar os habitantes do bairro à mesma alegria.

— Pierre Lejeune acaba de ter seu segundo filho! — anuncia uma mulher, com alegria, para um grupo de homens reunidos na calçada para desfrutar os belos dias de verão.

— Pierre? Filho de Louis Lejeune, o ex-prefeito?

— Ele mesmo — confirma, antes de acrescentar uma pequena indiscrição: — Teve tanta dificuldade para ter um filho, agora tem dois!

— O avô Lermat deve estar muito feliz! — diz um homem com seu bigodão branco.

— Certamente. Aliás, é ele mesmo, Hector Lermat, o padrinho. Acho que o pequeno se chama Jérôme.

— E quem é a madrinha?

— Ah! Isso já não sei... — responde a mulher, afastando-se.

Não muito longe dali, na Rota 51 de Orleans, a família Lejeune está radiante. Massa, com longos cabelos castanhos destacando um belo rosto ovalado, coloca Jérôme cuidadosamente no carrinho. Com passinhos curtos, Philippe junta-se a ela, no auge de seus 18 meses. Mal sabe ainda que o irmãozinho que ele adora contemplar com seus olhos azuis será seu companheiro de brincadeiras, seu confidente, seu amigo para toda a vida.

Parado na porta, Pierre-Ulysse, esbelto em seu terno, espera pacientemente que sua jovem família esteja finalmente pronta. Aquela cena viva diante dos olhos lhe enche de uma nova alegria, acalmando o coração ferido pela morte recente de seu querido pai. Apesar do cansaço do parto, sua linda Massa — apelido carinhoso de Marguerite Marcelle, musicista culta e inteligente — transborda de felicidade. Pierre aproveita ainda mais o momento porque não foram poucas as provações que eles viveram desde o noivado. Primeiro, logo após o casamento, a guerra os obrigou a uma longa separação, enquanto ele servia seu país. Depois, dez longos anos de esterilidade até o dia em que, finalmente, Massa lhe anunciou a boa notícia: Deus havia atendido às suas orações e ela estava esperando um filho! E agora chegava o segundo:

"Já faz uma semana que o Jérôme nasceu", pensa Pierre, contando os dias desde aquele lindo 13 de junho. "Deus é bom!".

Embora seja um terciário franciscano, atraído por uma vida simples e despojada, e sempre disposto a ajudar os pobres da paróquia, ele e Massa não escolheram o nome do *fratello* de Assis para nenhum de seus meninos. Seu segundo filho chama-se Jean-Louis-Marie-Jérôme e, de acordo com uma antiga tradição, eles colocaram o que normalmente seria o primeiro nome, Jérôme, por último. Entre João, o discípulo preferido de Cristo, Maria, a mãe amorosa do Menino Jesus, e Jerônimo, o Doutor da Igreja, seu filho estará bem protegido e aconselhado.

Na escadaria da igreja, em silêncio respeitoso, o padre executa os primeiros atos rituais de exorcismo e invocação do Espírito de Deus sobre a criança. Philippe até prendeu a respiração. Em seguida, a porta da igreja se abre e todos entram, seguindo o padre que colocou a ponta da estola sobre a criança, em sinal de proteção. Caminham em direção à luz suave que ilumina o batistério. Segurando delicadamente o afilhado nos braços, tia Charlotte Lejeune — cujo nome de solteira era Clacquesin — orgulhosamente o apresenta ao celebrante. O padre então faz com que a água batismal escorra sobre a cabeça da criança:

— Jean-Louis-Marie-Jérôme, eu te batizo em nome do Pai, do Filho e do Espírito Santo.

Lavado do pecado original, Jérôme se torna um filho de Deus. Dali em diante também é sacerdote, profeta e rei. "Que ele permaneça fiel durante toda a vida a esta graça extraordinária" — eis a oração fervorosa de Pierre e Massa naquele momento.

Com cabelos castanhos e encaracolados, bochechas rosadas pela vida ao ar livre, Jérôme dá os primeiros passos na casa em Montrouge, nos arredores de Paris. Lá não se caçam mais raposas e as plantações vão sendo consumidas todos os anos pela urbanização dos subúrbios, mas a pequena cidade continua bucólica e todas as manhãs os Lejeune saem em busca de leite e manteiga fresca nos estábulos vizinhos. Esses são os últimos vestígios de vida no campo. Jérôme, com o irmão Philippe, de quem não se separa, desenvolve uma imaginação fértil brincando com os inúmeros animais do jardim e os cavalos que fazem as entregas dos comércios. No entanto, os dois garotos só tinham de dar alguns passos para mergulhar na Rota 84 de Orleans, um mundo de ruídos, fumaças e fogo, onde o metal incandescente se dobra, torce e depois se enrola em linhas regulares sob os golpes de martelo de seu avô Hector, mágico do fogo. Veterinário e ferrador, Hector Lermat é, para seus netos, um avô pouco convencional e engraçado, que os fascina com inúmeras invenções. Não há dúvida que Massa recebeu do pai esse espírito original e flexível que tanto seduz Pierre e Jérôme; e Néno, como todos o chamam, é muito afeiçoado ao avô.

Geralmente aos domingos, depois da missa, almoçam com os pais de Massa e depois dão um passeio no Jardin des Plantes. As crianças podem correr e admirar os animais exóticos. Jérôme, dono de uma mente curiosa, fica extasiado diante dos macacos, que o encantam. Diante do espetáculo, arregala seus grandes olhos azuis, redondos como bolinhas de gude:

— Vejam como são engraçados com suas caretas! Parece que estão nos imitando!

Jérôme sempre teve um grande interesse pelos jardins zoológicos, que visitou quantas vezes pôde em suas viagens pelo mundo, e também por esta estranha espécie de animal, tão semelhante e tão diferente.

Outro passeio que Néno adorava era o que levava ao cruzamento de Alesia, onde tinha um anúncio no qual reinava um grande porco cor-de-rosa como protagonista, cuja cara gorda o encantava. Néno sempre pedia à mãe para lhe dizer o que a menina de lenço e vestido vermelho explicava ao porco atencioso. E Massa divertia-se relendo o ensinamento do açougueiro Noblet: "Não chores mais, porquinho rechonchudo. Agora você vai para o Noblet". É um verdadeiro título de nobreza para uma carreira de sucesso de um porco, cuja publicidade anuncia uma carne de qualidade. E muitos vêm de longe para comprar a famosa carne no açougue do Noblet. O ensinamento consolador da propaganda é também objeto de mil reflexões filosóficas para os frequentadores do Café Biard e do Auberge du Rouet, que ficam em frente, olhando com piedade para o porquinho do letreiro.

Quando restava algum tempo livre de suas obrigações na destilaria herdada do pai, ou no Banco Industrial e Comercial da região Sul de Paris, criado em 1922 para as necessidades da empresa, Pierre levava os filhos para passear. Na primavera de 1931, Paris sediou a Exposição Colonial Internacional, e ele viu uma grande oportunidade para viajar com os filhos:

— Meninos, amanhã, depois da escola, às quatro e meia, sua mãe e eu vamos buscá-los de carro e iremos ao Bois de Vincennes para ver a Exposição Colonial. Será o tempo de entrar no Ford e, 20 minutos depois, chegaremos! — disse Pierre, encantado, saboreando de antemão a velocidade de uma viagem de automóvel naquela época.

Já na entrada da exposição, a família se impressionou com a diversidade dos pavilhões. Um fascinante templo de Angkor ficava a poucos passos de um palácio de renda, sonhado por um marajá. Pierre quase esperava ver um *Bandar-log* saltar de um ou outro prédio para fugir, gritando de árvore em árvore em direção ao portão dourado. Ainda ficaram enfeitiçados com o requinte oriental do pavilhão japonês, uma obra-prima de delicadeza, enquanto os meninos estavam eufóricos diante dos detalhes de uma muralha mandinga, pintados em ocre:

— Venha, Néno, vamos! Vamos tentar entrar no forte! — propõe Philippe, correndo em direção à grande porta de madeira, com Néno logo atrás.

Durante a semana, as crianças frequentam a Escola Sainte Jeanne d'Arc, uma pequena instituição para meninas perto de sua casa, mantida por freiras, mas que acolhe meninos de até seis anos. Ali Néno revela uma personalidade tranquila sob o olhar protetor do irmão mais velho. Ele é alegre, brincalhão e um tanto sábio, mas também teimoso. Enquanto, por vezes, sua mãe se queixa, seu pai enxerga a marca de uma alma forte e entende que cabe a ele direcionar essa tenacidade para bons propósitos. Profundamente religiosos, os pais de Jérôme lhe ensinaram o amor a Deus e à Igreja e, todos os dias, até entrarem na faculdade, os filhos faziam orações noturnas com o pai ou a mãe, ajoelhados diante do crucifixo. Massa os ensinou a dizer com fé: "Sou católico romano" — e essa identidade parecia-lhes tão natural quanto a de ser francês.

Todos os anos, no início do verão, os meninos aguardavam impacientes a grande preparação da partida para o mar. Seja na Normandia, na Bretanha ou em Royan, com os avós Lermat, a família vai aonde as crianças podem respirar ar fresco. As malas preparadas por Massa se amontoavam, enquanto os meninos corriam para todos os lados:

— Meu chapéu, esqueci meu chapéu!
— E eu minha bola! Onde está minha bola, mamãe?

As férias na praia eram o sonho se tornando realidade. Eles passavam horas brincando nas ondas ou construindo castelos de areia, sozinhos ou com as inúmeras crianças das casas vizinhas.

No início de 1932, Montrouge estava se urbanizando cada vez mais, e Pierre resolveu comprar uma casa com jardim em Étampes, o que deixou Massa e as crianças muito entusiasmadas: não precisariam mais esperar o verão para apreciar o que a natureza oferecia de melhor. O jardim serviu-lhes como um campo formidável para aventuras e invenções. Naquele ano, enquanto as crianças tomavam posse de seu reino, explorando cada bosque, Massa sentava-se calmamente em um banco para oferecer o rosto à luz dos belos dias de setembro. Ela se sentia cansada por estar esperando um bebê, no nono mês de gestação. Poucos dias depois, em 7 de outubro de 1932, deu à luz um lindo menino, Rémy, seu terceiro filho. Infelizmente, o parto foi muito difícil e Pierre chegou a temer pela vida da esposa. Passaram-se longas horas, cruciais, e uma transfusão de sangue a salvou. A tragédia foi evitada, mas Pierre se deu conta de que a felicidade familiar é muito frágil e que cada dia deve ser desfrutado.

Com a chegada de um irmão mais novo, Néno avança para o ensino secundário, mas teve de esperar o início do ano letivo em 1933 — e completar sete anos — para deixar a escola das Irmãs de Montrouge e seguir para o Colégio Stanislas, em Paris, onde seu irmão Philippe já estudava. Com o coração cheio de orgulho e um misto de apreensão, Néno deixou a segurança familiar pela primeira vez. "Que bom que Philippe está lá!", pensa aliviado ao longo do caminho para a nova vida. Todas as manhãs, ao levar os filhos para a escola, Pierre ensina-lhes latim e grego e recita-lhes a *Odisseia* e as fábulas de Esopo, obras muito instrutivas sobre a natureza humana... *O lobo e o cordeiro*, por exemplo:

> Ao ver um cordeiro bebendo de um rio, um lobo quis usar de um pretexto especial para devorá-lo. Embora estivesse rio acima, o Lobo o acusou de alterar o rumo da água e impedi-lo de beber. O cordeiro respondeu que bebia suavemente, com a ponta dos lábios, e que, além disso, estando rio abaixo, não poderia alterar o rumo da água rio acima. O lobo, vendo seu pretexto falhar, pensou num outro: "Mas ano passado você insultou o meu pai". "Eu ainda nem tinha nascido", respondeu o cordeiro. Então, sem mais pretextos, o lobo disse: "Quaisquer que sejam suas justificativas, não deixarei de o devorar".

Jérôme escutou, ligeiramente perturbado:
— Mas, pai, isso é injusto! O cordeiro é inocente!
— Sim, é verdade — respondeu Pierre. — Mas não se preocupe. Na sociedade dos homens, há a justiça que protege os mais fracos contra os mais fortes.

Jérôme não teve dificuldade de se adaptar ao Stanislas, onde a disciplina era rígida, o nível de estudos elevado e a piedade encarada como regra. Ao contrário do irmão, cujos resultados, pelo menos inicialmente, eram muito bons, ele não se destacava pelas notas, além de ter dado a impressão de ser lento, o que lhe rendeu a fama de preguiçoso. Porém, discretamente, para além das aparências, acabou ficando entre os primeiros da turma em todas as disciplinas. Massa, que só tinha olhos para o filho mais velho, ficou muito surpresa quando os professores a felicitaram pelos bons resultados de Jérôme. Contudo, a pobre Massa ficou um tanto desapontada com o mais velho, pois é um outro Philippe Lejeune, da classe de Jérôme, que ganha todos os prêmios a cada ano. Esse Phillipe veio a se tornar vice-almirante de esquadra e um homem de grande valor, e, mesmo sem ser da família de Jérôme, foi um amigo próximo e fiel.[1]

Pierre, por sua vez, não dava tanto valor às notas e recompensas escolares. Seu maior interesse é a qualidade da educação recebida, e quer que seus filhos nutram sua inteligência com a beleza e a busca pela verdade, em todas as suas variações. Assegura-se de que a educação que os filhos recebem lhes permite descobrir a cultura clássica (literatura francesa, latina e grega, e filosofia), rica em tantas lições.

— Você sabe, Philippe, que os mitos gregos são eternamente reproduzidos pelos homens. Você pensa que está aprendendo uma história do passado, mas logo descobrirá que nada é mais atual do que a busca desses antigos heróis. O coração do homem não mudou ao longo dos séculos. Ele sempre sonha em ser Ícaro ou Prometeu. E as mesmas causas produzem os mesmos efeitos.

Amado por sua família e respaldado pelo irmão mais velho, Jérôme logo faz amizade com seus colegas de escola e aprecia os bons padres que ensinam no Stanislas. Um deles, o Padre Balsan, o marcou profundamente ao ensiná-lo a saborear o latim, a ponto de praticá-lo com facilidade — coisa que, anos depois, rendeu-lhe este comentário admirável do examinador do *baccalauréat*:

— Você lê Cícero como quem lê o jornal.

Jérôme ficou especialmente impressionado com o amor do Padre Balsan por Deus. Suas visões claras e sempre muito realistas marcam a vida espiritual do aprendiz:

— O que importa é aprender a amar a Deus, meninos! Amar a Deus! Não abandonem nada, nem a Virgem

---

[1] O Almirante Philippe Lejeune veio a ser o primeiro presidente do Centro Médico criado pela Fundação Jérôme Lejeune, após a morte de Jérôme, para continuar seu trabalho de cuidado e pesquisa em prol dos deficientes mentais.

Santíssima nem o Rosário, porque é isso que faz de você um homem; por outro lado, o marxismo é como uma bebida rala, superficial, que não vai até o fundo, que só consegue ver o dia seguinte, não a eternidade. É limitado demais para que sigamos falando dele.[2]

Em 1936, Jérôme continuou os estudos no Colégio Stanislas com entusiasmo. Longe das preocupações dos adultos, não via que a situação política na França estava se deteriorando e que as tensões sociais se acentuavam. Ao levar a Frente Popular ao poder, as eleições de maio de 1936 criaram um alvoroço na família Lejeune. Pierre e Massa imaginavam que a subida dos vermelhos ao poder prenunciava grandes turbulências, mas esperavam que o pessoal da destilaria da família escapasse dos ventos das reivindicações. No entanto, na manhã do dia 9 de junho, quando Pierre se preparava para ir tomar o café da manhã com seus filhos, um funcionário chegou ao seu escritório e disse:

— Monsieur Lejeune, meus camaradas estão esperando pelo senhor no pátio. Eles não se trocaram para trabalhar porque se recusam a assumir seus postos.

Mal deu tempo para engolir a sopa.[3] Pierre se apressou para encontrar todo o pessoal no pátio. Ele se deu conta de que nenhum deles dava a impressão de estar envergonhado ou chateado, pois pareciam estar obedecendo a uma ordem de outro lugar. Pierre não fez nenhum discurso, apenas perguntou:

— O que vocês querem?

— Queremos um aumento de 10 a 15% — responderam os mais ousados e mais exigentes.

— Que cada um, individualmente, me diga o que quer —, respondeu Pierre, pegando a caneta.

---

2 J. Lejeune, *Hommage à l'abbé Balsan*, 26 de dezembro de 1967.
3 Pierre Lejeune diz realmente "sopa" quando descreve esta cena em seu *Diário*.

Um por um, os funcionários foram anunciando um número, que Pierre anotava com cuidado. Então, disse a eles:

— O Conselho do Sindicato dos Destiladores se reunirá esta tarde, às 17 horas. Vou transmitir o pedido de vocês aos meus colegas. É essencial, se quisermos sobreviver à concorrência, que meus colegas paguem os mesmos salários. Compreendem?

— Sim.

— Querem trabalhar enquanto esperam a decisão?

— Sim, queremos — responderam.

Pierre saiu para levar seus filhos para o colégio, antes de fazer um *tour* pela loja e pelos porões. Neste momento, uma funcionária aproveitou para pedir que fosse nomeada gerente de loja com o aumento salarial correspondente. Pierre diz que isso não era possível, afinal, ela não poderia ser chefe de ninguém porque trabalhava sozinha, sem a necessidade de organizar o trabalho de outro funcionário. A mulher volta atrás na demanda, admitindo, com meias palavras, que o pedido não fora ideia dela. Às cinco da tarde, Pierre encontrou seus colegas de Conselho Sindical. Alguns estão com todo o pessoal em greve. Os debates são acalorados, mas finalmente chegam ao acordo de elevar os salários de 7% a 12%. Nos dias seguintes as coisas se acalmam e todos voltam ao trabalho. Mas Pierre continua preocupado com o futuro, pois tinha visto os delegados sindicais admoestarem severamente os trabalhadores que ainda resistiam, e observou que eles obedeceram imediatamente e com submissão. Tudo aquilo que eles não aceitariam de nenhum patrão, aceitavam de seu representante sindical. Pierre estava pressentindo que essa disciplina revolucionária anunciava um futuro decepcionante.

Quanto aos filhos, ficaram atônitos ao ver os amigos de ontem, geralmente tão simpáticos, transformados em manifestantes. Mas ficaram ainda mais impressionados com a firmeza do pai, que buscava uma solução justa enquanto permanecia calmo e cortês. Graças ao exemplo do pai, Jérôme entende, do modo como lhe permitem seus dez anos, que a firmeza impõe respeito e que a política se faz na ação.

Um ano depois, em 6 de maio de 1937, Jérôme fez a primeira comunhão e a crisma na capela do Stanislas. Tinha onze anos e estava prestes a entrar na sexta série. Seus professores apreciavam sua seriedade, e seus companheiros, sua vivacidade e alegria. Ainda que fosse naturalmente gentil, jamais fora manipulável, pois havia herdado do seu avô Lejeune, político e comerciante, a astúcia de desarmar as armadilhas que surgiam pelo caminho. Durante os anos de colégio, Jérôme devorou os romances de Júlio Verne, que o mergulharam em um universo científico fantástico até então desconhecido. Junto com Philippe, passou horas apaixonadas construindo maquetes de aviões, respeitando as leis da aerodinâmica.[4] Ele também gostava de nadar, caminhar, passear no campo, andar de bicicleta e, sempre com Philippe, desfrutar a beleza da natureza que os rodeava. Foi uma época em que, como muitos garotos de sua idade, sonhava em se tornar almirante ou bombeiro.[5]

O ano letivo de 1938–1939 seguiu seu curso normalmente, apesar da anexação dos Sudetos por Hitler, mas naquele verão, por cautela, a família permaneceu em Étampes depois da declaração de guerra, em 1º de setembro. Após uma rápida viagem de retorno a Montrouge, onde foram informados sobre a requisição de seus cavalos e caminhões de entrega, eles voltam para Étampes, esperando encontrar mais segurança na casa velha e úmida, do que nas portas de Paris, onde alertas sonoros anunciavam que a população estava sendo enviada para abrigos improvisados.

---

4 Conversa entre a autora e Philippe Lejeune.

5 J. Lejeune, entrevistado na *Radioscopie* por Jacques Chancel, 13 de dezembro de 1973.

Com o início da guerra, Pierre tomou uma importante decisão, anunciada a Philippe e Jérôme alguns dias antes do início do ano letivo:

— Meus meninos, este ano vocês não irão para o Stanislas... está muito perigoso. Nem para o colégio de Étampes, que está completamente desorganizado por causa da guerra.

Os dois se olham, estupefatos. E Philippe pergunta, incrédulo:

— Quer dizer que ficaremos o ano todo sem ir para a escola?

Pierre responde, sorrindo:

— Exatamente! Não irão para a escola, mas isso não significa que ficarão de braços cruzados. Vocês irão estudar em casa. Teremos um ano de leitura de clássicos da literatura latina, grega e francesa, complementado com aulas particulares de matemática e ciências. Isso garantirá uma boa formação para vocês. Fiquem à vontade para pegar os livros da biblioteca. Lá encontrarão tesouros. Tito Lívio, Homero, Racine, Shakespeare, Bernanos, Bergson... Podem escolher de acordo com suas preferências. Se não souberem por onde começar, falem comigo; eu os ajudarei.

Jérôme se lança freneticamente à leitura, incluindo a de autores geralmente considerados difíceis para a sua idade. Assim fez duas descobertas que o marcaram para sempre: Pascal e Balzac. Por conta da tradição familiar, o exemplo do herói de Balzac, o Dr. Benassis, um notável médico de campanha, deu origem à sua vocação para a medicina. Foi nessa época,[6] entre doze e quinze anos, que ele começou a se interessar pela biologia, e esse interesse o levou rapidamente à medicina. Além da liberdade inesperada que Philippe e Jérôme saborearam com alegria durante este período, descobriram também uma alegria extraordinária

---

6 Ibid.

ao ler os grandes autores que ampliam o horizonte do coração e do espírito. Aquele ano, apesar da guerra, acabou sendo um dos mais agradáveis de suas vidas.

De qualquer forma, presenciaram a guerra de perto. Na primavera de 1940, empoleirados no muro do jardim, Philippe e Jérôme assistiram, tremendo de emoção, a entrada dos alemães em Étampes. E foi humilhante para os dois jovens franceses ver o ocupante chegar tranquilamente de bicicleta.[7] Dias depois, bateram à porta. Massa vai abrir e as crianças se surpreendem ao ouvir um forte sotaque alemão:

— *Guten Abend* [Boa noite]. Temos ordens de requisitar dois quartos em sua casa para acomodar o médico oficial. Podemos entrar?

Sem dizer uma palavra, após um momento de hesitação, Massa se vira e sinaliza para que entrem. Ela tinha escolha?

No início do ano letivo seguinte, com a guerra se prolongando, Pierre matriculou os filhos no liceu de Étampes. Se era difícil para os meninos se readaptarem a um sistema restritivo de notas depois de terem experimentado a extraordinária liberdade da educação domiciliar, mas pelo menos teriam a alegria de fazer bons amigos. Foi também nessa época em que Jérôme e Philippe se dedicaram com entusiasmo ao teatro e até criaram a trupe Les Compagnons de Saint-Genest, trazendo, em seu repertório, *O burguês fidalgo*, *O doente imaginário*, *A megera domada*, *Fantasio*, *O barbeiro de Sevilha*... Jérôme se destaca no papel de Almaviva,[8] Philippe empenha-se na composição dos cenários e, com a confiança que adquirida do sucesso crescente, logo passam a explorar com coragem as tragédias de Corneille e Racine:

---

7 A. Bernet, *Jérôme Lejeune*, Presses de la Renaissance, 2004.
8 Conversa entre a autora e Philippe Lejeune.

> "E você não considera Deus que luta por nós?
> Deus, que do órfão protege toda a inocência,
> E que da fraqueza faz emergir sua potência?
> [...]
> As vossas lágrimas, Josabel, nada tem de criminal,
> Mas Deus quer que esperemos por seu seio paternal
> Ele jamais procura, cego na sua ferocidade,
> No filho que o teme, do pai a impiedade".[9]

A qualidade das aulas de teatro e oratória recebidas no Stanislas, a riqueza do repertório do pai, a imaginação artística de Philippe para os figurinos e cenários e o talento de Jérôme davam seus resultados. O Teatro Étampes logo recebia um grande público e a trupe percorria as aldeias vizinhas para se apresentar nos pequenos teatros de Beauce, carregando cenários e figurinos numa charrete.

Philippe também costumava se dedicar à pintura. Quando estava diante do cavalete, às vezes Jérôme pedia para ficar ao seu lado: "Gostaria de ver como nasce uma pintura". Mas, quando Philippe largava o pincel, algumas horas depois, a impressão de Jérôme ainda era a mesma: "Não vi nada".[10]

Há coisas misteriosas no nascimento de uma pintura. E Jérôme ficava fascinado com aquela criação gradual e repentina, que esconde do observador mais atento o momento decisivo da sua concepção. No início há apenas traços. De repente, o quadro ganha vida.

Sem aptidão para a pintura, Jérôme dedica-se com alegria a trabalhos manuais que lhe ocupam a tarde inteira. Sob a direção de Philippe, dedicou-se à construção de polígonos regulares, os sólidos de Platão, incluindo o dodecaedro, composto por 12 pentágonos. Jérôme demonstrava grande interesse na execução manual de dados teóricos científicos. Quando o exercício ficava

---

[9] Jean Racine, *Atália*, ato I, cena 2.
[10] Conversa entre a autora e Philippe Lejeune.

muito difícil, como a realização do ângulo diedro, por exemplo, os meninos não hesitam em recorrer ao professor de matemática.[11] Eles se ocuparam como podiam durante a guerra...

Como todas as famílias francesas, os Lejeune viveram em condições difíceis durante os anos de guerra. Sofreram com o frio numa casa grande e úmida, e os meninos, em fase de crescimento, muitas vezes não tinham o que comer. Massa, que antes da guerra queixava-se dos pequenos incômodos do dia a dia, muniu-se de coragem e se empenhou em transformar o jardim de flores numa horta. Mas não era suficiente para compensar o pouco de comida a que tinham direito com os tíquetes de racionamento. Diante das dificuldades, Pierre teve de pedir falência e vender a destilaria em 1940. Não fez uma boa venda por conta da guerra, o que piorou ainda mais sua situação financeira. No fundo, Pierre não estava infeliz por ser dispensado da gestão da destilaria, afinal, jamais havia se interessado pelo trabalho, que fazia apenas por lealdade ao pai e, sobretudo, para sustentar a família. Tinha abandonado com relutância a carreira jurídica, muito mais de acordo com o seu caráter e os seus estudos de direito. Felizmente, sua responsabilidade como presidente de uma câmara no Tribunal de Comércio de Paris permitiu-lhe se reconectar com sua formação. Mas era uma satisfação pequena porque, a bem da verdade, não era um trabalho de tempo integral que lhe permitia sustentar a família. Após a venda da destilaria, Pierre expressou sua preocupação para Massa: "E agora? O que posso fazer?".

Não teve tempo para ficar se questionando muito, pois rapidamente, e para sua grande surpresa, foi solicitado para novas obrigações. Como os administradores do município de Étampes foram obrigados a fugir, a cidade estava à procura de um homem capaz de ser o encarregado

---

11 Ibid.

pela Câmara Municipal, que estava abandonada. Era uma tarefa difícil e também arriscada naqueles tempos de ocupação, por isso ninguém queria assumi-la. A começar por Pierre, que sempre manteve a maior prudência em relação à política, pois nunca gostou dos seus jogos por vezes perigosos. Talvez tenha sido por isso mesmo que o procuraram. Certa manhã, enquanto ele discutia o futuro com Massa, alguém bateu à porta. Um cidadão que os Lejeune conheciam bem, e apreciavam muito, acompanhado de alguns outros cujos rostos não lhes eram desconhecidos, estava diante dele com o boné nas mãos. Pierre os convida para entrar e a conversa se inicia:

— Sr. Lejeune, todo mundo se foi, não sobrou ninguém. Precisamos de você: quer assumir a responsabilidade pela prefeitura? Sabemos que não será fácil, mas não temos ninguém capacitado para essa tarefa a não ser o senhor. É por isso que estamos aqui...

Pierre sente um ligeiro arrepio percorrer sua espinha. Custa-lhe acreditar no que está ouvindo:

— Nem pensem nisso, meus amigos! Saibam que sempre me afastei da política, ao contrário do meu pai que foi até prefeito... Desculpem-me, mas não vou começar hoje!

— Senhor, pense melhor, por favor. Temos certeza de que fará o melhor pelo povo de Étampes, e ainda saberá nos representar nesse período de ocupação. Quem poderia fazer isso melhor do que o senhor?

Pierre fica em silêncio por um longo tempo. Pensa bem e responde:

— Prometo que vou pensar a respeito. Informarei minha decisão dentro de uma semana.

Não precisou de tanto. Poucos dias depois, Pierre deu-lhes a resposta: aceitou servir ao seu país e à sua cidade, consciente de que não fazia uma escolha fácil naquele período de ocupação...

Mil novecentos e quarenta e quatro. A guerra nunca termina. Jérôme estava no último ano do ensino médio e se preparava para o *baccalauréat*. Havia decidido a ingressar na faculdade de medicina no início do ano letivo seguinte. Sua madrinha, tia Charlotte, havia se comprometido a financiar seus estudos, portanto, apesar das dificuldades financeiras da família, o futuro era promissor. Quanto a Philippe, seu talento artístico havia se destacado imensamente ao passo que os resultados escolares continuavam decepcionantes. Por isso, decidiu se dedicar à pintura e entrar no ateliê de Maurice Denis. Pierre lhe deu carta branca.

Em 6 de junho de 1944, quando os bombardeios aliados, acompanhando o desembarque, destruíram a estrada para Paris e semearam o pânico em Étampes, Philippe e Jérôme tiveram de pegar suas bicicletas para percorrer os 55 quilômetros que os separavam do local dos exames que deveriam fazer os inscritos no *baccalauréat*. Chegaram a tempo de fazer as provas e passar nos testes e pedalaram de volta na mesma noite. Foram 110 quilômetros de bicicleta naquele dia, com a prova do *baccalauréat* nesse meio-tempo, e uma boa noite de sono antes de voltar ao trabalho e à preparação para as provas orais, marcadas para alguns dias depois. No entanto, como a situação estava perigosa, com borbardeios por toda a região de Paris, os exames orais foram cancelados. Étampes também estava sob bombas e, enquanto a família Lejeune refugiava-se em seu bairro, Pierre percorre a cidade em ruínas, salvando os feridos que podia. Então vieram as longas e ansiosas semanas de espera pela reconquista dos Aliados. Em 20 de agosto, empoleirado no telhado da Prefeitura,[12] Pierre descobre, com inexprimível alegria, que os alemães estavam recuando diante do avanço dos Aliados, sem usar a cidade para se defender. Não haveria bombardeiros nem combate nas ruas, e as casas e seus habitantes seriam preservados. Mas sua alegria durou pouco. Não muito

---

12 A. Bernet, *op. cit.*

tempo depois um homem jovem, com um fuzil pendurado no pescoço, entrou em seu gabinete, dizendo:

— Pare, não toque mais em nada. Você está afastado de suas funções. Alguém virá substituí-lo. Venha comigo!

Pierre nem tentou argumentar. Ele entendia que a França estava entrando num período em que a força arbitrária iria substituir a lei, e em que gente pequena, como justiceiros improvisados, serviriam às suas motivações mais baixas.

Naquele dia, Jérôme viu, ao mesmo tempo, a libertação de Étampes e a prisão de seu pai. Por meio de conhecidos que não deram as costas para a família, após alguns dias Massa conseguiu descobrir que o marido estava sendo acusado de colocar em risco a segurança do Estado e colaborar com o inimigo. Essa medida geral, que atingiu os prefeitos em exercício durante a ocupação, no caso de Pierre pela foi agravada pelo desejo de vingança de certos opositores políticos que sempre o tiveram como um inimigo de classe. No final de agosto, Massa levou os dois filhos mais velhos para visitar o pai na prisão. Este momento de comunhão familiar é um grande conforto para Pierre, que confidencia, à noite, em seu *Diário*:

> Nestes breves momentos estivemos mais unidos do que nunca. Nada podia separar nossas almas. Elas se misturavam como as águas de um rio, soavam como as notas de uma melodia, combinavam-se como os perfumes da noite. [...] Só faltava o pequeno Rémy. Sua mãe queria lhe poupar da tristeza de uma prisão, mas ele me escreveu algumas palavras.[13]

Para Pierre, os dias seguiam tristes, cinzentos e sombrios na cela mobiliada com seus pensamentos, seus livros e suas orações. Tentava ocupar as horas andando pelo pátio com passos incertos, mas as conversas com os outros prisioneiros logo traziam sua mente de volta para

---

13 Pierre Lejeune, *Journal*, citado em *Ulysse en prison* de Pierre Lejeune.

os aborrecimentos da vida na prisão, por isso, preferia reencontrar a solidão, que tinha se tornado familiar.

Massa, por sua vez, vivia angustiada. Sempre temia o pior, porque naquela época de expurgos não faltaram maus-tratos e até fuzilamentos após julgamentos sumários, sem direito a defesa. Muitos dos amigos de ontem haviam simplesmente desaparecido: Massa estava sozinha para enfrentar a situação. Por sorte, no meio daquela situação desesperadora, um amigo atendeu ao seu chamado: André Gueury. Massa o recebeu com gratidão:

— André, acredite em mim, tenho certeza de que Pierre é inocente. Eles são...

André Gueury a interrompe, tranquilizando-a:

— Nem precisa explicar. Todos sabem que Pierre é um homem justo.[14]

Essa amizade acalma e fortalece os corações feridos da família. Os filhos também recebem esse reconforto com alívio: viram o pai atrás das grades; viram-no algemado, mas já não estão mais sozinhos nessa tormenta.

Poucos dias depois, indivíduos de índole suspeita se convidam para a casa dos Lejeune para chantagear Massa, na frente de Jérôme e seus irmãos:

— Se vocês não deixarem Étampes e sua casa imediatamente, não poderemos nos responsabilizar pelo destino de seu marido. Se você não partirem, Pierre Lejeune jamais será libertado.

Massa, pálida de indignação, mostrou-lhes a porta com desprezo:

— Saiam da minha casa! E saibam que jamais partiremos!

Jérôme e Philippe sofrem pelo pai. Sentem uma raiva impotente, mas acabam descobrindo uma nova força

---

14 Ibid.

para proteger a mãe, tão firme e corajosa. Ao lado dela, tornam-se homens.

Na véspera de Natal, a família esperava ansiosamente que a administração prisional, seguindo a tradição, libertasse alguns presos — incluindo Pierre. Ansiosa, com o coração saindo pela boca, Massa sai para procurá-lo ao saber que o libertariam. Os meninos aguardaram na plataforma da estação. Jérôme sente um nó na garganta quando vê o pai saindo do trem todo machucado, andando com dificuldade. A imensa felicidade do reencontro não conseguia dissipar a tristeza de vê-lo naquele estado. Eles haviam prendido um homem de idade e estavam devolvendo um idoso.

Mas Pierre não reclama.[15] Quando os filhos lhe perguntaram:

— Pai, na prisão, diante de tantas injustiças, o senhor chegou a duvidar? Duvidou de Deus?

— Meus queridos, não! Jamais duvidei. Pelo contrário: foi a fé em Deus que me manteve vivo. Mas duvidar dos homens... sim, cheguei a duvidar dos homens.

Ao dizer isso, Pierre se cala. Como poderia explicar para os filhos que havia começado a duvidar do sentimento de firmeza e convicção de uma consciência reta e, sobretudo, da justiça dos homens da qual sempre falava? Ele sentia que algo havia se quebrado.

— E quanto ao ódio, papai? Você deve odiar todos aqueles infames que estavam prestes a sacrificá-lo para tentar esconder que eram infames, não?

Pierre se recompôs. Ele pode responder a essa pergunta com calma, pois o ódio nunca foi capaz de dominá-lo. Com voz cansada, mas firme, diz:

— Não, nunca odiei ninguém. Ainda bem, porque o ódio teria me esmagado. Só acho que todos esses infames, como você diz, não sabem o que estão fazendo.

---

15 Inspirado na história de Pierre Lejeune, *Ulysse en prison*.

Após quatro meses de detenção injustificada, o magistrado mandou arquivar o processo por falta de provas. Porém, em Étampes, os inimigos políticos continuam pressionando a família e, assustado, abatido, Pierre já não se atreve a andar nas ruas.

Poucas semanas antes de seu pai deixar a prisão, em outubro de 1944, Jérôme começou as aulas de medicina em Paris, nos antigos edifícios da École-de-Médecine que ainda ficam na Sorbonne. A simples necessidade de ir a Paris todas as manhãs era cheia de obstáculos, mas aos poucos essas viagens diárias foram se transformando em alegres viagens de estudantes. Em 8 de maio de 1945 a Alemanha se rendeu e, dias depois, Jérôme foi aprovado nos exames do primeiro ano. Durante as horas de descanso, continuava a se dedicar ao teatro com Philippe, e os dois irmãos se animaram para representar Shakespeare e Ésquilo, com algum sucesso. Foi também a época em que eles se tornaram membros da Juventude Estudantil Cristã.

Nos meses que se seguiram, Jérôme continuou seus estudos sem dificuldade e iniciou estágios em hospitais, que escolheu principalmente pela proximidade com as estações servidas em Étampes: la Salpêtrière (estação d'Austerlitz), Hôtel-Dieu (estação Saint-Michel) e Laënnec (estação Orsay).[16] Sua primeira experiência em um hospital, no Salpêtrière, o deixou entusiasmado. Encantado pela vivacidade e deslumbrante inteligência do professor Léger, Jérôme se apaixonou pela cirurgia.

Outro estágio o levou à pediatria, no departamento do Prof. Raymond Turpin, onde descobriu os mistérios da genética humana. Ficou fascinado por essa disciplina, cuja linguagem enigmática significa tantas coisas em tão poucas sílabas. O Prof. Turpin percebeu o interesse e a aptidão daquele jovem estudante e, durante o seu quarto ano de estudos, ofereceu-lhe o cargo de assistente. Jérôme

---

16 J. Lejeune, *Aula Inaugural*, 10 de março de 1965.

aceitou com entusiasmo e Turpin o colocou no departamento das crianças com síndromes genéticas. A partir daí, sentindo o nascimento de um grande afeto por eles, e seguindo o exemplo de seu mestre que lhes deu toda a sua atenção, Jérôme aprendeu a conhecê-los e examiná-los, e começou a decifrar com habilidade a mensagem inscrita nas linhas de suas mãos.

No ano seguinte, Jérôme teve de deixar o departamento de Turpin para continuar a sua formação. Ingressou no Hospital de Étampes como estagiário. Com os doutores Thierry e Touzé, que o receberam com amável benevolência, Jérôme aprendeu a clinicar e também os fundamentos da cirurgia. Ele trabalhava muito, assumiu as substituições durante as férias da universidade e ainda fazia plantão noturno e aos sábados e domingos.

Um ano antes dos companheiros e paralelamente aos estágios, pressionado para ganhar a vida e aliviar financeiramente o pai, que teve de voltar ao trabalho apesar do cansaço extremo, Jérôme decidiu fazer o exame de residência[17] para os hospitais de Paris. Ele não passou e se culpou por ser muito preguiçoso.

Mas não havia nada que se envergonhar. Era uma competição muito disputada nos anos 50: apenas um em cada quatro alunos era selecionado. Começou, então, a se preparar para as próximas seleções, pois era algo necessário para fazer a especialização que almejava: a cirurgia. No entanto, Jérôme não passou em mais duas oportunidades. Ainda restava uma quarta e última chance para tentar novamente alguns meses depois. Porém, na manhã do exame, exausto e distraído, pegou o metrô na direção errada e se atrasou. Quando finalmente chegou ao local dos exames, as portas já estavam fechadas.[18] Tarde demais! Jérôme teve

---

17 Até 1968, a residência era a primeira etapa da formação dos estudantes de medicina que desejavam seguir a carreira hospitalar. Para concorrer, não era preciso ser médico formado.

18 J. Lejeune, *Aula Inaugural*, 10 de março de 1965. Jérôme relembra esses quatro infortúnios.

de desistir da cirurgia. Foi uma grande decepção. No trem que o levava de volta a Étampes, ele estava muito desanimado. Durante o jantar, seus irmãos e seus pais tentavam consolá-lo, relembrando que seus primeiros encantos pela medicina não se relacionavam com a cirurgia:

— Não se preocupe. Isso não o impedirá de ser médico! É isso que importa!

— É verdade — responde Jérôme —, comecei a estudar medicina para ser médico do interior. Quem sabe esta seja uma forma de reencontrar meus primeiros impulsos. Talvez eu pudesse trabalhar com o Prof. Turpin, com as crianças deficientes. Nesse meio-tempo, vou defender minha tese médica e cumprir o serviço militar. Depois, verei o que faço. Amanhã é outro dia.

Em 30 de abril de 1951, Jérôme chegou ao quartel de Clignan, antes de retornar ao centro de Vincennes, onde conheceu duas pessoas importantes: Lucien Israël e Jean de Grouchy. Logo ficou amigo desses dois jovens médicos e, certa noite, enquanto discutia com Lucien, cuja gentileza e boa natureza exigem confidências, Jérôme se entrega a devaneios:

— Desde meu estágio em Turpin, penso muito nessas crianças deficientes. Nos últimos anos, desenvolvi uma paixão pela cirurgia e pela genética, e como a cirurgia agora é impossível para mim, a escolha é fácil: gostaria de continuar na genética. Na verdade… essas crianças… sonho em encontrar as causas de suas doenças…

Então, após um silêncio, ele continuou:

— Você vai ver! Vou descobrir o que elas têm e talvez como curá-las!

Lucien olhou para ele, sorrindo, e disse:

— Perfeito! Não vou me esquecer do que acabo de ouvir quando você conseguir![19] Quanto a mim, escolhi

---

19 Lucien Israël lembra Jérôme desse episódio quando eles se encontram em uma conferência de genética em Tóquio, em 1966. J. Lejeune, *Carta a Birthe*, 25 de outubro de 1966.

a oncologia, e espero que nos encontremos novamente em alguns anos, quando trocarmos nossos uniformes de médico militar pelos jalecos brancos".

Jérôme fora então enviado para o Vale do Reno, para fazer os seus quatro meses de aulas na base francesa de Boppard, com a garantia de regressar a Paris no início de junho para apresentar sua tese de medicina. Dia 15 de junho, diante de seu pai e de sua madrinha, tia Charlotte, ambos emocionados, Jérôme defendeu sua tese com sucesso,[20] recebendo uma menção honrosa. Em 19 de junho, o jovem Dr. Lejeune partiu para a Alemanha, desta vez para Fribourg, numa base aérea francesa, onde iria auxiliar o médico comandante. Jérôme mostrava pouco entusiasmo pela vida militar, mas não estava infeliz com a experiência e apreciva o espírito de camaradagem que reinava no regimento. Porém, pouco a pouco, o tédio apoderou-se dele, pois seu coração estava em Paris, e nem os divertidos passeios com os camaradas pelos bares da cidade eram suficientes para fazê-lo esquecer o sorriso encantador de uma bela garota dinamarquesa.

---

20 J. Lejeune, Tese de medicina publicada sob o título *Contribuição ao estudo da regressão do índice de masculinidade em gestações múltiplas*, 1951.

CAPÍTULO 3

Amor como única bagagem

1950–1952

A história de Jérôme e Birthe Bringsted na Paris dos anos 50 é digna de um romance. A biblioteca Sainte-Geneviève é testemunha do seu primeiro encontro. Ela, uma jovem dinamarquesa e luterana, filha única, que estava em Paris para aprender francês; ele, de família francesa e católica:

— Você não teria uma caneta, senhor?
— Claro, senhorita.

Amor à primeira vista. Jérôme ficou encantado por aqueles olhos negros que brilhavam de uma forma selvagem e ao mesmo tempo tímida. As maçãs do rosto salientes, a tez bronzeada, seus olhos puxados e seus longos cabelos escuros revelavam uma ancestralidade esquimó.

— Ela é tão linda, tão diferente! — pensava Jérôme, atraído.

O grosso manual de medicina em sua mesa tornava-se monótono como uma noite de inverno. Sua mente procurava uma maneira de prolongar a conversa.

— Você gostaria de tomar um café, senhorita?

Longos passeios amorosos ocorreram aos pés da Notre-Dame, embalados pelo romance dos sussurros do Sena e os sonhos eternos do Quartier Latin. Pouco depois, Jérôme partiu para a Dinamarca, convidado para as férias de agosto na casa da mãe de Birthe. Mas após alguns meses surgiram algumas dúvidas e o relacionamento terminou. Eles eram tão diferentes...

Foram meses difíceis para Birthe e Jérôme. Felizmente, quando Birthe se interessou pelo cinema, foi-lhe oferecido um pequeno papel. Pediu conselhos aos seus amigos dinamarqueses em Paris, cuja presença foi inestimável nestes tempos difíceis. Ela também gostava muito de jornalismo e acreditava que poderia ser uma boa repórter investigativa. O que fazer? Durante esse tempo, Jérôme tentava esquecer seu amor, divertindo-se com os companheiros de regimento e dedicando-se à medicina. Isso até o dia em que, aproveitando uma folga, voltou a se encontrar com Birthe, em janeiro de 1952. Eles finalmente entenderam que não podiam mais viver sem o outro. Apesar das grandes diferenças e da relutância dos pais de Jérôme, decidiram se casar, decidiram se amar do jeito que eram, com todas as riquezas da complementariedade proporcionadas por essas diferenças. Jérôme então parte para Fribourg, livre de seus medos, renovado, radiante. E Birthe redescobriu a alegria de viver.

Os camaradas de regimento logo perceberam a mudança. Lejeune já não os acompanha mais para beber nas tabernas. A partir de então, fechava-se à noite para escrever longas cartas à noiva que havia partido para longe, em Paris. Jérôme se transforma e diz a ela:

> Minha querida Birthe, não tenho o menor medo agora. Estou comprometido, somos realmente feitos um para o outro, e você não pode imaginar como esse compromisso me liberta. [...] Meus enfermeiros dizem que estou me tornando um patriota dinamarquês, simplesmente porque descobri que os dinamarqueses são pessoas notáveis. Podemos ver que não te conhecem! Porque admito que o seu sorriso não é inteiramente estranho à minha admiração por Carlsen.[1]

---

1 J. Lejeune, *Carta a Birthe*, 20 de janeiro de 1952.

Ele se enchia de uma alegria nova e confiante e tirava de sua noiva a força para superar a ansiedade e a melancolia que muitas vezes o assaltavam. Aproveitava essas longas cartas diárias para abrir sua alma a Birthe, confessar-lhe suas fraquezas, seus defeitos e dizer-lhe o quanto ela, por suas qualidades e seu amor, o fazia amadurecer:

> Agora admito todas as minhas fraquezas porque começo a sentir uma nova força dentro de mim. Acredite que não me deixo levar por um entusiasmo juvenil, falo com a maior sinceridade. Decidimos nos unir diante de Deus e esta união será total, apesar de todas as dificuldades que encontraremos ou que surgirão entre nós. Foi você quem me ensinou este segredo extraordinário, que todos suspeitam, mas ninguém se atreve a usar, e que só você poderá me ajudar a utilizá-lo. No início de nosso casamento provavelmente será necessária uma dedicação incrível para que eu possa ser amansado. Você fez mais do que me trazer amor, fez-me entender a esperança. Eu te amo, minha querida. Muito mais do que consigo expressar.[2]

Ele ficava em êxtase ao ver que Birthe entendia isso com grande profundidade:

> Tudo que você escreve para mim é tão lindo e verdadeiro, porque você me ama tanto, tanto, tanto! A cada uma de suas cartas fico maravilhado. Jamais teria acreditado que algo assim fosse possível. O amor nos dá uma profundidade de espírito e uma confiança serena que nenhuma ciência do mundo poderia proporcionar.[3]

Ao experimentar este lindo amor humano, Jérôme entendeu que Deus é a fonte desse amor, e o noivado se tornou uma etapa importante em sua jornada espiritual. Pela fé recebida na infância e mantida pelo hábito na adolescência, ele descobre, no alvorecer de sua vida adulta, uma nova alegria ao reconhecer o amor atencioso de seu Pai

---

2 J. Lejeune, *Carta a Birthe*, 24 de fevereiro de 1952.
3 Ibid.

Celestial. Um amor poderoso e libertador. E confidenciou esta novíssima felicidade à noiva:

> Esta manhã recebi a comunhão para nós dois às 8 da manhã na catedral. Nunca tinha estado assim tão feliz, tranquilo e amoroso com Deus.[4]

Jérôme precisava liberar essa fonte de alegria, recebida no batismo, para que pudesse brotar e irrigar o amor deles. Sentindo um desejo renovado de fundar sua vida em Deus, convida Birthe a fazer o mesmo. Logo, com o consentimento do capelão, pede para que ela compartilhe da fé católica:

> Você deve amar a religião católica, minha querida; faça primeiro por mim, e verá depois: será a própria religião que nos ajudará a amar melhor.[5]

Ela aceita com todo o coração. Sem perder tempo, passa a frequentar as aulas de catecismo com o Cônego Muller na igreja de Saint-Philippe-du-Roule, em Paris. A conselho de Jérôme, completa as aulas com algumas conversas de instrução religiosa com seu futuro sogro, cuja fé é contagiante. Essas longas horas passadas juntos, conversando sobre Deus, aproximaram Pierre e Birthe a tal ponto que logo nasceu um grande afeto entre eles. Duas pessoas tão queridas ao coração de Jérôme. Pierre descobre o coração valente de sua futura nora; e Birthe, a gentileza do pai de seu noivo.

Jérôme, que acompanha de longe todos esses desdobramentos, logo tem uma única preocupação: não amar o bastante a sua querida Birthe:

> Eu te amo, Birthezinha, você será a única mulher para mim e eu não serei totalmente feliz e totalmente homem até

---

[4] J. Lejeune, *Carta a Birthe*, 9 de março de 1952.
[5] J. Lejeune, *Carta a Birthe*, 8 de fevereiro de 1952.

> que estejamos definitivamente unidos diante de Deus. Não se esqueça de rezar para pedir ao Senhor que me ajude a poder te amar bem. É a única coisa no mundo que quero agora.[6]

O casamento foi marcado após o fim do serviço militar de Jérôme. Aconteceu no dia 1º de maio, na Dinamarca, na igreja católica Saint-Alban de Odense. Foi muito simples. Os pais de Jérôme e seu irmão Rémy não puderam ir, pois Pierre não tinha mais forças para uma viagem e também não dispunham de recursos para ir de carro. Mas Massa temia que seu filho Jérôme se ofendesse com a ausência deles, e foi conversar com ele alguns dias antes do casamento. Jérôme se apressa em tranquilizá-la e escrever a Birthe, que havia partido para a Dinamarca, para se preparar para a cerimônia:

> Minha querida Birthe, corri para Étampes porque Rémy, que veio me ajudar esta tarde, disse-me que mamãe estava doente. Ela está bem, não era nada sério, mas sua preocupação é pensar que a ausência dos meus pais e de Rémy no nosso casamento poderia me entristecer. Pobre mamãe. Consolei-a bem e ela ficou muito contente por eu ter ido lá com prontidão. Já está quase curada![7]

Philippe e sua jovem esposa, Geneviève Dormann, não se assustaram com a distância: foram de motocicleta. Pierre ficou preocupado com essa viagem, mas Philippe respondeu:

— Não vou deixar Jérôme se casar sem mim e sem nenhum membro da nossa família!

Pierre continuou preocupado com a viagem, mas não ficou insatisfeito com aquela resposta sensata.

Só faltava agora Jérôme encontrar rapidamente um meio que garantisse a renda da família que estava prestes a criar. Não faltavam ideias. Haviam lhe oferecido um

---

6 J. Lejeune, *Carta a Birthe*, 10 de fevereiro de 1952.
7 J. Lejeune, *Carta a Birthe*, 24 de abril de 1952.

posto no Iêmen e no Afeganistão, mas a aventura não entusiasmou nenhum dos noivos. Ele deveria se tornar um médico do interior, seguindo seu primeiro desejo, ou aceitar a oferta do professor Raymond Turpin, que lhe ofereceu um cargo em seu departamento com os inúmeros pacientes deficientes que, na época, não interessavam a muitas pessoas? Turpin havia pesquisado a origem das síndromes genéticas cerca de 25 anos antes e, embora tenha avançado algumas hipóteses interessantes sobre o assunto, nada havia sido provado até então. Pensava que, talvez, o jovem médico, cuja mente curiosa e delicada havia chamado a sua atenção durante o estágio, pudesse retomar as pesquisas e encontrar alguma solução...

Jérôme estava ansioso para conhecer Turpin e tornar o projeto uma realidade, mas em meados de abril o professor ainda estava ausente de Paris. Jérôme escreve sua impaciência para Birthe:

> Minha querida, como me aborrece não poder te dizer "estou fazendo isso, estou fazendo aquilo...", pois estou estagnado, e enquanto Turpin não voltar de Trouville, nada poderei decidir.[8]

O casamento estava marcado para duas semanas depois, mas finalmente Turpin retorna e marca uma reunião. Jérôme anuncia imediatamente para sua noiva:

> "Muito bem, amanhã vou saber um pouquinho mais!" — E acrescenta — "Turpin é sempre muito encantador. Quer também que eu o ajude a escrever um livro sobre os deficientes. Se eu conseguir, ele fará de tudo para me ajudar".[9]

Esse novo encontro, de 25 de abril de 1952, entre Jérôme e aqueles que ele em breve chamará de *meus pequenos*

---

8   J. Lejeune, *Carta a Birthe*, 12 de abril de 1952.
9   J. Lejeune, *Carta a Birthe*, 24 de abril de 1952.

pacientes, mudaria a sua vida para sempre. Naquela mesma noite, escreveu a Birthe:

> Turpin me ofereceu um emprego de um ou dois anos com os deficientes. Você sabe, as crianças com síndromes genéticas. Estou convencido de que há algo a ser descoberto e que talvez seja possível melhorar a vida de milhares de pessoas (há cerca de 10 mil delas somente na França), se conseguirmos descobrir por que são assim. É um objetivo emocionante que exigirá de nós grandes sacrifícios, minha querida. Mas se aceitar que tenhamos uma vida um tanto precária, mas justa e salutar, baseada nessa esperança, tenho certeza de que chegaremos lá. (Digo "nós" porque só se você também estiver de acordo e me ajudar é que conseguirei progredir nessa tarefa).[10]

Birthe diz "sim". Poucos dias antes do casamento, os dois decidem dedicar suas vidas e unir forças para tentar "melhorar a vida de milhares de pessoas". Como? Simplesmente descobrindo as causas dessa deficiência; então, tornar possível algum tratamento. O que seria necessário para isso? Fazer grandes sacrifícios, ter uma vida precária, mas justa e salutar, baseada nessa esperança. Um "sim" voltado para os outros, pela graça do amor. O "sim" de Birthe ao noivo, o "sim" de Jérôme ao pedido silencioso dessas crianças "privadas de liberdade de espírito". É neste compromisso de amor que se enraíza a obra de Jérôme, e onde vai se desenvolver a sua vida de médico.

Com seu horizonte profissional desobstruído, Jérôme precisava encontrar um lugar decente para acomodar a futura esposa, pois o casamento se aproximava rapidamente! Entre o fim do serviço militar e a viagem para a cerimônia, ele tinha apenas alguns dias para tornar habitáveis os dois quartos que seu pai reservou para eles na velha casa da rua Galande, bem perto da Notre-Dame e da Sorbonne. A casa, que Pierre comprou por uma ninharia porque estava bem deteriorada, e que foi salva da demolição num

---

10 J. Lejeune, *Carta a Birthe*, 25 de abril de 1952.

plano de urbanização no último minuto, tinha sido construída antes da descoberta da América. Acontece que nem sua conservação e nem sua idade a tornava confortável. Tudo estava sujo, escuro e parecia insalubre. Era necessária uma reforma urgente, mas Jérôme não era rico. O pouco que tinha deveria ser gasto com o que era mais necessário. Jérôme tratou disso com Birthe:

> Minha querida, [...] infelizmente uma observação desagradável: para colocar água na Rua Galande não me pediram 30 mil, mas 70 mil francos. Eu mesmo refiz os cálculos e cuidarei de tudo. Comprando os canos e a pia em promoção etc... vou chegar a um mínimo de 55 mil ou 60 mil, o que não muda muita coisa! Nossa situação é a seguinte: temos 44 mil francos. Se desses 44 mil francos dedicarmos 10 a 15 mil para a Rua Galande (pinturas com Philippe etc.), e, além disso, 3.295 para sua secadora, não acho que seja possível gastar 66 mil com abastecimento de água. O que você acha, minha querida?
> Ainda não sei direito como vou ganhar o pão de cada dia, mas não pense que estou desesperado. Agora que somos noivos, estou comprometido e vamos superar isso juntos porque tenho você tão confiante, tão ativa e tão corajosa. Saiba que esses começos difíceis, e serão terrivelmente difíceis, no unirão com ainda mais firmeza. Por isso falo com você de forma tão franca e não quero nos lançar numa reforma importante até que estejamos com alguma segurança do futuro. Além disso, não vamos ficar muito tempo na Rua Galande, porque realmente não é um bom lugar. Então, valeria a pena gastarmos todas as nossas economias lá?
> Ah, minha querida, como eu te aborreço com todos esses cálculos! É claro que preferiria dizer: eis que tudo estará pronto a tempo, com todo o conforto e você será como uma rainhazinha. Mas somos pobres, minha Birthezinha. Não por muito tempo, talvez por um ou dois anos. Mas o começo será de muita luta. Ainda bem que posso contar com você [...] e Deus nos ajudará muito.[11]

Ajudado pelos irmãos Philippe e Rémy, Jérôme se ateve ao essencial: tapar os buracos das paredes marcadas pelo

---

11 Ibid., 10 de abril de 1952.

tempo, pintar os dois pequenos quartos num tom claro para fazê-los parecer maiores e tentar criar uma cozinha para Birthe. Conseguiu, enfim, instalar uma pia e um tanque, e ainda fez alguns armários e uma tábua de passar com as próprias mãos. A pia serviria de banheiro durante os primeiros meses. E Jérôme se apressa em descrever o andamento do trabalho para a noiva:

> Esta noite, canto a vitória em todos os tons: a água está instalada, a pia está esplêndida, a estrutura é sólida e a água flui perfeitamente. *U-lá-lá* (como você diz): nunca vi uma instalação tão boa. Philippe me ajudou imensamente e era o mais adorável e habilidoso dos encanadores. [...] Tudo estará em ordem quando você chegar: a cozinha (não vou descrevê-la para não estragar a surpresa), a tábua de passar (que é tão sólida que a uso como bancada de trabalho)...[12]

Ele gostaria de dar muito mais a Birthe, porém, com a compra do par de sapatos e do terno para o casamento e a passagem de trem para a Dinamarca, não lhe restou mais nada:

> Amanhã vou buscar meu terno e meu passaporte. Vou deixar para comprar os sapatos por último porque os preços estão visivelmente caindo no momento. Se, esperando mais um pouco, eu conseguir pagar uns 500 francos a menos, já seria alguma coisa.[13]

Esta pobreza não desanima o entusiasmo de Jérôme e Birthe, que se preparavam para um alegre reencontro na Dinamarca. Jérôme planejava chegar na véspera da cerimônia.

Massa, por sua vez, aproveitou os últimos dias para escrever uma delicada carta à futura nora. Parece que as reservas iniciais, quando ela e Pierre ainda não conheciam Birthe, mas sonhavam com um casamento de maior

---

12 J. Lejeune, *Carta a Birthe*, 17 de abril de 1952.
13 Ibid.

prestígio para o filho, tinham dado lugar a um verdadeiro afeto:

> Minha filhinha querida, sua encantadora carta nos deu um grande prazer. [...] Posso lhe assegurar que lamentamos muito por não podermos viajar à Dinamarca para estar com vocês dois neste lindo dia de casamento, mas nossos melhores pensamentos estarão junto a vocês, e é motivo de muita alegria sabermos que vocês estão felizes. Ao menos terão Philippe e Geneviève como nossos representantes.
>
> Seu apartamento está ficando pronto. Philippe e Rémy foram ajudar Jérôme. Todos eles trabalharam como anjos (anjos que gostariam de colocar canos para garantir o conforto de uma jovem família, que você conhece bem!). Está tudo indo bem!
>
> Quanto ao seu pedido, minha querida filha, ele me deixou muito contente. Chame-me de qualquer nome que você escolher. [...] Quer você diga *mami* ou mamãe, esteja certa de que já a considero minha filha.
>
> Obrigado novamente por escrever. Receba os meus melhores pensamentos e um beijo com muito carinho. Sua mamãe
>
> N.B. A boneca de Sophie é adorável! Você é uma fadinha![14]

Outra carta de Massa, algumas semanas antes, quando Jérôme estava na Alemanha, já havia proporcionado a Birthe a segurança de ser bem acolhida na família:

> Você certamente trouxe boa sorte para nosso Jérôme, meu duendinho, e tenho certeza de que o Senhor abençoará todos os esforços de vocês. Claro que estarei lhe esperando no domingo! E poderá ficar conosco o tempo que precisar. Da minha parte já queria pedir-lhe que viesse, mas temia que a casa pareceria um pouco austera sem Jérôme. Mas tenha a certeza de que será sempre muito bem-vinda aqui. Vejo você no domingo! Obrigado por tudo o que você disse e que encheu meu coração. Eu também já amo muito você. Um beijo. Sua mãe.[15]

O casamento aconteceu no dia 1º de maio, em uma cerimônia muito simples. Birthe teve como testemunhas

---

14 Senhora Pierre Lejeune, *Carta a Birthe*, 18 de abril de 1952.
15 Senhora Pierre Lejeune, *Carta a Birthe*, março de 1952.

a sua mãe, Magdalene Bringsted, e uma amiga de longa data, sua antiga supervisora, Aase Norup, que foi com o marido. Do lado de Jérôme estava seu irmão Philippe e a esposa Geneviève. Após a missa, o pequeno grupo se reuniu para a festa. Seguindo a tradição dos dinamarqueses, o jovem casal, sentado lado a lado, comeu com colheres atadas por uma corrente simbolizando a vida conjugal. Os olhos de Birthe brilhavam como duas pérolas negras, e os de Jérôme como duas safiras azuis, expressando uma felicidade celestial. Birthe estava radiante em seu *tailleur* preto, muito sóbrio, com o véu levantado. E, destacado por seu bigode fino, o sorriso de Jérôme parecia estalar de alegria.

CAPÍTULO 4
O voo
1952–1959

— Agora você é um estagiário de pesquisa do CNRS, Lejeune. Desejo-lhe uma ótima carreira. Faremos grandes coisas juntos.
— Obrigado, senhor. Darei o meu melhor para encontrar a causa da debilidade mental dessas crianças que o senhor me confia.

Foi assim que Turpin acolheu o Dr. Lejeune, no verão de 1952, em seu departamento no Hospital Saint-Louis, em Paris. Jérôme mergulhou com entusiasmo em sua nova vida profissional, da qual boa parte consistia no estudo com lupa dos dermatóglifos — impressões digitais e dobras da mão — das crianças deficientes. Turpin explicou-lhe que as dobras das mãos formavam um mapa rico em lições para quem soubesse decifrar.

Com uma equipe reduzida e recursos laboratoriais mais escassos do que se poderia imaginar, Jérôme costumava pedir ajuda a Birthe, que passava horas dedicando-se aos estudos dos dermatóglifos. Chegou até a ser coautora do marido numa publicação sobre o assunto. Seu trabalho se tornou tão precioso que um dia Jérôme chegou em casa com uma grande notícia:

— Minha Bibi! Turpin percebeu o tanto que você me ajuda e propôs contratá-la no laboratório. Não é uma notícia maravilhosa?

Com os olhos brilhando, respondeu:
— Meu querido, isso é ótimo, mas tem uma coisa melhor...

Sem dar tempo para uma reação, ela continuou, com um largo sorriso:

— Teremos uma criança em breve...

Alguns dias depois, no meio da tarde, a campainha soava na Rua Galande. Surpreendida no meio de um cochilo, Birthe esfregou os olhos e se levantou rapidamente para abrir a porta. Lá estava uma jovem, mais ou menos da sua idade, com cabelos castanhos curtos e um olhar emoldurado por óculos com lentes bem grossas.

— Olá, meu nome é Marie-Odile Rethoré. Gostaria de falar com o Dr. Lejeune, por favor. Sou estudante de medicina e o Padre Ponsar, da Paróquia de Saint-Séverin, que a senhora conhece bem, me sugeriu que eu visitasse os pobres doentes da vizinhança. E disse que o seu marido faz isso regularmente. Gostaria de falar com ele sobre o assunto.

Birthe respondeu:

— Ótima ideia. Volte às oito da noite que ele estará em casa.

Às oito horas, Jérôme recebeu a pontual visitante e, após descobrir que ela estudava medicina, fez uma proposta para que integrasse a pequena equipe que atendia os mais carentes do bairro. Depois, passaram a se reunir quase toda semana para visitarem a vizinhança. Birthe continuava trabalhando com Jérôme, mas já pensava na sucessão à medida que o parto se aproximava. Certa noite, perguntou ao marido:

— Por que não chama a Marie-Odile Rethoré para trabalhar com você e me substituir? Acho que seria uma boa ideia.

Jérôme, que tinha visto Marie-Odile no trabalho e achava que ela seria uma boa médica, respondeu:

— É, sim. Uma boa ideia. Farei uma proposta.

No dia seguinte, quando encontrou Marie-Odile Rethoré com a equipe paroquial, ofereceu-lhe o trabalho:

— Senhorita, minha esposa estava me ajudando na pesquisa, mas terá de parar por causa do nosso bebê, que vai nascer em breve. Vou precisar de alguém para me ajudar nos estudos de radiação ionizante. Há muito trabalho e é impossível fazer sozinho. Minha esposa me incentivou fortemente a oferecer-lhe esta posição. Se você concordar, conversarei com o Prof. Turpin.

Marie-Odile Rethoré aceitou com entusiasmo, embora ainda se sentisse pouco qualificada para embarcar naquela aventura. Porém, Turpin havia concordado e, assim, tudo foi resolvido rapidamente. Alguns dias depois ela se juntou à equipe para trabalhar ao lado de Jérôme.

Desde o casamento, em maio, Jérôme e Birthe moravam na Rua Galande. No verão, antes do início do ano letivo em setembro, Jérôme teve tempo para substituir um médico no departamento de Cher, no Vale do Loire, e aproveitar para ganhar algum dinheiro extra. Birthe o acompanhou, mas a recepção por um dos médicos e o comportamento estranho de uma família provocaram certo mal-estar em Jérôme. Passado o tempo da substituição, eles voltaram a Paris aliviados, e o antigo sonho de ser médico no interior desapareceu.

O dinheiro ganho durante aquele trabalho foi, em parte, usado na compra de tratados de matemática, geometria, ótica e astronomia, para completar uma formação científica que ele considerava muito superficial. Jérôme se ocupava deles à noite e aos fins de semana, e foi assimilando todas aquelas disciplinas com uma facilidade desconcertante. A matemática, em particular, era um jogo que o divertia loucamente, e a astronomia era um prazer. Presenteou a si mesmo com um telescópio refrator no Natal de 1952, o que o alegrou. Também começou a aprender inglês, uma língua amplamente utilizada nas publicações científicas que lia para se manter a par das pesquisas atuais.

Com perseverança, levantava-se mais cedo do que o costume para estudar, graças ao Método Assimil. Poucos meses depois já tinha adquirido vocabulário e aprendido a gramática suficiente para manter uma conversa e encantar o público com seu delicioso humor *britânico*, marcado com um *charmoso* sotaque francês! Apesar do domínio da língua inglesa, Jérôme decidiu que falaria em francês nos congressos internacionais, convencido de que, com simplicidade e clareza, tanto os ouvintes anglófonos como os hispânicos poderiam entender sem intérprete.

Dia 27 de janeiro de 1953, na clínica do Hospital Saint-Louis, Birthe deu à luz um lindo bebê com olhos puxados e cabelos pretos. Uma verdadeira esquimozinha que eles chamaram de Anouk, pois Birthe e Jérôme haviam decidido dar nomes dinamarqueses às meninas e franceses aos meninos. A chegada da criança encheu de alegria os pais, que saborearam a nova felicidade ao mesmo tempo em que descobriam o cansaço das noites mal dormidas para alimentar a pequena. Jérôme ficava preocupado com sua jovem esposa:

— Minha pobre Bibi, como está se sentindo? Não dormiu nada...

— Não se preocupe comigo! Você sabe como acordo e volto a dormir com facilidade — respondia, com um enorme sorriso, mas com os olhos rodeados de olheiras.

— E nem podemos nos queixar: somos tão felizes!

No entanto, dois meses depois, a morte do avô, Hector Lermat, veio jogar um véu de tristeza naquela felicidade. Com a ida do seu avô materno ao encontro de Deus, a infância de Jérôme em Montrouge perdia uma de suas testemunhas maravilhosas. O pequeno Néno, agora doutor em medicina, lembrava-se com gratidão de seus primeiros passeios com o avô veterinário, e das horas que passou na oficina observando suas mãos fortes e habilidosas pregando as ferraduras nos cascos dos cavalos. Que cheiro e que barulho! E que orgulho quando seu avô lhe perguntou:

— Néno, você pode me ajudar a acalmar o cavalo?
— Claro!

Então, venha aqui, acaricie suavemente o pescoço dele e diga-lhe alguma coisa em voz baixa.

— Você sabe — diz Jérôme para Birthe, sentada ao lado dele com Anouk nos braços —, acho que foi graças a ele que escolhi a medicina. Foi com ele que descobri o prazer de cuidar, acompanhando-o nas rondas veterinárias com os cavalos e vacas de Montrouge. Mas optei pela medicina porque o sofrimento dos homens me parece tão grande! Se puder fazer alguma coisa por eles, ficarei muito feliz!

A família vive dias simples e alegres. Enquanto Jérôme estudava os efeitos genéticos das radiações ionizantes, esses raios poderosos que podem levar a recombinações químicas nas pobres crianças nascidas de pais irradiados, Birthe colocava todo o seu coração na tarefa de manter um lar acolhedor e caloroso, envolvendo sua pequena Anouk com todos os cuidados.

No entanto a criança, para quem tudo isso parecia bastante natural, verá esse equilíbrio vacilar alguns meses depois, com a chegada de um irmão mais novo. Em 27 de abril de 1955, Birthe deu à luz seu primeiro filho na maternidade de Port-Royal. Eles o chamaram de Damien, em homenagem ao santo, médico e mártir. Os dois quartos modestos do apartamento ficaram muito apertados para acomodar quatro pessoas, mas a felicidade só aumentou. Birthe organizou com eficiência a nova vida familiar. Dia após dia, Jérôme ficava extremamente feliz em voltar para a Rua Galande para almoçar e encontrar Birthe e os dois filhos pequenos. E não demorou para serem três: menos de dois anos depois, o círculo familiar voltou a crescer: em 23 de fevereiro de 1957, surgiu mais uma menininha. Eles a chamam de Karin e, como seus dois irmãos mais velhos, era um lindo bebê esquimó. Birthe aproveita para brincar com Jérôme:

— Ainda não veio ninguém com teus olhos azuis.

— Estou muito feliz por ter quatro versões suas aqui em casa! — ele responde, sorrindo. — Realmente parece que puxaram tudo para o seu lado! Terei de pesquisar qual fenômeno genético ainda desconhecido tornou isso possível!

Infelizmente, a família foi abalada por mais duas tragédias. No verão de 1957, a esposa de Philippe, Geneviève, pediu divórcio e saiu de casa, deixando para trás o marido e as três filhas. Philippe ficou arrasado. Depois, em janeiro de 1958, veio a grande provação para Jérôme: a morte de seu querido pai. Foi, sem dúvida, o período mais doloroso de sua vida.

Após um primeiro alerta pulmonar um ano antes, Pierre estava visivelmente enfraquecido, mas foi apenas no início de 1958 que Jérôme observou, apavorado e pela primeira vez, que as unhas do pai estavam salientes, um sinal de alerta para uma asfixia irremediável dos pulmões.

— Naquele momento, eu teria dado qualquer coisa para não saber, para não ter visto aquelas pobres unhas — escreve Jérôme em seu *Diário*, iniciado exatamente um ano após a morte de seu pai, ao reunir essas dolorosas lembranças.

> Ah, ainda era muito discreto, ninguém notaria, mas não pude negar o óbvio: em vez da forma plana que eu conhecia tão bem, aquele arco terrível que significava a morte! Papai me disse que se sentia realmente nas últimas e que nós, os médicos, não sabíamos dizer o que ele tinha, que tudo o deixava exausto, que sentia a vida se esvaindo. Eu disse que não, e repeti várias vezes, rindo afetuosamente e brincando, como costumávamos fazer quando estávamos sozinhos. Ele ainda me relatava um pequeno desconforto, e isso me deixava com um nó na garganta.[1]

---

1 J. Lejeune, *Journal intime*, 11 de janeiro de 1959.

Jérôme marcou imediatamente uma consulta para o pai com seu amigo Lafourcade. A visita estava marcada para um sábado. Na véspera, seu pai foi dormir na Rua Galande e Jérôme e Birthe fizeram o possível para lhe oferecer uma noite verdadeiramente agradável, rodeando-o de carinho. Depois do jantar, Jérôme tocou violão de forma afetuosa. Ele sabia que seria uma das últimas noites felizes de seu pai. No dia seguinte, nos corredores do Hospital Trousseau, Jérôme recebeu outro golpe ao ver seu pai caminhando com dificuldade, com extrema fraqueza. À noite, disse a Birthe:

— Aquilo me deu um aperto no coração, ainda mais do que eu temia, pois ver o sofrimento daqueles que amamos é insuportável.

A partir daí, tudo se passou muito rápido. Na quarta-feira seguinte, sentindo a urgência da situação, Jérôme foi para Étampes. Sua presença é obviamente uma grande alegria para seu pai. Ao ver Jérôme entrando em seu quarto, Pierre se levantou, beijou-o afetuosamente e disse: "Que bom que você veio!".

O coração de Jérôme quase saiu pela boca quando ouviu essas palavras. Eles conversaram baixinho, e Jérôme brincava um pouco para tranquilizá-lo. Mas tinha um nó na garganta. Seus olhos enchiam-se de lágrimas. À noite, Jérôme teve um sonho em que uma voz desesperada gritava alto: "Papai vai morrer, papai vai morrer". Ele acordou, virou-se na cama, chorando, e disse baixinho: "Eu sei, mas não grite tão alto".[2]

Bem cedo, na manhã seguinte, Jérôme se apressou para levar os exames do pai a Trousseau. Os laudos traziam péssimas notícias. Na volta a Étampes, com Birthe e Rémy, Jérôme dirigia rápido, muito rápido, pensando apenas que teriam de chegar a tempo para que o pai recebesse a extrema-unção. "Eu havia prometido e faria o que

---

[2] Jérôme confia estas palavras ao seu *Journal intime*, 11 de janeiro de 1959.

fosse necessário para cumprir essa promessa". Philippe já estava lá, então, a família agora estava toda reunida.

No fim da tarde, com os três filhos ao seu redor, Pierre disse:

— Como fico feliz de ter vocês juntos comigo. Uma pena que não consegui passar a vida inteira dizendo isso a todo o momento.

O padre chegou e Pierre recebeu a extrema-unção. Em seguida, todos se retiraram e Jérôme ficou sozinho com o pai, que segurou sua mão disse: "Meu filho, agora estou nas tuas mãos". Ouvindo essas palavras, apesar da dor que o oprimia, Jérôme respondeu simplesmente: "Farei o que for humanamente possível. Mas vamos entregar nas mãos de Deus". Eles trocaram mais algumas palavras enquanto Jérôme segurava o inalador de oxigênio. A certa altura, Pierre disse, entre duas respirações:

— Sabia que vivemos juntos há mais de 30 anos sem nenhum desentendimento entre nós?

Então, após um ataque de asfixia mais forte que os outros, ele segurou a mão de Jérôme e lhe disse docemente:

— Você sabe amar!

E como Jérôme respondeu que todos o amam, ele se corrigiu:

— Sim, tem razão, essas coisas não se deve dizer, só pensar.[3]

Quando Philippe veio substituir Jérôme, seu pai rapidamente o chamou de volta:

— Onde está Jérôme?

Ele retornou e, de repente, quando estava tomando o pulso do pai, percebeu que o seu coração estava parando.

Jérôme gritou por sua mãe e seus irmãos. O coração voltou a bater ritmado e a família começou a recitar o Rosário em torno de Pierre, quase sem ar. Durante todo

---

3 Ibid.

o tempo, Jérôme segurou a mão do pai e pôde ouvir suas últimas palavras. Depois, disse "Jesus" num sussurro. Então, Jérôme se inclinou para dizer no ouvido de seu pai:
— Adeus papai... e obrigado.
Em seu *Diário*, Jérôme lembra:

> Isto é tudo o que podia dizer ao meu querido pai, que amei com toda a minha alma, mas que não pude salvar. Agradeci-o por toda a nossa vida, pela sua bondade, pela nossa amizade e pela sua gentileza até naqueles últimos momentos.
> Foi quando ele pegou na minha mão [...] como tinha feito com meu avô, e entregou seu espírito.[4]

Jérôme fechou os olhos do pai e, emocionado, recebeu sua aliança das mãos da mãe. A dor de Jérôme era imensa, proporcional ao amor que sentia pelo pai:

> Meu papai querido, a quem amei de todo o coração, a quem amei e compreendi durante muitos e bons anos, que foi para mim um conselheiro e um amigo, o meu papai querido já não está entre nós.[5]

Pierre morreu de câncer de pulmão.
Os meses que se seguiram foram dolorosos para Jérôme, mas, aos poucos, a vida foi voltando ao normal. No dia 1º de julho, bem de manhãzinha, ele e Birthe já estavam descendo as malas pelas estreitas escadarias da Rua Galande para que a caravana da família partisse a tempo.
— Preparei as garrafas de água e os sanduíches. Está tudo no refrigerador. Não se esqueça — disse Birthe ao marido, diante de um porta-malas cheio.
— Ah... esqueci da bolsa térmica! Era só o que me faltava. Teremos que refazer a bagagem... — diz aborrecido.

---

[4] Todo o diálogo entre Jérôme e pai foi extraído do relato que consta no *Diário* de Jérôme, entrada de 11 de janeiro de 1959.
[5] Ibid.

Era a grande viagem de verão para Kerteminde, o vilarejo dinamarquês da infância de Birthe. E Jérôme teve de usar a sua engenhosidade para conseguir carregar, num carro meio desajeitado, toda a bagagem necessária para uma viagem de dois meses, sem contar os inúmeros presentes que tiveram de levar espalhados por toda parte, no porta-malas, no bagageiro, no colo, no meio dos pés... somente o motorista tinha um espaço mínimo para dirigir com segurança. Assim, atravessaram Bélgica, Holanda e Alemanha. Foram cinco países e quatro fronteiras em três dias, revezando-se na direção a cada duas horas, para não perder tempo. A expedição já havia sido feita com um, depois dois, e agora com três bebês, muito agitados e às vezes doentes, o que levava os pais a sensações extremas. Eram aventuras que lhes permitiam testar seus limites, enquanto as crianças, inconscientes de tanta virtude e paciência dos pais, alternavam-se em risos, gritos, choros, doces e brincadeiras, para finalmente adormecerem a poucos quilômetros do final. Todos acordavam já em Kerteminde, na noite do terceiro dia, quando o corajoso e desajeitado automóvel finalmente parou em frente à casa da mãe de Birthe.

Em Kerteminde, Jérôme descobriu uma vida à beira-mar muito diferente daquela de sua infância na Normandia ou em Royan, desbravando um universo que jamais teria imaginado. A alegria de sua esposa era descansar na praia ao amanhecer e não sair dali até a noite, protegida do mau tempo por uma tenda na qual também estavam seus antigos colegas de escola. O tempo raramente estava bom, e a todo momento bebiam litros de café preto e comiam sanduíches com patê de salmão, tudo acompanhado de piadas e discussões em dinamarquês, que Jérôme obviamente não entendia. Quando chovia, deixavam as crianças brincarem no carro ou colocavam-nas na tenda, e davam-lhes biscoitos para mantê-las ocupadas. A praia é cheia de pedrinhas e Jérôme, depois de ter participado da melhor forma possível das conversas e esgotado o seu repertório em dinamarquês, divertia-se talhando sílex pré-históricos ou esculpindo restos de madeira com o pequeno canivete que sempre trazia no bolso, esperando o dia em que iria ensinar aos filhos a arte da navegação. Era também o momento para ele ler e reler seu livrinho de verão, *Rôle de plaisance*, de J. Perret, cujo humor fino e astuto como a flor do sal o encantava, ou então Chesterton, cujo tom livre e extravagante tirava o pó das verdades ancestrais. Apesar das condições espartanas naquelas férias anuais na Dinamarca, Jérôme desejava apenas a felicidade de Birthe, dos filhos e de sua sogra, que sempre ficava muito feliz por encontrar a filha e os netos. Essa caravana se repetia ao longo dos anos como um ritual imutável: todos os anos a família mudava-se no dia 1º de julho, de madrugada, para Kerteminde, onde se instalavam até os primeiros dias de setembro. Só Jérôme voltava a Paris em meados de julho, aproveitando o calmo verão parisiense para trabalhar com afinco, antes de ir buscar toda a família no final do verão e passar novamente por Alemanha, Holanda e Bélgica, mas no sentido contrário. A montanha de bagagem vinha presa com cordas e tensores no teto do carro, um pouco diferente da que havia sido levada. Os presentes que Birthe tinha levado para os amigos foram substituídos por insumos dinamarqueses que faziam a fama culinária da Sra. Lejeune em Paris, e também a alegria de seus convidados: o famoso porco grelhado e o célebre molho de castanhas. Jérôme ficava feliz ao voltar a Paris com toda a família. Quando chegava sozinho no meio do verão, tinha de enfrentar o silêncio do apartamento vazio, e ficava imaginando a voz de Birthe e a algazarra das crianças. Deus sabe que ele não gostava daquelas longas noites vazias. O que amenizava um pouco sua solidão eram as cartas diárias que trocava com a esposa sempre que estavam distantes.

Desde a entrada no hospital, Jérôme dedicou-se ao estudo dos pacientes com deficiências genéticas, sobre as quais pouco se sabia na época. As crianças, feridas na inteligência e marcadas no corpo, sofriam por conta da falta de conhecimento que agrava a doença, e isso dilacerava o coração de Jérôme. Aquelas crianças representavam os desamparados da ciência. Seu aspecto físico muito particular, descrito pela primeira vez pelo Dr. Seguin em 1844, e classificado como "idiotia furfurácea", provavelmente em referência à fragilidade das bonecas de porcelana, sugeria que eles tinham um certo parentesco com os habitantes da Mongólia, daí o termo "mongolismo", dado por Sir John Langdon Down, que em 1866 descreveu a doença com o termo "idiotia mongol". Esta classificação é baseada num grave erro científico que Jérôme descreveu a Birthe:

> Você sabia que, por enquanto, a única explicação pseudocientífica que temos para o mongolismo é totalmente racista? Dizem que a doença mental advém da regressão de algumas características típicas da raça branca para outra raça.[6] Francamente, é urgente encontrar a verdadeira causa dessa doença, porque até agora há apenas uma coisa absolutamente certa: que isso está errado!

Desde o início século XX, a doença é um assunto científico controverso e as hipóteses se sucedem sem confirmação. Em 1937, Turpin e Caratzali consideraram a possibilidade de uma aberração cromossômica, e em 1939 dois outros pesquisadores bem conhecidos, Penrose e Fanconi, apresentaram a mesma sugestão.[7] Essas considerações teóricas sobre uma possível origem

---

[6] Jérôme evoca essa explicação racista em sua tese em *Le mongolisme, trisomie dégressive*, 1960, 1.

[7] J. Lejeune, *Le mongolisme, trisomie degressive*, dissertação, 1960. Jérôme deixa claro que Waardenburg, em 1932, e Bleyer, em 1934, previram a possibilidade de uma trissomia, mas esses estudos foram ignorados, à época de sua pesquisa, no departamento de Turpin. A sua publicação de 1959 confirmou, um quarto de século depois e sem saber, o pensamento desses dois autores.

cromossômica da doença foram então abandonadas, a ponto de, a partir de 1940, não existirem publicações que se refiram a essa possibilidade etiológica. Passaram a pesquisar outras fontes. No total, foram propostas mais de 60 hipóteses diferentes.[8]

— O que acha, Lejeune? — Turpin pergunta ao jovem colaborador.

— Acho que muitas suposições enfraquecem a hipótese, senhor. Gostaria de começar de novo a partir da observação clínica.

— Ótimo — responde Turpin. — Eu ia mesmo sugerir isso a você.

Em 1952, Lejeune retomou o estudo clínico e incorporou avanços científicos recentes na tentativa de encontrar a solução.

Já em 1953, ele e Turpin demonstraram as relações dos dermatóglifos (linhas da mão e impressões digitais) com as características físicas e psíquicas do paciente. Mostraram que a estrutura dessas linhas, específicas de cada pessoa e que não se alteram ao longo da vida, é determinada muito cedo, no início do desenvolvimento do embrião, antes mesmo do primeiro mês *in utero*. Contudo, um estudo estatístico apropriado mostrou que uma classificação das impressões de acordo com quatro critérios permitia o diagnóstico eficaz da doença,[9] em particular a fusão de duas dobras de flexão das mãos. Uma outra observação original desperta a curiosidade de Jérôme. Certa noite, antes de sair do hospital, ele conversou sobre o assunto com um jovem médico da equipe, seu amigo Jacques Lafourcade:

---

8 Em sua história publicada em 1960, Warkany listará mais de sessenta hipóteses, citadas por Jérôme Lejeune em sua tese de ciências.

9 Explicação de Jérôme na sua dissertação. Ele cita os estudos: Turpin R. et Lejeune J., *Étude dermatoglyphique de la paume des mongoliens et de leurs parents et germains*, in Semaine des Hôpitaux, Paris, 1953, 176, et Lejeune J., *Le diagnostic palmoscopique du mongolisme*, in Anthrop. Diff. et Sc. Types. Cost., 1955, Genève, vol. 3.

— É estranho. Os glóbulos brancos dessas crianças têm uma qualidade especial. E a frequência de leucemia aguda é vinte vezes maior do que em crianças normais. Portanto, parece lógico supor que essas duas características podem resultar de um mesmo mecanismo: uma constituição cromossômica anormal e talvez desequilibrada.[10]

— Você deve estar certo — responde seu amigo, com interesse.

Jérôme acende um cigarro e continua:

— Percebi que a influência da idade materna na ocorrência da Síndrome de Down é o único ponto com o qual os autores parecem concordar há cinquenta anos.[11]

— Isso é formidável! — responde Lafourcade, cada vez mais interessado.

— A observação de gestações gemelares também é esclarecedora — continua Jérôme entre duas tragadas. — A partir desses estudos, parece legítimo concluir que se trata de uma condição constitucional.[12] É, portanto, uma doença constitucional, determinada antes do 15º dia de vida *in utero*, que não aparece totalmente ao acaso, influenciada por caracteres não hereditários e envolve um grande número de genes[13] — concluiu.

— Excelente! O que você está dizendo é algo muito importante! — entusiasma-se Lafourcade.

— Em todo caso — retoma Jérôme — esse raciocínio metódico reforça a hipótese inicial.

— Qual?

Após um breve momento de silêncio, Jérôme responde:

— A única hipótese que pode conciliar estas deduções aparentemente contraditórias é a de um acidente

---

10 J. Lejeune, *Le mongolisme, degressive trisomy*, thesis ès sciences, 1960, 9.
11 Ibid.
12 Ibid., p. 10.
13 Ibid., pp. 12–13. A frase não é uma citação exata de Jérôme Lejeune, mas um resumo dos quatro pontos de sua conclusão.

cromossômico, como já sugerido em 1937 por Turpin e Caratzali.¹⁴

Olhando para o amigo com um leve sorriso nos lábios, Jérôme acrescenta:

— Calma, ainda falta provar!

Aos 27 anos, o jovem Dr. Lejeune foi coautor, com Turpin, de quatro artigos sobre o assunto, em 1953 e 1954. Depois, em 1955, assinou outros seis, sozinho, e mais três com Turpin. Trabalhou com entusiasmo e entre 1956 e 1957 publicou catorze novos artigos. Nessas publicações é possível ver a evolução das pesquisas de Jérôme, de acordo com a sua formação, sua experiência e também o progresso da ciência. O "estagiário de pesquisa" do CNRS acabou se tornando "pesquisador associado" em 1954, depois "pesquisador oficial", em 1956. Ao mesmo tempo, obteve seu certificado em genética em 1954 e, no ano seguinte, o de bioquímica.

Jérôme também passou a trabalhar num assunto que ganhou repercussão internacional após os bombardeios de Hiroshima e Nagasaki, e que ampliou bastante as suas reflexões: os efeitos das radiações atômicas sobre a hereditariedade humana. Em 1955, foi coautor, com Turpin, da primeira publicação sobre o assunto, que viria a ser seguida de muitas outras, a ponto de tornar Jérôme reconhecido em todo o mundo como especialista em radiação atômica.

Uma dessas publicações teve um grande impacto nacional e salvou a vida de centenas de comerciantes de calçados:¹⁵ Jérôme demonstrou, após levantamento e análise de milhares de dados, que o uso repetitivo das máquinas de raios X, que na época estava na moda para medir o pé dos clientes, era perigoso para os vendedores.

---

14 Ibid., p. 13.

15 R. Turpin, J. Lejeune, "Influence possible sur la stabilité du patrimoine héréditaire humain de l'utilisation industrielle de l'énergie atomique", in *Bulletin of the National Academy of Medicine*, p. 104, 8 de fevereiro de 1955.

Em 1957, aos 31 anos, seu trabalho com radiação atômica tornou-se tão relevante que lhe garantiu a nomeação como especialista francês do Comitê Científico das Nações Unidas sobre os efeitos da radiação atômica, na seção de genética. Foi membro desse comitê por mais de 20 anos, e foi nessa condição de especialista que cruzou o Atlântico pela primeira vez, em junho de 1957, com destino a Nova York.

O primeiro voo de Jérôme para os Estados Unidos encantou Birthe:

— Meu Jérôme, tenho certeza de que você será brilhante, como sempre, e todos vão aplaudi-lo — afirma convicta e com o olhar cheio de admiração. — Só de pensar que meu marido foi convidado para Nova York, para ir à ONU! Estou muito, muito orgulhosa!

Jérôme sorriu:

— Se o público for tão imparcial quanto você, realmente não precisarei me preocupar!

Em seguida, tranquilizando-a:

— Não se preocupe, vai dar tudo certo, eu me preparei bem. E vou escrever todos os dias, assim ficará sabendo de tudo. Só espero que esse tempo todo que terá de cuidar sozinha das crianças não seja muito cansativo. Não que eu ajude muito na cozinha — acrescenta rindo —, mas pelo menos quando estou por perto você sabe que pode contar comigo...

Turpin, por sua vez, esperava muito da viagem. Estava mandando seu jovem colaborador na esperança de que ele defendesse com brilhantismo a genética francesa. Poucos dias depois de Jérôme chegar a Nova York, Turpin escreveu para ele e contou algumas novidades sobre o serviço:

> Caro amigo, você tem uma tarefa muito importante, e não apenas uma viagem agradável. Se mantivermos os holofotes nestas deliberações da ONU, você será bem recompensado.

> A Sra. Rethoré defendeu ontem a sua tese. Este evento deu-me a oportunidade de dizer a ela publicamente o que pensava da sua dedicação, Jérôme. A criação do Instituto de Progênese está se tornando cada vez mais necessária. A Srta. Gautier iniciou uma primeira cultura de tecido cardíaco e consegui o microscópio solicitado para Bocquet. Em suma, tudo continua a progredir pouco a pouco. Mas não precisa se preocupar, apenas defenda bem as nossas cores. Estamos num momento decisivo (estou falando do país), crucial para o nosso futuro. Temos muito o que fazer, mas não nos falta energia.
> Cordialmente, seu amigo Raymond.[16]

A pequena equipe de pesquisadores foi crescendo ao longo dos meses. Além de Turpin e Lejeune, contava com os doutores Jacques Lafourcade, Henri Jérôme, Marie-Odile Rethoré e mais tarde recebeu a Dra. Marthe Gautier, que havia terminado seu estágio e defendido sua tese com sucesso, em 1955, e a Sra. Macé, a técnica. Em 1956, todo o departamento do professor Turpin mudou do Hospital Saint-Louis para o Hospital Trousseau, mas os equipamentos continuavam escassos, por isso era preciso muita engenhosidade para realizar os procedimentos. Quando Birthe perguntou se estavam bem instalados, Jérôme respondeu:

— A sala onde trabalhamos é soberba. Tem duas grandes janelas abertas para o céu, mas não há água, nem gás, nem mesa de laboratório.

— Ah! — exclama Birthe, preocupada. — Mas o material agora é mais moderno do que tinha em Saint-Louis...

— Nosso microscópio, que era o orgulho do hospital na década de 20, ainda se comporta com bastante bravura, principalmente quando encho os dentes desgastados de sua prateleira com uma folha de papel de chocolate, criteriosamente inserida entre as engrenagens.

— Isso não me surpreende, vindo de você! — diz Birthe, divertindo-se.

---

16 R. Turpin, *Carta a Jérôme Lejeune*, 29 de junho de 1957.

— Aquela maravilha óptica está entronizada numa cadeira de rodas com assento de palha. Também temos uma cadeira alta, semelhante às que ainda vemos nas igrejas do campo, que ficam atrás do órgão — continua Jérôme, gesticulando para mostrar como tudo estava disposto, antes de dar uma gargalhada. — É uma instalação improvisada, mas tenho certeza de que nos trará sorte![17]

Desde que Jérôme desenvolveu a hipótese do acidente cromossômico como causa da Síndrome de Down, empenhou-se em tentar demonstrá-la, e a grande descoberta de Levan e Tjio, em 1956, provando que as células humanas têm 46 cromossomos, ofereceu-lhe novas possibilidades. Tinha agora de verificar se este era o caso das crianças com síndromes genéticas. Então, aprimorou a técnica de cultura de tecidos,[18] trazida dos Estados Unidos por Marthe Gautier, que vinha trabalhar no Trousseau durante as tardes, e acabou desenvolvendo uma técnica original de coloração cromossômica.[19] Algumas semanas depois, Jérôme encontrou um novo método, que descreveu à esposa:

— Finalmente consegui descobrir como colorir intensamente os cromossomos de roxo para fazê-los se destacarem contra um fundo absolutamente incolor. Isso facilita a observação das plaquetas. E essas melhorias nos permitirão evitar erros na contagem de cromossomos.

— E como se faz a contagem nessa técnica? — pergunta Birthe, sempre demonstrando grande interesse pelo trabalho do marido.

— Uma operação importante consiste em ampliar as imagens nas quais serão feitas as contagens, pois alguns pequenos cromossomos são muito difíceis, às vezes até

---

17 Jérôme Lejeune, citado por P. Debray-Ritzen, *Éloge pour l'élection à l'Académie des sciences morales et politiques de Jérôme Lejeune*, 28 de novembro de 1983.

18 Lejeune, Turpin, Gautier, "Étude des chromosomes somatiques humains", in *Revue française d'études cliniques et biologiques*, 1960, vol. 5.

19 Lejeune, Turpin, Gautier, "Le mongolisme, 1er exemple d'aberration autosomique humaine", in *Annales de génétique*, 1959, vol. 1.

impossíveis de identificar sem fotos de qualidade. Imagine, é como contar 46 fios de macarrão finos como fios de cabelo, irregulares, vagamente em forma de X e amolecidos, nadando em desordem no fundo de um prato.

— E você consegue contá-los na imagem?

— Na fotografia, os cromossomos estão espalhados. Então eu os recorto, depois os classifico, lado a lado, e colo em ordem de tamanho decrescente em 22 pares, mais o 23º par de cromossomos sexuais (X e/ou Y).

— Você usa algum instrumento especial para fazer essa edição?

— Sim, claro. Temos tesouras e tubos de cola, como na escola — responde, ironicamente. — O pior é que é verdade — acrescenta, divertindo-se com o ar incrédulo de Birthe.

Em 1958, o próprio Jérôme verificou a presença constante de 46 cromossomos em indivíduos normais, podendo então finalmente começar a procurar anormalidades cromossômicas em crianças com síndromes genéticas. Depois de muitas tentativas com a técnica de leitura dos cariótipos que ele aprimorou com Marthe Gautier, na primavera de 1958, ao observar os cromossomos de uma célula de tecido de um de seus pacientes, conseguiu, pela primeira vez na história da medicina, identificar um cromossomo a mais. Este cromossomo é adicionado aqui ao par menor.[20] No caderno de análise, que Jérôme iniciou em 10 de julho de 1957, onde registrou à mão, minuciosamente, os cariótipos obtidos — ou seja, o mapa dos cromossomos classificados por par — consta a seguinte anotação na nona linha:

> 22 de maio de 1958: Jean-François R. (3 meses). Mongol, 1 cromossomo extra.[21]

---

20 J. Lejeune, *Le mongolisme, trisomie dégressive*, Thèse ès sciences, 1960.
21 J. Lejeune, *Carnet d'analyse, Laboratoire d'études nucléaires*, teve início em 10 de julho de 1957.

Enquanto na linha 10, anotou:

> Ellyet D., 13 de junho de 1958, síndrome intersexual, teria 47 cromossomos.

Jérôme não só conseguia contar um cromossomo supranumerário, mas também sabia identificar o responsável pela Síndrome de Down e o causador da síndrome intersexual.

Naquela mesma semana, um jovem geneticista americano, Kurt Hirschhorn, que fora enviado do outro lado do Atlântico para visitar os famosos geneticistas europeus, vinha a Paris para se encontrar com o jovem Dr. Lejeune. Depois de sua visita à Universidade Karolinska (Suécia), uma das instituições responsáveis pela organização do Prêmio Nobel, Hirschhorn ficou impressionado ao ver o estado do laboratório e os equipamentos obsoletos que equipe do Prof. Turpin usava em seus experimentos. No entanto, aquele fora só o primeiro espanto.

Ao entrar na sala, onde encontra-se o famoso microscópio monocular dos anos 20, viu Jérôme literalmente pulando de alegria:

— Estou muito feliz por você ter vindo. Venha, preciso te mostrar isso! — disse, entusiasmado. Pegando Kurt Hirschhorn pelo braço, colocou-o diante do microscópio e pediu para que ele olhasse. O americano nem podia acreditar:

— Um cromossomo a mais! O 47º cromossomo!

Então, tirando os olhos do microscópio para olhar Jérôme no rosto, perguntou:

— Segundo você, isto explicaria a Síndrome de Down? Admito que é emocionante ver no microscópio o que produz essa patologia congênita.[22]

---

22 K. Hirschhorn, *Oral history of human genetics project*, UCL, Johns Hopkins University, 7 de agosto de 2002, e sua entrevista em *Jérôme Lejeune, Au plus petit d'entre les miens*, documentário de F. Lespés, abril de 2015.

Jérôme também se emocionou com o que via, mas não se empolgou muito porque ainda tinha de confirmar o resultado com outras observações semelhantes:

— Sim, é fantástico! Mas também me intriga. Achava que a causa dessa deficiência era um cromossomo a menos, e não um cromossomo a mais. Agora é aparentemente um cromossomo supranumerário, no menor par. Surpreendente! Mas devo verificar esta observação com outros casos. Até que isso seja confirmado, não podemos ter certeza de nada. Pode ser, por exemplo, a divisão de um cromossomo em dois, e não dois cromossomos como aparecem no microscópio.

— Verdade — respondeu Kurt.

Jérôme continuou:

— Infelizmente, não poderei fazer todas essas verificações agora porque ficarei alguns meses longe do laboratório. Irei para o Canadá e depois para os Estados Unidos. E não estarei de volta antes de dezembro.

— Ah, que pena! E quais são seus planos para esses quatro meses? — perguntou o americano.

— Primeiro, vou para o congresso de genética em Montreal, entre os dias 18 e 31 de agosto. Depois a um seminário no laboratório de genética da McGill University em Montreal. Passarei ainda por Quebec, Ottawa, Toronto, Saskatoon, Vancouver e Seattle. Vou ficar no Canadá todo o mês de setembro. Depois parto para Pasadena, na Califórnia. O professor Beadle, que você conhece, chefe do laboratório do departamento de biologia e genética do Instituto de Tecnologia, me convidou para dar um curso de genética humana para seus alunos, entre 1º de outubro e 19 de novembro. Ainda passarei em Denver, para uma visita aos laboratórios dos professores Puck e Tjio, onde foi desenvolvida a técnica que acabei de usar para observar os cromossomos, e encerrarei a viagem com algumas conferências em Ann Arbor, no Michigan, e depois em Baltimore, no Hospital Johns Hopkins.

— Bela programação! — exclama Kurt Hirschhorn.

— Sim. É a primeira vez que tenho tantas palestras e cursos para ministrar. Tenho de admitir que me assusta um pouco tudo o que está em jogo — revelou Jérôme com simplicidade.

Mas Jérôme não disse ao seu colega americano que, além de tudo, Turpin o havia encarregado de "defender a posição da genética francesa".[23]

Turpin estava muito feliz com aquela viagem. Tinha convicção de que seu jovem colaborador saberia como promover a qualidade do trabalho francês e de que ampliaria sua rede de contatos, trazendo, ao mesmo tempo, muitas informações úteis.

Jérôme partiu, e Turpin passou a escrever-lhe regularmente para apoiá-lo. Em 12 de outubro, enviou a seguinte carta:

> Meu caro amigo, sua agonia em relação à dificuldade que poderá enfrentar nas conferências deve ser dissipada, pelo menos em parte, já que as coisas estão bem avançadas. Você certamente deixará uma excelente impressão. Certifique-se de pegar todas as informações sobre os equipamentos de que necessita. Você viu as provas eletrônicas? Certamente foram feitos testes. O que deram?[24]

Ele também dava notícias importantes do laboratório:

> Dois visitantes que vieram me ver, Cordero Ferreira (pediatra de Lisboa) e J. Mohr, de Oslo, ficaram maravilhados com suas contagens cromossômicas. As das doutoras Gautier e Macé estão sempre em 46.

Depois, mais algumas instruções:

> Quando esta carta chegar até você, talvez lhe reste apenas um mês. Acho que essa viagem, embora bastante cansativa,

---

23 R. Turpin, *Carta a Jérôme Lejeune*, 5 de setembro de 1958.
24 Ibid., 12 de outubro de 1958.

terá sido muito proveitosa. Pelo valor das pessoas que conheceu, pela documentação recolhida (equipamento necessário para estudos de cromossomos — e eles têm provas eletrônicas?), pelas conferências que certamente nos dará material para a elaboração do livro que planejamos.[25]

Jérôme, obviamente, fez falta nos serviços do laboratório, pois seus colegas também lhe escreveram em diversas ocasiões, como Marthe Gautier, em 20 de outubro de 1958:

> Caro amigo, recentemente recebi suas cartas com um certo atraso, pois foram parar na gaveta de um vigilante. Coloque o seguinte endereço: Parrot Lab ou o meu endereço. Não sei se esta carta chegará até você a tempo, porque talvez você já tenha deixado os lugares encantadores da Califórnia. Recentemente, recebemos algumas células muito boas para contar, mas ainda em estágio de desenvolvimento de uma acondroplasia. Seguimos com dificuldades enormes para a obtenção de novos tecidos. Não chegou nada desde 15 de junho. Anseio que seu retorno facilite essa espera por tecidos, que está se tornando insuportável. Tenho que procurar tecidos normais de outros hospitais. Não há nada pior do que a força da inércia. Fora isso, as rupturas parecem melhores, pois usamos benzododecínio (tipo *tween*). Por isso, temos algumas belas fotos em perspectiva. Recolha todas as dicas que puder sobre a cultura de tecidos e todas as separatas disponíveis nas suas visitas. Felicitações.[26]

Ou Henri Jérôme:

> Aguardo impaciente pelo seu retorno para aprimorar meu ambiente intelectual.[27]

Também lhe escreveu outro bom amigo, Jean de Grouchy, que ele conheceu no serviço militar e que encontrou nos corredores do hospital:

---

25 R. Turpin, *Carta a Jérôme Lejeune*, 27 de outubro de 1958 (nesta carta, Turpin escreveu o nome Macé com um erro de grafia que obviamente não reproduzimos aqui).
26 M. Gautier, *Carta a Jérôme Lejeune*, 20 de outubro de 1958.
27 H. Jerome, *Carta a Jérôme Lejeune*, 11 de novembro de 1958.

> Meu bom Jérôme, obrigado por sua graciosa carta cheia de novidades. No entanto, estou surpreso com uma certa tristeza que transparece em suas linhas. Não se desespere, você verá sua pátria novamente. Enquanto isso, aproveite a *wonderful opportunity* de passar todos esses meses nos Estados Unidos, oportunidade que talvez não se apresente de novo tão cedo. Lembre-se de que não tenho nenhuma inveja de você estar ensinando genética em Beadle e a seus eminentes colegas. Particularmente, no seu lugar eu estaria na situação de alguém que gostaria de fugir para uma caverna. Tenho certeza de que você passou por tudo com todas as honras e muita glória. O foguete decolou ontem e eu o acompanho com paixão. Creio que deve estar muito animado com tudo aí nos Estados Unidos. E, de fato, há muito para se animar. Meu amigo, aguardo impacientemente seu retorno. Fique bem, divirta-se e, acima de tudo, não se abata: sua solidão é uma solidão de ouro e valerá a pena passar por ela, acredite em mim.[28]

Jérôme tinha saudades da família, mas também estava muito feliz com os importantes encontros que fez durante aqueles quatro meses. Poucos dias depois de sua chegada a Montreal, em 26 de agosto, ministrou uma conferência sobre as variações da masculinidade na prole de pais irradiados. E à noite, satisfeito e aliviado do exercício, contou a Birthe, em sua carta do dia, todos os detalhes, pelos quais ela esperava ansiosamente:

> Minha conferência foi considerada muito interessante. Fiz em francês, sem ler o texto, e os americanos me disseram que entendiam quase tudo. Na verdade, todos eles concordam que o efeito observado é muito curioso, dificilmente crível. Esta é a minha opinião e fui muito cuidadoso na minha demonstração.[29]

Como em todos os congressos, aquele oferecia aos participantes a oportunidade de comparar seus trabalhos e Jérôme pretendia aproveitar para confirmar ou impugnar sua hipótese sobre as causas da Síndrome de Down. No

---

28 J. de Grouchy, *Carta a Jérôme Lejeune*, outubro de 1958.
29 J. Lejeune, *Carta a Birthe*, 26 de agosto de 1958.

dia seguinte à sua chegada, visitou a exposição de genética, onde estavam as melhores fotos do mundo dos cromossomos humanos, e a comparação dessas fotos com as suas está longe de ser uma desvantagem. Ele se apressa em escrever para Birthe:

> As minhas também são boas, mas as guardei no bolso.[30]

Depois Jérôme mostrou sua foto de 47 cromossomos para alguns geneticistas que ele conhecia e apreciava, como Schultz, Neel ou Kodani, que reconheceram a qualidade extraordinária. Ficou feliz em notar o interesse deles, e aproveitou para refinar sua própria hipótese discutindo com os colegas "a hipótese de um cromossomo supranumerário ou a ruptura preferencial em um ponto 'débil'".[31]

Jérôme também mostrava uma certa ingenuidade porque não hesitou em expor este trabalho no seminário da Universidade McGill, na esperança de uma troca frutífera de ideias, sob o risco de ser copiado e depois replicado por outra equipe, algo que não escapa a Turpin, que o orientou a ser mais discreto, oscilando entre o medo de parecer ridículo com uma "observação" inútil e o de ser superado se, pelo contrário, tratar-se realmente de uma grande descoberta.

Jérôme estava cada vez mais convencido de que um cromossomo extra era a causa da Síndrome de Down, por isso retomou suas pesquisas com entusiasmo assim que retornou a Paris. Alguns dias depois, em dezembro, todos os seus esforços foram coroados com o sucesso: ele conseguiu encontrar dois novos casos de cromossomo supranumerário em duas crianças com Síndrome de Down. À noite, na Rua Galande, nem esperou o jantar

---

30 Id., 22 de agosto de 1958.
31 J. Lejeune, R. Turpin, *Deux exemples de maladies chromosomiques humaines*, 1959.

para contar as boas novas a Birthe. Tirou o casaco, jogou-o na cadeira e disse todo feliz:

— Tenho mais dois casos! Fantástico! É fantástico! Essas duas fotos adicionais confirmam a primeira observação em maio. A hipótese de um 47º cromossomo responsável pela síndrome parece estar realmente se tornando mais clara.

— Bravo! — exclama Birthe. — Já contou a Turpin? — pergunta, com seu senso prático usual.

— Não, ainda não. Farei isso amanhã, assim que ele chegar. E vou perguntar se podemos preparar uma nota para a Academia de Ciências. Espero que sim!

Depois de alguma hesitação, sempre dividido entre o medo de um erro de observação ou de análise e o medo de ser copiado, Turpin deixou-se convencer por Jérôme e concordou em apresentar uma nota à Academia de Ciências. Na noite de 16 de janeiro de 1959, Jérôme confidenciou em seu *Diário*:

> Os deficientes definitivamente parecem ter 47 cromossomos. Ontem, novas fotos me convenceram. A nota para a Academia já está escrita, com prudência.[32]

Muito simples, a nota menciona três casos de Síndrome de Down associados à presença de 47 cromossomos, com o título: "Cromossomos humanos em cultura de tecidos".[33] É assinado por Lejeune, Gauthier e Turpin, na ordem habitual: primeiro assina o autor principal, por último o chefe do departamento, e no meio aquele ou aqueles que participaram da obra.

Confortavelmente sentados no sofá, cobertos com uma manta dinamarquesa para se protegerem do frio que o

---

32 J. Lejeune, *Journal intime*, 16 de janeiro de 1959.
33 Lejeune J., Gauthier M., Turpin R. "*Les chromosomes humains en culture de tissus*", in *Comptes rendus de l'Académie des sciences*, t. 248, p. 602–603, reunião de 26 de janeiro de 1959. Na nota, Gautier está escrito, por engano, com "h".

aquecedor do apartamento mal conseguia dissipar, Jérôme e Birthe desfrutavam de um momento de tranquilidade. Os três pequeninos já estavam na cama, e a casa, em silêncio. Com a esposa ao seu lado, Jérôme sentia-se tão feliz quanto Odisseu depois de sua longa viagem:

— Minha Birthe, 1959 abre-se diante de nós como uma promessa de trabalho e muita felicidade. As três crianças estão bem, nossa pequena família está bem unida e não estamos preocupados com dinheiro, embora não sejamos ricos. *Talvez por não sermos ricos*, isso sim. O Instituto de Progênese acaba de ser oficialmente fundado por decisão do ministro e as pesquisas com cromossomos estão avançando. Já consigo diagnosticar corretamente o sexo de acordo com o revestimento cromossômico e talvez uma anormalidade de um dos cromossomos menores (uma disjunção na redução cromática ovular) seja a causa da Síndrome de Down.[34]

— É verdade, querido. Temos muita sorte. E sua pesquisa está progredindo bem. Mas, ainda assim, te vejo um pouco preocupado.

Jérôme olha para ela com ternura.

— Definitivamente, minha Birthe me lê como um livro — pensa, antes de respondê-la, tranquilizado por poder lhe confidenciar sua preocupação:

— Desde que voltei da América, a ideia do livro que devo escrever com Turpin tem me incomodado. É uma tarefa muito pesada que aceitei sem pensar muito. Tenho certeza de que posso escrevê-lo, mas essa tarefa está tão no limite de minhas possibilidades que todos os dias tento atrasar o prazo e evitar esse confronto tão severo. Ainda não tive coragem de começar, mas chegou a hora. Para piorar, sou mais indolente e descuidado do que se pode imaginar. Tudo me exige esforço e, a não ser uma boa

---

34 J. Lejeune, *Journal intime*, 13 de janeiro de 1959.

leitura em uma poltrona, dificilmente me sinto tentado pela agitação diária.

Enquanto Birthe procurava as palavras para encorajá-lo, Jérôme disse a si mesmo, em silêncio:

— Eis uma bela confissão pela qual sou o primeiro a me envergonhar. Mas não deveríamos às vezes tentar examinar mais de perto os nossos defeitos?[35]

Mais do que a escrita do livro, Jérôme estava tomado pela pesquisa. A nota de janeiro para a Academia de Ciências, tão cautelosa e sem foto, teve pouco impacto e ele estava ansioso para poder confirmar esta primeira publicação com novas observações, mesmo ainda hesitando sobre o escopo do trabalho. No início de fevereiro, confidenciou ao seu *Diário*:

"É claro, sempre hesito antes de dizer que 'descobrimos' o segredo da síndrome, mas, mesmo que fosse verdade, não parece servir para muita coisa! Ah, se fosse um tratamento, eu pensaria de outro modo, mas também a situação seria bem diferente".[36]

Os meses de janeiro e fevereiro trouxeram-lhe as confirmações necessárias, e Jérôme achou que havia chegado o momento de publicar uma segunda nota, mais completa que a primeira.

No início de março, aproveitou uma de suas conversas habituais de fim de tarde com Turpin para sugerir que ele escrevesse uma segunda publicação:

> Os cromossomos deficientes sempre parecem se estabilizar no 47. Três meninas já se juntaram aos quatro meninos anteriores! Outra menina e um casal de gêmeos, incluindo um deficiente, provavelmente será analisado na sexta-feira ou no sábado. Se tudo correr bem, uma nova nota poderia vir à luz na próxima segunda-feira.[37]

---

35 Parágrafo composto de citações do *Jornal intime* de Jérôme Lejeune, de 27 de janeiro e 1º de fevereiro de 1959.

36 Ibid., 10 de fevereiro de 1959.

37 Ibid., 4 de março de 1959.

Ao dizer isso, Jérôme observa seu chefe. Ele parece incomodado com a conversa. Confiante, Jérôme continua:

— Além disso, já mencionei isso para Barsinghousen.

Desconcertado com este anúncio, que considerava prematuro, Turpin respondeu:

— Lejeune, ainda não sabemos se isso é absolutamente certo.

— Mas foi exatamente o que eu disse a eles, senhor — respondeu.

— Ainda é cedo para falar sobre isso. Penrose vai saber! — continua Turpin, irritado e preocupado.

— Se ele lê os relatórios da Academia de Ciências, já está sabendo, senhor — defende-se Jérôme.

Turpin permanece em silêncio por um momento, depois aceita:

— Tudo bem, vamos publicar. Quando você pode me trazer a nota, Lejeune?

— Estou esperando os últimos resultados no sábado. Se confirmarem o trabalho anterior, trago na segunda, senhor.

— Perfeito — responde Turpin, com um ar indefinível.

Jérôme vai para casa todo animado e Birthe faz suas perguntas costumeiras:

— Quem você viu? E quem lhe disse o quê?

Ele responde com entusiasmo:

— Acabei de falar com o Tutur.

— Sobre o quê? — pergunta Birthe, colocando um prato de batatas e outro de salada na mesa.

— De uma segunda publicação sobre a relação entre um cromossomo supranumerário e a Síndrome de Down — responde Jérôme.

Antes de exclamar:

— É difícil saber se encontramos ou não algo consistente. Nem Turpin e nem eu temos dúvida que sim, mas também não podemos acreditar totalmente. Eu compreendo a hesitação dele, afinal, fui o único a ter contado e recontado os ditos cromossomos. Mas para mim não há mais dúvida. Os normais têm 46 — fiz mais duas contagens esta manhã — e os deficientes, 47.[38]

— Tem que publicar logo, para não ser plagiado — interrompe a esposa.

Jérôme continua, pensativo:

> Queria saber o que o Tjio, que desenvolveu o método, vai dizer sobre o nosso próximo artigo, definitivo e embasado com fotografias. A partir do momento que não estamos enganados, não vejo o que nos impediria de publicar nossos resultados. Sendo "adequados", muito bem, mas se acontecer depois de não se "adequar" em todos os casos, outra hipótese mais apurada de que a atual vai surgir. Na verdade, não teria vergonha de cometer um erro, pois estou pesquisando de boa fé e não corro o risco de prejudicar ninguém. De qualquer forma, daqui até o final desta semana poderei avaliar melhor a hipótese.[39]

Com as últimas observações confirmando todas as anteriores, Jérôme passa à escrita meticulosa da nota. Cada palavra era importante, mas todo esse trabalho o deixou esgotado, como confidencia em seu *Diário*:

> Nos últimos dias, a finalização da nota sobre o cromossomo supranumerário dos deficientes me atormentou muito. A nota será apresentada à Academia amanhã pelo reitor, e finalmente poderei respirar. Mas o trabalho e a pressa deixaram-me muito cansado e várias minhocas da minha cabeça vieram me dizer que esse excesso de trabalho não vale nada.[40]

A segunda nota foi publicada na Academia de Ciências em 16 de março de 1959. Cautelosa, ela afirma:

---

38 J. Lejeune, *Journal intime*, 15 de março de 1959.
39 Ibid.
40 Ibid.

> Em nove crianças deficientes, o estudo [...] nos permitiu observar regularmente a presença de 47 cromossomos.[41]

Mas não foi até abril de 1959 e sua terceira publicação, esta no *Bulletin de l'Académie de Médecine*, que eles escreveram:

> Concluindo, acreditamos poder afirmar que a Síndrome de Down é uma doença cromossômica, a primeira a ser definitivamente demonstrada na nossa espécie.[42]

Pela primeira vez, nesta publicação longa e detalhada, Lejeune apresenta fotos de cariótipos em apoio à demonstração. Portanto, a partir da simples observação mencionada na publicação de janeiro de 1959, passando pela constatação de março de 1959, chegaram, em abril de 1959, à confirmação, onze meses depois de Jérôme ter observado pela primeira vez a presença de 47 cromossomos em uma criança com Síndrome de Down.

Esses resultados também foram confirmados pela equipe anglo-escocesa de Brown e Jacobs. Ao descobrir sua publicação, sentado em frente à sua secretária, Jérôme ficou encantado por ver as suas descobertas serem verificadas por outra equipe. No entanto, era possível perceber em seu rosto um ligeiro sinal de aborrecimento, que não escapou ao seu amigo Jacques Lafourcade:

— O que houve, Jérôme? Algo errado?

— Não, nada grave, mas reparei que apenas citaram a nossa primeira publicação e não a segunda. Ora, enviei a Court Brown, como solicitaram, a segunda nota à Academia relativa a nove deficientes e descrevendo o mecanismo da doença. Ele teve o cuidado de não o

---

41 J. Lejeune, M. Gautier et R. Turpin, "Étude des chromosomes somatiques de neuf enfants mongoliens", in *Comptes rendus de l'Académie des sciences*, t. 248, pp. 1721–1722, 16 de março de 1959.

42 J. Lejeune, M. Gautier et R. Turpin, "Le mongolisme, maladie chromosomique", in *Bulletin de l'Académie nationale de médecine*, p. 143, 2º trimestre de 1959.

mencionar, pois só tinha seis casos, mas contentou-se em citar a primeira nota que mencionava apenas três. Bem, é o direito deles, mas um pouco mais de escrúpulo e precisão não teria lhes desonrado.[43]

— Evidente —, responde Lafourcade, antes de adicionar, num tom de brincadeira: — Enfim, meu velho amigo, não se preocupe, isso não altera em nada a anterioridade da publicação original, que é francesa, e não inglesa!

— Tem razão — responde Jérôme, cujo mau humor já havia passado. — Esses pormenores do cromossomo são um caso encerrado. Não importa muito, desde que possamos descobrir como curar essas crianças.

Poucos dias depois, em maio de 1959, uma equipe sueca publicou seus resultados sobre a causa da Síndrome de Down. A descoberta de Jérôme é novamente confirmada. E, assim, abriu-se um novo capítulo na genética humana: a citogenética.

A importância desta descoberta inédita é imensa. Por um lado, demonstra, pela primeira vez na história da medicina, a origem cromossômica de uma doença humana e, por outro, prova a existência de um mecanismo completamente desconhecido no ser humano, ou seja, a transmissão de uma anomalia cromossômica. Isso abria perspectivas extraordinárias de pesquisa. Mas o mais importante de tudo é a mudança realizada para os pacientes, aqueles por quem Jérôme trabalha. Essa descoberta livra os pais de um olhar opressivo da sociedade, que via nas crianças com síndromes genéticas uma espécie de castigo por um mau comportamento passado. Um olhar, culpado e mortificante, que levava os pais a esconderem o filho doente, que havia se tornado objeto de vergonha para a família. Além disso, antes da descoberta, os pais estavam sozinhos diante do destino, sem qualquer esperança terapêutica. A partir de então ficou demonstrado

---

43 J. Lejeune, *Journal intime*, 1º de abril de 1959.

que se trata de uma doença causada por um cromossomo extra, porém não defeituoso, algo que ocorre por acaso, e não algo hereditário e muito menos causado por pecados ancestrais. Ao iniciar a busca por um tratamento, Jérôme aliviou os pais desse sentimento de culpa. Pela primeira vez, rompeu-se o isolamento das famílias, que já poderiam ter alguma esperança. Não falávamos mais de "mongolismo", mas de trissomia. Foi o alvorecer de uma revolução.

CAPÍTULO 5
"O sonho da minha existência"

1959–1962

> Cerveja deliciosa, linguiça assada e charuto. Não faltou nada. A amizade de Carter, e especialmente de Lewis, fez da primeira parte dessa estadia um agradável descanso. Depois, dois dias de trabalho no ICRF, do qual fui eleito membro. Em seguida, dois dias escrevendo a nota, leitura solene e a correria de um dia inteiro com o Théo. Uma deliciosa costela de cordeiro foi a nossa refeição de despedida. E partimos, emocionados.[1]

Respondendo à carta do marido, carimbada em Munique, Birthe comentou com a mãe, com satisfação:

— Pelo menos o sucesso não lhe subiu à cabeça. Ele fala mais sobre a alegria de encontrar os amigos do que sobre a sua eleição ou sua conferência!

Em seguida, sentando-se em frente à mãe, diante de um bule de café preto, acrescenta:

— Fico feliz em vê-lo descansando um pouco. Este é o segundo congresso neste verão, e o programa para os próximos meses está ocupando toda a sua agenda. Ele precisa aproveitar bem os momentos de folga. Depois da Itália e da Alemanha, terá de ir para Londres e também aos Estados Unidos!

Enquanto Birthe enumera esses países como grandes conquistas para seu marido, Magdeleine olha para sua

---

1 Relato extraído do *Journal intime* de J. Lejeune, agosto de 1959.

filha com ternura: sua pequena *Bittenur* está tão feliz com os sucessos do marido que chegava a ser comovente.

— Esses dois são feitos um para o outro — pensou, com alegria, antes de olhar sorrindo para a filha e dizer:

— Tenho certeza de que o seu Jérôme fará coisas ainda mais incríveis".

Desde a descoberta da causa da Síndrome de Down, multiplicavam-se os convites para que Jérôme participasse de congressos internacionais. Sua carreira, que já estava bem encaminhada, agora ia de vento em popa. Em 1959, foi eleito pesquisador do CNRS[2] por unanimidade e em votação secreta, e no exterior seu sucesso espalhava-se rapidamente. Muitos já haviam ouvido falar do jovem médico que apresentava trabalhos originais e de grande qualidade, além de defender com tanto brio a genética francesa em congressos internacionais. Por isso, e sem demora, celebravam a descoberta e abriam-lhe as portas. Foi imediatamente apontado pela comunidade internacional como o principal descobridor da trissomia 21. Recebeu diversos prêmios, além de uma chuva de cartas e pedidos de entrevistas.

Em junho de 1959, ministrou uma palestra em Veneza, num simpósio sobre radiação. Foi uma oportunidade para Jérôme conhecer a Cidade Flutuante, que arrebata os grandes poetas com sua magia e beleza. Ele ficou fascinado pelo labirinto de canais incansavelmente descritos com tanto entusiasmo, mas acabou tendo uma péssima experiência ao perder a carteira no Teatro La Fenice, e junto com ela a aliança de seu pai, guardada com tanta devoção, algo que o chateou profundamente.

Depois de Veneza, Jérôme foi se encontrar com a família na Dinamarca, onde passou 15 dias de férias. Depois partiu para Munique rumo ao congresso de radiologia,

---

2   J. Lejeune, *Journal intime*, 6 de junho de 1959.

antes de retornar a Kerteminde, no final de agosto, para buscar Birthe e seus filhos.

A viagem de volta a Paris é animada. O velho carro, abarrotado até o topo com inúmeros pacotes, comportava-se bem, apesar de seus 115 mil quilômetros rodados, e vinha a toda a velocidade em direção à Cidade Luz. Porém, o escapamento acabou estourando entre Hamburgo e Biel.

— Você acha melhor procurarmos um mecânico em Biel, querida? — Jérôme perguntou a Birthe, que estava cochilando ao seu lado, apesar do barulho terrível do carro.

— Não. Acho que devemos voltar logo para Paris. Melhor levarmos o carro ao nosso mecânico do que a um estranho. E nem temos dinheiro alemão para pagar o conserto!

—Tem razão — admite Jérôme. — Só nos resta cantarolar a *Petite musique de nuit* para amenizar essa barulheira, que, espero, não seja o canto do cisne do nosso fiel carrinho!

Depois de algumas horas extenuantes, a família Lejeune faz uma entrada triunfal na Rua Galande. Nenhum vizinho poderia ignorar a chegada deles!

Jérôme aproveitou os poucos dias em Paris para concluir o aprimoramento da técnica de coloração dos cromossomos, substituindo a água acetificada, recomendada nos manuais, por água alcalina. Esse trabalho foi rapidamente interrompido por sua partida para o simpósio sobre cromossomos humanos realizado no King's College de Londres, nos dias 18 e 19 de setembro. Jérôme sabia que aquele encontro era importante tanto para ele quanto para a genética francesa porque, sendo o único convidado francês, iria expor aos participantes o trabalho pioneiro realizado pela sua equipe.

Poucas semanas depois, Jérôme recebeu um importante prêmio científico, mas a boa notícia veio acompanhada de uma surpresa ruim, informada a ele pelo emissário do júri: "Você receberá o prêmio P., de 100 mil francos, mas com uma condição: seu chefe deve ser demitido". Jérôme ficou atônito. "Como é possível alguém fazer uma proposta assim?", pergunta-se, internamente. "Sou ingênuo, não há dúvida! Mas isso está fora de questão". Jérôme rejeita a proposta, ciente de que perderia o prêmio e os 100 mil francos que o acompanhavam. E diz com toda franqueza ao emissário do júri:

— Com essa condição, não vou receber o prêmio; não conte comigo para derrubar o meu chefe!

À noite, porém, quando Birthe já estava dormindo, Jérôme resumiu o que pensava do assunto:

> Prefiro perder esse prêmio a manchar a minha consciência. Mas não posso deixar de sentir uma certa amargura quando me lembro da conduta da pessoa em questão. Ter sido vencido pelo dinheiro e, ainda assim, continuar jogando o jogo é obviamente a única posição honesta, mas devo admitir que é um remédio muito amargo![3]

Jérôme não se atém muito a esses inconvenientes, pois precisava se preparar para a próxima viagem a Nova York. Havia sido convidado por psiquiatras americanos para explicar a constituição dos cromossomos das pessoas com Síndrome de Down.

Enquanto Birthe ajudava o marido a arrumar a mala para enfrentar a neve em Nova York, ela diz, dobrando um suéter:

— Não faz um ano que você voltou de sua primeira viagem aos Estados Unidos! Desde então, já progrediu tanto!

— É verdade — responde Jérôme. — Que ano abençoado! Mas o que é ainda mais maravilhoso é nossa família unida. Felizmente, desta vez ficarei poucos dias fora.

---

3 J. Lejeune, *Journal intime*, 29 de outubro de 1959.

— Sim, ainda bem! — responde Birthe. — Os pequeninos irão perguntar por você, e ficaremos contando os dias para a sua volta. Se puder, não se esqueça de trazer lembranças para eles.

Jérôme era esperado no Instituto Roosevelt e na prestigiosa Universidade de Columbia, onde suas palestras foram recebidas com entusiasmo. Na noite de sua primeira intervenção, ele descreveu para sua esposa o frenesi americano por cromossomos:

> O discurso foi um sucesso. E quando acabou, alguns aplaudiram de pé por um minuto (ou quase). Todo mundo aqui é louco por cromossomos, só se fala disso. É uma verdadeira paixão.[4]

Jérôme ficou espantado com esse entusiasmo e, mais ainda, com a cordialidade com que fora recebido. Foi levado aos melhores restaurantes e tratado com todo carinho. Certa noite, durante um jantar bastante privado, Jérôme descobriu o verdadeiro interesse desses convites:

— Você sabia que no próximo ano a Columbia patrocinará a criação de uma cátedra de genética humana? — pergunta um dos organizadores da conferência.

— Ah!, não estava sabendo. É uma ótima ideia, inclusive! — responde Jérôme.

— E sabe quem escolhemos para inaugurá-la?

Jérôme pensa rápido. Diversos nomes vêm à sua mente, mas ele não conhece seus colegas americanos bem o suficiente para arriscar um palpite. Com um aceno de cabeça, responde negativamente:

— Não tenho ideia.

— Imaginei! Realmente é difícil encontrar a pessoa certa — disse-lhe o anfitrião, antes de continuar, com um

---

[4] J. Lejeune, *Carta a Birthe*, 11 de dezembro de 1959.

grande sorriso: — Por isso pensamos em você. Escolhemos você![5]

De repente, Jérôme compreendeu o porquê daquela recepção incrível. E, antes que ele pudesse dizer qualquer palavra, seu interlocutor esclareceu:

— O Conselho Docente o elegeu há três meses. Você vê que não estou fazendo uma proposta cedo demais. Obviamente, o salário será compatível com os encargos. E, se minhas informações estiverem corretas, será três vezes maior do que o que você ganha em Paris.

— Que honra — responde Jérôme, que mal conseguiu se recuperar da surpresa. — A proposta é realmente uma honra e agradeço muito por ela. Tenho certeza de que você vai entender que tenho de pensar sobre isso antes de lhe dar uma resposta.

De volta a Paris, Jérôme informou a proposta a Turpin. Ele recebe o golpe com dignidade e apressou-se para apelar ao reitor da universidade para que encontrasse uma solução. Mas a Columbia, para garantir Jérôme entre seus docentes, renovou a proposta oito meses depois, em setembro de 1960, aumentando a oferta.[6] As somas prometidas pareciam colossais para Jérôme, muito além do que ele podia imaginar, sem falar nos benefícios: casa, carro...

Em abril de 1960, Jérôme foi a Denver, onde era aguardado para fazer parte do seleto comitê que decidiria sobre a classificação dos cromossomos. Ele é, novamente, o único francês neste grupo internacional de cerca de 15 pessoas. As discussões são ríspidas e Jérôme logo entende que não conseguirá afirmar seu método de classificação. Vê-se forçado a aceitar a classificação e a numeração dos cromossomos em ordem decrescente de tamanho, de 1 a 23. O mongolismo agora é chamado de trissomia do

---

[5] J. Lejeune, *Journal intime*, 19 de dezembro de 1959.

[6] J. Lejeune, *Carta a Birthe*, 2 de setembro de 1960 e *Journal intime*, de 5 a 9 de setembro de 1960.

21, sendo que o cromossomo extra dos deficientes é um dos menores. Ele concorda com essa decisão, que afinal não tinha muita importância — mas nota, de passagem, a tensão inusitada entre os participantes. Um de seus colegas o esclareceu:

— Há uma certa agitação no ar, não acha?

— Sim — responde Jérôme. — E eu me pergunto por quê. A decisão final sobre a classificação não é tão importante, é apenas uma convenção!

— Ah, mas você realmente não entendeu nada — responde o interlocutor, rindo. — Não é disso que se trata! O que está em jogo é algo muito mais importante: corre-se o boato de que o Prêmio Nobel poderá ser concedido a um especialista em cromossomos. Ou seja: tornou-se uma corrida!

— Ah, entendi! — responde Jérôme ainda surpreso com a situação. — Mas acho uma pena que essa tensão tenha complicado as discussões.

Ele acrescenta, rindo:

— A menos que o Prêmio Nobel seja concedido ao promotor da classificação dos cromossomos.

Mas não foi a única surpresa para Jérôme. Logo ele ficou sabendo que os organizadores não reembolsariam a viagem, como estava inicialmente previsto, e foi forçado a sacar 400 mil francos do orçamento familiar:

"O custo disso é muito alto para mim! E ainda para que minha classificação nem seja mantida",[7] pensava, no avião que o trazia de volta a Orly. "Felizmente, minhas viagens costumam ser bem organizadas e eficientes! Mas, sem problemas: se minhas próximas conferências, na Suécia, Suíça, União Soviética e Estados Unidos, forem às minhas custas, irei de bicicleta!".

Em junho, um mês após o retorno de Denver, Jérôme defendeu com sucesso sua tese em Ciências Naturais.

---

[7] J. Lejeune, *Journal intime*, 2 de maio de 1960.

A partir de então ele tem um pós-doutorado. Seu trabalho se concentra naturalmente em *Le mongolisme, trisomie dégressive*,[8] mas durante a argumentação, sua pobre mãe achou que "eles" iriam negar o título de *dignus intrare* a seu filho. É preciso dizer que o suspense é bem conduzido e que a deliberação do júri, com os professores Lamotte e L'Héritier, impressiona os não iniciados. A cerimônia foi seguida de uma pequena, mas muito simpática, recepção no laboratório. Héritier, Lamotte e Turpin, que adiaram suas partidas para Trouville, participaram com ternura e amizade, ao lado dos familiares de Jérôme: a mãe, Philippe, Rémy e a tia Charlotte. Birthe, adorável em um lindo vestido de verão, estava radiante, e Jérôme, todo alegre, brindava a cada uma com destreza, sem deixar de homenagear seus falecidos pai e avô:

> Ao meu querido pai, que me incentivou a fazer essa tese. Meu Deus, que ele possa alegrar-se conosco esta noite, afinal seu desejo foi realizado. E para meu querido avô. Como Philippe me fez notar, ambos foram, cada um a seu modo, responsáveis pela minha carreira atual. Comparado com o afeto que tenho a eles, minha memória me parece muito branda e muito descolorida, mas certamente não as esqueço.[9]

Jérôme ainda acrescentou:

> E, finalmente, aos meus pacientes, e a todas as pessoas com Síndrome de Down a quem este trabalho é dedicado. São eles que nos inspiram e indicam os caminhos que devemos seguir.

Sua felicidade torna o apelo mais urgente e, naquela mesma noite, registrou esses sentimentos em seu *Diário*:

> Quando vejo essas pobres crianças pelas quais nada podemos fazer, sinto a necessidade de trabalhar, de "fazer algo"

---

8 J. Lejeune, *Le mongolisme, trisomie dégressive*, dissertação, 1960.
9 J. Lejeune, *Journal intime*, 24 de junho de 1960.

> para evitar esse tipo de reprovação que me fazem: "Sim, você está fazendo sua tese a partir de nosso cromossomo supranumerário, mas o que você está realmente fazendo por nós?". Eu não poderia admitir isto à banca examinadora hoje, mas este sentimento não é um entretenimento literário para mim. Ele é verdadeiro.[10]

Nos dias que se seguiram à tese Jérôme percebeu, sorrindo, que aqueles que jamais haviam se interessado pela Síndrome de Down alguns meses antes de repente se revelavam encantados com o tema e se apressavam em parabenizá-lo. Mas ele sabia que palavras elogiosas nem sempre vinham do coração. Nos últimos meses, Jérôme observou com tristeza os efeitos do sucesso em alguns de seus relacionamentos:

> Talvez meu temperamento esteja se tornando amargo, mas tenho a impressão de que o sucesso, assim como a adversidade, revela os verdadeiros amigos; os falsos ficam encimados e mal conseguem disfarçar. Nojo![11]

Em setembro de 1960, Jérôme foi o enviado da Agência Atômica Internacional para uma conferência da Organização Mundial da Saúde (OMS) em Genebra. Aproveitaram sua vinda e lhe ofereceram um cargo de geneticista da OMS. Jérôme sabe que este posto é uma "oportunidade de ouro",[12] mas estava disposto a recusá-la — porque tinha um sonho. Um sonho que carregava secretamente, desde a primeira publicação da descoberta da trissomia, e que norteava todo o seu trabalho:

> Fazer que um deficiente seja capaz de ser nomeado professor da Faculdade de Medicina de Paris! Este é o sonho da minha existência.[13]

---

10 Ibid.
11 J. Lejeune, *Journal intime*, 30 de novembro de 1959.
12 Ibid., de 5 a 9 setembro de 1960.
13 Ibid., 16 de janeiro de 1959.

A fama não o fez esquecer da sua primeira impressão ao conhecer aquelas crianças no departamento do professor Turpin, oito anos antes. O apelo silencioso que vinha delas fez com que Jérôme, um médico por vocação, se tornasse um pesquisador por paixão. Ele queria, de fato, encontrar uma maneira de curá-los. E sua paixão não foi mitigada pelo sucesso. Pelo contrário, o apelo silencioso tornou-se ainda mais convincente.

Naquela noite, em seu quarto de hotel, perto da janela de onde observava as pessoas descendo a pé em direção ao Lago de Genebra, pensou: "É pelos meus pacientes, e graças a eles, que fizemos esta descoberta. Não tenho como abandoná-los agora". No entanto, a escolha não era óbvia. Jérôme se interessava por tudo, e com muito talento. Era fascinado por matemática, física e astronomia, e sua engenhosidade e distinções oferecem-lhe inúmeras oportunidades de pesquisa em campos muito diversos daquele das síndromes genéticas. As tentações eram, portanto, numerosas.

Afastando-se lentamente da janela, voltou à mesa para escrever sua carta noturna. Pegou um papel e uma caneta quase que automaticamente, mas antes de escrever uma única palavra, tinha os pensamentos agitados:

> Sempre o mesmo incômodo: o que podemos fazer por essas crianças? Lembro que no verão passado Birthe me enviou uma carta comovente, quando eu estava em Munique. Era de uma mãe que tinha ouvido falar da descoberta do cromossomo e queria saber tudo. Toda vez que tento escapar do mongolismo para estudar mutações, cromossomos politênicos ou leucemia, há uma mãe ou uma criança para me chamar a atenção e dizer: "Primeiro nós, suas ideiazinhas científicas depois!".[14]

Jérôme não havia se esquecido da sensação de urgência que o dominava. Naquela noite, não foi diferente:

---

14 J. Lejeune, *Journal intime*, agosto de 1959.

> Na verdade, quase me envergonho da pequena celebridade que se forma em torno de uma descoberta que não nos leva a nenhum tratamento! É preciso fazer alguma coisa.[15]

A compaixão que ele sentia por seus pacientes era mais forte do que seu entusiasmo intelectual por assuntos promissores. Por isso, já podia tomar sua decisão: "A oferta da OMS que me afastaria desta pesquisa não é para mim. Recusarei, assim como a proposta da Columbia. Vou conversar com Birthe sobre isso, mas já sei que sua escolha será a mesma!". Agora estava pronto para escrever sua carta.

— Papai, papai!

Jérôme não tem nem tempo de tirar o casaco quando dois bracinhos agarram suas pernas, quase fazendo-o tropeçar. Sucumbindo a essa impagável recepção, Jérôme se abaixou e pegou Karin nos braços, que, do alto de seus três anos, era a criança mais leve para as pobres costas de Jérôme. Com a mão esquerda despenteava os cabelos negros de Damien, cujos cinco anos haviam atenuado um pouco suas feições esquimós, e acariciava as bochechas de Anouk, a filha mais velha, que vinha para beijá-lo, com os olhos brilhando. Já tinha sete anos e Jérôme observava que ela já havia atingido a bela idade da razão, que muitas vezes torna as crianças mais sábias do que os adultos. No sofá, Birthe o recebeu com um sorriso feliz:

— Olá, querido. Vou amamentar a pequena.

A delicada cabeça loira, aninhada na curva do braço de Birthe, sugava o leite materno em grandes goles. Enquanto Birthe acenava para o marido, um grito escapou dos lábios perolados de leite, dizendo a Jérôme que sua filha mais nova tem um senso de prioridade aguçado: a mamadeira não podia esperar, já seu pai... ao se aproximar, Jérôme viu duas bolinhas de gude azuis olhando

---

15 Ibid., 3 de agosto de 1959.

para ele e acariciou suavemente as mãos gordinhas que seguravam a mamadeira.

— A nossa pequena Clara já parece ter uma personalidade muito decidida — comentou, satisfeito. — De quem será que ela puxou? — acrescenta, lançando um olhar risonho para Birthe.

— Certamente de você, já que tem os seus olhos! — ela respondeu, divertindo-se.

— De qualquer forma, espero que ela tenha a sua saúde e não a minha — prosseguiu Jérôme, que todos os dias admirava a resistência da esposa, sempre com energia para cuidar dos quatro filhos.

O nascimento de Clara, em janeiro, foi uma verdadeira alegria para toda a família, mas Jérôme estava preocupado com a falta de espaço da pequena casa, o que dificultava a rotina. A residência tinha três cômodos, o que para uma família de seis pessoas era um pouco apertado. Ele gostaria de oferecer algo melhor para a esposa e os filhos, por isso, abre o coração para Birthe:

— Pobrezinha da Clara, dorme num berço de rodas que a gente muda de um cômodo para o outro para evitar engarrafamentos.[16] Se pudéssemos recuperar pelo menos dois cômodos na casa ocupada pelos inquilinos!

— Não se preocupe, querido — ela o tranquiliza. — Cedo ou tarde, as coisas se ajeitarão. Que seja o quanto antes. Por ora, vamos improvisando.

Finalmente, alguns meses depois, os dois cômodos adicionais haviam sido desocupados e, assim, puderam expandir a casa. Aquele conforto repentino pareceu muito luxuoso para eles.

Birthe tinha mais espaço e Jérôme estava mais calmo. Ele podia trabalhar em paz, mesmo que a calma doméstica fosse apenas relativa, afinal, era preciso conviver com um turbilhão sonoro de quatro crianças. Nas tardes de

---

16 Ibid., 28 de janeiro de 1960.

sábado, Birthe às vezes lhe pedia para tomar conta das crianças mais velhas, enquanto saía para fazer um curso, mas levava Clara. Jérôme tinha prazer em cuidar dos filhos: enquanto ajudava Anouk a preparar seu ditado, respondia uma pergunta de Damien sobre a existência de anjos e ainda consolava Karin, que tinha perdido o sapato da boneca. No entanto, uma noite, depois de ter feito a oração com as crianças e Birthe as ter colocado na cama, ele confessou:

> Como é difícil se manter feliz! Três crianças encantadoras durante duas horas e fiquei à beira de um ataque de nervos. Os sábios elogiam a paciência e tenho certeza de que um pai digno desse nome deve fazer dela a sua principal virtude, senão a essencial. E a cada dia a vida vai me provando, aos poucos, o quanto isso é uma verdade cardinal.[17]

Sentada ao lado dele no sofá, Birthe respondeu com ternura:

— Ao contrário do que está dizendo, você é sempre muito paciente e disponível para eles. As crianças adoram brincar com você. E é admirável, porque eles podem incomodar o tempo todo, mas você sempre responde com um sorriso. Às vezes me pergunto como você consegue fazer isso.

E enquanto Jérôme agradece com um bom sorriso, ela continua, em tom de brincadeira:

— Sou eu que preciso de paciência quando você não leva o lixo para fora.

Jérôme olhou para ela surpreso:

— Querida, sinto muito, mas não hesite em me pedir. Você sabe como sou, se não me disser as coisas com clareza, não sei do que você está precisando — e acrescenta: — Não hesite em insistir, em me pedir novamente, pois sabe como sou distraído!

---

17 Ibid., 8 de fevereiro de 1959.

Ela respondeu, rindo:

— Tudo bem, meu querido. Mas então saiba que quando coloco a lata de lixo na frente da porta, é para você levar para fora, não para empurrar com o pé antes de sair.

— Eu faço isso? — Jérôme perguntou envergonhado.

Diante do rosto abatido do marido, Birthe concluiu meio séria, meio provocando:

— Está bem, prometo que vou lembrá-lo de tirar o lixo sempre que necessário. Conte comigo!

No entanto, ela não tinha muitas ilusões, porque, se a boa vontade de Jérôme era real, sua distração era ainda mais óbvia. Sua mente, sempre agitada, estava mais focada em suas pesquisas do que nas tarefas cotidianas.

O ano de 1961 começa do outro lado do Atlântico. Jérôme havia sido enviado outra vez para os Estados Unidos em janeiro, para dar uma série de palestras em Boston, para o 150º aniversário do Hospital Geral de Massachusetts, e também no Instituto do Câncer, na Filadélfia. Foi também para Nova York, onde encontrou seu excelente amigo Bearn, cujas calorosas boas-vindas ele apreciava, as quais ele escreveu à Birthe:

> Deve-se notar que na casa dele bebe-se um vinho Vosne-Romanée excelente.

Em Nova York, Jérôme devia dar sua resposta à Universidade de Columbia, que ainda o aguardava pacientemente. Antes de deixar Paris, uma conversa definitiva com Birthe confirmou sua decisão:

— Minha querida, você concorda comigo? Em recusar a oferta deles?

— Claro — ela responde. — Você ama muito os seus pacientes para abandoná-los. E ama muito a França para ir trabalhar em outro país. A resposta é fácil.

Jérôme admira a paz de espírito da esposa e sua capacidade de tomar decisões rápidas e seguras. Mas a provoca com um gracejo:

— Tem certeza de que não vai sentir falta da grande vida americana: uma Casa Branca com colunas, um belo carro com motorista e muitos vestidos bonitos?

— Que bobagem. Mesmo que eu tivesse muitos vestidos bonitos, não teria tempo de usá-los — Birthe diverte-se com a provocação.

Ela sabia muito bem que, com o salário que haviam lhe oferecido, eles poderiam viver um luxo muito acima do que viviam na época, mas e daí?

— E o que faríamos com tanto dinheiro? O que temos é suficiente para sermos felizes! — Jérôme conclui, como se estivesse lendo a mente da esposa.

Em Nova York, Jérôme também encontra Cournand, seu apoiador oficial para o Prêmio Nobel. Turpin já lhe havia pedido que elaborasse um dossiê de candidatura há alguns meses, e ele o havia feito, mas não sem resmungar do pouco tempo que tinha. Naquela noite, quando voltou ao hotel, Jérôme escreveu a Birthe, contando que estava impressionado com a capacidade analítica de Cournand:

> Ele me "interrogou" com a maior boa vontade do mundo, e com um rigor de análise que me surpreendeu. Anotou tudo: o papel exato desempenhado por Turpin, como ele participa da pesquisa etc. Este homem sabe estimar as pessoas. Escreveu um relatório muito detalhado fundamentado em cartas, testemunhos obtidos na Inglaterra e na América, fazendo um apelo tão convincente que no final quase senti que esta candidatura não era apenas bem fundamentada, mas que o seu sucesso era inevitável.

De volta a Paris, Jérôme finalmente pôde ter seis meses seguidos de trabalho, interrompidos apenas por uma curta viagem a Genebra e depois a Bruxelas. Aproveitou esse período para atender os inúmeros pacientes que passaram a vir se consultar com ele. O Dr. Lejeune ficava profundamente comovido com a imensa angústia que percebia nas famílias que vinham do mundo inteiro para encontrá-lo. Diante dessa realidade, e sabendo que não bastavam apenas bons sentimentos, Jérôme passou a dedicar todas as suas manhãs para atender as consultas, deixando as tardes para pesquisas. Mas não era raro ele atender seus pacientes também no período vespertino, fosse por causa do grande número que ia se avolumando, ou em casos de emergência. Para um colega que ficava muito surpreso com isso, Jérôme respondeu:

> Quando os pais estão preocupados com um filho doente, não temos o direito de fazê-los esperar, nem mesmo durante a noite, se pudermos fazer o contrário.[18]

Os pais, que muitas vezes vivenciam esse nascimento como uma provação dolorosa, ao entrarem no modesto consultório do Dr. Lejeune, eram recebidos assim: "Bom dia, senhora, bom dia, senhor. Por favor, sentem-se".

Ao invés do velho professor altivo que temiam encontrar naquele hospital parisiense, encontravam um jovem médico de olhos redondos e azuis como o céu, que os acolhia com um sorriso caloroso, realçado por um fino bigode bem desenhado. Jérôme aproximou-se da mãe que carregava o menino e pediu gentilmente se poderia pegá-lo. A mãe consentiu e o Dr. Lejeune o segurou com delicadeza, colocou-o no seu colo para poder auscultá-lo. Mantendo sempre o olhar na criança, pergunta aos pais com muita gentileza:

— Qual é o nome do seu filho?

— Paul, doutor — responde a mãe, com lágrimas nos olhos.

"É a primeira vez" — pensa ela — "que me dou conta que tenho um filho, e não apenas uma criança deficiente. É a primeira vez que me sinto como uma mãe para meu pequeno Paul". Então, olhando para o Dr. Lejeune, compreende:

---

18 J. Lejeune, *Symphonie de la Vie*, p. 21, Fondation Lejeune, 2000.

> É a primeira vez que vejo alguém que olha para o meu filho com tanto amor. Graças a este olhar, acabei de perceber que a vida dele é valiosa e que o meu Paul precisa de mim.[19]

Algo havia mudado em seu coração. Ela olhava para o marido, que também havia se dado conta de que se tornava um novo pai. O tempo parecia parar enquanto o Dr. Lejeune observava delicadamente as palmas das mãozinhas do menino, e ia brincando com seus dedos. Quando começou a desamarrar os cadarços dos sapatos, a mãe se adiantou:

— Eu faço isso doutor, não se incomode.

— Não, não, fique tranquila, eu posso fazer — responde.

Enquanto desamarrava os sapatos, trocava olhares com a criança. Os dois iam criando uma cumplicidade. O pequeno Paul, feliz e relaxado, abriu um enorme sorriso para seu novo amigo de jaleco branco que o olhava de igual para igual.

Depois de examinar o menino, Jérôme retornou à mesa para conversar com os pais, sem perceber a mudança que estava acontecendo em seus corações. Olhou para eles e disse:

— O pequenino Paul está indo bem. Não podemos acabar com a Síndrome de Down, mas juntos podemos ajudá-lo. Nem tudo será fácil, mas não se preocupem. Voltem daqui a um ano, ou em seis meses, se preferirem. Vamos acompanhar o desenvolvimento dele.

Os pais fizeram algumas perguntas que Jérôme respondeu de forma simples e solícita. A consulta foi rápida, não durou 30 minutos. Quando saíram, com Paul no colo, a mãe se vira para o marido e confessa emocionada:

— É incrível! Ele não disse nada em particular, mas para mim tudo mudou. Não vejo mais Paul como antes.

---

19 Conversa do autor com a mãe de um paciente de Jérôme Lejeune.

A maioria das minhas dúvidas se foi, principalmente as relacionadas aos meus medos.

— Eu também — responde o marido, ligeiramente desconcertado com a nova força que passou a sentir. — Sinto-me revigorado para enfrentar essa deficiência. Não estamos mais sozinhos, esse médico está conosco. Admito que fiquei muito impressionado com a maneira como ele olhou para o Paul. O doutor olhou para ele como se estivesse diante de um príncipe. É notório que Paul tem um valor imenso aos seus olhos.[20]

A esposa ficou surpresa ao escutá-lo:

"Esse médico fez um primeiro milagre: fazer meu marido falar sobre o assunto! É a primeira vez que ele se abre um pouco desde o nascimento de Paul. Definitivamente, é um ótimo dia!", pensa, com o coração leve, abraçando o filho um pouco mais forte.

Em agosto, Jérôme partiu para a Argentina. Por duas semanas, ministrou um curso de análise cromossômica e montou um laboratório de cultura de tecidos na Faculdade de Ciências de Buenos Aires. Aproveitou a oportunidade para mostrar aos alunos o interesse clínico desta pesquisa, tomando como exemplo a trissomia do 21:

> Com os olhos ligeiramente oblíquos, o nariz pequeno, o rosto redondo e as feições incompletas, as crianças com trissomia do 21 são mais infantis do que as outras. Toda criança tem as mãos e os dedos curtos; as delas são ainda mais curtos. Toda a sua anatomia é arredondada, sem aspereza ou rigidez. Seus ligamentos e músculos têm uma flexibilidade que que dá uma tenra languidez ao seu modo de ser. E essa doçura se estende ao seu caráter: expansivos e afetuosos, eles têm um encanto especial que é mais fácil de valorizar do que descrever. Isso não quer dizer que a trissomia do 21 seja uma condição desejável. É uma doença implacável que priva a criança da qualidade mais preciosa que nossa herança genética confere: a plena potência do pensamento racional. Esta combinação de um trágico erro cromossômico e uma natureza verdadeiramente atraente,

---

20 Conversa do autor com o pai de um paciente de Jérôme Lejeune.

revela, num relance, o que é realmente a medicina: o ódio às doenças e o amor aos doentes.[21]

Jérôme viajou ao Peru, onde fez uma série de palestras sobre a Síndrome de Down. Após o voo inesquecível sobre os Andes, chega em meio a uma greve universitária em Lima e fica sabendo que, por força das circunstâncias, seu curso de genética havia sido cancelado. Tendo apenas duas conferências para fazer em uma semana, deixou-se seduzir por uma excursão a Machu Picchu. "Economizando com o hotel e com a alimentação, devo conseguir a quantia necessária para custear a viagem", calculou, enquanto ia perguntar sobre os horários dos trens. Uma vez tomada a decisão, partiu para Cuzco, embarcando no trenzinho, tirado das aventuras de Tintim, que levava até as nuvens e, após três horas de subida vertiginosa, o deixou na entrada de Machu Picchu, a 2.500 metros acima do nível do mar. Como se fosse uma pedra preciosa sobre uma caixa de veludo verde, entre o vale que a cerca e as montanhas circundantes, Machu Picchu parecia ser, para Jérôme, um dos locais mais extraordinários do mundo, flutuando no ar leve de uma eterna primavera.

Jérôme ficou encantado. Um lugar tão lindo e a viagem tão inesperada! Mas infelizmente, sua alegria durou pouco:

— *Cuidado*! *Señora, cuidado*! *Es peligroso*!

O guarda gritava, ao mesmo tempo em que corria em direção a uma turista norte-americana que estava brincando numa área perigosa e parecia não ouvir o guarda.

— *Cuidado, Señora*!

Tragédia anunciada: a mulher imprudente escorregou nos cascalhos e caiu no chão, inconsciente. Enquanto o guarda gritava mais alto, desta vez por medo, Jérôme se aproximou. A jovem logo recuperou os sentidos, mas

---

[21] J. Lejeune, Documento de trabalho "Recherche et trisomie", retomado inúmeras vezes, nomeadamente numa conferência em Beirute, maio de 1987, e publicado como *Symphonie de la Vie*, p. 15, Fondation Jérôme Lejeune, 2000.

Jérôme temia um traumatismo craniano, por isso, decidiu acompanhá-la até Cuzco, onde deveria ser encaminhada, com urgência, para fazer uma radiografia. "Obviamente, será impossível para mim voltar antes do pôr do sol", pensou, lamentando, mas também um pouco irritado com a turista descuidada. "Agora terei apenas meia hora no sítio arqueológico dos incas. De qualquer forma, o que vi já era maravilhosamente bonito".

De Lima, Jérôme partiu para Nova York, onde viria a participar de um colóquio sobre cromossomos, entre os dias 28 e 30 de agosto. O clima estava pesado por lá. Na noite de sua chegada, Jérôme escreveu a Birthe para explicar os motivos de toda aquela tensão:

> Todos estão chocados com a decisão dos soviéticos de retomar os testes atômicos com uma superbomba![22]

Durante esse colóquio, Jérôme ficou impressionado com a postura de uma geneticista soviética, Arseniova, uma senhora de 65 anos, deixada de lado por alguns delegados. Os dois ficaram amigos e ela segredou-lhe informações sigilosas. Jérôme entendeu que Lysenko, o famoso geneticista soviético que submeteu as leis da genética às necessidades do marxismo, tinha voltado ao poder na Academia de Ciências de Moscou. Por ordem do partido, Lysenko faz tábula rasa da genética clássica, negando qualquer papel dos genes e cromossomos na transmissão hereditária, e apegando-se a um dogma antiquado, mas proletariamente correto da "hereditariedade do adquirido".[23] Arseniova temia que a genética moderna pudesse ser novamente proibida na União Soviética:

---

22 J. Lejeune, *Carta a Birthe*, 31 de agosto de 1961.
23 Trofim Lysenko foi um agrônomo russo que ganhou notoriedade pelo seu método de desenvolvimento de sementes de trigo mais eficazes. Depois de ganhar o apoio de Stalin e se tornar o chefe das ciências na União Soviética, Lysenko desenvolveu uma teoria biológica contrária a genética moderna e, então, proibiu as pesquisas e o ensino da teoria cromossômica da hereditariedade genética nos centros de pesquisa soviéticos. [N. T.]

"Começou a caça aos geneticistas. Os institutos de genética clássica foram fechados e a ciência soviética está dando um passo para trás", confidencia, com tristeza, e sempre sussurrando. Jérôme ficou impressionado ao ver que aquela geneticista de grande reputação estava com medo. Para ele isso era um sinal alarmante do poder comunista, e compreendeu, com pesar, que aquela poderia ser a última vez que a cientista participava de um encontro internacional. Então, pensando em sua viagem a Moscou, marcada para dali a alguns dias, perguntou discretamente:

"Fui convidado para dar uma conferência de genética em Moscou daqui a duas semanas. Com a recente promoção de Lysenko à Academia de Ciências, as coisas devem ficar complicadas... Você acha que minha viagem será cancelada?". Não ousou dizer que, com o retorno de Lysenko e a retomada dos testes atômicos, o cancelamento era algo desejável.

Jérôme tem tempo de passar alguns dias em Paris e se inteirar das emergências do laboratório antes de partir para Roma, em meados de setembro, para mais uma conferência. Alegra-se por redescobrir a majestosa beleza da Basílica de São Pedro, cuja imensidão não oprime o visitante, mas o eleva para o Céu numa luz suave e vibrante de beleza. Teve o prazer de visitar o túmulo de Pio XII e se prostrou com grande emoção diante da cripta de São Pedro, que via pela primeira vez. Graças a Pio XII, que ordenou as escavações dos *scavi* durante a Segunda Guerra Mundial, o jazigo foi encontrado no local onde, durante 2 mil anos, a tradição cristã sempre afirmou que ele estava. Situa-se exatamente sob o altar, o baldaquino e a cúpula da basílica, alinhados num eixo vertical perfeito, confirmando assim que o Imperador Constantino havia erguido a Basílica de São Pedro exatamente acima do túmulo do Príncipe dos Apóstolos, a poucos metros do lugar de seu martírio. Jérôme descreve essa alegria para Birthe:

> Na galeria subterrânea dos túmulos papais, há um local onde se avista o túmulo de São Pedro, dez metros abaixo do nível da cripta. É preciso se ajoelhar para ver algo e é extremamente comovente. Rezei por você e por nossos pequeninos. E também a Marie-Odile [Rethoré], que me recomendou expressamente.

E Jérôme, com delicadeza, não deixa de confidenciar a Birthe:

> Tenho vergonha de estar sozinho, vendo coisas tão lindas, quando penso em como você estaria feliz por estar aqui e como eu ficaria feliz em tê-la ao meu lado. É tão bom poder compartilhar tudo com você.[24]

Após esse tempo abençoado na Cidade Eterna, Jérôme precisava partir para Moscou. Em 13 de setembro, voou para uma curta estadia de três dias. Essa viagem, que ele queria cancelar, começou mal. Logo na chegada à capital soviética, era perceptível e doloroso o contraste entre "a maravilhosa cidade cristã, berço da civilização, e a enorme e feia metrópole do comunismo".[25] O Dr. Lejeune observa, com desagrado, as boas-vindas falsamente calorosas das autoridades que lhe confiscaram o passaporte e o relativo, mas insolente, luxo dos hotéis oficiais, enquanto se ignorava as multidões de pessoas necessitadas que dormiam nas estações de trem. No hotel, Jérôme reformulou sua conferência, considerando as informações que Arsenovia lhe deu em Nova York. "Nunca se sabe" — pensou. "Lysenko poderia enviar um de seus capangas, ou vir pessoalmente me causar problemas. É preciso aproveitar esta oportunidade para mostrar que a hereditariedade do adquirido, como ele descreve, está em total contradição com a genética moderna". Satisfeito com suas últimas mudanças, desceu ao saguão do hotel e encontrou-se com

---

24 Ibid., 7 de setembro de 1961.
25 J. Lejeune, *Journal intime*, 12 de março de 1963.

seu assistente pessoal, enviado pelos organizadores para lhe acompanhar, que o cumprimentou com um sorriso congelado e, num francês quase perfeito, anunciou:

— Senhor, houve uma mudança na programação. Devido a um trabalho imprevisto na sala reservada para você na Academia de Ciências, sua palestra foi cancelada. Sentimos muito!

O homem recitou seu texto sem que o rosto asiático demonstrasse a menor emoção. Depois ficou em silêncio, impassível. Jérôme nem perguntou se a Academia de Ciências teria outro espaço. "Pra quê?", pensou. "É claro que ele vai dizer não. É melhor jogar o jogo e parecer o menos surpreso possível. E com um pouco de sorte o embaixador da França, com quem devo ver esta tarde, poderá encontrar uma solução".

O embaixador concordou em ajudá-lo e lhe ofereceu uma sala no pavilhão francês da Exposição Universal, um terreno neutro. Já que sua palestra havia sido cancelada para impedi-lo de transmitir os últimos avanços da genética moderna aos acadêmicos soviéticos, Jérôme se dispôs a adaptá-la para um público leigo francês. "Fica para eles uma visita original da Exposição Universal!". Dr. Lejeune ficou muito contente ao ver os ouvintes franceses se acomodando nas fileiras. Porém, logo após o início da palestra, ele notou, no fundo da sala, a chegada discreta de uma pessoa bem estranha, vestida com um pesado casaco de inverno, com a gola levantada e tentando esconder o rosto com um gorro de neve *chapka*. Mas não estava tão frio naquele mês de setembro! Pouco depois, entraram outros personagens idênticos ao primeiro, que se movimentavam discretamente pelo fundo, também embrulhados com casacos pesados com a gola levantada e tentando esconder o rosto com um gorro de neve. "Mas que coisa estranha!", pensou Jérôme. "Seriam nossos amigos acadêmicos? Confesso que não me desagradaria!". Sem se perder no discurso, continuou observando que essas sombras cada vez mais numerosas se espiavam umas às outras. Comunicavam-se balançando a cabeça um para o outro, discretamente. Eram, de fato, os membros da Academia de Ciências. Nem todos eles estavam lá, mas a maioria. Jérôme ficou feliz. Com cientistas tão corajosos, o obscurantismo de Lysenko não poderia durar.[26] No fim, estava satisfeito com a viagem, depois de ter conseguido trazer um pouco de reflexão para a comunidade científica soviética. Deixava Moscou com prazer pois, afinal, ia se juntar à sua família na Dinamarca e, depois, trazê-los de volta a Paris a tempo do início do ano letivo.

Em meados de setembro, Jérôme ficou muito feliz por encontrar seus pequeninos pacientes e seu laboratório, pois estava ansioso para implementar suas novas hipóteses e prosseguir com as pesquisas. Suas viagens eram importantes porque permitiam trocas essenciais de dados científicos, mas lhe custavam muita energia e interrompiam seu trabalho. Uma confidência em seu *Diário* nos mostra o quanto Jérôme preferiria ficar em Paris para se dedicar de todo o coração à pesquisa e aos cuidados das crianças com deficiência:

> Os progressos do pequeno Pierre[27] parecem sólidos. Depois de um bloqueio, ele voltou a falar no pretérito imperfeito e aprendeu a amarrar o cadarço dos sapatos. Não parece muito, mas é encorajador. Na faculdade, as contagens aparentam que vão revelar alguma coisa, ainda que seja o contrário do que esperávamos. Isso terá que ser esclarecido na próxima semana. Infelizmente, resta-me muito pouco tempo antes de partir para Oak Ridge e, como sempre, começo a amaldiçoar essas viagens que me impedem de trabalhar. Mas tenho o cuidado de não falar nada sobre isso, pois meus amigos pensariam ser um surto de vaidade da minha parte.[28]

---

26 Alguns meses mais tarde, Lysenko seria destituído pelo voto dos acadêmicos.
27 Nome modificado para preservar o anonimato.
28 J. Lejeune, *Journal intime*, 19 de março de 1960.

Desde a descoberta da trissomia do 21, a pesquisa sobre cromossomos foi se expandido rapidamente na França e em todo mundo. Novas anomalias foram descritas por equipes estrangeiras: Síndrome de Turner, trissomia do 13, trissomia do cromossomo 18. Jérôme, por sua vez, continuou seu trabalho e identificou uma translocação de cromossomos. Ele foi o primeiro a demonstrar essa mutação genética devido a uma mistura de fragmentos de cromossomos. Graças às muitas biópsias feitas com Marie-Odile Rethoré — Jérôme até organizou uma pequena festa quando terminaram a centésima — pôde estudar diferentes tipos de rearranjos cromossômicos. Entre os efeitos observados, buscava particularmente uma possível origem cromossômica da Anemia de Fanconi. No que diz respeito à Síndrome de Down, Jérôme, com Jacques Lafourcade e Henri Jérôme, lançou o primeiro ensaio terapêutico e continuou os estudos bioquímicos tentando observar as reações das células a certas moléculas. Depois de ter testado o suco das glândulas salivares das moscas *drosophila* — as pequenas moscas do vinagre cuja vida é curta, mas de reprodução abundante — para frear o desenvolvimento celular, e ver que era inútil, descobriu que as pessoas com Síndrome de Down sofrem de distúrbios de uma molécula importante: o triptofano. Essa observação foi confirmada a ele por um geneticista americano na Filadélfia. Durante a conversa, ele diz que acabou de publicar sobre o assunto. Se Jérôme ficou decepcionado por ver-se replicado, também ficou satisfeito por ver sua pista confirmada. Mas esses resultados logo foram contraditos por outros experimentos! A pista era, portanto, muito incerta... Com os encontros internacionais, Jérôme havia percebido que seu laboratório estava dois anos à frente em bioquímica em relação às equipes estrangeiras, mas, ao invés de ficar satisfeito com isso, se desesperava porque ainda não havia encontrado a solução para a Síndrome de Down. Com seu amigo

Henri Jérôme, havia estabelecido o prazo de dois anos para encontrar o tratamento após a descoberta da trissomia 21. Infelizmente, apesar dos resultados às vezes encorajadores, dando alguma esperança de que a solução estava próxima, tudo desmoronava e era preciso recomeçar de outro ponto de partida.

Durante estes dois anos, 1960 e 1961, Jérôme escreveu 21 publicações e deu as boas-vindas a numerosos visitantes científicos — da Europa e das Américas — que desejavam observar as pesquisas do laboratório. Sua fama crescente também atraiu jovens médicos residentes, e deu início de um fluxo contínuo de geneticistas oriundos de todos os países para se formar com ele, alguns dos quais permaneceram amigos fiéis. Jérôme também ganhou prêmios: a medalha de prata para a pesquisa científica (CNRS) e, com Turpin, o prestigioso Prêmio Jean-Toy da Academia de Ciências de Paris.

Toda essa atividade não passou despercebida pela Fundação Kennedy, criada por Joseph, pai do jovem presidente dos Estados Unidos, em memória a um de seus filhos que tinha morrido na guerra e provavelmente, embora sem publicidade, para sua filha Rosemary, que era deficiente mental.

A fundação, destinada a desenvolver pesquisas sobre deficiências mentais com apoio a pesquisadores notáveis, enviou dois emissários a Paris no verão de 1962 para investigar as circunstâncias da descoberta da Síndrome de Down, enquanto Jérôme estava de férias na Dinamarca. Ele não sabia nada sobre o assunto e só foi informado quando retornou a Paris.

— É incrível — diz a Birthe, quando ela volta de Kerteminde. — Neste verão, dois homens vieram visitar o laboratório para a Fundação Kennedy. Fizeram perguntas a Turpin e aos colaboradores presentes, e depois foram embora. Veremos o que irá ocorrer depois dessa visita de verão.

A resposta veio algumas semanas depois, com um convite da Fundação Kennedy para Jérôme. Em dezembro, ele era esperado em Washington para um jantar oficial com o presidente dos Estados Unidos, na Casa Branca.

— Na Casa Branca! Na Casa Branca! Com John Kennedy! — vibrou Birthe, tão surpresa que até se esqueceu de acender o cigarro que já tinha nos lábios.

E diante do olhar hesitante de Jérôme, continuou:

— Você vai, é claro! É uma ótima oportunidade de conhecê-los e, quem sabe, até pode ajudar nas suas pesquisas.

De fato, quem sabe?

CAPÍTULO 6
A inteligência a serviço dos pobres
1962–1967

Cinco de dezembro de 1962, Washington. Ouve-se uma batida na porta do quarto. É o camareiro do andar:
— Sr. Lejeune?
— Sim — responde Jérôme, abrindo a porta.
— É para o senhor — disse, entregando-lhe uma carta. Jérôme agradece. É um envelope grande e tem o símbolo da Fundação Kennedy gravado. "Devem ser as instruções para o jantar na Casa Branca", pensou, antes de ler o conteúdo da correspondência:

> *Dear Doctor* Lejeune,
> Em nome da Joseph P. Kennedy Jr. Foundation, tenho o prazer de informar que o senhor foi selecionado para receber um de nossos primeiros prêmios internacionais de pesquisa científica sobre deficiência mental. Seu trabalho extraordinário e sua contribuição excepcional neste campo, e para a ciência em geral, representam o *summum* do esforço e das conquistas, elevando o nível a um patamar tão alto que será difícil de ser alcançado pelos próximos laureados. Por isso, apresentamos nosso mais profundo respeito e admiração pelo senhor. O prêmio internacional lhe será entregue pelo Presidente Kennedy, na noite de 6 de dezembro de 1962, durante o jantar. Até então, solicitamos respeitosamente que mantenha esta informação confidencial. Os outros vencedores do prêmio pessoal, selecionados pelo comitê, são o Dr. Murray Barr e o Me. Joe Hin Tjio".[1]

---

1 A descoberta de 46 cromossomos humanos por Tjio foi publicada (coassinada por Levan) no jornal escandinavo *Hereditas*, em 26 de janeiro de 1956.

Ainda impactado com a excelente surpresa, Jérôme verificou a data da carta assinada por Robert Sargent Shriver Jr., diretor executivo da Fundação Kennedy: "4 de dezembro! Foi escrito ontem, para amanhã! O mínimo que se pode dizer é que o anúncio é sucinto". Contente, Jérôme se deu conta do porquê de a Fundação Kennedy tê-lo convidado há muito tempo para aquela noite de 6 de dezembro, anunciando um jantar oficial na Casa Branca. Agora ele mal podia esperar para contar a Birthe. "Uma pena ela não estar aqui! Teria ficado tão feliz, e eu também! Principalmente porque, se recebo este prêmio, é também graças a ela, pois sem seu apoio inabalável e sua paciência com as minhas ausências, eu não poderia estar imerso em minhas pesquisas como estou". Jérôme escreveu a Birthe imediatamente para contar a notícia, bem ciente de que sua carta, infelizmente, não chegaria a ela antes da cerimônia. E já está sorrindo, pensando no que ela vai responder: "É por isso que a Fundação Kennedy mandou investigadores ao departamento de Turpin no verão passado, quando você estava de férias na Dinamarca: era para conhecer o seu trabalho sobre a Síndrome de Down! E eles viram tudo o que você tinha feito! Estou orgulhosa de você!". Ela estava compartilhando a alegria do marido e, obviamente não iria se queixar, mas o próprio Jérôme prometeu compensar todas as ausências. Talvez poderia levá-la no próximo ano, já que o último vencedor tem de comparecer à cerimônia de premiação subsequente!

No dia seguinte, Jérôme era aguardado, junto com os demais laureados, para uma visita à Casa Branca, seguida de um ensaio fotográfico com o presidente John F. Kennedy. Em seguida, retornou ao hotel e se vestiu para a noite de gala, coroada pela entrega do Prêmio Kennedy, pelas mãos do próprio presidente dos Estados Unidos. Iluminado pelos *flashes* no Salão Oval, Jérôme recebeu, com muito prazer e orgulho, o troféu de cristal, simbolizando o valor e o brilho de sua obra. De volta ao hotel, e sabendo da impaciência com que Birthe aguardava todos os detalhes, apressou-se em escrevê-los:

> Éramos seis premiados, e como havia apenas três estátuas prontas, recebíamos e depois devolvíamos ao presidente para que ele entregasse a outro premiado. Depois de todo esse rebuliço, bem-organizado, muito bem-humorado e tipicamente americano, com um recital de Judy Garland e um filme sobre os laureados, conversei alguns instantes com a mãe da Sra. Kennedy. Aquela senhora idosa me contando sobre seus filhos, que foram bem-sucedidos, e sua pobre filha com deficiência mental, não era mais a mãe de uma família famosa, mas tão somente uma mãe falando sobre seus filhos. Fiquei profundamente comovido e a coragem dos Kennedy, que não escondem os infortúnios e ainda tentam ajudar outros doentes com seu dinheiro, me pareceu nobre e digna de respeito.[2]

Jérôme foi recompensado "por sua contribuição excepcional à pesquisa sobre retardo mental" e por "todo o seu trabalho científico" e, ao lado de Tjio e Barr, recebeu dois cheques em seu nome, um de 8 mil dólares para uso pessoal, uma soma colossal considerando sua condição financeira, e outro de 25 mil dólares para suas pesquisas laboratoriais. Os 25 dólares foram doados ao Instituto de Progênese, ajudando a consolidar a equipe. Os 8 mil permitiram aos Lejeune considerar a compra de uma casa de campo, objeto de inúmeros planos, especulações e discussões de toda a família![3]

Birthe saiu imediatamente à procura da casa ideal: fácil acesso, perto de Paris e não muito longe de Étampes, onde iam regularmente à casa da mãe de Jérôme, que gostava muito de suas visitas, apesar do cansaço com a animação dos pequenos. Era hora de encontrar outra casa que fosse perto o bastante para visitá-la, e espaçosa para que as crianças pudessem correr sem incomodar. Havia boas razões

---

2 J. Lejeune, *Journal intime*, 12 de março de 1963.
3 J. Lejeune, Ibid.

para que Jérôme desistisse do sonho de ter uma casa no bosque, em Sologne, ou à beira-mar.

Não demorou para encontrarem a felicidade em Saint-Hilaire, perto de Chalo-Saint-Mars, não muito distante de Étampes. A casinha aninhada no Vale do Chalouette era rodeada por um jardim do tamanho do mundo para as crianças, e numa escala humana para Jérôme, que passou a se dedicar ao trabalho de jardinagem. Com humor e entusiasmo, chamaram-na de *La Petite Maison-Blanche*.

Na comunidade científica francesa, a notícia do Prêmio Kennedy recebido por Jérôme foi saudada com alegria. Era o primeiro francês vencedor do prêmio, e a França também era homenageada. Recebeu muitos parabéns, inclusive do diretor do CNRS, Prof. Jacquinot:

> Prezado senhor, é com grande prazer que sou informado da distinção que acaba de receber: o Prêmio Kennedy. Queria exprimir-vos em meu nome, e também representando o CNRS, as minhas calorosas felicitações, por ocasião desse prêmio que coroam os trabalhos que honram a pesquisa científica francesa.[4]

Birthe, por sua vez, começou a reunir sistematicamente todos os vestígios dos sucessos do marido e, antes que Jérôme tivesse tempo de depositar os dois cheques americanos no banco, fez uma cópia deles, arquivando preciosamente em um fichário. "Nunca se sabe", pensava. "Se um dia escrevermos a história da vida de Jérôme, teremos todas as provas".

Coroado com o Prêmio Kennedy, o ano de 1962 viu outras indicações importantes para Jérôme: foi nomeado especialista em genética humana pela OMS e tornou-se membro da prestigiosa American Society of Human Genetics. Em 1963, virou diretor de pesquisa do CNRS, recebeu os prêmios Essec e o Cognacq-Jay, do Institut de

---

4 P. Jacquinot, *Carta a Jérôme Lejeune*, 17 de dezembro 1962.

France, e também foi eleito membro da Comissão Internacional de Proteção Radiológica.

Turpin ficou muito preocupado com tudo isso, e, temendo uma possível saída de Jérôme, que havia recebido ofertas mais interessantes de todos os lugares, decidiu, então, obter para ele a criação de uma cadeira universitária de citogenética. Em abril de 1963, o Conselho da Faculdade de Medicina seguiu sua recomendação e resolveu criar uma cadeira de genética fundamental a ser confiada ao Dr. Lejeune, mas demorou alguns meses para que tudo fosse organizado. Durante esse tempo, Jérôme foi promovido a pesquisador sênior e continuava seu trabalho diário, que havia se tornado prolífico. Dividia seu tempo entre as consultas aos doentes, pela manhã, no Hospital Necker-Enfants Malades, onde estava agora sua equipe, e seus trabalhos de pesquisa, à tarde, no Laboratório Cordeliers da Faculdade de Medicina, em Odeon,[5] sem contar os inúmeros convites para congressos internacionais. O tempo era escasso em todas as frentes. "Como atender a todas essas solicitações sem prejudicar os pacientes e seus pais?", vivia se perguntando. Claro que sua pesquisa também era útil para seus pacientes, e sempre que participava de congressos científicos ajudava a avançar na pesquisa deles, mas isso não poderia e nem deveria impedi-lo de dedicar-se a eles pessoalmente nas consultas. "Como é difícil saber fazer o melhor para acalmar corações e corpos aflitos!", suspirava, enquanto pedalava entre o Hospital Necker e a Faculdade de Odeon.

A vizinhança logo se acostumou a ver o famoso médico passar tranquilamente, em sua grande bicicleta preta, com a cabeça perdida nos pensamentos. Um milagre não sofrer nenhum acidente no agitado trânsito parisiense! O único ocorrido na sua carreira foi num verão, numa estrada rural, entre Étampes e Chalo-Saint-Mars, quando

---

[5] A Faculdade de Medicina Cordeliers é hoje Faculdade de Medicina Paris-Descartes.

Jérôme foi lançado na vala e, incapaz de se mover, teve de ser socorrido por um homem que passava por ali — que, aliás, ficou bastante surpreso ao encontrar o ilustre Dr. Lejeune naquela situação. Nem uma clavícula quebrada e muito menos os hematomas afetaram o amor que nutria pelo seu silencioso veículo de duas rodas, sempre pronto para enfrentar qualquer intempérie. Quem convivia com ele chegava até a suspeitar de um prazer travesso em preferir a bicicleta em vez dos carros suntuosos de seus colegas...

A equipe, que cresceu com a chegada de um jovem e talentoso médico convertido à pesquisa, Dr. Roland Berger, e duas dedicadas assistentes, Sra. Dallo e Sra. Lenné, ganhava fôlego e todos trabalhavam com muito afinco. Após ter conseguido identificar um primeiro caso de translocação,[6] Jérôme mostrou a importância desta deformidade estrutural em novas notas publicadas sobre uma translocação descoberta nos cromossomos 13 e 15, uma anomalia cromossômica entre gêmeos homozigotos e uma nova variedade de hermafroditismo. Finalmente, em 1963, esses esforços foram coroados por uma importante descoberta: junto com seus colaboradores, Jérôme identificou uma nova doença, devido à deleção[7] do braço curto do cromossomo 5,[8] e confirmou essa observação algumas semanas depois, com cinco novos casos. Quando questionado sobre chamar essa enfermidade de *Doença de Lejeune,* Jérôme se recusou — e explicou o porquê para Birthe:

---

6 Uma translocação é uma anomalia genética causada por uma troca de fragmentos entre dois cromossomos que não pertencem ao mesmo par.

7 Uma deleção é uma modificação genética caracterizada pela perda de um fragmento de um cromossomo. A deleção aqui descrita é, portanto, a perda de um pedaço do cromossomo 5, em seu braço (seu segmento) mais curto.

8 Lejeune J., Lafourcade J., Grouchy J. de, Berger R., Gautier M., Salmon Ch., Turpin R., "Délétion partielle du bras court du chromosome 5. Individualisation d'un nouvel état morbide", na Semana de Hospitais de Paris, 40, pp. 1069–1079, 1964.

> McIntyre me escreveu uma carta encantadora em que pedia minha permissão para chamá-la de *Doença de Lejeune*. Fiquei muito comovido com a sua delicadeza, mas recusei porque uma doença epônima não tem significado nem para os estudantes, nem para as famílias. Só pedi que fosse chamada de síndrome do *"cri du chat"*. Em francês. McIntyre concordou de bom grado.[9]

Jérôme chamava de síndrome do *"cri du chat"* (miado de gato) porque os pacientes, incapazes de dizer qualquer palavra, soltam apenas gritinhos semelhante aos gatos. O interessante foi ele ter conseguido manter esse nome francês na nomenclatura internacional. Este foi outro grande avanço, cinco anos após a descoberta da Síndrome de Down.

No entanto, o ritmo de trabalho esgota Jérôme, que tinha a saúde frágil. No verão de 1963, ele sofreu de taquicardia. Birthe, cuja saúde de ferro arruinaria algumas gerações de médicos, ficou preocupada e escreveu da Dinamarca:

> Estamos preocupados com você! E mesmo que a vida em Kerteminde não seja um lugar de descanso ideal, é menos cansativa do que a vida em Paris. Estou preocupada em saber que você não descansa o suficiente. Como está seu coração? Ainda se sente mal? Dias atrás Jacques [Lafourcade] me escreveu dizendo que você deveria tirar férias. Eu ficaria muito feliz se o ar de Kerteminde pudesse lhe dar tanta saúde e beleza quanto às crianças. Estão ótimas, bronzeadas e rechonchudas. Estão todos grandes! E eu com muita saudade de você, meu querido […].[10]

Jérôme estava exausto, mas ainda teria que partir para Estocolmo em algumas semanas, pois havia sido nomeado membro da delegação oficial de pesquisa da França. "Abriria mão dessa viagem!", pensava, como

---

[9] J. Lejeune, esta citação foi extraída de uma carta de Jérôme ao Dr. Niebhur, de 3 de maio de 1977.
[10] B. Lejeune, *Carta a Jérôme*, 30 de julho de 1963.

que resmungando interiormente. "Mas não posso recusar. Esta delegação é muito importante".

Embora preocupada com sua saúde, Birthe o encorajou a participar porque entendia a importância da viagem:

> Estou escrevendo para você esticada na praia esta tarde. O tempo está maravilhoso, espero que dure. Obrigada por suas três cartas esta manhã. Acho que é necessário que você vá à Suécia. Li em algum lugar que o governo está fazendo campanha aberta para que um francês ganhe logo um Nobel, e este convite me parece organizado para mostrar as esperanças dos franceses. É uma viagem de apenas dois ou três dias, e a Suécia não fica tão longe para que a viagem possa se tornar cansativa".[11]

Jérôme, então, seguiu para Estocolmo em outubro e percebeu, assim que chegou, que Birthe tinha razão. Mas a manipulação era tão grosseira que ele sentiu certo mal-estar:

> O objetivo desta delegação era claramente reivindicar um Prêmio Nobel para um francês. Foi uma exibição de cabeças pensantes: o reitor, o decano da faculdade de ciências, o diretor do CNRS — éramos dez e não sei quem decidiu que eu tinha que estar no palco, até parecia um show de talentos![12]

Mesmo assim ele estava feliz com a qualidade das visitas e reuniões que lhe foram oferecidas durante aquela semana, e apreciou algumas discussões particularmente interessantes. Uma tarde, foi recebido pelo microbiólogo George Klein, um dos "criadores" do Prêmio Nobel, que fora muito gentil ao lhe apresentar seu laboratório e colocou, inocentemente, três problemas ligados à sua pesquisa para os quais ele dizia não encontrar solução. Dos três, Jérôme mostrou que dois eram insolúveis porque havia uma variável nos dados, mas achou o último tão simples

---

11 Id., 29 de julho de 1963.
12 J. Lejeune, *Journal intime*, 15 de novembro de 1963.

que o resolveu imediatamente. Klein se mostrou muito impressionado, e Jérôme já não sabia se estava sendo testado ou se aquilo era mesmo uma discussão científica. De qualquer forma, ele estava se saindo bem.

Infelizmente, na mesma semana, Birthe sente a dor da perda de sua mãe. Jérôme deixou a Suécia, apressando-se para a Dinamarca para se juntar a ela naqueles dias difíceis. Filha única, Birthe carrega corajosamente esse luto que agora a priva do último vínculo familiar com seu país natal. Com emoção, Jérôme ajudou a fechar a casa, cuja modéstia está na imagem de quem vivia ali: simples e calorosa. De volta a Paris, Jérôme confidencia esta triste lembrança em seu *Diário*:

> A visão da casa vazia e dessas humildes testemunhas de uma vida simples, inteiramente devotada aos filhos e aos netos, me emocionou. Pobre boa velhinha, vivendo apenas para sua "Bittenur". Adormeceu tranquila, sem crise e sem alertar ninguém, embora tivesse um telefone ao lado da cama e os proprietários, que moravam no andar de cima, estivessem sempre prontos para ajudar. O funeral foi de uma simplicidade comovente. Coloquei no caixão as cartas que ela guardava. As de seu marido e as de Birthe. É uma grande provação para minha pobre Bibi, que agora não tem mais ninguém da sua família natal. Felizmente estamos ao seu lado, mas para ela é o fim de toda a sua vida antes do nosso casamento. Ela é corajosa, como sempre, mas sei o quanto está sofrendo.[13]

Levou mais alguns meses até que, em 1964, com a demora típica dos idosos e dos veneráveis, a administração da universidade finalmente conseguiu criar a cadeira de genética fundamental, como havia sido decidido um ano antes. Jérôme foi escolhido para presidir a primeira cátedra de genética fundamental na França — e uma das primeiras do mundo. Mas havia uma grande dificuldade: de acordo com as regras da universidade, ele

---

13 Ibid.

não poderia ser nomeado professor porque não tinha passado no estágio, e isso fechava o caminho para o ensino universitário.

Foram inúmeros os recursos da administração, solicitados por Jacques Lafourcade, o amigo e colaborador de sempre, que um dia apareceu no laboratório, brandindo triunfantemente um documento que pôs debaixo do nariz de Jérôme:

> Dê uma olhada nisso, meu velho! Acho que vamos conseguir colocar o champanhe na geladeira!

Lafourcade estava tão animado que Jérôme deixou suas placas de cariótipo por um instante, acendeu um cigarro e pegou o papel que o amigo lhe trazia. Mas, antes que tivesse tempo para ler a primeira linha, Jacques continuou, com entusiasmo:

— Napoleão vai nos ajudar!
— Napoleão? Do que você está falando? Você já andou bebendo o champanhe?
— Espere, você vai ver — respondeu, virando uma cadeira para sentar de frente para o amigo, cujo olhar estava cada vez mais perplexo.

Então, continua:
— Encontramos um dispositivo especial da época de Napoleão que permite que uma personalidade de notável saber seja nomeada professor. Você só precisa das opiniões favoráveis da Academia de Ciências e da Academia de Medicina! Napoleão chegou a usar esse dispositivo uma vez. Você será o segundo.
— Inacreditável! — responde Jérôme. — Você parece muito confiante, mas não podemos antecipar o resultado da votação das Academias. Cabe a eles decidir.
— Sim, sim! — responde Lafourcade, ainda entusiasmado. — Mas tenho certeza de que você será eleito. Não

há ninguém mais indicado para ensinar genética fundamental na França!

O dispositivo foi rapidamente proposto e prontamente aceito pela cúpula de ambas as academias, em duas sessões de votação favoráveis a Jérôme por unanimidade. Essa nomeação histórica rendeu a Jérôme inúmeras cartas de felicitações. Desde a eleição do Conselho Docente em 1963, até a votação das Academias em 1964, choviam cumprimentos. Na época, o Dr. Justin-Besançon escreveu para ele:

> Meu caro amigo, além de votar e fazer campanha para você na próxima quinta-feira, pretendo dizer algumas palavras para expressar minha admiração pelo seu trabalho e apoiar sua candidatura. Direi que acabo de ser recebido pelas mais altas autoridades universitárias americanas e tenho de expressar ao Conselho Docente o orgulho que senti para ver o seu trabalho tão admirado do outro lado do Atlântico. Espero que tenham uma boa eleição [...].[14]

Dr. Lafay, membro da Academia de Medicina, também escreveu:

> Fiquei muito feliz em participar, junto a todos os meus colegas da Academia, da sua nomeação para a cadeira de genética. Ninguém melhor do que nosso mestre, Prof. Turpin, para apresentar os títulos que você conquistou e as obras que realizou, cuja lista é particularmente rica e admirável. Mas eu queria mesmo lhe dizer o quanto você é tido em alta estima por todos aqueles que o conhecem.[15]

Foi assim que Jérôme se tornou o primeiro professor de genética fundamental na França, além e ter sido nomeado, na mesma época, chefe de departamento do Hospital Necker-Enfants Malades, com laboratório próprio

---

14 L. Justin-Besançon, Carta a J. Lejeune, 11 de abril de 1963, por ocasião da votação do Conselho da Faculdade que decidiu pela criação da cadeira de genética fundamental e a nomeação de Jérôme Lejeune.

15 B. Lafay, *Carta a J. Lejeune*, 9 de janeiro de 1964.

e consultoria de genética fundamental. Mas ainda foi preciso esperar alguns meses para a inauguração oficial da cátedra que só ocorreu em 10 de março de 1965. Diante dos colegas, de sua família e de seus amigos, o estreante professor Lejeune proferiu uma brilhante *Aula inaugural* na Faculdade de Medicina de Odeon. Com muito talento e humor, remontou a epopeia da citogenética e fez questão de agradecer seu mestre e mentor, Turpin, e também seus colaboradores. Birthe achou graça ao vê-lo virar as páginas de seus apontamentos, como se estivesse lendo o texto, porque sabia muito bem que ele tinha tudo aquilo de cor. De pé, com seu longo traje preto e as mãos apoiadas sobre o púlpito, Jérôme fez seu discurso num tom ligeiramente elevado que cativou o público imediatamente. Primeiro se dirigiu aos eminentes reitores e diretores:

> Permitam-me, senhores, assegurar-lhes minha profunda gratidão. Vocês não apenas tiveram a gentileza de me considerar digno de fazer parte de seu conselho, mas também a benevolência, em até certo ponto, uma ousadia, de me confiar uma cátedra totalmente nova, investindo-me com sua autoridade para essa disciplina que acabaram de criar.

Em seguida, continuou, de acordo com o costume, refazendo sua trajetória, lembrando das raízes familiares e espirituais:

> Meu pai foi um exemplo admirável. É a ele que devo tudo o que sei daquilo que é realmente importante. Ensinou-me, com seu exemplo, que a existência de um homem deve ser guiada por dois imperativos: a retidão do juízo e o entusiasmo pela verdade. Sua memória é muito presente para mim, e é uma grande pena que ele não esteja aqui esta noite. Minha mãe me ensinou a grandeza da dedicação e a onipotência da bondade. De seus três filhos, fui o único que saiu em busca daquilo que pode ser cientificamente provado; meus dois irmãos optaram por uma busca ainda mais nobre: a da beleza.

Não foram muitas as ocasiões em que Jérôme pôde partilhar com seus entes queridos o imenso reconhecimento e admiração que tinha por eles. Portanto, aquela era oportunidade perfeita. Ele a agarrou e encantou-se ao ver o sorriso de Philippe irradiando pelo seu rosto. Em seguida, relatou com detalhes e toques de humor e emoção, seus catorze anos de trabalho com seu mestre, o Professor Turpin, salientando:

> Foi o único mestre que conheci pessoalmente, o único com quem trabalhei e ainda trabalho.

E inclinando levemente a cabeça em sua direção, Jérôme continua com deferência:

> Você soube, meu caro professor, unir o trabalho do inovador e o trabalho do criador. Inovador porque você introduziu o ensino da genética em nosso corpo docente; criador porque formou uma equipe de pesquisadores ao seu redor. Há 25 anos [...] você inaugurou o primeiro curso de genética humana na França. Durante cinco anos despertou o interesse por essa disciplina, então quase desconhecida dos médicos. Vinte anos depois, é um de seus alunos que o corpo docente delega para levar a tocha. Creio que essa continuidade deve ser vista como um verdadeiro reconhecimento do seu pioneirismo.

Finalmente chega a vez dos colaboradores que Jérôme, de forma muito amigável, salienta o entusiasmo e o valor. Primeiro, seu amigo Jacques Lafourcade, enfatizando sua extraordinária habilidade de fazer diagnósticos cromossômicos a olho nu, armado apenas com uma lupa portátil. "Para conseguir essa maestria", afirma Jérôme, tirando os olhos do amigo por um momento para olhar para a plateia, "é preciso combinar muito conhecimento adquirido com esmero, com um certo requinte que não se aprende. Para a ciência" — continua Jérôme, voltando seu olhar para Lafourcade — "você possui essas qualidades, e pelo espírito intuitivo" — disse com um sorriso — "as recebeu desde o nascimento".

Dirigindo-se então a Henri Jérôme, continuou:

> Você é o pragmático da nossa equipe. [...] Nossas teorias às vezes bagunçadas deixam-no frio e realista. [...] Como o lavrador que traça o arado em zigue-zague, você analisa o problema de um lado e depois do outro. [...] E todos respiram aliviados quando admite que pode haver relação entre eles. Só nos resta, então, registrar o experimento.

Depois de saudar os dois colegas mais antigos, designados, como de costume, para recebê-lo nesta cerimônia, Jérôme volta-se para a terceira colega:

> Minha querida Marthe Gautier, você era a única de nós que conhecia técnicas de cultura de células. Juntos, começamos a ler o cariótipo humano. Se me recordo daqueles primeiros anos de tentativa e erro, em 1957 e 1958, posso dizer que esses dois anos de fracassos e sucessos parciais só foram coroados graças à sua habilidade e persistência. Cardiologista infantil renomada, apesar de todas as suas ocupações, não desistiu da equipe, e ainda nos encontramos todas as segundas-feiras para discutir a semana que passou e planejar a seguinte. É com grande prazer que expresso do fundo do coração o meu carinhoso agradecimento.

Depois chega a vez dos outros dois colaboradores mais jovens, porém não menos talentosos, que Jérôme também descreve com carinho:

> Nossos dois colegas mais jovens animam o laboratório, um com entusiasmo da sua inteligência, o outro com a perspicácia de sua dedicação.

E passa a se dirigir à Sra. Rethoré

> Minha cara Marie-Odile Rethoré, decerto já adivinhou o que vou dizer: você é pura dedicação e perspicácia. Há doze anos trabalhamos lado a lado e sempre aceitou as tarefas mais

difíceis e as missões mais delicadas. Mestre em pesquisa, combinou o rigor científico com o conhecimento sensível. Graças a você, a genética não é uma classificação de anomalias, mas uma descoberta do paciente, cada dia renovado. Essa é única forma possível de humanizar a ciência e, instintivamente, você soube descobri-la.

Então, voltando-se para o jovem médico sentado perto de Marie-Odile Rethoré, Jérôme continua:

> Meu caro Roland Berger, você é a exaltação da inteligência [...]. Tendo de certa forma testemunhado a sua conversão, posso dizer que se aplicou à pesquisa como alguém que passa a seguir uma religião. Também é um médico talentoso, que sabe reconhecer o paciente para além da doença. Mas o que mais o caracteriza, acredito, é essa paixão pela verdade que tanto te anima. Se tivesse que te definir em uma palavra, eu diria, e com muito carinho, que você é o "São Justino" do cromossomo, jamais pactuando com a ignorância ou com a imperícia.

Por fim, Jérôme, recordando que "um laboratório de pesquisa é uma espécie de máquina de aproveitar oportunidades, cuja eficácia repousa num estado de alerta permanente", passa a destacar o papel mais discreto, porém essencial, dos técnicos, "agentes principais do sistema", e percebe, sentada timidamente ao fundo uma de suas técnicas de laboratório mais importantes, a Sra. Macé. Diante dos reitores e diretores instalados nas primeiras filas, Jérôme não poderia deixar de citá-la em seus agradecimentos:

> Sra. Macé, você está trabalhando conosco desde o início; sua dedicação e seus conhecimentos têm sido decisivos. Uma técnica de alto nível que agora está formando estudantes. Você se lembra de um dos mais ilustres, um professor de genética da América do Norte? Foi imitando seus gestos que ele aprendeu seu ofício.

Em seguida, Jérôme estendeu esse elogio à Sra. Gavaini, expressou sua profunda gratidão a Sra. Besançon, por sua atenção e disponibilidade; à Sra. Dallo, pela incansável tripla atividade como secretária, arquivista e administradora, e, por fim, à Sra. Lenné, a quem dirigiu sua última homenagem com um toque de humor:

> Você que, de forma abnegada, desenvolve as funções mais obscuras, já que a maior parte do tempo é passado na câmara escura.

Terminados os agradecimentos, Jérôme fez uma breve pausa para causar uma expectativa. Todos se ajeitam em suas cadeiras e ficaram atentos para ver o novo professor apresentar sua nova disciplina. Ele começa:

> Gostaria de pendurar na porta deste anfiteatro um sinal verdadeiro e encorajador para os espíritos bem-nascidos: "No estado atual de ignorância..."

Em seguida, levou seus convidados para observar e contemplar, o berço da genética fundamental, toda palpitante de vida, descrevendo-lhes essa filha da ciência com admiração paterna:

> Uma busca ardente e apaixonada pelo conhecimento verdadeiro, aquele que finalmente torna possível fazer algo por quem sofre.[16]

Com sua nomeação, Jérôme concentrou-se na preparação dos cursos, exercício que lhe pareceu difícil, embora já tivesse proporcionado grande parte dessa formação na França ou no exterior. Ele gostava de transmitir sua paixão pela pesquisa e pelos tratamentos a jovens médicos. Desde 1959, já havia treinado mais de 120 pesquisadores, grande parte estrangeiros, mas dessa vez seria preciso montar um programa de treinamento completo. Uma tarefa desafiadora!

---

16 J. Lejeune, *Aula inaugural*, 10 de março de 1965.

No departamento que passou a dirigir, o trabalho continuava e as descobertas se sucediam. Jérôme observou dois casos de monossomia 13 e identificou mais uma nova doença: a deleção do braço longo do cromossomo 18. Depois descreveu a noção de *tipo* e *contratipo*, e lutou muito para que fosse aceito pela comunidade científica. É que sua maneira singular de seguir uma intuição, nascida da observação, desconcertava muitos de seus pares, acostumados a raciocínios mais mecânicos e demonstráveis. Precisava, então, encontrar outros casos convincentes para que o apoiassem. Poucas semanas depois, apresentou um *contratipo* de trissomia 21, depois de trissomia 18 e, por fim, um *contratipo* de *miado de gato*, e assim acabou por convencer a comunidade científica. Consequentemente, esse conceito de *tipo e contratipo* tornou-se uma noção básica em genética.

Além dessas atividades de pesquisa, que poderiam ocupar-lhe a mente dia e noite se a vida o permitisse, Jérôme foi convidado a integrar o "círculo dos 12 sábios", nome dado ao conselho consultivo de pesquisa científica e técnica responsável por assessorar o primeiro-ministro, Georges Pompidou, nos assuntos de política científica. Foi nomeado membro deste Comitê de Notáveis em 1965, e desempenhou esse importante papel com interesse. Porém, muito rapidamente, com as reuniões em Matignon se sucedendo, essa responsabilidade tornou-se excessiva, como confidencia a Birthe na carta seguinte:

> Os "sábios" me tomam muito tempo e fico aflito em ver o tempo se esvair.[17]

No entanto, os dias de Jérôme tornaram-se dantescos, pois, além da sua tripla atividade de consultório, pesquisa e formação, ele tinha de acrescentar as tarefas adicionais

---

17 J. Lejeune, *Journal intime*, 19 de julho de 1966.

ligadas às suas novas funções como chefe de departamento. Certa noite, durante o jantar em família, quando Birthe lhe fez sua pergunta ritual: "Quem você viu? E o que lhe disseram?".

Jérôme confidencia a sua preocupação:

— Desde a minha nomeação como chefe de departamento no ano passado, a administração do hospital não me deu meios para desenvolver os serviços.

— Mesmo assim — interrompeu Birthe — você me disse que Turpin se aposentaria no ano que vem!

— Sim, esse é o problema — responde Jérôme. — Por isso será preciso reorganizar o serviço urgentemente. Perco muito tempo tentando obter os recursos financeiros e humanos necessários e confesso que não preciso disso para ocupar meus dias. Como é estúpido usar um tempo precioso com essas coisas!

No entanto, graças aos seus esforços, conseguiu obter novos créditos para contratar mais alguns colaboradores e a equipe cresceu com a chegada de dois jovens e brilhantes pesquisadores, Bernard Dutrillaux e Sophie Carpentier, além de uma jovem secretária, Alice. Jérôme também recebeu a Dra. Marguerite Prieur, que desejava se formar em genética participando de suas consultas. Incentivar, capacitar e treinar seus funcionários levava tempo, mas Jérôme fazia isso de boa vontade, pois ficava feliz em compartilhar e transmitir conhecimento. A porta de seu escritório ficava sempre aberta e todos sabiam que poderiam vir falar com ele sobre dificuldades profissionais ou pessoais, sem nunca ter a impressão de incomodá-lo.

Poucos meses depois, Jean-Marcel Jeanneney, que havia sido nomeado Ministro dos Assuntos Sociais, anunciou a Jérôme uma subvenção extraordinária para o seu laboratório:

> A informação que me foi prestada sobre a situação financeira do seu laboratório e sobre o grande interesse da

> investigação que aí se realiza encoraja-me a atribuir-lhe [...] um subsídio de 100 mil francos. [...] Chamo a atenção para a excepcionalidade desses créditos. O aumento previsto no projeto de orçamento para 1967 dos recursos destinados à pesquisa médica para o próximo ano impede a renovação de uma medida semelhante para o próximo ano.

Jérôme acolhe com alívio esta boa notícia e não deixa de responder imediatamente ao ministro, mostrando-lhe o quão oportuno era aquele subsídio:

> Essa ajuda excepcional me permitirá montar uma unidade para a preservação de cepas de células portadoras de anomalias cromossômicas excepcionais. A OMS havia me pedido para atuar como um laboratório de referência para este trabalho fundamental, mas a escassez de recursos até agora não havia me permitido aceitar esta oferta.[18]

Jérôme também era muito procurado para presidir ou falar em congressos científicos em todo o mundo. Suécia, Inglaterra, Bélgica, Suíça, Itália, Brasil, Argentina e Estados Unidos: no total, entre 1962 e 1965, fez mais de 30 conferências em oito países estrangeiros sobre cromossomos, câncer e radiações atômicas. Compartilhava os congressos com seus colaboradores, inclusive Roland Berger, que indicava para ir a Madri ou em Chicago, dependendo dos temas a serem apresentados. Durante uma de suas muitas viagens aos Estados Unidos, ficou impressionado com a dedicação e extrema eficiência da equipe do Kennedy Center em Nova York, que acolhia pessoas com deficiências muito graves. Também o compromisso da irmã do presidente Kennedy, Eunice Shriver, com os deficientes mentais, causava-lhe admiração, logo compartilhada por Birthe.

O ritmo de suas palestras foi mantido em 1966 e 1967, e, durante esses dois anos, Jérôme fez treze viagens, incluindo uma para Israel, quatro para os Estados

---

18 J. Lejeune, *Carta ao Senhor Ministro Jeanneney*, 10 de outubro de 1966.

Unidos, onde fez conferências na Rockefeller University, em Harvard, na University of Chicago, em Los Angeles e no comitê da ONU. Ainda fez uma viagem ao Japão para palestras sobre radiação atômica em Tóquio e Hiroshima e duas apresentações na Itália. Depois partiu para a Inglaterra, Bélgica, Espanha e Dinamarca. Ainda assim, Jérôme tinha de recusar muitos convites — não apenas para manter o trabalho em dia, mas também pelo bem da sua família — também recusava novas responsabilidades. Só acabou aceitando uma nova nomeação, a de especialista do Instituto Nacional de Saúde de Bethesda.

A imensa notoriedade de Jérôme também lhe rendeu um grande número de cartas. Todas as semanas, recebia diversas equipes científicas da França e de todo o mundo: vinha de inúmeros lugares como Tóquio, Bombaim, Buenos Aires, Chicago, Ottawa. Jérôme estava no centro de uma rede internacional de muito alcance. O tom das cartas que lhe eram dirigidas, e a forma como as respondia, revelavam o tamanho da sua autoridade no seio da comunidade científica. Era solicitado para aconselhamento genético, informações científicas, artigos a serem escritos, corrigidos ou coassinados. Como a carta seguinte, enviada pela Dra. Simone Gilgenkrantz, do Centro Regional de Transfusão de Sangue de Nancy, em 17 de novembro de 1966:

> Prezado senhor, gostaria de submeter ao senhor este artigo sobre a trissomia 18 que escrevi em colaboração com o departamento de pediatria do Professor Pierson. Dos quatro casos apresentados, o mais interessante é sem dúvida o de A., cujos fibroblastos o senhor estudou e que lhe pareceram uma trissomia 16. Seus comentários sobre este trabalho, sejam quais forem, serão bem-vindos. Talvez o senhor possa achar esses casos muito diferentes e muito incertos para merecer uma publicação. Se, por outro lado, estiver de acordo com esse estudo, nem preciso dizer que ficaria feliz se concordasse em participar da publicação. Fico constrangida

por tomar seu tempo assim, mas gostaria muito de saber a sua opinião.

Agradeço antecipadamente e, por favor, aceite meus melhores votos. Com muita estima.[19]

Apesar da quantidade de cartas recebidas diariamente, Jérôme não permitia que a correspondência acumulasse em sua mesa, respondendo-as durante a semana, com notável regularidade! Escrevia sua resposta à mão, numa bela caligrafia, no verso da carta, depois entregava à sua secretária, que a datilografava e retornava a ele para assinatura. Assim ele respondeu, em 21 de novembro, à Dra. Gilgenkrantz:

> Prezada senhora, acabo de ler o seu texto e fazer algumas anotações. A análise dos cromossomos dos pais do caso 2 me parece essencial; bem como a cromatina sexual. [...] Para o último caso, acho que é possível resumir assim a impressão citológica (cf. papel anexo). A citação deste pequeno texto parece-me mais do que suficiente, acompanhada no final do texto pela clássica linha de agradecimento. Na verdade, não desejo assinar todo este artigo com você, porque trata-se de um trabalho longo que é inteiramente seu. Queira aceitar, caríssima, a expressão da minha muito fiel amizade.[20]

Como sempre, Jérôme colaborava voluntariamente e, apesar da falta de tempo, conseguiu fornecer um documento de trabalho que pôde melhorar o artigo da colega. Por outro lado, recusou-se espontaneamente a coassinar a publicação para não diminuir o mérito da autora. Mas Jérôme não hesitava em permitir que alguns jovens colaboradores assinassem publicações nas quais ele havia trabalhado muito, dando a oportunidade de que seus trabalhos, ainda que superficiais, fossem reconhecidos.

Para fazer frente à avalanche de cartas, Jérôme era ajudado, graças a Deus, por uma esposa e uma secretária

---

19 S. Gilgenkrantz, *Carta a Jérôme Lejeune*, 17 novembro de 1966.
20 J. Lejeune, *Carta a S. Gilgenkrantz*, 21 de novembro de 1966.

muito organizadas que não permitiam que qualquer documento importante pudesse se perder no meio de tantas correspondências empilhadas sobre a mesa. Sua secretária guardava uma cópia de cada correspondência profissional, arquivada metodicamente por ordem alfabética e cronológica, e Birthe fazia o mesmo com a correspondência pessoal recebida na Rua Galande.

Certa manhã, Jérôme recebeu uma carta inesperada de Portugal. Era do Prof. Tavares, da Faculdade de Medicina do Porto, que anunciava:

> Caro Professor Lejeune, tenho o prazer compartilhar a minha resposta a um pedido do Comitê do Nobel, que propõe o seu nome para o Prêmio Nobel de Medicina de 1966. Pode estar certo dos meus sentimentos, e espero que um movimento seja organizado em apoio à sua candidatura.

"Esta carta" — pensa Jérôme, com um sorriso no rosto — "certamente será arquivada pela minha Bibi. Quanto ao Prêmio Nobel, veremos".

E quando Lafourcade voltou ao seu escritório, Jérôme disse-lhe:

— Sabia que o Professor Tavares, do Porto, me indicou ao Nobel? Ele acabou de me escrever.

— Mas que maravilha! — vibra o seu amigo.

— Sim, mas não se empolgue, não sou o único da lista. Não vou ficar me iludindo — diz Jérôme baixinho.

— Olha, Jérôme, é verdade! Você não é o único a fazer descobertas importantes. Mas, que eu saiba, hoje você é o único médico francês que se tornou um pesquisador capaz de encontrar um tratamento para seus pacientes, e ainda teve a coragem de encontrá-lo. E não só para a Síndrome de Down, o que já é revolucionário, mas também para a doença do *miado do gato*. São muitos os pesquisadores que procuram, mas poucos os que encontram. Você faz parte desses poucos. E pensar que era "apenas um médico"... sem especialidade, ainda por cima! De qualquer maneira, vale dizer que isso lhe trará muitas amizades, mas o ciúme irá lhe mostrar quais são as verdadeiras... bem, disso você já sabe.

Jérôme olhou para o amigo e apenas acenou com a cabeça. "Deus sabe que Jacques tem razão!", pensou. Pois, desde que passou a frequentar os altos escalões da universidade, observava, com certo terror, uma realidade que teria preferido não conhecer. Mas ele não queria dizer isso a Jacques. "Para quê? Isso me forçaria a ter de dar nomes e não quero prejudicar a reputação de ninguém". Entretanto, o que ele viu, descreveu uma noite em seu *Diário*, confiante de que a informação estava bem guardada:

> O início foi difícil e a primeira revelação da torpeza do corpo docente durante a eleição fraudulenta de S. como professor associado deixou-me com uma espécie de medo. Essas intrigas, essas decisões ocultas, tramadas anteriormente, e que seus autores fazem de tudo para implementar, a despeito de toda justiça e da honestidade, me fizeram estremecer, no verdadeiro sentido da palavra. Já tinha ouvido falar, mas não tinha visto. Daqui a algum tempo, terei feito a minha parte, e o mais difícil já está feito. Conheço o valor de homens como B., H., D. e esse cardiologista cujo nome me escapa, mas que me dedicou um olhar maldoso, não sai da minha memória. Antes de ter acesso a esses segredos, eu era uma criança feliz. Tendo me aproximado desses abismos de deslealdade entre pessoas que talvez, quero acreditar, podem ser, noutros aspectos, pessoas talentosas e dedicadas, e talvez até mesmo desinteressadas, eu conheci os homens, e é preciso um coração três vezes blindado para assistir a esse espetáculo![21]

Jérôme tinha horror desses esquemas, tão estranhos a ele. O Dr. Lejeune sabia que, ao se recusar a jogar esse jogo, ganhava inimizades que viriam prejudicar a sua carreira. "Mas e daí?", pensava. "No fim das contas, nem todos são assim: existem pessoas honestas, e é com elas que quero trabalhar". Pretendia ignorar esses jogos sombrios, e conseguia, afinal, via todas as manhãs,

---

21 J. Lejeune, *Journal intime*, 19 de julho de 1966.

durante as consultas, os rostos de seus pacientes, seus sorrisos e suas lágrimas. Para Jérôme, nada era mais importante que isso.

Aos 40 anos, Jérôme ainda era jovem, porém premiado e homenageado, e tinha consciência de ter atingido uma fase importante em sua carreira. Era professor titular, um "chefe", mas não era vaidoso porque sua mente estava sempre ocupada em encontrar a cura para seus pacientes. Colocava todas as suas energias na batalha contra a doença. E quando suas forças se esgotavam, quando sua carga de trabalho se tornava avassaladora, lembrava-se de um homem cuja vida exemplar permeou sua infância, de um apóstolo da caridade que marcou a história da França: o humilde São Vicente de Paulo. Quando lhe perguntavam: "O que pode ser feito para ajudar os pobres?", São Vicente respondia: "Mais". Jérôme também queria fazer "mais" por aqueles que chamava de "os pobres entre os pobres", que estavam "feridos na inteligência" e na "liberdade do espírito". Eram seus pequeninos pacientes.

Porém, apesar de toda essa energia, do trabalho florescente e das descobertas feitas pela sua equipe, Jérôme sentia-se esmagado pela impressão de que tudo estava estagnado. Quando, numa noite de julho de 1966, ele finalmente conseguiu retornar ao seu *Diário*, fez a seguinte confidência:

> Fizemos algum progresso, desde 1963, mas nada espetacular. O estudo do câncer está parado. Em novembro terei de apresentar, em Tóquio, o discurso de abertura do Congresso de Oncologistas, mas percebo que toda a teoria de 1963 ainda é válida. Dificilmente farei mais do que repetir o primeiro discurso de Villejuif, enriquecido com algumas centenas de publicações. Afinal, talvez o modelo lógico seja aceitável. Nada mudou e tudo o que li ou vi por trinta anos apenas reforçou minha convicção. Descrevemos com Berger a "variante comum" do câncer de ovário, ou pelo menos [...] [o que] creio ser seu correspondente. Mas a prova definitiva está longe de ser estabelecida. Uma nova doença também, a

deleção do braço longo do 18, que é tão nosológica quanto a doença do *miado de gato*, agora confirmada em todos os lugares. [...] Para as pessoas com trissomia do 21, as tentativas de tratamento se sucedem com paciência, mas ainda não temos nada certo, nem mesmo provável. [...] O que me aflige em retomar este livro é ver que, apesar do problema que se coloca diariamente, apesar de nossos esforços repetidos e nunca desanimados, estamos no mesmo ponto desde 1959. Não exatamente, mas quase. Tentei compartilhar esse sentimento de impotência com o público, durante minha *Aula inaugural*, e acredito que consegui. Dos alunos que lá estiveram, creio que alguns compreenderam qual é a luta que temos de travar, e quais necessidades devemos enfrentar.[22]

O *Diário* de Jérôme é o barômetro de suas atividades, baseado na frequência de seus escritos. Numa noite tranquila de julho de 1966, enquanto Birthe e as crianças estavam na Dinamarca, aproveitou para despertar aquelas páginas adormecidas e ficou surpreso ao descobrir a data do último texto, indicada no alto das folhas cobertas por sua escrita elegante: "1963. Quase três anos! Achei que tivesse reaberto este bloco de notas várias vezes nesse meio-tempo!".

Sentou-se diante da escrivaninha de madeira, com o foco da luz projetada pela luminária presa na sua borda, e escreveu:

> Em primeiro lugar, o mais importante de tudo, Thomas Pierre Ulysse Lejeune fez sua aparição na família. Agora está com três meses, todo mundo é louco por ele e eu, que pretendia analisar crianças só por volta dos seis meses ou um ano, achei-o muito bom no primeiro dia, muito talentoso na primeira semana e superinteligente desde então! É verdade que ele é uma criança encantadora, mas sinto que um quarentão tem muito menos imparcialidade neste assunto do que um homem de 25 ou 30 anos. Deve ser a fibra do avô que dá início a uma gradual evolução.[23]

---

22 Ibid.
23 Ibid.

Jérôme propôs o primeiro nome de Thomas para o segundo filho, a fim de confiá-lo a dois santos que tanto admirava: Tomás de Aquino, por sua inteligência extraordinária, magnetizado pela verdade, e tão hábil em decifrar o grande livro da Criação, e Thomas More, pela retidão de sua consciência e sua coragem para segui-la, mesmo que tenha custado a sua vida. Então Jérôme escreveu: "Damien e eu fazemos pequenos debates literários de meia hora, assim como papai costumava me fazer ler o Canto VI da *Odisseia*".

Ao escrever estas palavras, Jérôme sentia-se feliz por poder repassar a seu filho de 11 anos o tesouro ancestral que recebeu de seu pai quando tinha a mesma idade. Deixando-se levar pelas lembranças daqueles anos de infância tranquila, pegou um porta-retratos com a foto de seu pai sorrindo, aureolado com seu grande chapéu de palha, parado no jardim de Étampes. Depois retorna a si:

> Tenho três anos para recuperar, não tenho tempo para ficar sonhando.

E pensando no trabalho, começou a registrar as informações mais importantes do laboratório.

No verão, Jérôme não teve apenas de enfrentar a solidão da casa vazia, mas também sua distração natural, que se tornou lendária e vinha à tona assim que Birthe deixava o local. Às vezes as coisas ficavam muito complicadas, a ponto de divertir as pessoas próximas a ele. Por exemplo, num certo verão, Jérôme deixou o seu mundinho em Kerteminde para voltar a Paris, onde tinha uma audiência com um oficial de justiça, o Sr. Jeuniot. Com a reunião era depois do almoço, teve tempo pela manhã para ir até o laboratório e colocar em dia todo o atraso acumulado durante as férias. Ficou lá, imerso nos seus afazeres até a hora do jantar. De repente, levantou a cabeça e lembrou-se do encontro: "Meu Deus, esqueci do Sr. Jeuniot".

Obviamente, era tarde demais. "O pobre Jeuniot deve ter ficado esperando muito tempo por mim!". À noite, depois do jantar, escreveu à esposa:

> Fiquei muito chateado com a minha falta de consideração, mas minha boa-fé era tão óbvia que o próprio Jeuniot me consolou.[24]

Birthe responde dois dias depois:

> Todo mundo riu quando eu disse que você esqueceu de ir à audiência. Realmente é preciso estar muito distraído... mas como eu não estava lá para te lembrar![25]

A família também já estava acostumada. Quase todo verão, quando Jérôme deixava a Dinamarca de trem, era preciso correr atrás dele, na estação, para pegar as chaves do carro que ele esquecia no bolso com uma regularidade desconcertante. Felizmente, os funcionários da estação, compreensivos, tinham a gentileza de guardar o molho de chaves para que alguém viesse buscar e Jérôme pudesse seguir em viagem para Paris. Numa outra vez, sua distração poderia ter sido mais prejudicial, caso não tivesse lembrado a tempo. Foi em junho de 1966, em Nova York. Depois de dar uma conferência pela manhã, organizou um encontro com alguns colegas da ONU à tarde. De repente, lembrou-se de que na hora marcada ele deveria falar em um congresso em Washington. Só teve tempo de saltar do táxi correndo para pegar o avião, e, depois, pular num outro táxi para chegar a tempo e tranquilizar os organizadores, que já estavam preocupados. Toda vez que contava a Birthe sobre seus contratempos, ela se divertia e fazia questão de lembrar o quanto era necessária para fazê-lo lembrar dos compromissos.

---

24 J. Lejeune, *Carta a Birthe*, 22 de junho de 1967.
25 B. Lejeune, *Carta a Jérôme*, 28 de junho de 1967.

O verão de 1967 foi uma época especial para Jérôme. Em agosto teve a alegria de ser convidado para visitar Israel e participar de um congresso científico internacional. Aproveitou os intervalos das sessões para visitar alguns lugares sagrados. "Que pena que minha Bibi não veio", pensou, ao entrar no avião. "Pela primeira vez as esposas foram convidadas! Mas, obviamente, com os cinco pequeninos e o calor de Jerusalém em agosto, seria impossível!". Apesar da ausência da esposa, Jérôme percorreu com entusiasmo a Terra Santa onde Jesus pôs os pés. Embora a modernidade tenha mudado os lugares, Jérôme descobriu admirado o Mar Morto, de um verde brilhante com um topázio, e também o Mar da Galileia, que ele descreveu, numa carta a Birthe, como "uma das mais belas paisagens do mundo", preservando "toda a beleza evangélica". Também esteve em Jerusalém, que achou "esplêndida e dramática". O contraste entre a santidade desses lugares, testemunhas da história da salvação, e o comportamento vulgar de certos membros do grupo que entram nas igrejas sem nenhum respeito e rindo alto, foi uma provação para Jérôme. O ponto alto foi quando uma senhora do grupo lhe disse que quase caiu na gargalhada ao vê-lo fazer o sinal da cruz, antes de declarar com certa indiferença, mas incomodado:

— Não ficaria aborrecido com isso...

Na verdade, Jérôme tinha ficado sem palavras com tamanha ignorância. Mas as reencontrou para escrever para Birthe naquela mesma noite:

> Mesmo assim, guardo memórias inesquecíveis dessa sagrada Galileia; e rezei por todos vocês.[26]

---

26   J. Lejeune, *Carta a Birthe*, julho de 1967.

No entanto, o que Jérôme não descreveu, por discrição sobre sua vida interior, foi a experiência espiritual que o arrebatou às margens do lago da Galileia, na pobre capela de Tiberíades. Só depois de voltar a Paris, aproveitando que ainda havia solidão e silêncio na Rua Galande, é que pegou a caneta para confiar a Philippe tal experiência espiritual surpreendente:

> E nesta capelinha de gosto duvidoso, num pavimento recente que talvez não existisse há 30 anos, deitei-me para beijar os passos imaginários d'Aquele que esteve aqui. Esse gesto ingênuo, quase instintivo, parecia-me ridículo, mas não era o sentimento que me impeliu a fazê-lo.
> Dizer que amamos é sempre impossível, e a declaração clássica de amor, ajoelhando-se, é provavelmente muito mais verdadeira do que a imagem do teatro sugere. Mesmo assim, como um monge que chega atrasado para o capítulo, beijei o chão em sinal de deferência afetuosa, porque não sabia o que dizer e não conseguia encontrar mais nada para fazer. Acima de tudo, não acredite, meu querido irmão, que imediatamente tive uma visão, que fui transportado num espírito arrebatado por um êxtase indescritível. Tudo em mim era tão racional como de costume, julgando minha ação ridícula e ainda assim ressoando com uma vibração desconhecida, mas familiar, tentando por adoração me juntar a um uníssono que eu nem poderia reivindicar. Um filho encontrando um Pai muito amado, um Pai finalmente conhecido, um mestre venerado, um coração muito sagrado descoberto, havia tudo isso e muito mais.
> Como diria, ternura, doçura, carinho, amor reverente, mas decidido. Uma necessidade de deixar que as pessoas soubessem o quanto fiquei tocado no coração por tanta gentileza e de bondade de sua parte, que ele estava disposto a estar lá, que tinha aceitado que eu o reconhecesse ali, por ele ter me recebido de forma tão simples e fraternal. Como posso falar o que é mais evidente do mais suave amor.
> Quando me levantei, porque minha adoração durou apenas o tempo de um movimento, ri um pouco de mim mesmo, reconhecendo que mesmo com todo o meu conhecimento eu não poderia ter dado nada melhor do que uma postura ancestral, e pensei comigo que, como o soldado que bate continência e descobre o orgulho do respeito, descobri, na posição de escravo suplicante, o delicado vínculo do devoto voluntário.

> Lá fora o sol brilhava, tão brilhante e alegre como quando entrei. O querido franciscano, cansado pela idade e sentindo o peso do dia, voltou para o fundo do seu minúsculo convento. E eu retornei para o Mar da Galileia, carregando para sempre a certeza do reencontro, e a maravilhosa intimidade que Jesus preparou para os homens, aqui ou lá, em cima ou embaixo, embaixo ou em cima, longe, muito longe, mas talvez cedo demais, nesse verdadeiro avesso de tudo o que é, e que finalmente se descobre apenas quando podemos ver do outro lado do tempo.[27]

Jérôme largou o lápis. Após um momento de hesitação, decide não enviar a carta para Philippe. Então, guarda-a num risque e rabisque de couro marrom que ficava em cima da sua escrivaninha. Tanto por humildade quanto por modéstia.

As palavras de Jérôme para descrever essa experiência de Deus são muito simples, quase ingênuas. Tem o cuidado de salientar que não se tratava de um êxtase místico e que tudo nele "era tão racional como de costume", mas experimentou a alegria profunda e vibrante de "um filho reencontrar um pai. Muito amado, um pai finalmente conhecido, um mestre venerado". Essa sobriedade, mais do que a exuberância barroca, revela a intensidade do encontro.

Por que Jérôme recebeu tal graça em agosto de 1967? Talvez o Senhor, por meio desses reencontros antecipados, queira assegurar-lhe a sua presença, e fortalecê-lo antes da batalha.

---

[27] J. Lejeune, *Terre sainte à Tibériade*, carta a seu irmão Philippe, julho de 1967. Esta carta, nunca enviada, foi encontrada no risque-e-rabisque da sua escrivaninha um dia após sua morte.

CAPÍTULO 7
Uma alma em paz, mas com o coração na boca

1967–1969

No céu límpido de setembro, o sol continua em seu ápice. No horizonte, um véu branco claro, distinguível apenas a um olho atento, estica-se lentamente, anunciando a mudança de tempo. Apesar do fim da estação, o calor ainda fazia com que os homens se prostrassem à sombra das suas velhas casas esperando por horas mais amenas, enquanto, sob a macieira do jardim de Saint-Hilaire, era possível avistar dois chapéus de palha, indicando que o torpor não era geral. Jérôme e o irmão, Philippe, estavam confortavelmente sentados nas poltronas do jardim, contemplando o mundo com uma pequena taça de *Amaretto* na mão. A grama cortada por Jérôme ainda não exalava seu cheiro, por isso tiveram de esperar até o anoitecer para saborear os aromas da terra e da grama recém-cortada.

— Esta noite, quando o sol terminar seu curso, o mundo vai ficar muito melhor! — diz Jérôme a seu irmão, rindo de suas discussões.

Depois da sobremesa, eles já tinham revisitado a Teoria da Relatividade, comparado o jogo de luz de Caravaggio e de Rembrandt e ainda comentado a genialidade de Tomás de Aquino.

— Basta lê-lo para compreender tanta coisa! — observa Philippe. — Da presença do mal no mundo, que perturba muitos cristãos, às provas filosóficas da existência de Deus, são inúmeras as respostas.

— Você está certo — responde Jérôme. — Para mim, o mais fascinante é sua capacidade de apresentar todos os argumentos opostos e respondê-los de forma metódica, numa verdadeira busca pela verdade. Nas suas obras, sejam as escritas para os estudantes católicos ou as desenvolvidas para pagãos, não encontrei um argumento defendido no nosso século XX que já não tenha sido discutido na época dele. Tomás refutou antecipadamente todas as contradições do homem moderno. E viveu no século XIII! Definitivamente, não há nada de novo sob o sol, apesar das diferenças de idioma.

— Sim, foi alguém que fez uso da sua inteligência brilhante e que não tinha medo do confronto, desde que construtivo, que é, sem dúvida, a melhor defesa contra o materialismo — acrescenta Philippe. — Mas, não sei, talvez ele seja muito metódico para mim. Por isso prefiro a genialidade de Santo Agostinho. No século IV ele já havia tratado os assuntos realmente importantes: o que perturba o coração humano e o que cura: o amor de Deus. O resto, no final das contas, não tem muita importância.

Um silêncio se prolonga entre os dois irmãos, que ficam num estado de profunda reflexão, até que Jérôme, com uma seriedade estampada no rosto, quebra o silêncio:

— Vamos precisar dos dois para o que está por vir.

Surpreso com a mudança inesperada de tom, Philippe retoma o olhar perdido nos ramos de macieira iluminados com feixes de raios de sol que pareciam dançar sobre as folhas, para prestar atenção em Jérôme, que parecia se preparar para revelar algo muito sério:

— Há algum tempo, no meio científico internacional, tenho notado o surgimento de ideias que não me agradam nada. No ano passado, recebi um convite oficial para me tornar membro da Federação Internacional de Sociedades Científicas de Helsinque. O documento de apresentação anexo à carta foi intitulado *Toward a new humanity*, ou seja, *Em direção a uma nova humanidade*.

Lendo aquelas páginas, percebi uma tendência que me arrepia a espinha: o programa de uma política científica malthusiana e eugênica.

— E o que você fez? — perguntou Philippe.

— Respondi: "Não podendo subscrever as soluções teóricas apresentadas, tanto por razões científicas quanto éticas, é absolutamente impossível para mim me associar aos objetivos dessa entidade".[1]

— Uma resposta clara e sucinta —, felicita Philippe.

— Temo que, se eu não defender o que acredito ser verdade, abrirei espaço para que outros acabem tomando decisões terríveis para os meus pequeninos pacientes — responde Jérôme. — Vi isso na semana passada, em Washington. Eunice Shriver Kennedy, que percebe muito bem essas mudanças, também está preocupada, e me pediu para participar dessa conferência para defender a medicina de sempre, a medicina de Hipócrates. Então eu fui lá. O único geneticista entre parteiras, psiquiatras, advogados e clérigos.

— E como foram os debates? Os argumentos deles são sólidos?

— Para falar a verdade — responde Jérôme —, a única posição lógica é a dos católicos. Até os protestantes e judeus são unânimes em reconhecer isso. Eles reprovam os católicos por serem dogmáticos, mas quando cada um deles tenta explicar até onde pretendem ir, discordam entre si e já não conseguem explicar por que um estabelece um limite e o outro quer ir mais adiante. Fica evidente que a doutrina católica é a que está mais de acordo com os princípios biológicos e, na verdade, a única consistente.[2] Fiz uma observação — continua Jérôme ajeitando-se na cadeira e dizendo muito calmamente —:

---

1 J. Lejeune, *Carta ao Presidente da Federação das Sociedades Científicas*, 9 de março de 1966.

2 J. Lejeune, *Carta a Birthe*, 6 de setembro de 1967, contando o que ocorreu no colóquio de Washington.

não há contradição entre o Juramento de Hipócrates, escrito 400 anos antes de Cristo, que diz, "nunca causarei, com minha arte, dano ou mal a alguém"; "jamais prescreverei remédio mortal nem conselho que induza a perda. Do mesmo modo não darei a nenhuma mulher nenhuma substância abortiva". Em relação ao cuidado das crianças doentes ou não, acredito que nosso dever é dobrado.

Philippe mantém o olhar no irmão, que se mantinha num silêncio reflexivo. Jérôme foi uma testemunha privilegiada das "doenças da inteligência". Por experiência própria, sabia que as doenças que afetavam a inteligência de seus pacientes não eram doenças do coração, pois as crianças, mesmo enfermas, têm uma grande capacidade para o amor que podemos ver irradiar amplamente ao nosso redor. Mas Jérôme via no mundo uma forma muito mais grave de "doença da inteligência": a da razão obscurecida pela recusa em receber a luz da verdade, e essa doença o preocupava duplamente: como erudito cristão e como médico, pois, como erudito cristão, sempre nutriu um amor pela verdade; como médico, logo compreendeu que seus pacientes acabariam vítimas das inteligências que moldam um mundo privado da verdade, e a história ensinou-lhe que, quando deixamos de acreditar em Deus, que é "o Caminho, a Verdade e a Vida", acabamos por deixar de acreditar no homem. Quando já não existe mais o respeito incondicional pela fraternidade humana, o pior se torna possível. Seguindo a linha de seus pensamentos, Jérôme continuou, como se falasse consigo mesmo:

> O racismo cromossômico é horrível como todas as formas de racismo.[3] A compaixão pelos pais é um sentimento que todo médico deveria ter. Aquele que consegue anunciar aos pais que seu filho está gravemente doente sem sentir uma

---

3 J. Lejeune, *Le Quotidien de Paris*, nº 3449, de 29 de dezembro de 1990, citado em *Tom Pouce*, nº 25, março/abril de 1991.

tremenda dor no coração, nem imaginar a dor que eles irão sentir, não seria digno de nossa profissão. Mas não se evita um infortúnio cometendo um crime; não se alivia a dor de um ser humano matando outro ser humano.[4]

Impressionado com o tom trágico que ouve pela primeira vez na voz do irmão, Philippe pergunta:
— Você realmente acha que já chegamos nesse ponto?
— Ainda não! — responde Jérôme. — Mas temo que isso aconteça mais rápido do que imaginamos.

Os oito meses seguintes se passaram em paz. Enquanto observava as crescentes demandas de uma sociedade que perde o rumo, Jérôme permaneceu cautelosamente afastado da política e dedicou todo o seu tempo a seus pacientes e suas meditações científicas. Nomeado Diretor Executivo do Instituto de Progênese e, pelo segundo ano consecutivo, membro do Conselho Científico do Instituto Pasteur, procurou, tanto quanto possível, concentrar-se no seu trabalho. Permitiu-se, apenas para se distrair um pouco, construir algumas hipóteses sobre assuntos científicos tão variados quanto desenvolver um modelo de balão sem ar ou a criação do homem.

Sua mente científica gostava de tentar desvendar certos mistérios da Bíblia, como a criação de Adão e Eva, um assunto particularmente interessante a um geneticista como ele, que não se contentava com a teoria neodarwiniana, que tentava explicar o surgimento do homem postulando a hipótese de uma hominização progressiva. Ora, ainda que a evolução possa ser verificada nas variações dentro de uma mesma espécie, ela não consegue explicar a passagem de uma espécie a outra, do macaco ao homem: nenhum paleontólogo jamais encontrou uma espécie intermediária entre o animal e o homem. Então, Jérôme

---

4 J. Lejeune, "Avant Hitler ? Des psychiatres allemands liquidaient les schizophrènes qu'ils ne pouvaient guérir" ["Antes de Hitler? Os psiquiatras alemães liquidaram os esquizofrênicos que não conseguiam curar"], in *Paris Match*, 7 de novembro de 1980.

sugeriu a hipótese adâmica, ou seja, o surgimento repentino do homem por um rearranjo (salto qualitativo) dos cromossomos dos grandes macacos, que não contraria a genética, nem a paleontologia e nem o livro do Gênesis. Publicou seu primeiro artigo sobre o assunto na *Nouvelle revue théologique* da Universidade de Lovaina, em fevereiro de 1968. Imediatamente, um defensor do neodarwinismo respondeu a Jérôme na mesma revista e desmontou seus argumentos. O debate havia começado. Jérôme não pretendia ter razão, mas, como o neodarwinismo era apenas uma teoria, ele achou por bem propor uma outra hipótese que estivesse mais de acordo com observação científica. Este assunto o fascinava e rendia muitas conversas com seu irmão Philippe, que se refugiava em seu reino particular, o ateliê em Étampes, protegido do cinza do mundo por grandes janelas que captavam a luz da primavera. Ele escutava Jérôme com interesse. Atrás dele, os rostos, às vezes sérios, das telas mal-acabadas, encaravam o palestrante. E as longas silhuetas, borrifadas de cores pelo pincel do artista, que as eternizava em suas pinturas, formavam uma plateia silenciosa. De pé, no meio daquele público pitoresco, Philippe perguntou:

— A teoria da evolução, muitas vezes usada como arma contra a Igreja, encontra hoje alguns detratores no mundo científico.[5] O que você acha desses debates?

> Não devemos confundir as coisas. Se a teoria de Charles Darwin está totalmente aberta à crítica, não é em nome de uma dificuldade com a Revelação da Igreja. Darwin certamente usou sua teoria para tentar desmantelar a antropologia cristã. Isso dificilmente está em discussão e ele próprio o confessou, e sua esposa escreveu-lhe cartas extraordinárias sobre isso para tentar demovê-lo de tal projeto. No entanto, não acredite que a Bíblia se opõe necessariamente ao conceito de evolução. A Bíblia é até mesmo o primeiro livro evolucionário, uma vez que apresenta os estágios da Criação. O mais

---

5 Sobre o assunto, ver o livro de Michael Denton: *Évolution : une théorie en crise*, 1985.

> surpreendente é que na Bíblia os animais marinhos aparecem primeiro, depois os animais voadores, depois os animais terrestres e, mais recentemente, o homem. Isso quer dizer que a Bíblia, numa síntese absolutamente deslumbrante, lista o surgimento dos seres vivos na ordem em que os encontramos nas camadas geológicas. Há nela um motivo real para o espanto do cientista e do crente, e não é uma disputa entre a Bíblia e a geologia.[6]

— Você tem razão, nunca havia pensado nisso! — comenta Philippe, muito surpreso. — Mas, na sua opinião, os argumentos em favor da evolução são críveis? — perguntou, sentando-se ao lado de seu cavalete, fazendo um gesto para seu irmão sentar-se ao lado dele.

Jérôme responde enquanto se ajeita na cadeira:

> Primeiro precisamos compreender o que você entende por evolução. Se para você é a noção de que as espécies se sucederam na superfície da Terra no decurso da sua história, acho que não há nenhum cientista que discorde da noção de evolução — e é preciso salientar que, nisto, está em total concordância com o ensino bíblico.[7]

— Entendi — responde Philippe. — Mas o problema é que, para a maioria das pessoas, "evolução" significa que o homem é descendente do macaco. E que a origem da vida se deu a partir de uma célula inicial, a partir da qual surgiram as várias linhagens de vida. O que você acha disso?

— Essa é a Teoria da Evolução, e não o que aconteceu de fato. Ocorre que, com o tempo, as formas se sucederam e é verdade que o homem é o último a chegar. Neste ponto, todos os cientistas concordam. Mas isso para a ordem cronológica. Na ordem da causalidade, como aconteceu? A resposta precisa é que não sabemos. Existe uma teoria neodarwiniana que assume que tudo

---

6 J. Lejeune, "La fin du darwinisme", entrevista ao La Nef, dezembro de 1991, n. 12.
7 Ibid.

aconteceu por mutações aleatórias que foram se ordenando pela necessidade de sobrevivência.[8]

Após um breve silêncio, que permitiu a Philippe seguir os pensamentos do irmão, continuaram:

— Mas como é que existem espécies?

— Bravo! É uma ótima pergunta — responde Jérôme.

— Esta é justamente uma pergunta que os evolucionistas não se fazem. Ela é muito interessante porque, suponhamos que Darwin tenha razão, que ocorram mutações ordenadas pela necessidade e que, finalmente, é assim que as formas evoluem. Por que, então, não haveria algum tipo de *continuum* da ameba até chegar ao elefante, e um *continuum* onde veríamos amebas se elefantizar (ainda que lentamente)? Por que isso não existe? Por que um elefante sempre procria estritamente dentro da raça de elefantes? Há uma razão para isto. E estamos começando a compreendê-la, pelo menos para as espécies superiores: é que seu patrimônio genético está organizado em uma estrutura, que são os cromossomos, e que os cromossomos são, por assim dizer, os volumes da enciclopédia da vida, as tábuas da lei da vida gravadas com esses caracteres, ou seja, cada espécie tem suas tábuas da lei que sabemos distinguir umas das outras. Em geral, podemos dizer que cada espécie possui um cariótipo particular (aparência e estrutura interna dos cromossomos). Reconhecemos o chimpanzé, o orangotango ou o gorila pelo seu cariótipo, e da mesma forma podemos reconhecer todos os homens porque todos eles têm o mesmo cariótipo...

Quanto à origem da vida, só podemos construir hipóteses. No entanto, o que podemos dizer com certeza é que se pegássemos o mecanismo neodarwiniano, a seleção de mutações, a evolução entre as espécies não teria ocorrido, pois é absolutamente impossível, dada a quantidade de sucessivas mudanças favoráveis que seria preciso imaginar ter ocorrido entre a ameba e o homem, para que o homem ou outros animais superiores tivessem surgido dessa forma. A improbabilidade absoluta de que a informação genética aumentará pela simples ação do acaso é tal que voltaríamos àquela imagem do macaco digitando os cantos da *Odisseia*, apertando as teclas de uma máquina de escrever ao acaso. É impossível escapar dessa dificuldade. Ou seja, hoje temos certeza de que não é possível

---

8 Ibid.

explicar o surgimento das espécies e das diferentes formas de vida aplicando a teoria neodarwiniana.⁹

— Quer dizer que hoje ela é ultrapassada? Já não é capaz de explicar nada? — pergunta Philippe.

— Sim — responde Jérôme.

— Mas ninguém é capaz de oferecer qualquer outra explicação, e a verdade — e é isso que causa uma profunda inquietação — é que não sabemos explicar a evolução. Ninguém sabe como ela poderia ter acontecido. Não poderia ter acontecido por acaso e por seleção, porque não faria sentido. É um absurdo imaginar que o acaso seja capaz de construir uma máquina muito mais complicada do que os grandes computadores. É tão absurdo supor que o cérebro humano tenha sido feito por tentativa e erro, quanto supor que algumas peças isoladas tenham se juntado ao acaso para formar um computador. Existe necessariamente algo mais. E esse algo mais é chamado de "informação" ou "espírito". Agora, como a informação ou o espírito são inseridos na matéria para aliená-la e comandá-la, ignoramos completamente.¹⁰

— Você acha que podemos questionar o princípio da evolução que faz as pessoas passarem de uma espécie para outra? — pergunta Philippe.

— Não, não acho! Não podemos explicar como uma espécie pode se tornar outra espécie. Mas isso não significa que não possa acontecer. Creio que seria um erro afirmar com certeza que seria impossível.¹¹

O olhar observador de Philippe percebe um certo brilho nos olhos do irmão quando ele acaba de pronunciar essas palavras.

— Ah, você tem uma ideia sobre o assunto! — exclama, interessado. — Conte-me, quero saber!

Jérôme pensou um pouco antes de dizer:

— Na verdade, tenho sim uma ideia, mas é apenas uma ideia, uma hipótese a ser discutida.

Então, Jérôme expôs a hipótese adâmica que havia delineado algumas semanas antes na *Nouvelle revue de*

---

9 Ibid.
10 Ibid.
11 Ibid.

Théologie. Philippe ouviu atento, mas sempre oferecendo alguma resistência intelectual antes de admitir a derrota. Rindo, Jérôme conclui: "Mas tudo isso é fruto das minhas cogitações. Não tome como certo!".

Ansioso por verificar a solidez da sua hipótese adâmica, Jérôme aproveitou a próxima viagem a Nova York, na primavera de 1968, para discuti-la com um dos melhores especialistas no assunto. Ele marcou uma reunião com o Prof. Theodosius Dobzhansky no Rockefeller Institute, em abril. Naquele dia, ao entrar no famoso prédio de Manhattan, Jérôme estava maravilhado porque, finalmente, poderia confrontar sua ideia com o mais eminente geneticista e teórico da evolução. "Veremos o que restará das minhas propostas. O importante é fazer uma boa exposição e tentar levar o debate adiante", pensou, com entusiasmo. Dobzhansky o acolheu calorosamente e juntos entraram no elevador que levava ao 15º andar.

— Que vista incrível! — exclamou Jérôme ao entrar no escritório de seu anfitrião, cuja enorme janela envidraçada oferecia uma vista deslumbrante do Central Park e do East River.

Em seguida, acrescenta, com um ar falsamente modesto:

— Em Paris não temos nenhum edifício assim tão alto, mas temos as torres de Notre-Dame para nos elevar ao céu.

E com um sorriso malicioso, acrescenta, certo de seu efeito:

— Você sabia que a casa onde moro, perto de Notre-Dame, tem alguma ligação com o seu país?

— Não. Qual é a ligação? — pergunta Dobzhansky, interessado.

— Minha casa foi construída em 1480, antes do descobrimento da América.

— Que incrível! — exclama o americano, admirado, antes de acrescentar, rindo: — Isso quer dizer que, na evolução, o prédio sucedeu a casa!

Após essa agradável introdução, os dois geneticistas sentaram-se para abordar o assunto para o qual estavam reunidos, e Jérôme explicou sua hipótese em detalhes. Dobzhansky ouviu com atenção e fez as perguntas essenciais. Ao final da conversa, o geneticista americano considerou improvável a hipótese desenvolvida pelo francês, mas reconhece que o argumento teórico está correto. Jérôme concluiu que, se até mesmo aquele especialista evolucionista não havia conseguido apontar nenhum erro, a teoria podia ganhar terreno. Saiu do Rockefeller Institute mais apaixonado do que nunca.

Essa pesquisa sobre a criação do mundo mostra o desenvolvimento harmonioso da inteligência de Jérôme nos campos da fé e da ciência. Ele não foi cientista, por um lado, e cristão por outro, mas um pesquisador cristão que via com os olhos da inteligência e com os olhos do coração. Este duplo olhar lhe revelava alívio e profundidade. Como muitos de seus contemporâneos, poderia declarar que o fato de crer se opõe ao fato de buscar, que a luz da fé é inútil para o homem adulto moderno, nada mais do que uma "luz subjetiva",[12] inacessível à razão. Porém, ao contrário, como o grande pesquisador que foi, via que a fé e a ciência se complementam na busca da verdade, uma iluminando o "porquê", e a outra buscando conhecer o "como" das coisas. Assim, ele assume plenamente esta dupla convicção:

> Pode parecer inapropriado conciliar os dados do Apocalipse com as hipóteses baseadas nas descobertas científicas. Esses dois modos de conhecimento são fundamentalmente diferentes. O primeiro, dado gratuitamente, é expresso numa linguagem poética que o coração compreende com alegria; o segundo, laboriosamente conquistado, é um discurso difícil

---

12 Francisco, Encíclica *Lumen Fidei*.

que necessita de um esforço da razão para dominá-lo. Ao longo das variações das teorias explicativas, esses dois caminhos pareciam ora confirmar-se, ora contradizer-se, quando deveriam nos conduzir à verdade.[13]

Jérôme considerava a ciência como "uma aliada da fé, na compreensão dos propósitos de Deus".[14] Não temia estudar os dados revelados pela Bíblia à luz das descobertas científicas e colocar tudo à prova de seu espírito crítico. No entanto, distingue rigorosamente o papel de cada uma: fé e ciência são complementares, mas não intercambiáveis. Como resultado, ele desafia tanto o "discordismo" que classifica a Bíblia no campo dos contos e lendas, quanto o "concordismo" que pretende colocá-la no campo das ciências exatas.[15] E para discutir com seus amigos e ilustrar seu pensamento, usava o exemplo da Criação do mundo:

> Se quiserem, podemos começar com o livro do Gênesis, partindo do primeiro dia. Deus disse: *Fiat Lux*, faça-se a luz, e houve a luz. [...] Hubble havia mostrado que as galáxias se afastam tanto mais rápido quanto se distanciam de nós: um sopro de poeira se expandindo no infinito, é isso que demonstra o desvio para o vermelho do Efeito Doppler. Daí o Padre Lemaître deduziu que, se esse movimento durou muito tempo (os astrônomos contam bilhões de anos), certamente era necessário que no instante anterior o todo tivesse sido reunido em um volume menor. Ele propôs que todo o universo veio de uma matéria hiperdensa: o átomo primitivo. O discordismo orgulhoso rebelou-se de forma vigorosa, mas depois esse vigor foi diminuindo, afinal, nenhuma outra hipótese foi capaz de resistir ao acúmulo de evidências.[16]

---

13 J. Lejeune, "Biologie, conscience et foi", conferência em Notre-Dame de Paris, 10 outubro de 1982.

14 Bento XVI, *Discursos*, 21 de novembro de 2012.

15 "Concordismo" é uma posição exegética que consiste em procurar uma correspondência direta entre o texto bíblico e o conhecimento científico. Obviamente, o "discordismo" pretende o contrário: de que a religião e a ciência falam de duas ordens completamente distintas, sem nenhum vínculo possível. [N. T.]

16 J. Lejeune, "Biologie, conscience et foi", conferência em Notre-Dame de Paris, 10 outubro de 1982.

Em 1968, quando Jérôme estava desenvolvendo sua teoria adâmica, o Padre Georges Lemaître, sacerdote, astrônomo e físico, já tinha falecido há dois anos sem que seus méritos fossem reconhecidos. Foi ele quem descreveu, em 1927, a teoria de um universo em expansão que tem um início e, em 1931, a do átomo primitivo, contra o conselho da maioria de seus colegas de cosmologia, incluindo Einstein, que não subscreveu a essa ideia e sustentava que o universo era estático. Foi preciso esperar até 1965, com a descoberta fortuita da "radiação térmica cosmológica" por dois jovens americanos, Ano Penzias e Robert Wilson, para que a comunidade científica finalmente reconhecesse que o Padre Lemaître estava certo ao lançar as bases do que veio a ser conhecido como a Teoria do Big Bang. Mas esse reconhecimento chegou tarde demais para que ele recebesse o Prêmio Nobel, que acabou ficando com os dois jovens americanos, em 1978. Mas a Igreja não esperou tanto para reconhecer a qualidade dessa descoberta, tendo nomeado o Padre Lemaître como presidente da Pontifícia Academia das Ciências ainda em 1960.[17]

Ao descrever o átomo primordial na origem do universo, o Padre Lemaître mostrou, de forma notável, o quanto a ciência e a fé podem trabalhar em harmonia, e quanto o discordismo orgulhoso, descrito por Jérôme, pode cegar os cientistas. Este exemplo é tão emblemático que, anos mais tarde, outro estudioso desse caso escreverá:

> Se Georges Lemaître não fosse padre, sua tese teria sido reconhecida mais rapidamente. Mas, sem dúvida, era preciso ser um padre para imaginar o começo do mundo.[18]

---

17 No momento da redação deste livro, em outubro de 2018, a União Astronômica Internacional reconheceu oficialmente o papel do Padre Lemaître na descoberta do Big Bang. Ela agora recomenda nomear a famosa lei de Hubble como "Lei de Hubble-Lemaître".

18 Em um artigo de 7 de agosto de 2018, "Georges Lemaître, prêtre et premier théoricien du Big Bang", assinado por Yann Verdo, o jornal *online Les Echos.fr*, retornou a esse reconhecimento tardio e preciso, citando Laurent Lemire (*Ces savants qui ont eu raison trop tôt*, Tallandier, 2013), e a frase que transcrevemos.

Jérôme gostava de recordar este exemplo porque ilustra a relação que sempre manteve com a fé e a ciência, na procura da verdade que norteou toda a sua vida:

> Nunca encontrei uma contradição irredutível entre o que aprendi com uma longa experiência científica e o que me foi transmitido pela fé católica. Vi as dificuldades, mas nada que não fosse intransponível ou representasse contradições absolutas.[19]

Sua conclusão é simples:

> Em nenhum ponto conhecido existe um divórcio entre a ciência de hoje e a religião de sempre. Religião e ciência: como poderia haver contradição entre o verdadeiro e o verificável? É sempre este último que está atrasado.[20]

Uma originalidade de Jérôme é fazer da fé uma aliada da ciência. Sempre atento para enxergar os traços de Deus na beleza do mundo, ele incorpora a ordem da criação nas suas reflexões, usando um método diferente dos outros, onde a observação, a referência constante à harmonia e a recusa a qualquer transgressão da ordem natural têm um lugar decisivo.

A qualidade de sua obra, como também a do Padre Lemaître, é fruto desse método que reconcilia a inteligência consigo mesma. Iluminada pela fé, sua inteligência superou a si mesma. E sua fé, iluminada pela inteligência, floresceu. Essa harmonia intelectual e espiritual deu a ele grande alegria e grande liberdade.

Enquanto Jérôme empenhava-se para desvendar o "porquê" e o "como" do início da vida na Terra, a sociedade francesa passava por grandes mudanças e a primavera de 1968 prometia ser turbulenta. Em maio do mesmo

---

19 J. Lejeune, "La fin du darwinisme" [O fim do darwinismo], entrevista à La Nef, dezembro de 1991, n. 12.

20 J. Lejeune, *Journal intime*, 25 de janeiro de 1970.

ano as manifestações estudantis estavam a todo vapor, e o que a princípio parecia um protesto temporário acabou se revelando uma revolução contra a ordem estabelecida, fosse ela moral ou social. Embora Jérôme não se sentisse um idoso com seus 41 anos, os vinte que o separavam dos jovens revolucionários pareciam-lhe séculos. Ele estava ciente de que a academia não era perfeita, porém jamais acreditou que o progresso pudesse vir pela anarquia. E, ao invés de ações violentas, sempre preferiu a revolução pelo exemplo, pela simplicidade e pela verdade — algo que ele já aplicava, naturalmente, com seus pacientes. No entanto, muitos dos professores de medicina ao seu redor se comportavam como figurões. Raramente eram vistos nos seus departamentos. Quando vinham, chegavam de carro com motorista e passavam como estrelas cadentes, anunciando opiniões tão duradouras quanto as breves luzes noturnas que cruzam o céu. Jérôme jamais partilhou dessas atitudes. Desde o início de sua carreira, sua atenção e gentileza impressionavam os pais que traziam seus filhos para a consulta. Manteve sua postura calorosa e tranquilizadora mesmo depois de se tornar famoso. Estava no auge da sua carreira naquele período conturbado de 1968, mas sempre se manteve simples e acessível.

Os dias se passaram naquele mês de maio de 1968 e os protestos se tornaram mais ríspidos, com confrontos no Quartier Latin e barricadas no Boulevard Saint-Michel. Em casa, na Rua Galande, a poucos passos da Sorbonne, a família Lejeune tinha uma visão privilegiada dos conflitos. Jérôme ainda lembrava dos acontecimentos de maio de 1936, quando os funcionários ameaçaram fazer greve na destilaria da família, e também da turbulência do pós-guerra que jogou seu pai na prisão, por isso, não precisou pensar muito para saber o que fazer. Ele não gostava de violência e até tinha medo do que poderia acontecer, mas também não gostava de covardia. Por isso continuou seu trabalho firme e calmamente, e tentou, tanto quanto possível e dentro dos limites de suas competências, refrear os jovens revolucionários.

Na Faculdade de Medicina, a desordem era total. O prédio estava ocupado, e as entradas, bloqueadas por piquetes. Certo dia, quando Jérôme se aproximava da entrada, havia uma aglomeração de alunos e um deles gritou num ato de bravura: "Ninguém passa, a universidade está fechada!".

Com muita calma e determinação, Jérôme explicou que nada o impediria de trabalhar. Os estudantes, impressionados e um tanto confusos, decidiram deixá-lo entrar. Todos os dias Jérôme atravessava a barreira e seguia para o seu escritório, mesmo no auge das tensões. Chegou a ser insultado, e até chegaram a ameaçá-lo, mas nunca cedeu, porque não tinha medo. Às vezes, caminhava pelos corredores invadidos por ativistas e dava tranquilamente sua opinião sobre os acontecimentos. Um dia, Jérôme percorreu a universidade na companhia de um de seus colaboradores que lhe disse, quando voltaram ao escritório:

— Senhor, tenho de admitir que fiquei bastante preocupado enquanto você fazia seus comentários para os alunos nos corredores. Mas você estava tão calmo, como se fosse natural dizer a eles o que estava pensando. Enfim, sua coragem me surpreendeu.

Em outra ocasião, os alunos bateram na porta de sua sala, não para incomodá-lo, mas para pedir sua colaboração. Uma jovem veio até ele acompanhada de três rapazes carregando sacolas grandes:

— Pegamos os medicamentos porque iremos precisar em breve. Você entende, não é? — acrescenta rapidamente, num tom mais entusiasmado do que provocador. — Amanhã pode haver confronto contra as forças de segurança nacional.

Antes que Jérôme tivesse tempo de dizer alguma coisa, a jovem continuou:

— Você poderia guardar para a gente? Não queremos perdê-los. Viremos buscar amanhã.

Jérôme logo percebeu que eram medicamentos roubados da farmácia do hospital, por isso, aceitou muito gentilmente ficar com eles no seu consultório. No dia seguinte, quando os estudantes voltaram para buscá-los, Jérôme respondeu:

— Sim, claro, os medicamentos. Você tem o protocolo?

Um silêncio de perplexidade pairou pelo ar. Os estudantes insistiram, argumentaram, mas Jérôme respondeu com uma determinação imperturbável:

— Sim, entendo vocês. Mas não posso fazer nada sem um protocolo... são as regras.

Os alunos ficaram furiosos, mas não se atreveram a agredir o Professor Lejeune, que lhes impediu de entrar no seu consultório. Eles acabaram desistindo e foram embora fazendo ameaças.

No Hospital des Enfants Malades, as coisas estavam relativamente mais calmas e Jérôme conseguiu trabalhar quase normalmente, sem ser incomodado pelos manifestantes.

Não demorou para que a sua responsabilidade como professor da cadeira de genética fosse mais uma vez requisitada, pois com toda a confusão pretendia-se cancelar os exames de setembro. No início de julho, enquanto os amotinados ainda ocupavam o prédio da universidade, uma oposição se organizou graças a treze professores que tinham em comum o horror à violência e à desordem, dentre eles Jérôme e seu amigo Jacques Lafourcade. Haviam decidido defender a universidade. Em primeiro lugar, precisavam estabelecer um contrapoder, criando um sindicato para quebrar o monopólio dos sindicatos de esquerda que, nas assembleias estudantis, aterrorizam os adversários com os mesmos métodos dos tribunais revolucionários. Jacques Lafourcade se encarregou disso com sucesso e, em poucos dias, nasceu um novo sindicato.

Depois, anunciaram a manutenção dos exames de setembro, mas o espírito revolucionário também havia chegado ao corpo docente, e os debates no Conselho da Faculdade, em 11 de julho, foram muito tensos. Alguns professores apoiavam a ocupação, enquanto outros pediam para isolar a minoria revolucionária para que se pudesse retomar os trabalhos. Jérôme interveio e, habilmente, conseguiu obstruir as moções que apoiavam a ocupação. Seu discurso foi considerado excelente por muitos colegas que não tinham coragem ou talento para falar tão claramente naquelas circunstâncias, tanto que, no dia seguinte, muitos queriam nomeá-lo reitor da faculdade, deixando-o pasmo. Naquela mesma noite, escreveu a Birthe, que não foi impedida de partir para a Dinamarca, mesmo com toda a confusão nas ruas:

> É espantoso nos darmos conta que dizer simplesmente o que se pensa pode comover tanto as pessoas! Estou muito impressionado com isto. Chamaram-me para liderar porque ouso dizer o que eles acham impressionante.[21]

Jérôme não tinha nenhuma vontade de ser reitor, por isso sugeriu outros nomes. Birthe também não queria que o marido se tornasse reitor. Então, com seu bom senso usual e sua incrível intuição, ela respondeu com uma carta, dizendo:

> Fico muito feliz em saber que as pessoas pensaram em você para o cargo de reitor, mas espero que não aceite. Seria uma pena desperdiçar três anos com a administração, e ter de abandonar a pesquisa. Imagine a provação de ficar discutindo com B. e H. em vez de tratar dos seus pequeninos.[22]

As cartas que Jérôme e Birthe trocaram demonstram o profundo conhecimento que tinham dos homens e

---

21 J. Lejeune, *Carta a Birthe*, 12 de julho de 1968.
22 B. Lejeune, *Carta a Jérôme*, 16 de julho de 1968.

suas estratégias. Jérôme nunca foi ingênuo, mas, no entanto, poucos dias depois descobriu com tristeza que um de seus colaboradores, que, inclusive, não teve coragem de demitir alguns meses antes por má conduta profissional, apareceu numa lista revolucionária. Era um colaborador, e do seu departamento. Para Jérôme, foi um golpe duro.

Em meio à bagunça, ele pensou numa reformulação total do ensino de medicina e se esforçou para obter o reconhecimento da genética humana como uma disciplina autônoma, distinta da pediatria à qual ainda estava vinculada. Também queria a nomeação de novos professores e organizou um curso completo de genética, bem como uma certificação em citogenética. Mas era constantemente consultado para as designações do Conselho Docente, e sabia que a sua opinião era decisiva. Quanto tempo perdido. Mas como poderia se eximir, sem falhar com sua responsabilidade institucional? Finalmente, confrontado com a pressão crescente para nomeá-lo reitor, Jérôme escreveu a Birthe:

> Não pense que estou me deixando seduzir pelo poder. Sou realmente indiferente a tudo isto e preferiria mil vezes ser deixado sozinho para fazer as minhas pesquisas. A verdade é que é difícil saber onde fica o nosso dever, e como julgar o que nos será mais útil. No final disso tudo, voltarei aos nossos queridos estudos. Mas como agora estou sendo incomodado a todo momento, talvez seja melhor assumir a responsabilidade direta, mesmo que isso signifique cometer um erro.[23]

Em agosto, o governo retomou o controle e a situação foi se acalmando. Assim, Jérôme pôde honrar dois convites que lhe foram feitos, um para a Índia, para palestras nas faculdades de ciências de Calcutá e Benares, nos dias 15 e 16 de agosto, e outro no Japão, para o Congresso Internacional de genética em Tóquio, de

---

23 J. Lejeune, *Carta a Birthe*, 22 de julho de 1968.

17 a 23 de agosto. Em Calcutá, Jérôme atendeu ao convite de um de seus antigos estagiários que, mesmo com meios escassos, havia conseguido montar um laboratório de citogenética. Jérôme ficou admirado. A viagem também foi uma grande oportunidade para conhecer Madre Teresa, mulher pequenina, mas uma religiosa magnânima, cujo rosto envelhecido refletia a pura caridade.

As eleições para o corpo docente aconteceram em outubro e Jérôme foi finalmente nomeado reitor. Aceitou por obrigação, mas já temendo os encargos extras, principalmente os administrativos. Por outro lado, recusou os benefícios do cargo, como o magnífico apartamento no centro do Quartier Latin, que era reservado ao reitor, o cozinheiro e o motorista que o cargo também lhe oferecia. Quando seus filhos já estavam ansiosos pelo novo estilo de vida, Jérôme anunciou:

— Meus queridos, não vamos aceitar nada disso, vamos ficar aqui, na Rua Galande.

— Mas por quê, papai? Já que isso é oferecido… e você tem direito…

— Sim, seria ótimo!

E Jérôme lhes responde:

— Sim, claro, seria muito agradável. Mas prefiro que não tomemos esses hábitos de luxo, porque depois é difícil nos livrarmos deles. E quando se está muito apegado a essas coisas, perde-se a liberdade. Além disso, não precisamos desse conforto para sermos felizes. Temos tudo o que precisamos, e prefiro minha liberdade de expressão a essas vantagens materiais.

Os filhos olham para ele, mais ou menos convencidos, mas no fundo entendiam a importância que seu pai atribuía à liberdade de julgamento e ação. Entendiam que ele preferia não acumular riquezas que pudessem desviá-lo de seus compromissos. Seu trabalho dava-lhes, além do necessário, uma garantia para as emergências. Jérôme, enfim, entregava-se com confiança à Providência.

No início do ano letivo de 1968, ele assumiu, aos 43 anos, o cargo de Reitor da Faculdade de Medicina Cordeliers (hoje Universidade Paris-Descartes), mas logo essa responsabilidade pesou sobre seus ombros. Ainda que a exercesse de forma diligente, não via muito resultado, pois não tinha nenhum apreço pelas obrigações administrativas.

Nos meses que seguiram à nomeação, tentou obter do Instituto Nacional de Saúde e Pesquisas Médicas da França a criação de um grupo de pesquisa, infelizmente sem sucesso, pois as restrições orçamentárias do Instituto só permitiriam a criação desse tipo de grupo a partir de 1970. Por outro lado, foi nomeado, pela universidade, para integrar a comissão responsável pela organização das eleições nas unidades de Pesquisa Biomédica, Direito e Ética Médica.[24]

Em 1968, criou a certificação de citogenética na Faculdade de Cordeliers, e em maio de 1969 lutou pela realização dos exames finais que sancionavam essa certificação.[25] Também batalhou para que a genética médica fosse reconhecida como uma disciplina integral, e para que a separação entre a histologia e pediatria fosse eliminada.[26] Sem essa reorganização, a genética corria o risco de desaparecer do ensino das faculdades de medicina, e isso era algo que ele não poderia admitir.

Jérôme também trabalhou muito, na época, para criar uma certificação em genética humana geral, que ainda não existia devido à falta de professores. Ele esperava iniciá-la já no começo do ano letivo de 1970.[27] Em dezembro de 1969, pediu ao reitor da Academia de Paris dois

---

24 J. Roche, *Carta a J. Lejeune*, 16 de janeiro de 1969.
25 J. Lejeune, *Carta ao Diretor do Ensino Superior*, 16 de maio de 1969.
26 *Carta ao Ministro do Ensino Superior*, 28 de maio de 1969. A carta é coassinada em particular por R. Berger, B. Dutrillaux, S. Gilgenkrantz, J. De Grouchy, H. Jérôme, J. Lafourcade, J Lejeune, M. Prieur, M.-O. Rethoré.
27 J. Lejeune, *Carta a um médico*, 9 de dezembro de 1969.

postos de adido universitário, essenciais para o ensino da genética humana em Paris.

Devido às novas ocupações, Jérôme fez apenas três breves viagens para dar palestras na Royal Society em Londres e Oxford, depois em Genebra e Atenas, enquanto sua extensa rede de contatos ainda lhe rendia um número colossal de correspondências vindas de todo o mundo: Austrália, Índia, Japão, Argentina, Chile, Brasil, Uruguai, Canadá, Estados Unidos, Finlândia, Alemanha etc. Tratavam dos mais diversos assuntos: estágios, publicações, aconselhamento genético, questões científicas diversas, cirurgia plástica, estudo sobre os "cromossomos dos assassinos" e também sobre a hipótese adâmica. Sempre respondia essas cartas durante a semana. Além de todas essas incumbências, Jérôme ainda encontrava tempo, entre um e outro compromisso, para defender a reputação de um colega, manchada pela imprensa. Numa dessas vezes, Jérôme pegou a caneta para escrever ao *Nouvel Observateur*, e não mediu as palavras, tão grave lhe pareceu o insulto ao colega:

> Senhor, no artigo intitulado *La damnation du Père B.*,[28] um de seus colaboradores tenta, por uma insinuação abominável, desonrar um médico e seu paciente. Conhecendo o Sr. Dr. B. há muito tempo, e também ter tido o privilégio de apreciar o admirável caráter do Padre B., é meu dever pedir-lhe que denuncie, em seu próprio jornal, essas alusões abjetas. Não sei se o seu colaborador imagina que uma tal infâmia possa valer a pena, mas é difícil para mim acreditar que o senhor pôde aceitá-la. Ao solicitar-lhe formalmente que publique esta carta *na íntegra* no próximo número do *Nouvel Observateur*, rogo-lhe que aceite também, senhor, a expressão da minha digna consideração.[29]

Em maio, Jérôme aceitou dar uma conferência no colégio de uma federação médica em Bordeaux. Sua intervenção foi

---

28 O nome consta no artigo, mas, por discrição, optamos por não o mencionar aqui.
29 J. Lejeune, *Carta ao redator-chefe do* Nouvel Observateur, 30 de outubro de 1969.

muito aplaudida e entusiasmou os médicos. O organizador, um cirurgião ginecológico, agradeceu calorosamente:

> Posso lhe assegurar que todos os colegas presentes ficaram particularmente comovidos com a sua disponibilidade e pela amável e sorridente simplicidade com que respondeu às perguntas. Você não imagina como o seu testemunho sereno e competente foi eficaz... Ajudou-nos, nas discussões que se seguiram, a corrigirmos muitas coisas. Todos ficaram impressionados, principalmente por ter harmonizado a ciência com o respeito pela pessoa humana. Isso significa que você foi bem-sucedido tanto do ponto de vista científico quanto do ponto de vista moral.[30]

Ao voltar de Bordeaux, soube que tinha sido nomeado membro da American Academy of Sciences, distinção que novamente comprovava o interesse da comunidade científica americana pelo seu trabalho. Alguns meses depois, a McGill University, de Montreal, acatou sua proposta de formar uma Federação Internacional de Genética.[31]

Jérôme passou o ano letivo de 1968–1969 com todas essas responsabilidades, mas com o coração e a mente voltados à suas atividades mais queridas: o atendimento a seus pacientes e a pesquisa.

O verão de 1969, mais tranquilo do que o anterior — e sinônimo de férias universitárias —, ofereceu-lhe algumas semanas de paz, que foram propícias à reflexão científica e pessoal. Enquanto Birthe e as crianças estavam em Kerteminde, ele ficava voluntariamente no laboratório, sozinho, além das horas habituais, para terminar alguma apresentação ou resolver algum problema. Quando voltava, já tarde da noite, para a Rua Galande, ainda deixava fluir seu espírito curioso e inventivo. Essa perpétua atividade intelectual suavizava a severidade das noites solitárias. Era também um dos momentos escolhidos por Jérôme para ler

---

30 R. Traissac, *Carta a J. Lejeune*, 2 de maio de 1969.
31 J. W. Boyes, *Carta a J. Lejeune*, 19 de setembro de 1969.

e reler — aproveitando o silêncio da casa — a Bíblia, que ele gostava de meditar e estudar à luz de sua ciência e de sua fé. O profundo conhecimento das Sagradas Escrituras, que ele adquiria gradualmente, aguçava sua inteligência. Na ausência da família, Jérôme também mudava seus hábitos alimentares... Isso significa que ele se contentava com quase nada. Uma lata de sardinha e um punhado de arroz bastavam para deixá-lo feliz. A sobriedade do estilo de vida dos verões de Jérôme, quase monástico, revela que o que ele havia escrito para Birthe durante o noivado não era apenas um voo lírico e romântico:

> Nosso amor será a única bagagem, e nossa religião o suprimento inesgotável que nos permitirá viver.[32]

Jérôme não tinha nenhum gosto por dinheiro, nunca levava nenhum consigo. Se Birthe não estivesse lá para prover o mínimo de conforto necessário para uma grande família, ele viveria o ano todo assim... de bolsos vazios.

Depois do jantar, Jérôme sempre pegava a caneta para escrever a Birthe e contar-lhe os detalhes do seu dia. O papel adornado com bordas tricolores era todo coberto com sua bela caligrafia. Logo pela manhã despachava a carta, que era encaminhada para a Dinamarca por via aérea. Esta troca de cartas com a esposa era um clarão de alegria quando sofria com a solidão da ausência. E, para além do amoroso laço conjugal, que ia se fortalecendo através da escrita, as cartas acabaram se tornando um verdadeiro diário de família escrito a quatro mãos.[33]

Numa bela noite de agosto, Jérôme estava de bom humor e resolveu falar das suas peripécias domésticas:

---

32 J. Lejeune, *Carta a Birthe*, 8 de fevereiro de 1952.
33 Birthe guarda todas estas cartas numa mala. Existem 2 mil delas, marcando mais de 40 anos de história.

> Minha querida, esta tarde, em vez de ir a Saint-Hilaire como planejado, achei que seria mais útil ficar em casa e descansar, devido ao clima. Então, resolvi lavar minhas roupas, pois a lavanderia estava fechada. Descobri que esta máquina é absolutamente incrível.
> Logo na primeira tentativa encontrei uma camisa azul-celeste muito charmosa em tons pastel, como sempre sonhei ter! Fiquei ainda mais contente com o fato de a roupa íntima ter saído da mesma cor, embora num tom um pouco mais forte. Então, aqui estou, feliz com um guarda-roupas completamente renovado. Quanto às meias, nada poderia dar errado, afinal, são todas profundamente azuis. Olha, não acredite quando alguém disser que as meias japonesas soltam tinta. É só calúnia. Ah!, uma coisa importante: o pijama, que um dia foi azul-celeste, agora é azul-marinho.
> Já na segunda tentativa, só com roupas brancas (se bem que eu teria gostado de camisas rosas, mas já não havia meias disponíveis), a máquina travou com uma camisa que conseguiu escapar do tambor pela porta entreaberta. A repescagem foi muito simples: dei meia volta no tambor, enchi de água, a camisa flutuou e consegui desenroscá-la. Aí foi só dar mais uma meia volta no tambor e *vapt*. Durou meia hora. Como estou sempre com o pé doendo, só vou passar um pouco das roupas amanhã. Mas a manterei atualizada.[34]

Antes de lacrar o envelope, Jérôme releu rapidamente a carta e se divertiu imaginando Birthe lendo em voz alta para os filhos: "Eles vão achar engraçado!".

Porém, no dia seguinte, Jérôme enviou uma carta completamente diferente. Tinha recebido boas notícias nas suas correspondências e se apressou em repassá-las à esposa:

> A American Genetics Society acaba de me conceder o Prêmio Allen. É o maior prêmio atribuído a um geneticista. [...] Isso é maravilhoso, mas terei de ir à cerimônia, que ocorrerá entre 1º e 4 de outubro em San Francisco! Claro que aceitei e amanhã vou preparar uma linda carta de agradecimento.[35]

---

34 J. Lejeune, *Carta a Birthe*, 7 de agosto de 1971.
35 J. Lejeune, *Carta a Birthe*, 11 de agosto de 1969.

O prestigioso Prêmio Allen Memorial é a mais alta consagração em genética. Na verdade, o maior prêmio de genética do mundo. E Jérôme, no auge de sua carreira, teve o prazer de recebê-lo.

No entanto, sua alegria não era total porque vinha misturada com uma grande preocupação. Ele percebia, já há algum tempo, algo estranho entre os seus companheiros geneticistas em congressos internacionais, e que o deixava profundamente preocupado. Muitos deles estavam se deixando convencer pelo crescente movimento eugênico, que propunha o aborto de crianças deficientes. Em vez de tratamento, propunha-se pôr fim às suas vidas, apenas por estarem doentes, uma solução que se distancia muito daquilo que conhecemos como medicina. E as crianças com Síndrome de Down foram justamente os primeiros alvos, porque já podiam ser detectadas ainda no útero, graças à descoberta da trissomia do cromossomo 21. Mas Jérôme, além do Juramento de Hipócrates que se impunha a ele como médico, amava incondicionalmente os seus pequeninos pacientes. Independentemente da idade, peso, altura, enfermidade ou doença, mesmo os mais deficientes, mesmo os menos desejados. A medicina existe para cuidar dos doentes. E não há nada mais cruel do que querer eliminar o paciente quando não se sabe como eliminar a doença! "É uma medicina *à la* Molière",[36] comenta, com tristeza. Infelizmente, neste caso, não é um Molière para as pessoas rirem.

Sabemos que Jérôme jamais colaboraria para a seleção destas crianças doentes ou diferentes. O horror dessa seleção pré-natal lhe era óbvio, e pouco importa que seja antes ou depois do nascimento: é o exato contrário da medicina e da fraternidade humana. Jérôme não poderia aceitar algo tão terrível. Ele sempre teve no fundo do coração aquele *"non possumus"* que tantos homens

---

36 Ibid.

falaram antes dele, quando jamais poderiam aceitar trair a sua consciência. O poder dessa expressão era infinito no coração de Jérôme. Esse *"non possumus"* exigia o seu testemunho, porque não se pode deixar de dizer que, por trás desse cromossomo extra, existe uma criança com as suas alegrias e dores, e que é um dever reconhecermos e garantirmos a sua humanidade e os seus direitos inalienáveis. A consciência de Jérôme exigia mais do que uma recusa silenciosa, que já seria algo corajoso: exigia-lhe uma luta na defesa daquelas crianças que não tinham voz; exigia-lhe que anunciasse a verdade por elas e por seus pais.

Jérôme vinha refletindo sobre todas essas coisas há alguns meses. A entrega do Prêmio Allen Memorial pareceu-lhe uma oportunidade única para se dirigir aos geneticistas mais influentes do mundo, que trabalhavam nos melhores hospitais e laboratórios de pesquisas. Se ao menos conseguisse fazê-los entender que, junto com aquelas crianças, também estavam matando a própria medicina... e que tudo aquilo era um total contrassenso! Jérôme achava que talvez um argumento puramente racional os afetasse mais do que evocar a compaixão por crianças doentes. Mas estava consciente de que seus pares não lhe perdoariam por sua liberdade de tom. Mesmo assim, se tivesse alguma chance de tocar seus corações e suas inteligências, ele não hesitaria em tentar. De qualquer forma, era uma aposta alta demais, com riscos incalculáveis.

A cerimônia de premiação estava programada para o dia 3 de outubro, durante a cerimônia solene do congresso da American Genetic Society. Jérôme ainda tinha um mês para tomar sua decisão.

Nos últimos dias de setembro, com o discurso cuidadosamente preparado, ele voou para San Francisco, com a alma em paz, mas o coração na boca.

CAPÍTULO 8
O advogado dos que não têm voz
1969–1973

Jérôme ia subir os degraus do hotel e seu olhar foi atraído por uma Kombi estacionada a poucos metros dele, toda decorada com flores. "Estou na Califórnia", pensou, rindo e levantando sua pequena mala montada sobre um eixo de duas rodas preso com dois extensores elásticos. Era indiferente aos olhares curiosos — e um tanto zombeteiros — de quem o via puxando aquela "mala-carroça" nada moderna. Na verdade, Jérôme estava feliz por ter inventado aquela formidável máquina para transportar sua mala, e que aliviava suas dores nas costas pois, assim, não tinha de carregá-la — por isso não via problema em provocar aqueles olhares de espanto. "Vaidade ou senso de autozombaria? Seria preciso fazer um estudo minucioso para descobrir", divertia-se. Mas naquele momento, cansado depois de 12 horas de voo de Paris a San Francisco, só tinha um desejo: descansar para organizar as ideias que seriam apresentadas na conferência daquela noite.

Quando entrou na confortável sala de jantar do hotel, uma hora depois, foi calorosamente recebido pelos doutores Charles Epstein e Kurt Hirschhorn, os organizadores da conferência da Sociedade Americana de Genética que estava concedendo o Prêmio Allen Memorial. Jérôme comemorou o reencontro com Hirschhorn, que estivera em Paris, em 1958, e pôde testemunhar, na lupa do microscópio e com a empolgação da descoberta, o cromossomo supranumerário da trissomia 21. Conversaram sobre vários assuntos, mas o principal foi o terremoto que havia sacudido a cidade naquela manhã. Depois Jérôme recebeu os últimos detalhes para a cerimônia do dia seguinte. Tudo estava muito tranquilo, até Hirschhorn fazer a pergunta que vinha atormentando Jérôme há várias semanas, e que poderia render um novo terremoto:

> Caro amigo, durante nosso último encontro de preparação para sua visita, você me disse que estava preocupado com a evolução da genética. Além do fato de eu não compartilhar suas ideias — afinal, creio que um geneticista deveria estar aberto ao movimento e à evolução, como a própria vida —, sugeri que você escolhesse um outro fórum para defender seu ponto de vista, a fim de manter o caráter festivo deste evento. Espero (acrescenta, com uma expressão preocupada) que você tenha avaliado meu conselho.

Jérôme, que se lembrava perfeitamente daquela advertência amigável, deixou no ar alguns segundos de silêncio antes de responder, com uma voz calma:

— Agradeço muito pelo conselho! Esteja certo de que o levei em consideração. Mas amanhã direi o que acho que devo dizer.

Epstein e Hirschhorn estavam estupefatos. "Não é possível!", pensava Epstein, um pouco confuso. "Como esse simpático Dr. Lejeune, um jovem fenômeno francês, ousa desafiar toda a comunidade científica?", perguntava-se, espantado, mas também com uma ponta de admiração. Já Hirschhorn, que tinha percebido certa determinação no tom tranquilo da voz de Jérôme, ainda tentou convencê-lo a desistir. Eles sabiam que a cerimônia corria o risco de não acabar bem, algo que os deixava assustados. Mas Jérôme permanecia tranquilo e sorrindo, o que os deixava ainda mais apreensivos. Assim, aquela noite terminou com menos leveza do que havia começado.

No dia seguinte, com o salão nobre do Sheraton Palace lotado, Jérôme faz seu discurso em inglês. Diante de uma plateia prestigiada, anunciou publicamente seu desacordo com as práticas eugênicas, conduzindo seu raciocínio de forma magnífica:

> *To kill or not to kill, that is the question.* Matar ou não matar, eis a questão. Durante séculos a medicina empenhou-se em lutar a favor da vida e da saúde. Esteve sempre contra as doenças e contra a morte. Se mudarmos esses objetivos, mudaremos a medicina: nosso dever não é impor a sentença, mas comutar a pena.[1]

Levando a lógica eugênica até as últimas consequências, ele propôs que o célebre National Institute for Health tivesse o nome substituído para National Institute for Death, pois assim poderia indicar melhor a sua atividade. E concluiu dizendo: "No julgamento genético preditivo, não sei o suficiente para julgar, mas sinto o suficiente para defender".

O texto é racional, de uma lógica implacável. Tão implacável que o público ficou pasmo. Jérôme retornou ao seu lugar em meio a um silêncio inesquecível, sem aplausos ou apertos de mão. Um jovem médico na plateia deixou escapar:

> Uau! Acabamos de presenciar um segundo terremoto em San Francisco![2]

E a onda de tremor se espalharia, Jérôme sabia disso. Aos 43 anos, tinha acabado de colocar a sua carreira em xeque. Um ato irrevogável. Dois meses depois ele retornou aos Estados Unidos, no final de novembro, para uma série de conferências em Nova York, Chicago e Baltimore.

---

[1] J. Lejeune, "On the nature of men", in Am. J. Hum. Genet., 22 (1970).
[2] V. Riccardi, entrevistado por F. Lespés, *op. cit.*; e C. Epstein, "From Down syndrome to the 'human' in human genetics", in *Am. J. Hum. Genet.*, 70 (2002).

Ficou ainda mais preocupado ao observar, com o coração partido, a desenvoltura crescente com que se propunha o aborto nos casos de má-formação de crianças prestes a nascer. No dia 1º de dezembro, véspera da conferência que daria em Baltimore, escreveu para Birthe:

> Minha querida, obrigado pelas duas cartas que encontrei ao chegar no hotel. Depois de uma longa semana como essa, foi muito bom ter notícias suas e saber como estão as crianças. [...] Durante a tarde toda vi tantas pessoas que me mostraram tantas coisas. Recusei um convite para ir jantar na cidade porque queria reescrever o final da minha palestra de amanhã. Mas acabei desistindo de fazer agora porque preciso muito descansar.
>
> [...] Aqui, no Johns Hopkins, as amniocenteses são realizadas em massa e aborta-se entusiasmadamente todas as crianças que desagradam. Receio que minha conferência de amanhã, que menciona o aborto apenas de passagem, cairá como uma bomba! De qualquer forma, direi o que acredito ser verdadeiro.
>
> Perdoe-me por lhe escrever de forma tão apressada e desconexa, minha querida. Mas todas essas pessoas charmosas e muito interessantes estão quase me levando à loucura!
>
> Um beijo de todo o meu coração a você e a nossos cinco. Seu Jérôme que te ama.[3]

No regresso a Paris, abalado com o que observou nos Estados Unidos, Jérôme retomou o seu *Diário*, abandonado há três anos, para lhe confidenciar toda a sua angústia e sofrimento:

> Parei de corrigir um artigo sobre a "Natureza dos Homens" para registrar duas coisas. Uma é dramática: o racismo cromossômico é exaltado como uma bandeira da liberdade; os anormais serão mortos *in utero*, pois o cariótipo anormal pode ser reconhecido por uma simples punção amniótica. É mais que desolador ver que a negação de toda medicina e de toda fraternidade biológica que une os homens é a única aplicação prática atual de todo o conhecimento sobre a Síndrome de Down. Tive vontade de chorar ao ler o artigo da

---

[3] J. Lejeune, *Carta a Birthe*, 3 de julho de 1970.

Senhora Escoffier Lambiotte no avião que me trouxe de volta de Nova York. Matar crianças que não parecem bonitas é a nova função que as grandes consciências de esquerda encontraram para a citogenética. [...] Ou vamos curá-los de sua inocência, ou será um massacre de inocentes. [...] Mas como se tornou reacionária, retrógrada, fundamentalista e desumana essa ideia de proteger os mais fracos, não é? Pude ver com meus próprios olhos, em San Francisco, logo depois da minha palestra sobre a "Natureza do homem", por ocasião do Prêmio Memorial William Allen: a multidão foi se abrindo em silêncio, deixando a passagem livre para mim, sem que me fosse dedicada uma só palavra, ou ao menos um aperto de mão. Sei muito bem — e já sabia há muito tempo — que o mundo científico jamais me perdoaria por essa afronta! Ser rebelde o suficiente para ainda acreditar na moralidade cristã e ainda afirmar que ela está de acordo com a genética moderna... isso já era demais. Se a pesquisa de cromossomos algum dia teve alguma chance de receber o Nobel, sei que, com minhas advertências, estaria estrangulando-a. Mas não é difícil escolher entre estrangular uma pesquisa e estrangular crianças.

Em breve, pessoas com Síndrome de Down morrerão ainda no útero, isso é certo! E tudo o que posso fazer é tentar atrasar um pouco essa realidade. Mas se essa batalha já está perdida, sei que a guerra contra a doença ainda pode ser vencida, mesmo que poucos neste planeta acreditem nisso — embora sejam muitos os pais que confiam na ciência e que talvez consigam enxergar bem mais longe do que os cientistas![4]

Jérôme sabia que muitos outros geneticistas compartilhavam de sua preocupação, mas não se manifestavam abertamente... No entanto, como que para encorajá-lo, naquela mesma semana recebeu uma carta de James Neel, do departamento de genética humana da Universidade do Michigan, ecoando seu discurso em San Francisco.[5]

Em seguida recebeu outra de Joshua Lederberg, professor de genética da Universidade de Stanford, na Califórnia, escrita logo após a entrega do prêmio, contando como ficou emocionado:

---

4 J. Lejeune, *Journal intime*, 14 de dezembro de 1969.
5 J. Neel, *Carta a J. Lejeune*, 9 de dezembro de 1969.

> Fiquei muito impressionado com a grande sensibilidade com que abordou essas questões mais sensíveis e importantes. Aprendi muito com isso. Algumas de suas reflexões ressoaram com argumentos que também desenvolvi por conta própria.[6]

Pressionado pela ameaça às crianças com Síndrome de Down, Jérôme tinha de ser rápido. A doença não é fatal, mas torna-se fatal com o aborto, por isso Jérôme não tinha ilusões sobre o assunto:

> Ou vamos curá-los de sua inocência, ou será um massacre de inocentes.

Ele precisava encontrar uma maneira de curá-los rapidamente, não apenas para livrá-los da doença, mas também para salvar-lhes a vida. Já estava começando a se desesperar com o beco sem saída de suas hipóteses anteriores quando descobriu, em 1970, uma nova linha de pesquisa, enfocando o mecanismo das sinapses e o papel das enzimas nas funções do cérebro. Imediatamente, fabricou um modelo molecular, composto de milhares de esferas de madeira, marrons, azuis e vermelhas, encaixáveis, que ele podia desmontar e remontar à vontade para simular a forma das moléculas. Elas tomaram sua mesa e sua mente como um quebra-cabeça gigantesco que ele passava horas manejando em busca de uma solução. Também nessa época desenvolveu um grande e meticuloso diagrama do funcionamento do cérebro humano, ajudando-o a identificar onde e como falhavam os cérebros de pessoas com Síndrome de Down.

Tendo isolado moléculas capazes de reagir no mecanismo do cérebro, ajudava a desenvolver produtos fabricados pelo laboratório Rhône-Poulenc, na esperança de que dariam resultados positivos e, para ganhar tempo,

---

6 J. Lederberg, *Carta a J. Lejeune*, 27 de outubro de 1969.

tentava tratamentos com moléculas existentes, como o ácido fólico, sem efeitos colaterais, que poderia produzir uma ligeira melhora para as crianças com Síndrome de Down.

Sempre muito procurado pela comunidade internacional, Jérôme aceitava prontamente estagiários de todo o mundo, a ponto de ficar sobrecarregado, por isso era obrigado a recusar muitas publicações e conferências. Já não tinha disponibilidade de agenda com menos de cinco meses de antecedência, então, sacrificava-se apenas por algumas viagens que considerava indispensáveis. Viajava para os Estados Unidos, Canadá, Espanha e Itália. Recebeu também um convite bastante peculiar para dar uma conferência para os dominicanos do Saulcoir, que lhe prometia um público muito diferente do habitual público científico. E aceitou o desafio com entusiasmo.

Depois do primeiro semestre de grande atividade, Jérôme saboreou, nos primeiros dias de julho, a tranquilidade do laboratório, aproveitando a calmaria do verão para avançar nos trabalhos. Birthe tinha acabado de partir para a Dinamarca com os filhos, e alguns colegas já tinham voltado das férias. Na noite de 3 de julho, estava animado quando escreveu para a esposa:

> Minha querida, cheguei em casa muito cedo esta noite, depois de acompanhar Marie-Odile em um drink no velho Dupont! Desta vez é uma coisa importante: o modelo que dispõe todas as moléculas ativas e que diferencia o cérebro dos nervos. É de uma complexidade enorme e, ao mesmo tempo, de uma economia absolutamente maravilhosa. [...] Por enquanto vejo emergir gradualmente um diagrama do funcionamento das sinapses nervosas, tão simples quanto a estrutura do DNA, mas prodigiosamente mais engenhoso. [...] para falar a verdade, o diagrama não está completo, mas o mecanismo geral está mais ou menos determinado [...].

Então, lembrando que Birthe também gostava de saber notícias de seus colaboradores, confidencia:

> Esta manhã Berger voltou das férias, radiante. Por outro lado, Dutrillaux estava desanimado porque sua filha estava no hospital. Então, convidei-o para almoçar com sua esposa e Marie-Odile no restaurante chinês para relaxar um pouco. Não sei se foi o curry ou a pimenta, mas não foi ruim para o trabalho.
>
> Um beijo, pois infelizmente tenho que te deixar agora. Gostaria muito de dizer-lhe tudo isso pessoalmente, e aproveitar para dizer-lhe muitas outras coisas carinhosas. Beije os nossos cinco por mim. Seu Jérôme que te ama.[7]

Jérôme estava feliz. O horizonte parecia estar clareando. Tinha a possibilidade de um caminho terapêutico interessante e o verão inteiro para trabalhar nisso. Porém, infelizmente, esse momento de graça acabou durando pouco, após uma notícia que tirou sua tranquilidade. Era um dia quente, em meados de julho. Jérôme puxou uma cadeira e foi ler o *Le Monde* perto da janela do escritório, para aproveitar a brisa e descansar um pouco a cabeça. Logo, uma matéria lhe chamou a atenção, pois ele simplesmente não podia acreditar no que estava lendo. Voltou ao início e releu cada frase para ter certeza de que havia compreendido. Como ele gostaria de ter interpretado mal o texto! Mas não dava para ignorar os fatos: estava lá, em preto e branco, as declarações do presidente da Ordem Nacional dos Médicos numa entrevista coletiva. Depois de um momento de reflexão, Jérôme esmagou o cigarro no cinzeiro, sentou-se na escrivaninha e, com sua caligrafia farta e solta, escreveu sua carta de uma só vez, de maneira sóbria, viva e clara. Nem precisou rever e reescrever suas frases, como fazia habitualmente, pois tudo tinha saído do seu coração, com sua inteligência e com todo o seu ser:

> Senhor presidente, lendo o *Le Monde*, fiquei informado de que o senhor teria, durante uma entrevista coletiva, engajado a Ordem Nacional dos Médicos em um projeto de lei sobre o

---

7 J. Lejeune, *Carta a Birthe*, 3 de julho de 1970.

> aborto. É difícil para mim acreditar que o texto do *Le Monde* seja falso, mas também não posso admitir que seja fiel.
>
> Sobre um tema ético tão sério, seria um grande abuso se uma mera declaração do presidente viesse comprometer a ordem inteira.
>
> Em nome de todas as crianças que sofrem de anomalias genéticas e que correm o risco de serem mortas pelos médicos, venho respeitosamente pedir-lhe que convoque o Conselho Superior da Ordem para analisar esse projeto, e peço-lhe para ser ouvido pessoalmente como um dos especialistas no assunto.
>
> É evidente que, se o Conselho da Ordem aceitar este racismo cromossômico, pedirei para ser excluído dos seus registros.
>
> Não se pode presidir a ordem e cometer perjúrio ao Juramento dos Médicos.[8]

Ciente do significado daquelas palavras, ele releu e assinou. Sabia das consequências de se retirar da ordem, mas isso não o impediu. O que lhe importava eram seus pacientes. Dias depois recebeu a resposta e marcou um encontro com o presidente da ordem, Prof. Lortat-Jacob, no dia 24 de julho.

Jérôme tinha muita estima pelo Professor Lortat-Jacob, e se o assunto de sua discussão não fosse tão sério, ao menos seria um prazer poder encontrá-lo. Ainda assim, a reunião foi muito boa e deixou Jérôme mais tranquilo: a ordem médica ainda não havia se pronunciado e seu presidente era, de fato, um homem sério. Jérôme se apressou para dar esta importante notícia a Birthe:

> Minha querida, nesta manhã visitei Lortat-Jacob, presidente do conselho da ordem. Ele ficou chateado quando lhe disse que estava disposto a renunciar à ordem, mesmo que isso significasse renunciar ao Conselho de Estado. No entanto, a conversa correu muito bem. Ele é um homem honesto. Apenas foi enganado, só isso, e está ciente. Disse-me que lamentou minha ausência lá porque ele tinha falado contra o seu coração, acreditando que a ciência já tivesse dito tudo!

---

8 J. Lejeune, *Carta a Lortat-Jacob*, julho de 1970.

Jérôme então contou que Lortat-Jacob, que realmente sugeriu que se abortassem pacientes com Síndrome de Down, foi o primeiro convencido por Turpin. Depois de recuperar o juízo, continua o Dr. Lejeune, Lortat-Jacob decidiu escrever ao deputado Peyret, autor do projeto de lei, e que pediria o parecer da Academia para poder se retratar completamente. "Conversamos apenas 35 minutos! Ficamos espantados ao ver em que base essas decisões enormes são tomadas!".[9]

Enquanto Jérôme, tranquilizado, retorna ansioso para suas meditações moleculares, surge mais um evento para interromper seu entusiasmo. Desta vez é para participar de um programa de televisão de grande audiência apresentado por Armand Jammot, *Les Dossiers de l'écran*. Um debate sobre a eutanásia, no meio do verão, para ver como reagiria a opinião pública. Jérôme aceitou, com relutância, e logo se arrependeu. À noite, escreveu a sua querida confidente:

> Minha querida, depois de inúmeras consultas esta manhã, fui para a televisão. O programa foi muito ruim. Havia três mulheres lá, uma das quais, a mãe de um deficiente, foi ótima. [...] Eu não me saí bem. Concordei em discutir a eutanásia para rejeitá-la firmemente, mas não era minha área. [...] No geral, fui medíocre, e não estou contente comigo mesmo. Estava muito pouco preparado, tomado como estou por minhas especulações químicas, que seguem caminhando, dura e lentamente, mas caminhando, e isso é muito mais importante.

Jérôme ainda comenta:

> O produtor do programa, Guy d'Arbois, um homem jovem, discreto e inteligente, me propôs na hora fazer mais dois programas em setembro.[10]

---

9 J. Lejeune, *Carta a Birthe*, 24 de julho de 1970.
10 Ibid., 28 de julho de 1970.

Jérôme ficou surpreso com estes convites e prometeu a si mesmo, caso os aceitasse, verificar de antemão o desenvolvimento do tema e os convidados, afinal, aprendera uma lição com aquele primeiro desempenho que considerou ruim: jamais se deixar levar por um assunto que não é o seu.

No entanto, para sua surpresa, recebeu um telefonema de seu irmão Philippe no dia seguinte. Disse-lhe que o programa tinha sido ótimo, e que ele tinha passado muito bem a sua mensagem. Mais tarde, ao sair do hospital, Jérôme foi parado na rua por uma mulher que lhe agradeceu por "dizer coisas verdadeiras que nunca são ditas na televisão". Ficou surpreso. Para ele, as pessoas haviam entendido o que ele não disse, mas que queria dizer. "Definitivamente, serei sempre um novato nesses assuntos... ainda bem!",[11] pensou, ao montar sua bicicleta preta.

Antes do programa, Jérôme rabiscou alguns pensamentos apressados no papel, para fixar suas ideias e trabalhar as fórmulas claras e concisas que lhe vinham à mente nos últimos meses, desde que sentiu a tempestade se aproximando. Uma tempestade estranhamente global, como se todos os países já tivessem dado a última palavra... Os meios de comunicação franceses ainda eram discretos em relação ao tema, mas Jérôme tinha a sensação de que isso duraria pouco. Sabia que era preciso se preparar para noticiários, entrevistas, debates... Por isso escreveu no seu *Diário*:

> Algumas reflexões jogadas aqui para serem usadas talvez mais tarde, quando tiver início a batalha pelas vidas dos desfavorecidos. [...] É prudente e necessário reunir alguma munição.[12]

---

11 J. Lejeune, *Carta a Birthe*, 29 de julho de 1970.
12 J. Lejeune, *Journal intime*, 25 de julho de 1970.

Anotou, em seguida, frases simples que pudessem tocar a inteligência e o coração de seus ouvintes:

> Se a vida não começa na fertilização, ela nunca começa. De onde viriam as novas informações genéticas?

> Queiramos ou não, a fraternidade dos homens é um fato óbvio. Os homens são simplesmente irmãos: como dois animais da mesma espécie.

E esta linda resposta, denunciando qualquer forma de racismo:

> Qual a cor da pele de Adão? Era da cor de um homem.

Poucos dias depois, no final de julho, sentindo o vento mais forte, confidenciou no seu *Diário*:

> Eis que a batalha se aproxima. O embate será em setembro. Liberaram um pobre homem que matou sua filha deficiente e dizem que a *eutanazi* (e escrevo assim para rimar, para ver com o que rima) é um crime de amor! [...] Não devemos matar os culpados (de acordo!) porque eles são humanos (também de acordo!), mesmo que sejam maus (de acordo novamente!). Porém, não acham nada de mais matar as pessoas com Síndrome de Down porque são pessoas defeituosas! E isso a tal ponto que o conselho da ordem deu o seu aval prévio e será difícil voltar atrás!
> Resta apenas uma coisa a fazer: curá-los; e curá-los rapidamente. Aqui estou, de todo coração, a todo o tempo, na farmacologia, na bioquímica, nos modelos moleculares cinco horas por dia... e tudo isso para tentar construir, durante as férias, que é o meu único tempo disponível para finalmente me dedicar a alguma coisa, um programa coerente para concentrar todas as nossas forças em coisas ainda não experimentadas. Não quero registrar nada aqui esta noite, tudo ainda é vago e incerto. A única certeza é que estamos no limite.[13]

---

13 Ibid., 25 e 27 de julho de 1970.

Felizmente, agosto estava mais calmo do que ele imaginava. Jérôme, então, pôde desfrutar algumas semanas de paz antes de partir para Kerteminde, onde se reuniu com a família por alguns dias. Aproximando-se o retorno das aulas, ele trouxe de volta os filhos e Birthe que, depois de passarem o verão na praia, estavam quase irreconhecíveis de tão bronzeados.

Mas o que Jérôme previa ocorreu em outubro de 1970: uma lei propondo o aborto de crianças deficientes foi apresentada pelo deputado Peyret, presidente da Comissão de Assuntos Sociais da Assembleia Nacional, e junto foi lançada uma campanha na mídia com o objetivo de preparar a opinião pública. Jérôme foi mais uma vez convidado para o programa *Les Dossiers de l'écran*, desta vez para debater com o médico e deputado Peyret sobre um tema que lhe era muito pessoal: "Essas crianças não são como as outras".[14]

Durante o programa, o Dr. Peyret apresentou o aborto como um ato profilático, e quando um dos convidados, Jacques de Fenoyl, o questiona judiciosamente sobre o significado da palavra "profilaxia", ele explicou sem vacilar, na frente de milhares de telespectadores: "Profilaxia é para prevenir uma infecção, mas neste caso é para interromper uma gravidez e evitar que a criança venha malformada".

Jérôme, não conseguiria ouvir algo assim sem reagir de forma enérgica, enfatizando cada uma daquelas palavra:

> Profilático não significa matar os doentes. Jamais significará isso. Você está nos pedindo para desempenhar o papel de Pôncio Pilatos. Não estamos falando de teorias, mas de crianças de carne e osso. E essas crianças não devem ser mortas. Elas só estão doentes.[15]

---

14 Programa *Les Dossiers de l'écran*, apresentado por Armand Jammot, sobre o tema: "Essas crianças não são como as outras", 9 de outubro de 1970. Com J. Lejeune, J. de Fenoyl, J. Meyer, C. Peyret [...].

15 Ibid.

Jérôme acerta o alvo, cativando o público com seu tom de voz calmo, pronunciando palavras simples e verdadeiras que foram escolhidas com cuidado e pronunciadas com firmeza. Mantém seu olhar amável, mas sem vacilar diante das respostas. Com essa postura, é compreendido até pelos mais humildes, e também pelas próprias pessoas que ele defende, que sabem que o grande professor é seu verdadeiro amigo, alguém que os ama como são.

Nos dias que se seguiram ao programa, Jérôme recebeu centenas de cartas de apoio e agradecimento.[16] Uma delas foi escrita por uma jovem com Síndrome de Down, Hélène:

> Caro Dr. Lejeune. Vi o senhor na TV. Obrigado por gostar de nós!

E sua mãe ainda comentou:

> Ainda estou emocionada com o programa de televisão que assisti ontem à noite junto com a Hélène. Não sei como poderia expressar minha gratidão por suas palavras, doutor; elas expressaram tudo o que sinto [...]. Hélène compreendeu tão bem a discussão que pensei em desligar a TV quando ouvi: "O que esses idiotas estão falando? Querem matar quem tem Síndrome de Down?" Ela continuou assistindo e até bateu palmas quando você os defendia. Isso me fez chorar... e ela quis escrever para ti. Disse a Hélène: "Escreva e diga ao médico o que você gostou". Acho que a carta dela fala por si. Ficamos satisfeitas, porque a felicidade é desfrutar plenamente das alegrias diárias, não se preocupar com o futuro, ser sensível a todas as manifestações de amor, ser dominado pela gratidão, não conhecer ódio, nem ciúme, nem ambição. E se a alegria é uma predisposição para ser feliz, essas crianças são muito mais felizes do que nós.
>
> Mas, infelizmente, a nossa experiência é incomunicável, ela tem de ser vivida. E uma mulher grávida de uma criança diagnosticada com alguma anormalidade, quando incentivada,

---

16 Foram mais de 3 mil.

poderá ser capaz de aceitar, como única solução, um caminho ainda mais doloroso.[17]

Ainda que tenham sido feridos na inteligência, os pacientes de Jérôme desenvolveram uma extraordinária inteligência de coração. E enquanto os diplomados não tinham vergonham de falar na televisão que deveríamos eliminá-los, provavelmente acreditando que eles não poderiam entender, mais um pequenino de Jérôme provava o contrário. No dia seguinte ao programa, que teve grande audiência, Jérôme atendeu um menino de cerca de dez anos, acompanhado de seus pais. Quando a criança o encontrou, correu para seus braços e disse cheio de emoção:

Defenda-nos, meu professor!

Jérôme o acolheu, surpreso, e perguntou aos pais:

O que houve? Por que ele está tão inquieto?

Com uma voz grave e tensa, o pai explicou que o filho assistiu ao programa na televisão, e que entendeu muito bem que não queriam mais crianças como ele:

Desde então ele ficou assustado.

O Dr. Lejeune fez o possível para tranquilizar a criança. Depois de atender todas as consultas da manhã, foi para casa almoçar, como era hábito. Porém, ao chegar em casa, Birthe e as crianças logo perceberam que Jérôme estava abalado. Ele não se conteve e, chorando, anunciou: "Serei obrigado a falar publicamente em defesa de nossos pacientes. Nossa descoberta será usada para eliminá-los. Se eu não os defender, será uma traição, uma renúncia ao que me tornei: seu verdadeiro advogado".

---

17 H. A., *Carta a Jérôme Lejeune*, 10 de outubro de 1970.

Ao relembrar os deveres e as belezas da medicina de Hipócrates, servindo há 2.400 anos todos os enfermos, sem distinção nem condições, Jérôme toca não só o coração de seus pacientes, mas também o dos médicos ainda fiéis ao Juramento. Suas palavras consolam e confortam, e a geração mais jovem é particularmente sensível a elas. Assim, um colega escreveu para ele:

> Senhor professor, como jovem médico, agradeço-lhe de toda a alma pelas posições extremamente firmes que o senhor vem tomando diante dos problemas do aborto e do respeito à vida, apesar do bombardeio de bons sentimentos e dos chamados argumentos realistas. Quando for legal para um médico matar intencionalmente, teremos perdido nossas almas e renegado nossos compromissos mais solenes. Por causa da desonra de um, toda a comunidade é desonrada. Obrigado inúmeras vezes.
>
> Cordialmente,
> Dr. Bernard B.[18]

Depois do primeiro programa de televisão que antecederia meses de debates difíceis, Jérôme voou para Quebec, no Canadá. Tinha uma palestra em Montreal e depois na University of Western Ontario, em London, na província canadense de Ontário. No dia seguinte à sua chegada, recebeu uma carta importante de Paris, redigida às pressas por Birthe:

> Meu querido Jérôme, ontem foi um dia agitado por aqui. Ainda estou esperando o seu telefonema ou um telegrama em resposta ao meu. Vou explicar em detalhes. O H. telefonou-me ontem pela manhã para dizer que, na reunião em que ele te representou, seria feita uma votação de substituição [do presidente do Cordeliers]. Teu nome foi cogitado [...]. Se estivesse lá, teria sido eleito imediatamente. Mas a votação foi adiada para terça-feira, dia 10, às 18h, e se não puder voltar, é importante que H. tenha um telegrama — que você vai me enviar — confirmando que aceita a candidatura. H. não

---

18 B. B., *Carta a Jérôme Lejeune*, 2 de junho de 1970.

> pode ser candidato e, além disso, não seria eleito. A união está em todas as suas formas, Milhaud, Jacques etc. Eles dizem: "Jérôme tem que aceitar, é muito importante, vai salvar o Cordeliers etc.". H. está disposto a fazer todo o trabalho com você, contanto que você seja o presidente. [...] Agora espero que você se disponha porque me parece ser a única forma de salvar o Cordeliers.[19]

Jérôme refletiu por um momento e, partindo no dia seguinte para Colorado Springs, decidiu responder imediatamente à esposa. Como reitor no Cordeliers — *campus* da Faculdade de Medicina da Sorbonne —, conheceu a pesada rotina do cargo, que se tornou opressora quando somada a uma tripla jornada de consultas, pesquisa e ensino. Portanto, não teve dúvidas ao informar sua recusa em acumular mais um cargo, desta vez o de presidente da Faculdade de Medicina de Cordeliers:

> É uma oferta muito perigosa. Seria bom para o Cordeliers, mas H. teria que assumir. Isso me daria muito trabalho e ainda me faria mal.[20]

Como reitor dos Cordeliers, professor da primeira cadeira de genética fundamental e ainda diretor do departamento de citologia-genética da Necker-Enfants Malades, Jérôme gastava muita energia para obter do governo o reconhecimento da genética como disciplina autônoma. O Ministro da Educação Nacional, a quem havia solicitado expressamente, respondeu:

> O senhor teve a gentileza de chamar a minha atenção em particular para o interesse em tornar a genética humana uma disciplina médica autônoma. Pedi aos meus serviços para submeterem esta questão a um exame aprofundado.[21]

---

[19] B. Lejeune, *Carta a Jérôme*, 6 de novembro de 1970, com uma resposta de Jérôme no mesmo dia.
[20] J. Lejeune, *Carta a Birthe*, 6 de novembro de 1970.
[21] M. Benoist, Ministério da Educação Nacional, *Carta a J. Lejeune*, 13 de julho de 1971.

Jérôme esperava que essas linhas fossem verdadeiras. "É urgente dar à genética francesa o seu merecido reconhecimento acadêmico!", pensava, já com alguma impaciência. Se a lentidão do processo burocrático parecia-lhe incompreensível, no seu laboratório estava orgulhoso com a eficiência de sua equipe, que fazia sempre um excelente trabalho. Embora tivesse horror do hábito de colocar os amigos nas melhores posições, sem considerar qualquer justiça, diante da excepcional qualidade dos seus colaboradores, ele considerava um dever pedir constantemente à administração para que fossem promovidos e recebessem melhores salários. Alguns meses antes, Jérôme já havia pedido uma promoção para Roland Berger, salientando sua "qualificação excepcional":

> O Dr. Berger trabalha comigo há muitos anos e pude apreciar suas qualidades como pesquisador e professor. Não sei se a abordagem que estou adotando com você está de acordo com as regras habituais, mas achei meu dever comunicar-lhe o meu interesse tanto pelo trabalho quanto das qualidades humanas do Dr. Roland Berger.[22]

A resposta não tardou a chegar e, algumas semanas depois, foi oferecido ao Dr. Berger o cargo de professor-pesquisador em biologia hospitalar no departamento de citogenética.[23] Depois Jérôme decidiu que deveria obter uma promoção para Bernard Dutrillaux, cuja "qualidade extraordinária merecia um tratamento extraordinário". Na noite de 20 de maio de 1971, enquanto toda a família já estava dormindo, sentou-se à mesa de trabalho e escreveu:

> Caro amigo, em breve a comissão de patologia experimental e farmacodinâmica do CNRS terá de se pronunciar sobre a nomeação do dr. Bernard Dutrillaux para o cargo de

---

22 J. Lejeune, Carta ao Prof. Clavert, 10 de dezembro de 1969.
23 *Carta a Jérôme Lejeune*, 16 de janeiro de 1970.

> pesquisador. Gostaria de chamar a vossa atenção para o fato do relatório de atividade do Dr. Dutrillaux estar incompleto, porque este jovem investigador de altíssima qualidade, após o envio de toda a documentação, fez uma descoberta que irá modificar profundamente toda a citogenética humana. [...] Estes primeiros resultados foram apresentados à Academia de Ciências de Paris em 25 de abril de 1971. O Dr. Bernard Dutrillaux, que sempre demonstrou uma dedicação excepcional, é verdadeiramente um "descobridor". Eu ficaria pessoalmente feliz se suas notáveis qualidades como homem e como pesquisador fossem agora recompensadas com uma extraordinária promoção.[24]

E ele mesmo continuava a ser recompensado pelo seu trabalho. Jérôme ganhou o Prêmio Cidade de Paris, pelo qual foi muito parabenizado, e teve seu nome indicado ao Prêmio Nobel de Medicina pela segunda vez.[25] O laboratório funcionava muito bem com os poucos meios de que dispunha, mas Jérôme tinha de encontrar financiamento adicional para desenvolver suas pesquisas. Decidiu, então, recorrer a Eunice Shriver Kennedy, que sempre lhe prometia ajuda. Eunice não só cumpriu sua palavra, concedendo-lhe um subsídio para pesquisa, mas pediu a ele, alguns meses depois, que assumisse a vice-presidência, na França, da FAVA, uma nova federação para organizar os Jogos Olímpicos para pessoas com deficiências. Jérôme aceitou com prazer e tornou-se o mais entusiasmado apoiador daqueles jovens atletas que ele fazia questão de incentivar e aplaudir nos estádios em que aconteciam os jogos. É um grande momento de celebração desportiva e humana, e Jérôme estava muito contente por ver os atletas felizes e orgulhosos recebendo suas medalhas das mãos do Presidente da República.

Embora imerso na pesquisa e fiel às consultas, Jérôme não deixou de ficar atento aos debates políticos, sempre pronto para defender seus pacientes quando necessário.

---

24 J. Lejeune, *Carta a J.-P. Bader*, 20 de maio de 1971.
25 M. Derot, Academia de Medicina, *Carta a J. Lejeune*, 14 de dezembro de 1971.

A Lei Peyret não foi aprovada, mas sabia que essa primeira vitória era apenas temporária. Por isso, aceitou prontamente o convite para dar uma conferência no dia 5 de março de 1971, no Instituto Católico de Paris. Era a primeira vez que ministraria uma grande conferência pública na capital francesa, e sua notoriedade era tanta que uma multidão se formou para ouvi-lo.

Cansado da jornada diária, em que interligava consultas e trabalhos de laboratório, Jérôme mal teve tempo de engolir o jantar antes de sair novamente. A sorte é que o Instituto Católico não ficava muito longe de sua casa, o que lhe permitiu ter um pouco de tempo para dar algumas orientações aos filhos, já que Birthe iria acompanhá-lo. Quando chegou, Jérôme encontrou a sala de conferências lotada e um público bem diverso, de todas as idades. "Perfeito", pensou, enquanto subia ao palco. Os organizadores fizeram a apresentação e logo lhe passaram a palavra:

> Se a história de Tom Pouce sempre encantou a infância, é porque é uma história verídica que mulheres de todos os países inventaram, ou melhor, redescobriram, muito antes que as técnicas modernas mostrassem a dança de uma criança de 11 semanas. Aos dois meses, nossa dançarina tem menos de um centímetro de altura, da cabeça aos pés! Em poucas palavras, faria facilmente sua cama numa casca de noz, como no conto da babá! E, enfim, tudo está lá, pequenino, miniaturizado ao extremo: suas mãos, seus pés, sua cabeça, seu cérebro... está tudo no lugar e só vai crescendo. Quanto ao coração, já bate há um mês!

Foi quando uma mulher se levantou no fundo da sala e começou a gritar:

> Úúúú! Lejeune idiota!

As pessoas ao seu redor mandaram-na se calar. E Jérôme, que nem se deu conta da intromissão, continuou:

Também podemos gravar com aparelhos modernos... e qual mãe não fica maravilhada ao ouvir o coraçãozinho do filho de dois meses, ainda antes de sentir seus primeiros movimentos na barriga? Na verdade, é tão pequeno e fica tão confortável na sua bolsa amniótica que poderia até realizar acrobacias ali sem que sua mãe se desse conta.

Os gritos recomeçam, dispersos na sala:

"Lejeune, seu desgraçado, você ainda vai pagar por isso!"
"As mulheres te odeiam!"
"Queremos aborto livre e gratuito!"

Não demorou para começarem a voar objetos pelo auditório. Por pouco Jérôme não foi atingido por um pedaço de carne, supostamente representando um feto abortado. Estranhamente calmo, ele pediu silêncio no microfone, mas em vão. No fundo da sala havia placas enormes e horríveis com desenhos representando crianças com Síndrome de Down mostrando a língua, com frases do tipo:

"Morte ao papai Lejeune e seus monstrinhos!"[26]

Jérôme sentia uma dor no coração ao pensar nos pais de crianças com Síndrome de Down que estavam no auditório vendo aquelas cenas grotescas. De repente, teve uma ideia para resolver aquele problema. Como não haviam planejado muito bem a segurança no local, ele instruiu o público, dizendo em voz alta no microfone:

Por favor, quem está comigo, quem está aqui para ouvir minha palestra, saia do auditório. Vamos sair agora, por favor!

Todos ficaram um tanto confusos, mas aos poucos foram se levantando e saindo do auditório. Logo restaram apenas dez pessoas gritando, posicionando-se em

---

26 Os insultos e ameaças de morte realmente ocorreram naquela noite. Foram ainda piores do que podemos retratar aqui.

diagonal para dar a impressão de estarem em grande número e conseguirem impedir a realização da palestra. Eram lideradas por um ex-padre, que havia abandonado o sacerdócio. Ao serem identificados, tiveram de sair do local e a conferência pôde ser retomada em paz.

> Hoje podemos saber o que o bebê sente, podemos ouvir o que ele ouve e até experimentar o que ele gosta (pois já reconhece muito bem o doce e o amargo); até podemos vê-lo dançar cheio de alegria e vivacidade. Graças à técnica, a história de Tom Pouce tornou-se história muito verídica.
>
> Mas não é apenas a ciência que nos descreve esse "primeiro mundo" da vida; os artistas são mais sábios do que os médicos, e, de certa forma, lembram o que aparentemente todo mundo já esqueceu.
>
> Para se ter uma ideia, vamos imaginar uma discoteca: um ambiente todo curvo, mal iluminado, às vezes, por luzes avermelhadas. Um local quente e úmido, com um cheiro forte, onde os corpos se movem às vezes de forma involuntária, às vezes girando. Um barulho enorme nos invade: a cabeça vibra ao ritmo da percussão, e todo o tórax estremece a cada batida surda e profunda do contrabaixo. E, aparentemente, as pessoas gostam de estar lá. Por quê? Porque se lembram, pelo menos inconscientemente.
>
> Houve um tempo em sua existência em que o primeiro mundo em que habitavam era também um abrigo curvado, mal iluminado e avermelhado: o útero materno. O cheiro forte e a atmosfera quente e úmida eram semelhantes. E enquanto dançavam, suas cabeças vibravam com as batidas de seus próprios corações (140 a 150 por minuto, o ritmo da percussão), e todo o seu corpo estremecia com as batidas fortes, mas reconfortantes do coração de sua mãe (60 a 80 por minuto, o ritmo do contrabaixo). Não é por acaso que os especialistas em música pop se apropriaram dessas duas cadências que, aliás, combinam toda a música primitiva, de qualquer país.
>
> É, portanto, uma música; e a mais primitiva de todas: é a primeira música que todo ouvido humano ouviu no começo da sua vida. Uma sinfonia com dois núcleos: mãe e filho. É a canção desse primeiro mundo de onde todos nós viemos.[27]

---

27 J. Lejeune, "Le premier monde", publicado no boletim *Tom Pouce*, n. 4, dezembro de 1985. A história de Tom Pouce não foi contada por Jérôme nesta conferência específica, mas em outras ocasiões. Contudo, citamos aqui para os propósitos do livro.

A noite foi um grande sucesso. A tentativa de intimidação não desestabilizou Jérôme — pelo contrário! Parece que a multidão ficou ainda mais entusiasmada com a sua fala. Porém, Jérôme e Birthe ficaram surpresos com a violência e o ódio daqueles agitadores.

— Podemos dizer que você teve seu batismo de fogo, querido — disse Birthe ao marido, voltando para a Rua Galande.

— Tudo isso confirma que existe um terrível jogo social e que a verdade perturba os promotores deste novo mundo onde os saudáveis decidirão o destino dos doentes — responde Jérôme, pensativo.

— Também confirma que as feministas identificam você como o melhor advogado dos nascituros — acrescenta Birthe.

Um mês depois, em 5 de março de 1971, Jérôme era esperado para mais uma importante conferência sobre a vida, que dará na Maison de la Mutualité, praticamente do lado da sua casa. Junto com ele estava Denise Legrix, uma mulher pequenina, mas com uma grandeza surpreendente: escritora e pintora, nascida sem braços nem pernas, cuja alegria de viver é um testemunho extraordinário.[28]

O auditório estava lotado e o clima era de alegria. Infelizmente, assim que Jérôme começou a falar, lá estavam seus oponentes novamente gritando em protesto. Mais uma confusão como a ocorrida no Instituto Católico. Jérôme continua a falar como se nada estivesse acontecendo. Seu tom permaneceu calmo. Ele só levantou a voz para que todos pudessem ouvi-lo, apesar dos gritos dos enlouquecidos:

> Não pode ser uma escolha aceitar esse racismo dos saudáveis que pretende eliminar as doenças eliminando os doentes.

---

28 Denise Legrix, nascida em 1910, faleceu em 2010, aos 100 anos. Foi o amor incondicional de seus pais, dizia ela, que lhe deu uma filosofia de vida magnífica, a fonte de sua alegria transbordante de vida. Seu último livro, *Ma joie de vivre*, recapitula toda a sua vida.

O tempo ia passando e Jérôme continuava inabalável em sua conferência, mas ainda precisa levantar a voz para ser ouvido:

> O médico pode vencer a doença com a condição de respeitar o paciente.[29]

Os protestos paravam e recomeçavam, com gritos cada vez mais altos. Novamente, pedaços de carne são jogados em Jérôme, que interrompe a conferência para dizer com a voz firme ao microfone:

> Aos que não aprovam que se joguem essas coisas, peço que aplaudam.

Sua calma é extraordinária. E o aplauso retumbante deixa claro que os agitadores, embora barulhentos, eram poucos. Também eram poucos os seguranças que tentavam tirá-los de lá, mas não foram capazes. Então, chamaram a polícia, que ficava bem próxima dali, chegando rapidamente ao local. Logo em seguida chegaram os bombeiros e uma ambulância. Ali do lado, na casa da rua Galande, as cinco crianças passaram a noite em silêncio, ouvindo aquela algazarra de sirenes. Olhavam assustados, enquanto Anouk dizia:

— Deve ser para a conferência do papai. Tomara que nada aconteça com ele e nem com a mamãe!

E imediatamente sugere: — Vamos rezar para que o Bom Deus os proteja!

Os cinco se ajoelham na sala e imploram ao Senhor para que nem seus pais nem ninguém saísse ferido.

Algum tempo depois, quando Jérôme e Birthe chegaram em casa exaustos daquela confusão, encontraram os filhos ainda acordados. Eles correram em sua direção:

---

[29] J. Lejeune, Conferência na Maison de la Mutualité, Paris, 5 de março de 1971.

— Obrigado, meu Deus! Que bom que vocês estão bem! — diz Damien, eufórico, mas ao mesmo tempo tranquilo de ver seus pais ilesos.

— Sim, meus queridos, não se preocupem — respondeu Jérôme, com o semblante cansado.

— O que aconteceu? — pergunta Karin, ansiosa.

Birthe relata a noite e a intervenção da polícia. Anouk questiona o pai, intrigada por vê-lo tranquilo depois de tanta confusão:

— Mas papai, você não ficou com medo? Essas pessoas são loucas! Poderiam machucar você!

— Minha querida, claro que não é nada agradável, mas não se preocupe, estamos nas mãos de Deus.

— O mais incrível disso tudo — disse Clara — é que a mídia está tentando fazer você parecer malvado e violento! Enquanto tudo o que você faz é falar sobre a beleza da vida humana e do valor de cada pessoa, mesmo deficiente, mesmo indesejada! E é você quem é ofendido!

Mesmo diante dessas injustiças, Jérôme permanecia sereno, pois sua preocupação nunca foi com seus interesses pessoais, e sim com a urgência de salvar aquelas crianças. Todas essas intimidações não lhe desviaram um milímetro da sua trajetória: ele afirmava e reafirmava a beleza da vida e o direito que todo homem tem de desfrutá-la.

Jérôme dava o testemunho por seus pacientes, e o amor incondicional sempre foi a sua força. Em suas consultas, por trás de todos aqueles rostos sorridentes, apesar da doença, ele via uma criança ou um adulto cheio de sonhos e esperanças, cheio de vida e alegria. Sabia enxergar a beleza de cada uma daquelas pessoas por trás "dos traços incompletamente esculpidos"; sabia, enfim, que a doença poderia atingir suas inteligências, mas jamais afetava seus corações.

Quando seus próprios filhos, preocupados, disseram-lhe no dia seguinte àquela noite conturbada, "Papai, você tem que se defender! Essas pessoas são más!", Jérôme respondeu-lhes:

— Meus queridos, eles podem falar e fazer o que quiserem, não me importa... Não é por mim que estou lutando, mas pelos meus pacientes. Eles são violentos, sim, mas se são maus, não cabe a mim julgar. Pois devemos julgar as ações, nunca as pessoas. Lembrem-se disso, é importante! Ações, nunca pessoas. Porque não luto contra pessoas, mas contra as falsas ideias.

— Pode ser, querido — interrompe Birthe —, mas uma coisa é certa: para fazer o que você faz é preciso ter couro de hipopótamo.[30]

Enquanto todos riem, ela vai até a cozinha buscar café quente.

Realmente é muito estranho que, ao explicar que o embrião é um ser humano vivo, desde a sua concepção, e lembrando que cada ser humano é "nosso irmão", Jérôme fosse acusado de incriminar as mães e impor uma "ditadura moral". Tudo o que Jérôme fazia era defender os nascituros, que são os mais fracos e vulneráveis, sem nunca estigmatizar as mulheres que fazem aborto. Seu intuito era mostrar que é desumano opor o filho à mãe, pois ambos devem ser salvos, num único gesto de compaixão: a mulher do sofrimento e a criança do perigo. Aquele que não odiava ninguém e sempre repetia "não luto contra pessoas, mas contra as falsas ideias", foi lançando numa guerra desleal e violenta apenas por querer servir à verdade e às mais frágeis vidas humanas. Era óbvio que, com a fortaleza interior de quem não se preocupa com o "politicamente correto", com suas habilidades oratórias e sua relevância científica, Jérôme havia se tornado um tremendo obstáculo aos promotores do aborto.

---

30 Expressão exata de Birthe Lejeune.

Para compensar aquelas duas noites terríveis, uma outra reunião estava sendo preparada e prometia trazer grande alegria e imenso conforto para Jérôme. Com sua notoriedade, encorajou vivamente a primeira peregrinação oficial de pessoas com deficiência para Lourdes, em 12 de abril de 1971. Foi organizada pela associação Foi et Lumière, sob a liderança de Jean Vanier e Marie-Hélène Mathieu. Jérôme teve o prazer de participar. Ele também sabia que a sua presença seria útil para silenciar as críticas que começavam a surgir contra a ideia deste encontro em particular.

Ao deixar Paris por 48 horas para acompanhar a peregrinação, Jérôme ficou feliz no meio de tantos de seus pacientes que vinham saudá-lo com muitos abraços.

Não muito longe da gruta onde a Santíssima Virgem faz milagres, Jérôme passou muito tempo observando os milhares de peregrinos, cujo sorriso aquece os corações congelados e desafia inocentemente os soberbos. Aquela cena o fez relembrar de uma admirável "Adoração do Menino Jesus", pintada no século XVI por um pintor flamengo.[31] Acolhido pela Santíssima Virgem, um jovem anjo com Síndrome de Down está ao lado de Jesus, discretamente recuado no círculo dos querubins. Seu rosto iluminado reflete a luz suave do Menino Jesus e o talento do pintor mostra com incrível precisão sua doce languidez característica. Enquanto Maria e os outros anjos estendem as mãos unidas para Jesus, ele cruza as suas, delicadamente, sobre o coração, num gesto de recolhimento interior que só o gênio do artista poderia apreender. Há também a pintura ainda mais extraordinária do famoso Mantegna — a criança com Síndrome de Down é o próprio Menino Jesus, acolhido no colo da mãe, sob o olhar de uma testemunha privilegiada escolhida pelo artista: São Jerônimo, Doutor e Padre da Igreja.

---

31 *Adoração dos Magos*, pintor flamengo, anônimo, 1515.

Cinco séculos mais tarde, encostado na balaustrada sob a luz da primavera, Jérôme estava observando as crianças com Síndrome de Down caminhando apressadas, cheias de fé e esperança, para a Bela Senhora da Gruta, o mais próximo possível de seu coração materno. A imensa fila de doentes ia avançando, com muitos carregando suas velas ou suas muletas, formando uma multidão de crianças e adultos que peregrinaram para colocar sua esperança em Nossa Senhora de Lourdes. Jérôme sentia uma profunda compaixão pelos "pobres entre os mais pobres". A esse sofrimento silencioso se confundia um sentimento de vergonha diante da impotência da medicina e, sobretudo, diante da loucura da sociedade que pretendia eliminá-los.[32]

Jérôme reza por cada um deles, para que encontrem "a plena liberdade de seus espíritos".

Dois meses depois, em junho, Jérôme viveria uma experiência totalmente diferente. Desta vez, viajou para o Japão para participar de vários encontros. Visitou, com grande interesse, o Hospital Internacional São Lucas em Tóquio e, depois de uma reunião em Nagoya, fez uma intervenção em Nagasaki, na Comissão para Vítimas da Bomba Atômica.[33] Nessa sua terceira visita ao Império do Sol Nascente teve a honra de ser recebido pelo Príncipe Imperial. Ficou muito impressionado com o rígido protocolo japonês, que acabou lhe rendendo uma diversão, não por causa das delicadas regras de polidez, com as quais ficou encantado, mas pela situação embaraçosa em que se meteu quando lhe pediram, com deferência: "Honorável professor, convido-o a tirar os sapatos para se apresentar ao imperador. O senhor pode deixá-los comigo e pegá-los no final da audiência".

---

32 No programa *Radioscopy*, entrevistado por Jacques Chancel, em 13 de dezembro de 1973, Jérôme descreve seus sentimentos em frente à Gruta de Lourdes, durante a peregrinação.

33 *Atomic bomb Casualty Commission*, Nagasaki, junho de 1971.

"Meu Deus!", pensou Jérôme, sentindo aquele frio na barriga. Ignorando totalmente esse costume, nem passou por sua cabeça verificar o estado de suas meias. E o que é pior: dois furos podem gerar uma ventilação muito boa para os dedões, mas esteticamente seria um desastre. "Principalmente diante de um público tão grande!", pensava, rindo de si mesmo. Mas ele teve a habilidade de esconder esse pitoresco problema do seu guia, que dificilmente suportaria esse crime de lesa-majestade. Aproximou-se do imperador com os dedões dos pés laboriosamente enrolados. Ficou mais concentrado em seus passos incomuns, quase japoneses, do que na própria solenidade.

O soberano nem notou a gafe e tudo correu bem. Ao sair, Jérôme estava orgulhoso com o sucesso de suas acrobacias: "Pelo menos um encontro que não acabou em confusão!".

Tendo o aborto conquistado a opinião pública em muitos países, Jérôme passou a abordar o tema relacionado à proteção dos seus pacientes em conferências científicas.

Quando considerou necessário, convidou os médicos a não travarem a batalha errada, atacando a doença e não a criança. Assim, preparou cuidadosamente a conferência que deu no Congresso Internacional de Genética Humana realizado na cidade de Paris, em 1971. O título que escolheu para seus eminentes colegas é tão simples quanto sua mensagem: "o uso adequado da genética". Esta é a primeira vez em que aborda oficialmente essa questão numa conferência científica na França. E apresentou aos seus pares uma síntese dos argumentos que ele havia desenvolvido na conferência de San Francisco:

> Influenciar o destino dos homens é um poder formidável. [...] Diante do caráter inexorável das doenças hereditárias, o uso mais antigo de nossa disciplina foi prever essas mudanças do destino. [...] Todas as descobertas relatadas neste congresso, quer se trate de uma nova decifragem de

cromossomos humanos, da detecção precisa de um distúrbio bioquímico ou de uma previsão estatística de populações inteiras, podem e devem contribuir para o objetivo de evitar ao máximo os riscos genéticos que os humanos do futuro terão que suportar.

Durante dois terços de século, esse uso prudente foi praticamente o único. Muito recentemente, porém, um aprimoramento técnico, a análise de células fetais coletadas por amniocentese levou alguns a recomendar e implementar outro uso de nossos conhecimentos: a destruição seletiva de fetos que são reconhecidos como portadores de uma doença que não sabemos como curar. Medir o direito à vida de acordo com a idade ou tamanho ou saúde de qualquer ser humano não pode ser discutido objetivamente; tal métrica do homem não é acessível à lógica científica.

O mais estranho sobre tal uso é que seria por desespero. Porque só o desespero poderia levar os médicos a matar pacientes para combater uma doença, e sabemos que aqueles que venceram a peste e a raiva não foram os que queimaram as vítimas da peste em suas casas ou sufocaram os raivosos. Da previsão do infortúnio até o agravamento deliberado da punição, de Cassandra a Carabosse, o uso da genética poderia ser reduzido a esse ponto? A genética humana é uma ciência como qualquer outra, mas é diante do enfermo que ela pode se mostrar humana.[34]

Em outubro, Jérôme voltou para os Estados Unidos. Passou pela Virgínia, em Warrenton, depois por Bethesda, no National Institute for Health (NIH), Centro Internacional de Fogarty. Falava-se novamente em fazer a seleção das crianças com Síndrome de Down no útero, e novamente ele não hesitava em se opor a isso e convidava seus colegas à reflexão. Teve uma oportunidade inesperada já que, além de sua primeira palestra marcada há muito tempo, foi-lhe dada uma segunda para o dia seguinte. Sem perder tempo, foi para o seu quarto de hotel e preparou a conferência. Dois anos depois daquele discurso em San Francisco, ele voltou ao tema nessa inesperada palestra em inglês:

---

34 J. Lejeune, *Du bon usage de la génétique*, Paris, 1971

> Quando se trata de adultos ou mesmo crianças, geralmente falamos do National Institute for Health. Mas, quando se trata dos mais jovens indivíduos, especialmente os que ainda não nasceram, encontramos alguns que preferem o National Institute for *Death*. A razão para essa divergência parece ser a questão: eles são ou não são humanos? Meu sentimento pessoal é que devemos tomar nossa decisão apenas com base científica e usando todas as informações científicas coletadas.
>
> Tomemos o exemplo da trissomia 21 observada por amniocentese [...]. Não vimos apenas um cromossomo 21 supranumerário, mas também os outros 46 cromossomos e, assim, podemos concluir que são humanos, porque teríamos notado se fossem cromossomos de camundongo ou de macaco. Geneticamente falando, temos, portanto, duas respostas: primeiro, é um ser humano em desenvolvimento; depois, ele tem Síndrome de Down.
>
> O que me parece óbvio, de tudo o que sabemos sobre genética, é simplesmente isto: se um óvulo fertilizado não fosse um ser humano completo por si só, nunca poderia se tornar um homem, pois algo teria de ser acrescentado a ele, e sabemos que isto não acontece.[35]

A força de seu depoimento a favor da verdade repercute claramente na plateia, e, ao contrário do que ocorreu em San Francisco, após essa intervenção alguns médicos vieram agradecê-lo por dizer em voz alta o que todos estava sussurrando. Como em maio de 1968, Jérôme ficou surpreso ao ver que tantas pessoas não se atreviam a dizer o que pensavam porque tinham medo. Entre os médicos que compartilham sua análise, Jérôme reencontrou o professor Joseph Warkany, de Cincinnati, que veio ver "seus lindos cromossomos" quando a equipe ainda estava no Trousseau. Era um homem mais velho e Jérôme o estimava muito. Então, aceitou com prazer o convite para jantar na casa dele. Durante o encontro amigável, Warkany compartilhou uma memória de família:

---

35 J. Lejeune, Conferência preparada durante a noite, 1971, para o *National Institute for Health*, Bethesda. A palestra estava para ser publicada no verão de 1972 na Plenum Press, Nova York.

> Na noite de 20 de abril de 1889, meu pai, que era médico em Braunau, na Áustria, foi chamado para dois partos. Um era de um lindo menino que gritava muito alto; o outro, uma pobre menininha com Síndrome de Down. Meu pai acompanhou o destino dessas duas crianças. O menino teve uma carreira extraordinariamente bem-sucedida; a menina conheceu um destino bastante sombrio. No entanto, quando sua mãe foi acometida de hemiplegia, essa menina, com um QI muito baixo, manteve a casa com a ajuda dos vizinhos e deu à mãe acamada quatro anos de vida feliz. Já não consigo mais me lembrar o nome da menina. Mas nunca poderia esquecer o do menino: Adolf Hitler.[36]

Esta troca de ideias com Warkany fora muito confortante para Jérôme, mas não afastou o sentimento de horror que se apoderou dele ao ler um documento que tinha recebido naquela tarde. Após o jantar, retornou ao hotel apressado para confiar a importante informação a Birthe. Pegou sua caneta e, com um nó na garganta por causa daquilo que estava prestes a lhe contar, relata:

> Minha querida, que dia! Esta manhã fiz o meu discurso, muito curto, de apenas 17 minutos, mas acho que foi muito eficaz. Por fim, sou o único a ter uma posição precisa, lógica e consistente. Todos os outros estão de acordo, mas tendem a mudar um ponto ou outro para evitar alguma dificuldade. As discussões foram muito difíceis, porém, tudo com muita civilidade.
>
> Apenas um orador foi muito bom: Kass, um homem de cerca de 30 anos, com extraordinária inteligência e raciocínio rápido. [...] Não consegui ter uma conversa com ele esta noite, mas espero tê-la em breve. Kass pensa correto... não ousa falar, mas é de grande importância. Os outros falam, ele pensa.
>
> Mas quando vejo todas essas boas pessoas (porque são boas pessoas!) prontas para suprimir quem tem Síndrome de Down, digo a mim mesmo que cada hora de discussão é uma hora perdida e talvez uma criança morta (bem, felizmente ainda não estão nesse ritmo). Mas o futuro é muito sombrio.
>
> Acabei de ver um projeto do Instituto Nacional de Saúde sobre as regras a serem aplicadas em experimentos com fetos

---

36 J. Warkany, citado por J. Lejeune.

de cinco meses "removidos" por cesariana e colocados em circulação extracorpórea, em sobrevivência, para experimentos de fisiologia ou bioquímica. O texto diz para tratá-los como qualquer colheita de tecido ou órgão, mas especifica que devem ser mortos após um curto período de tempo, pois a sobrevivência não deve ser prolongada. E esse texto tem a aprovação de pessoas muito gentis!

Minha opinião foi solicitada. Li o texto com atenção e não pude fazer nenhuma correção. Apenas disse que estava muito bem redigido, mas que nenhum texto poderia regulamentar o crime!

Beijo-te com ternura, minha queridinha, e também os nossos cinco contigo.

Teu Jérôme que te ama.[37]

Apesar do horror das práticas expostas, Jérôme julga as ações, mas não as pessoas. Essa disposição tornou-se tão natural a ele que jamais o deixaria.

Porém, com o passar dos dias, à medida que as palestras e as discussões iam se sucedendo, Jérôme observou uma ligeira variação no tom das falas. Alguns estão começando a se perguntar sobre o real alcance da triagem pré-natal. A atmosfera é menos triunfalista. Na noite do último dia, Jérôme confidenciou este pequeno vislumbre de esperança a Birthe:

> Minha querida, mais um dia agitado... palavras e mais palavras. [...] Esta noite S. nos pintou um quadro terrível de bebês em garrafas, de genes manipulados, do admirável mundo novo, como se tudo isso fosse necessário, útil e até inevitável. Durante a discussão, citei Pascal com as crianças que se assustam quando olham no espelho com a máscara que colocaram no rosto. Mas por que colocar uma máscara? É realmente um mundo estranho. Eles não conseguem ver que o feto que estão torturando é um ser humano, mas afirmam estar melhorando a raça humana. O orgulho não conhece limites aqui, pois ele transborda com tanta estupidez.
>
> Por fim, Neel, que observa muito e não fala quase nada, me disse que agora 90% das pessoas acham que (não quero dizer "eu", pois é só a ideia que expresso, e não eu) tenho razão.

---

37   J. Lejeune, *Carta a Birthe*, 12 de outubro de 1971.

Não foi o que aconteceu no primeiro dia.
Beijo-te com ternura, minha queridinha, e os nossos cinco contigo.
Teu Jérôme que te ama.[38]

Quando retornou a Paris, Jérôme estava mais determinado do que nunca a encontrar um tratamento para salvar crianças com Síndrome de Down de uma morte programada. Teve de dedicar os meses seguintes às suas consultas e pesquisas e a poucas viagens que fez à Suécia, Alemanha ou Estados Unidos, além de sua nova nomeação para a Sociedade Francesa de Biologia. Mas nada disso fez com que desviasse do seu objetivo: também mergulhou com entusiasmo em suas meditações e aproveitou, aliviado, esses meses longos e relativamente calmos.

Em casa, a família prosperava. Anouk, já com 20 anos, seguia nos seus estudos literários. Damien, com 18 anos, lutava bravamente contra uma epilepsia surgida alguns anos antes e desejava se tornar fisioterapeuta. Jérôme sofria pelo filho, por isso procurou conselhos de outros especialistas para lhe dar o melhor tratamento e, de fato, estava surtindo efeito. Quanto a Karin, não faltaram ideias originais para seu aniversário de 16 anos. Jérôme divertia-se lembrando uma conversa que uma noite teve com a filha:

— Pai, Robespierre era um homem maravilhoso e eu me tornei marxista.
— Interessante — respondeu —, mas posso saber por quê? O que você gosta no marxismo? Vamos ver seus argumentos, então darei os meus.

Karin contou sobre o que tinha ouvido na escola e a discussão começou. Um a um, Jérôme foi retomando os seus argumentos e mostrando-lhe os seus limites e as suas

---

38 J. Lejeune, *Carta a Birthe*, 14 de outubro de 1971.

contradições, fazendo a filha ver, para além das vantagens imediatas, as consequências. Em outra ocasião, ela anunciou no jantar:

— Pai, mãe, decidi parar de estudar. A escola é inútil!

Antes mesmo que Birthe tivesse tempo de reagir, Jérôme respondeu, com calma:

— Se você não estudar, vai procurar emprego para ganhar a vida. Quais são seus planos? Porém, quando você trabalha, tem muito menos dias de férias. Principalmente no verão, você não poderá mais ir para a Dinamarca por dois meses. Você pensou sobre isso antes de tomar sua decisão?

Karin fechou o rosto ficou em silêncio, decepcionada com uma perspectiva tão sombria. O caso terminou ali. O método que Jérôme usava com seus filhos, privilegiando o diálogo em vez do argumento de autoridade, desarmava muitos dos pequenos conflitos da adolescência, que se davam sem revolta.

Quando Jérôme chegava em casa à noite, com a cabeça cheia, tinha essa incrível capacidade de se colocar à disposição dos filhos e seus inúmeros amigos que desfilavam por aquela casa acolhedora, pois Birthe, que preparava pratos simples e generosos, estava sempre pronta para acrescentar mais um ou dois lugares na mesa. Levantando um pouco os olhos do jornal ou de algum de seus documentos e tirando os óculos para olhar melhor a quem o interrogava, Jérôme jamais deixava de responder uma pergunta alegando falta de tempo; estava sempre pronto para puxar conversa com seu interlocutor, tivesse sete ou vinte anos: "Pai, como nasceram as estrelas?"; "Pai, quantos anos você tinha durante a Guerra dos 100 Anos?"; "Você poderia me ajudar no dever de História?".

Apesar de uma agenda tão cheia, ele tinha o cuidado de preservar esses momentos especiais com sua família. Quando não estava viajando no exterior, Jérôme se organizava todos os dias para encontrar Birthe e as crianças para almoçar na Rua Galande. No jantar, Jérôme e Birthe davam tanta prioridade à vida familiar que raramente aceitavam convites para eventos sociais, a não ser que realmente não pudessem evitar, o que era raro. Tanto que um dia um de seus filhos lhe disse:

— Mas, pai, por que você não aproveita todos esses convites? Por que não sai para o mundão? Nós poderíamos ir também, seria ótimo!

Ao que Jérôme respondeu:

— É preciso ter muito cuidado com esse mundão. Melhor até ficar de fora para não cair em tentação. Todo este mundo com dinheiro... é um mundo no qual não quero entrar.

Depois do jantar, durante o qual todos podiam contar como tinham passado o dia, Jérôme reunia as crianças, independentemente da idade, para recitar a oração diária, enquanto Birthe cuidava dos seus afazeres. Ajoelhado diante do crucifixo, Jérôme colocava o menor entre os joelhos, juntando suas mãos, e todos rezavam um *Pai--Nosso* e uma *Ave Maria*. Em seguida, concluía com uma bênção para a família e para os enfermos: "Meu Deus, abençoai a nossa família. Agradecemos por tudo o que temos recebido, e também curai todos os enfermos". Antes de mandá-los para a cama, Jérôme ainda reservava um momento de afeto com os filhos, naquela paz compartilhada, nascida da oração comum. Depois, enquanto Birthe ia para a cama e adormecia rapidamente, ele se acomodava em sua mesa, no segundo andar da casa, e mergulhava na preparação de uma conferência ou anotando suas meditações.

No verão, quando a casa em Paris ficava vazia, Jérôme também aproveitava para passar um tempo com alguns amigos queridos, para longas e belas noites de discussões. Assim, ele conta a Birthe sobre uma de suas noites com Marcel Clément:

> Marcel Clément e eu ficamos discutindo na mesa e depois nas poltronas. Por volta das 23h30, Clement me disse que precisava ir embora. Depois, conversamos por mais cinco minutos e, quando nos demos conta, já eram 2h30! Para falar a verdade, fizemos um imenso trabalho, conversamos sobre tudo, de Adão e Eva à perplexidade em relação aos estigmatizados! [...] Foi uma noite encantadora... mas em que estado estou nesta manhã!³⁹

Foi também a ocasião para jantar com seu irmão Rémi e sua esposa Odile, ou com Philippe, de quem ficou muito próximo desde a partida de Geneviève.

Além dos amigos próximos ou distantes que vinham comer ou passar vários dias, todos os sábados ele recebia os três grandes amigos para almoçar: Jacques Lafourcade, Jean de Grouchy e Henri Jérôme. Eles compartilhavam o almoço em família e discutiam sobre o laboratório e os acontecimentos correntes. Um treinamento emocionante para as crianças e uma atenção delicada para Birthe, que sempre ficava no centro das discussões. Depois desta reunião semanal, a família amontoava-se no carro e, por fim, partia para o campo, para grande alegria de crianças! Eles adorariam partir de manhã! Por isso, certa vez um dos meninos perguntou.

— Pai, por que não podemos ir na sexta à noite, como muitos de nossos amigos? Por que você trabalha nas manhãs de sábado?

— Porque é o único momento em que os pais podem vir tranquilos à consulta de seus filhos, sem se preocuparem com o horário de trabalho, especialmente se vierem de longe. Eu sei quanto lhes custa o esforço de vir ao hospital.

Também por esta razão que Jérôme não queria atender em consulta particular. Certamente as pessoas pagariam uma fortuna por sua experiência, mas ele não queria privar as famílias mais modestas da ajuda que poderia lhes

---

39 J. Lejeune, *Carta a Birthe*, 10 de julho de 1973.

prestar. Muitos familiares se surpreendiam quando, na hora de pagar, o Dr. Lejeune dizia:
— Vá até o caixa do hospital.
— Mas o senhor não recebe nada?
— Não.

No campo, em sua casinha branca muito modesta, com dois cômodos no térreo e no primeiro andar, onde as crianças se aglomeram alegremente, a família estava sempre muito feliz. Nos fundos havia uma oficina que Jérôme montou num pequeno depósito onde ele se estendia alegremente em suas meditações ao mesmo tempo em que exercitava as mãos com alguma bricolagem dominada com alguns macetes. Contemplava admirado as formas geométricas perfeitas tecidas por aranhas amigas e montava castelos medievais de madeira para os filhos. Também esculpia ossos para fazer canetas de caligrafia. E as horas se passavam entre os seus pensamentos e trabalhos manuais. O silêncio, a leveza do ar e das teias de aranha faziam daquela oficina um lugar único de meditação... muitas vezes perturbado por uma esposa ativa ou filhos chorando por uma bicicleta quebrada ou com um espinho cravado no pé. Jérôme então transformava seu retiro bucólico em uma oficina versátil para atender todas as demandas.

Gostava de consertar, fazer reparos e inventar coisas, que muitas vezes eram engenhocas das mais heterogêneas que faziam as pessoas rir de tanta criatividade. Jérôme era de uma geração que viveu a guerra e reciclava as coisas de forma espontânea, que jamais jogava fora um pedaço de corda gasta ou um parafuso velho porque "nós nunca sabemos quando vamos precisar". Com dedos ágeis, enriquecidos por uma imaginação transbordante, ele se lançava com fé e entusiasmo nas invenções mais inusitadas. Uma de suas melhores foi o "ferro que queima ervas daninhas", que lhe permitiu reciclar um pedaço de ferro velho e ainda embelezar o jardim. Ele fazia demonstrações aos filhos, e, embora a sua invenção não tenha sido indicada para o Prêmio Lépine, a descoberta fez um grande sucesso na família, garantindo-lhe pelo menos o prêmio de humor na categoria geral.

CAPÍTULO 9
A batalha das crianças francesas

1973–1974

As nuvens da tempestade haviam chegado a Paris. A batalha que tinha começado em 1970 voltava com força total, orquestrada magistralmente do ponto de vista jurídico, midiático e político. Desta vez, era uma ofensiva séria e perigosa, lançada em 8 de novembro de 1972 com a midiatização do julgamento de Bobigny, que no final absolveu uma garota de 16 anos que admitiu ter feito um aborto após um estupro. A jovem foi defendida por Gisèle Halimi, advogada e fundadora da associação Choisir, que defendia o aborto e o realizava de forma clandestina. A técnica, bem experimentada e testada, era deixar o público abalado. A mídia, notavelmente partidária, divulgava somente opiniões unilaterais e noticiava abertamente o famoso Manifesto dos 331 médicos que haviam praticado abortos ilegais, publicado no *Le Nouvel Observateur*, em 3 de fevereiro de 1973.

No entanto, o Ministro da Saúde, Jean Foyer, opunha-se a essas demandas e recusou qualquer modificação da lei. No verão seguinte, em julho, ele convocou Jérôme para ajudá-lo a estudar uma forma de oposição. Portanto, aquela ofensiva política teve de esperar Foyer deixar o governo, em março de 1973, para retomar seus objetivos.

No dia 18 de março, Jérôme foi convidado para uma conferência sobre aborto na antiga Abadia de Royaumont, um evento de que ele jamais se esqueceria. Organizado pelo Círculo de Imprensa Francesa, em torno de jornalistas e feministas, incluindo Gisèle Halimi, mas também haviam convidado o Cardeal Renard, Arcebispo de Lyon, e o próprio Jérôme, que aceitou o convite para não deixar o cardeal sozinho naquele debate que prometia ser muito difícil. Quando chegou ao evento com Birthe, descobriu que o cardeal teve de cancelar a visita por problemas de saúde. Então, Jérôme ficou sozinho para defender os nascituros.

Os palestrantes se sucederam reivindicando todo o acesso ao aborto. Durante a discussão, Birthe notou que uma mulher, sentada na primeira fila, estava conduzindo as intervenções com pequenos sinais, sussurrando frases, convidando uma pessoa a falar, outra a ficar calada — como se estivesse regendo um espetáculo. De repente ela se exalta para declarar:

> O que queremos é destruir a civilização judaico-cristã. Para isso, devemos primeiro destruir a família. Para destruí-la, temos que atacá-la no seu ponto mais fraco, que é a criança que ainda não nasceu. Por isso, defendemos o aborto.[1]

A declaração causou grande alvoroço nos jornalistas presentes. Perguntaram o nome da senhora, mas ela se recusou a dizê-lo. Preferiu se sentar e ficar calada até o final do evento.

Bastante curioso é o fato de jornalista algum ter se referido a essa declaração. Além disso, também não se via nenhuma menção à palestra de Jérôme. Chegaram a publicar um aviso: "A intervenção do Professor Lejeune será publicada em breve", algo que nunca aconteceu.

Jérôme sabia que as estatísticas e os argumentos apresentados pelos promotores do aborto eram apenas

---

[1] Esta história, assim como a citação, foram relatadas muitas vezes por J. Lejeune: notavelmente em uma carta ao Bispo Michel Schooyans, de 18 de dezembro de 1984; numa outra carta, desta vez ao Pastor Randall, em 8 de fevereiro de 1989, e no discurso proferido por Jérôme diante dos padres sinodais, em 8 de outubro de 1987, publicado no *L'Osservatore Romano* de 20 de outubro de 1987, sob o título "A ciência sozinha não pode salvar o mundo".

engodos para afetar a opinião pública,[2] e não conseguia entender como era possível, humanamente falando, que o aborto fosse apresentado como uma solução. A morte de um ser humano, ainda que indesejado, jamais poderia ser uma solução! Alguém teria a coragem de propor tal opção se o ser humano a ser eliminado não fosse um feto? As consequências de tal filosofia política, se aplicada, seriam inimagináveis no nível humano e social. Quanto ao médico, se ele se tornasse o instrumento desse ato letal, estaria decretando a morte da Medicina Hipocrática. O principal argumento dos promotores do aborto é, portanto, dizer que o embrião, ou feto, é apenas um agrupamento de células, não é um ser humano. Mas aqui, novamente, a inteligência humana mostra, para quem quiser ver, que o embrião é um ser humano vivo, tão extraordinário que tem tudo para se desenvolver e se tornar Paulo ou Maria sem precisar que nada lhe seja adicionado de fora. Qualquer aluno do primeiro ano de biologia ou genética sabe que um embrião humano, a partir da fusão dos gametas, é um ser humano em primeiro estágio de desenvolvimento, etapa pela qual todos passam. Na fase do embrião, depois do feto, da infância, da adolescência e da velhice, é sempre o mesmo homem que se desenvolve, cresce e depois morre. Jérôme, em nome da "fraternidade biológica que une os homens", e sobretudo como médico, jamais poderia aceitar a ideia de que um embrião não é um ser humano. É claro que a sociedade deve encontrar maneiras reais de ajudar as mulheres em dificuldade, mas não pode oferecer o aborto como uma solução razoável.

---

2 Essa tática dos promotores do aborto foi descrita por Norma Leah McCorvey, mais conhecida pelo pseudônimo de Jane Roe, cuja ação judicial tornou o aborto legal nos Estados Unidos em 1973, mas que após a sua conversão passou a fazer campanha pela vida de crianças em gestação ser respeitada e o aborto proibido. Ela escreveu sua história em *Won by love*, em 1997. Essa tática também foi descrita pelo Dr. Nathanson, um dos médicos pioneiros do aborto nos Estados Unidos e, após sua conversão, autor do livro *The Silent Scream*.

Aquela mulher de Royaumont, ao expor com tanta clareza a filosofia da campanha a favor do aborto, e da qual a grande maioria do público desconhece, só vinha confirmar a análise de Jérôme. As raízes da luta travada em torno da vida humana são espirituais. É uma luta humana que, por um desejo de poder sobre a vida e a morte, rejeita a autoridade do Pai e condena o Deus Menino.

"Para matar o Deus Menino, Herodes foi forçado a matar todas as crianças de Belém, sem exceção. Para amar o Deus Menino, teria sido obrigado a amar todas as crianças de Belém sem exceção", escreveu James Haggerty.[3] Essa meditação resume admiravelmente a convicção de Jérôme. Ele sabe que, por trás de cada criança amada, é o Deus Menino que é venerado; por trás de cada criança ameaçada, é o Deus Menino que é atacado. Jérôme confia esta certeza a Birthe:

> Se você realmente quer atacar o Filho do Homem, só existe uma maneira: atacar os filhos dos homens. O Cristianismo é a única religião que diz que "seu modelo é uma criança". Quando passarmos a desprezar a criança, não haverá mais cristianismo.[4]

Com inteligência de coração, Jérôme gostava de meditar sobre o Prólogo de São João, fonte de profunda inspiração em sua vida de médico, estudioso e cristão:

> No princípio era o Verbo, e o Verbo estava com Deus e o Verbo era Deus. [...] O que foi feito nele era a vida, e a vida era a luz dos homens. [...] Ele estava no mundo, e o mundo foi feito por meio dele, mas o mundo não o reconheceu. [...] E o Verbo se fez carne, e habitou entre nós...[5]

Tudo começa com a Encarnação do Verbo. Jérôme sabia bem que esse mistério revelado aos homens pelo

---

3 J. Haggerty, *Quitter Dieu pour Dieu*, edições Mame, Paris, outubro de 2009.
4 J. Lejeune, *Le respect de la vie*, Seminário Maior de Montreal, 12 de abril de 1993.
5 Cf. Jo 1,1-18.

nascimento de uma criança frágil, venerada pelos sábios e condenada à morte nos primeiros dias da sua vida terrena é a base da fé católica. Cientes de que este mistério da Encarnação é a vanguarda da religião cristã, torna-se claro para Jérôme que não podemos acreditar em Deus sem amar a Cristo Encarnado, e com ele todos os nossos irmãos humanos. Como se poderia dizer: amo a Deus a quem não vejo, mas não amo a meu irmão, a quem vejo?

Essa atenção ao Verbo Encarnado, que estava no centro da vida espiritual de Jérôme, materializava-se naturalmente em sua vida profissional. Ele sabia que a caridade que tudo julga também julga o fato de nos termos feito próximos de todos, de toda a carne, qualquer que seja a cor da pele, a idade, a doença, as deficiências, porque nos reconhecemos na Palavra de Deus. Ao cuidar de seus pacientes, Jérôme estava servindo ao Verbo Encarnado. Ele não se afastava da carne sofredora do doente, do paciente rejeitado; ele não fugia.

A atenção ao corpo também tem uma virtude pedagógica muito simples: o realismo. E era uma das grandes qualidades de Jérôme quando fazia suas intervenções. Falava por seus pacientes, que tinham nome, rosto, corpo, ainda que, às vezes, incomuns. E fazia isso não para defender uma humanidade sonhada e abstrata, mas porque se importava com seres humanos reais.

Assim, após a conferência de Royaumont, enquanto jantava em família e todos conversavam sobre os pontos fundamentais daquela conferência, Jérôme advertiu os mais velhos:

> Não existe Homem com H maiúsculo. Existem homens, indivíduos, e cada um deles deve ser respeitado. Se muitos estão dispostos a derramar lágrimas pela condição do homem, se as grandes consciências se orgulham de grandes impulsos para falar da dignidade do homem ou dos direitos humanos, muito poucos se preocupam com cada homem, se não for pela lei elementar da caridade, uma palavra muito banalizada hoje em dia,

mas, ao mesmo tempo, insubstituível, porque se estende a todos e especialmente àquele que está por perto, o próximo, como diz o Catecismo. E para o médico, existem apenas indivíduos, apenas pessoas, apenas sujeitos, jamais objetos.[6]

Enquanto os mais velhos o ouviam com atenção, Jérôme refletiu um pouco antes de retomar:

> Basicamente, aquela mulher disse tudo. Deixou claro exatamente por que querem começar a matar crianças legalmente na França. Não é tanto para atacar crianças, mas, ela sabe, junto com aqueles que estão promovendo essa campanha, que existe algo — eu diria, da fisiologia sobrenatural — que paira sobre as virtudes naturais, ou seja, é o húmus das virtudes naturais, onde as virtudes sobrenaturais florescem. Enfim, no dia em que as mulheres não amarem mais seus filhos, não haverá mais onde florescer as virtudes sobrenaturais.[7]

Jérôme encarava a situação com muita lucidez, por isso foi se tornando naturalmente uma inspiração e uma forte referência para os defensores da vida. A associação Deixe-os Viver (*Laissez-les-vivre*) logo o convidou para ser seu orientador científico, o que Jérôme aceitou de bom grado. Foi nessa associação que conheceu uma mulher incrível, Geneviève Poullot, irmã do padre dominicano Ambroise-Marie Carré, membro do Instituto, e que participou ativamente da Resistência contra os ocupantes nazistas. Adotando o princípio de eficiência e discrição para proteger a identidade das jovens, Geneviève Poullot criou com poucos meios a associação *SOS futuras mães*, uma rede de apoio a mulheres grávidas em dificuldade: uma linha direta de ajuda material em toda a França, antes e depois do parto. Foi o início de uma resposta, uma ajuda efetiva e concreta, mas não o suficiente. Era preciso colocar em prática uma estratégia.

---

[6] Esta frase, colocada aqui em um diálogo para fins de escrita, foi retirada de um documento de trabalho de J. Lejeune, D9-4, sem data, Fonds Lejeune.

[7] J. Lejeune, Conferência em Lorient, 28 de novembro de 1989. Jérôme relata a conferência de Royaumont e dá esta explicação.

Enquanto a resistência se organizava na França, Jérôme partiu novamente em maio de 1973 para os Estados Unidos, onde era esperado para dar palestras científicas em Los Angeles, na Universidade do Sul da Califórnia, e também em Pasadena, no Instituto de Tecnologia da Califórnia. Três dias depois de chegar a Los Angeles, recebeu uma longa carta de Birthe, escrita às pressas. Logo nas primeiras palavras ele compreendeu que algo sério havia acontecido:

> Meu querido Jérôme, espero que tenha chegado bem, que esteja tudo bem e que tudo tenha dado certo. Ontem o dia foi agitado [...]. A polícia descobriu em Grenoble um centro *Choisir*: 500 abortos em dez meses [...]. A médica foi indiciada, e a *Choisir* anunciou com grande alarde um aborto público em Grenoble para esta noite com a participação de Gisèle Halimi etc. Jogo de cena, porque, ao mesmo tempo, Jean Bernard, Milliez e Royer pediram a liberação do aborto como experiência por cinco a oito anos. Além disso, a rádio e os jornais anunciaram que Neuwirth falaria à Assembleia e que Ponia deverá responder que concorda.[8]
>
> Esta manhã, bem cedinho, recebi um telefonema de Georges M., louco de raiva por causa de Jean B. Ele queria que eu lhe telefonasse para que protestassem em conjunto, então aconselhei-o a ligar para Hervet. O dia foi como o dia do 330: telefonemas de jornalistas, pessoas em pânico etc.
>
> A partir das nove da manhã, Clément preparou um telegrama para enviar a Pompidou e comunicar à imprensa. Repassamos o texto para toda a França esta manhã, para que as personalidades de cada cidade pudessem enviá-lo diretamente ao Élysée. Reims, Grenoble, Bordeaux, Rennes, Lyon etc. Clément, Mme. Vaur e eu ficamos penduradas em duas linhas telefônicas durante horas, mas ao meio-dia Pompidou já havia recebido muitos telegramas e, às três da tarde, o aborto foi proibido. *Deixe-os Viver* tinham até encontrado o endereço exato do aborto, mandaram para o prefeito, Pompidou etc., para "salvar a criança que seria morta nesta noite".
>
> Malinas me ligou à tarde para dizer que o bairro tinha sido isolado pela polícia e que a *Choisir* havia desistido. Ele

---

8 Neuwirth foi o deputado responsável pela lei de 1967, que liberou a contracepção; Ponia, Michel Poniatowski, foi o Ministro da Saúde de abril de 1973 a maio de 1974.

> também falou várias vezes no rádio hoje. Ele é muito bom. Hervet estará na TV amanhã. Também recebi um telefonema do Ministério do Interior que queria saber o que era o *Deixe-os Viver*.
>
> Com tudo isso, conseguimos classificar em ordem alfabética os primeiros 2 mil cartões para dar à senhora esta noite, [...] esta noite estávamos todos exaustos.
>
> Ponia falou durante horas sobre o controle de natalidade e, para a grande decepção dos abortistas, ele disse, em menos de 50 palavras, que a lei de 1920 tinha de ser revisada e que as comissões já estavam cuidando dela".[9]

Era realmente urgente fazer com que o público compreendesse que esses militantes, fingindo sentimentos compassivos pelas mulheres, estavam preparando um novo mundo onde a criança seria o estopim da explosão causada pelas paixões humanas. E que o destino que estavam reservando a elas seria o mesmo reservado aos idosos no futuro. "As iniciais IGI têm um significado terrível" — dizia Jérôme. "Na 'Interrupção de uma vida indesejada', a idade não importa, por isso os idosos estão tão ameaçados quanto os jovens".[10]

Então, Jérôme começou a trabalhar com Jean Foyer, que tinha acabado de renunciar à pasta ministerial da Saúde e reassumido o cargo de presidente da Comissão de Direito da Assembleia Nacional, com o historiador e demógrafo Pierre Chaunu e o filósofo Marcel Clément, ambos personalidades públicas e intelectuais cristãos convictos. Eles tentavam parar o movimento atuando em todos os níveis possíveis.

Jérôme escreveu com Marcel Clément, Marie-Odile Rethoré e Marie-Hélène Mathieu um texto que, fiel ao Juramento de Hipócrates, eliminava formalmente o aborto e a eutanásia. Submeteram aos médicos para assinatura.

---

9 B. Lejeune, *Carta a Jérôme*, 11 de maio de 1973.
10 J. Lejeune, *Carta a Guillaume*, Segunda-feira de Páscoa de 1985.

A *Declaração dos Médicos da França* dizia de forma simples e firme que:

> O dever do médico é fazer o que for possível para socorrer a mãe e o filho juntos. Portanto, a interrupção deliberada de uma gravidez por motivos de eugenia ou para resolver um conflito econômico, moral ou social não é tarefa de um médico.

Em poucos dias, a declaração foi assinada por 10 mil médicos franceses. Pouco depois chegou a 18 mil, que era mais da metade dos médicos na França.

Não ignorando o aspecto global do movimento pró-aborto — a Suprema Corte dos Estados Unidos só autorizou o aborto em janeiro daquele ano, com o julgamento Roe *vs.* Wade —, Jérôme decidiu internacionalizar a resistência, convidando eminentes médicos estrangeiros para assinarem uma *Declaração de Médicos* em seus países. Em abril de 1973, escreveu ao Dr. André Hellegers, diretor do Center for Bioethics do Kennedy Institute da Georgetown University, e um dos pioneiros da Bioética, que ainda era uma nova disciplina em desenvolvimento. Jérôme apreciava muito a clareza de seu pensamento. Ele também enviou o convite para juntar-se à ação para Gedda, na Itália, Cruz Coke, no Chile, Halpern, em Portugal:

> Caro colega, para combater a propaganda incessante dos abortistas, submetemos a declaração anexa à maioria dos médicos da França. [...] Explicação simples do Juramento de Hipócrates, este texto elimina formalmente o aborto e a eutanásia. [...] Você acha que uma tradução dessa declaração poderia ser enviada aos médicos do seu país? A vantagem de uma declaração conjunta, adotada por muitos países, seria dar uma dimensão internacional aos nossos esforços para manter a moralidade médica, ou seja, proteger o ser humano. [...] Ficaria extremamente feliz com sua opinião sobre essa possível cooperação internacional dos médicos diante de um flagelo que ameaça todos os países".[11]

---

11 J. Lejeune, *Carta a Luigi Gedda*, 12 de abril de 1973

A publicação da *Declaração* assinada por 18 mil médicos franceses foi um estrondo. A opinião pública e o poder político entenderam que a grande maioria da classe médica se opunha ao aborto, ao contrário do que se costumava dizer na mídia. Os 330 médicos que assinaram um manifesto pró-aborto no *Le Nouvel Observateur* três meses antes foram varridos do mapa.

A coletiva de imprensa aconteceu no dia 5 de junho. O professor André Hellegers concordou imediatamente em fazer a viagem de Washington, e alguns franceses, assim como o Dr. Henri Lafont, que criou a *Association des médecins pour le respect de la vie,* em 1971, e lutava ao lado de Jérôme. Desta vez, os meios de comunicação foram obrigados a falar sobre a *Declaração dos Médicos da França* e o Dr. Lejeune explicou incansavelmente nos microfones das rádios que "o dever do médico é fazer o possível para socorrer mãe e filho juntos". Convidou a sociedade para oferecer apoio material e psicológico às mães em sofrimento e para desenvolver qualquer iniciativa que respeitasse a mãe e o filho. A *Declaração dos Médicos da França* foi logo seguida de outras declarações, incluindo a de prefeitos e autoridades locais eleitas, e depois a de advogados e magistrados.

Após este primeiro sucesso, Jérôme ficou exausto. "Essa campanha angustiante, conferências, entrevistas, encontros, rádio, televisão etc., dificilmente me deixa tempo para reflexão"[12] — lamentava. "Quando poderei me reencontrar com meus trabalhos científicos e ter um pouco de tempo para refletir sobre eles?".

De fato, naqueles últimos meses, Jérôme tinha sacrificado muito de seu tempo nesse compromisso público, que ele estendeu por meio de inúmeras conferências. Era convidado em todos os eventos para falar sobre diversos assuntos e aos públicos mais diversos. Às vezes, bastava

---

12 J. Lejeune, *Journal intime,* 17 de agosto de 1973.

alimentar os corações e a inteligência dos ouvintes católicos comprometidos, como no grande congresso anual de Lausanne, muito bem-organizado pela associação Icthus. Outras vezes, tinha de oferecer uma reflexão científica de alto nível a seus pares, como fez no Institut de France, na prestigiosa Academia de Ciências Morais e Políticas, conduzindo os acadêmicos nas suas "Reflexões sobre o início do ser humano", onde aborda com virtuosismo os assuntos que lhe são importantes: *logos* e matéria, sinfonia da vida, fraternidade dos homens, neodarwinismo. O texto é admirável e alguns julgaram ter sido "uma das sessões mais brilhantes da Academia da última década",[13] rendendo-lhe grandes elogios. Também deu testemunho, perante a Assembleia Nacional, da beleza da vida humana e os deveres da sociedade para com a criança e a mãe em dificuldade.

Depois de todas essas intervenções, Jérôme recebeu muitas cartas de agradecimento, como esta, de um ex-aluno:

> Prezado senhor, você é meu mestre, respeitarei Hipócrates para merecer a honra de ter sido seu aluno.[14]

Jérôme fala como um cientista e dirige-se às inteligências. Quando os jornalistas tentam qualificar seu discurso como religioso, rebate dizendo que, como médico, fez o Juramento de Hipócrates. E lembra que Hipócrates viveu 400 anos antes de Jesus Cristo, demonstrando, assim, que o respeito pela vida é ordenado pela lei natural, que é anterior à lei cristã. Para forçar o interlocutor a pensar, Jérôme chegava a dizer: "Veja, se a Igreja Católica dissesse que aborto não é homicídio, eu deixaria de ser católico". Assim, ele demonstrava à comunidade científica que a transgressão dessa proibição era um retrocesso da

---

13 Um dos acadêmicos confidenciou a Lejeune.
14 Carta de um ex-aluno para Jérôme Lejeune, 1973.

inteligência e da medicina, não uma vitória dos cientistas contra a Igreja.

Jérôme passou a ser convidado para diversos debates radiofônicos e televisivos, nos quais participavam feministas e médicos promotores do aborto, que muitas vezes usavam meios surpreendentes na tentativa de divulgar suas ideias, como ocorreu durante o programa de televisão *Aujourd'hui madame*, do mês de junho, com o professor Paul Milliez. Sem argumento, ele tentou desqualificar Jérôme com uma declaração inesperada, para dizer o mínimo. Enquanto Jérôme falava sobre o papel do médico, Milliez o interrompeu para perguntar:

— O senhor vê gente doente? Vê mulheres?

— Sim, senhor! — responde Jérôme.

— Quantos?

— Muitos.

E Milliez ataca:

— Não é verdade. Está mentindo. O senhor não vê doentes porque é biólogo... o senhor não é médico!

O argumento é tão falso que Jérôme fica espantado. Mesmo assim, manteve a educação e respondeu com firmeza:

— Acho que o professor Milliez gostaria de retirar o que disse.

—Não, não vou retirar.

— O senhor está equivocado — comenta Jérôme.

— Não estou. É isso mesmo!

— Engana-se, professor! — Jérôme continua, no meio do alvoroço do *set*. — Assim este programa vai ficar ridículo. Não estou acostumado a mentir. E o senhor me chamou de mentiroso. É um grande erro da sua parte. Por isso peço que se desculpe.

Diante da recusa do professor Milliez em se desculpar, Jérôme continua:

— Sejamos claros: a grande maioria dos médicos recusa-se a fazer o aborto porque sabe que seu trabalho é tratar e não matar. A opinião do senhor Milliez não mudará nada. Estamos a serviço tanto da mãe quanto do filho.

Em seguida, o professor Milliez lhe faz uma pergunta, mas Jérôme, dirigindo-se ao jornalista, afirma com uma calma surpreendente:

— Não responderei mais ao Sr. Milliez, que está me chamando de mentiroso, mas responderei com prazer a essas senhoras, se quiserem me fazer perguntas.[15]

O professor Milliez era reitor da Faculdade de Medicina de Broussais-Hôtel-Dieu, por isso era difícil acreditar que ele não conhecia a notoriedade do professor Lejeune e a reputação internacional das suas consultas no hospital Necker-Enfants Malades. Jérôme, desde o início de sua carreira, atendeu mais de 4 mil pacientes...

Birthe acompanhava o debate na televisão. Estava nos bastidores, sem atrair a atenção dos jornalistas que não sabiam que aquela mulher, vestida de forma discreta e com um cigarro nos lábios, era a esposa do professor Lejeune. Por isso ela pôde ouvir um deles falar de Jérôme no *set*: "Esse desgraçado é bom demais, não vamos convidá-lo de novo!".

Depois do programa, Jérôme diz para um amigo que também ouviu essas palavras e ficou ofendido:

> Hoje em dia, tentar falar francês e, sobretudo, falar de forma franca, pode ser uma experiência perigosa; se o que dizemos não for global, universal e conscientizado, se não coisificamos as ideias, se não objetificamos as pessoas, tudo corre perigo para a intelectualidade, porque temem que talvez as pessoas estejam correndo o risco de compreender as coisas como são.[16]

Depois desse dia, Jérôme não foi mais convidado para os programas de televisão ou de rádio. Apenas Jacques

---

[15] Citações reais da discussão entre Jérôme Lejeune e Paul Milliez, durante o programa de televisão *Aujourd'hui madame*, junho de 1973.

[16] J. Lejeune, Documento de trabalho, D9-4, sem data, Fonds Lejeune.

Chancel o entrevistou no France Inter para o programa *Radioscopie*, no qual as perguntas benevolentes do jornalista contrastavam com o tom usual de seus colegas. Jacques Chancel perguntou-lhe sobre seu compromisso à serviço da vida:

— Professor Lejeune, como é que o senhor se tornou o líder de todos aqueles que lutam contra o aborto?

— Não acho que seja um líder, de forma alguma.

— Quando Gisèle Halimi fala de sua luta, por exemplo, e que ela tem um adversário, esse adversário é o senhor, que representa os outros.

— Isto me parece muito estranho porque são os outros que me escolhem como adversário. Não me sinto um líder, um pequeno Napoleão da campanha pela vida, não, de forma alguma. O que me fez tomar a palavra para falar contra o aborto é o fato de eu ser médico e tratar pacientes que a medicina não pode curar. No início, há dois anos, e parece muito tempo agora, foi apresentado um projeto de lei para permitir a eliminação de crianças que seriam anormais, muito precisamente as crianças que eu trato, crianças que têm uma anomalia cromossômica.

— Você marcou uma posição — acrescenta Jacques Chancel.

— Porque os conheço bem — concorda Jérôme. São crianças extremamente carinhosas, que estão doentes, que têm uma deficiência grave e isso é muito difícil para os pais. Mas são crianças de verdade, são pequeninos seres humanos de verdade, e a ideia de que poderíamos lançar uma campanha em nosso país para matar essas crianças porque elas estão doentes realmente é algo que eu não poderia permitir. Por isso, quando me perguntaram se poderia dar a minha opinião no rádio e na televisão, respondi imediatamente que sim. Não é meu hábito, não estou acostumado e nem quero ser uma estrela, mas, diante de um caso tão sério, era um "sim" necessário.

E com ele percebi que respondia a algo extremamente profundo não só para mim, mas precisamente para meus pequeninos pacientes. Porque você não pode imaginar as cartas que recebo deles, com aquelas letrinhas ainda tortas, mas escritas com o coração dizendo simplesmente: "Obrigado! Por favor, não nos abandone!". É isso... é isso que explica muitas coisas.[17]

Jérôme também foi convidado a falar na Assembleia Nacional, em 23 de novembro de 1973, para o grupo de trabalho responsável pelo estudo preliminar do projeto de lei relativo à interrupção voluntária da gravidez. Ele aproveita para lembrar que "a qualidade de uma civilização se mede pelo respeito que ela tem pelos seus membros mais fracos".[18]

A luta não era só midiática e legislativa, mas também dos hospitais que praticavam abortos ilegalmente. Também nesses casos, era Jérôme a quem chamavam.

Em dezembro, ele recebeu um telefonema das irmãs do Hospital Nossa Senhora do Bom Socorro, em Paris, que haviam descoberto, com grande tristeza, que estavam fazendo abortos em seu hospital. A superiora pediu-lhe ajuda para pôr fim à prática, que era ainda mais urgente porque o aborto continuava ilegal. Jérôme imediatamente solicitou uma audiência com o arcebispo, Cardeal Marty, visto que o hospital era católico. O cardeal não o recebeu diretamente, mas o encaminhou ao Monsenhor Pézeril, seu bispo auxiliar encarregado dessas questões. Quando Jérôme o encontrou para lhe explicar o pedido de ajuda das irmãs, o bispo auxiliar respondeu: "Deixem fazer, porque a lei logo será votada".

Porém, vendo a expressão no rosto de Jérôme, disse: "Você é tão intolerante quanto Louis Veuillot, tão

---

17 *Radioscopie*, entrevista com Jérôme Lejeune, por Jacques Chancel, 13 de dezembro de 1973. Citações exatas.

18 J. Lejeune, entrevistado por M. Leclercq, "Sim, devemos deixá-los viver", *Paris Match*, 7 de novembro de 1980.

implacável quanto Bergson e tão duro quanto Mauriac. Digo-lhe, diante de Deus, que você é um mau cristão".[19]

Foi um golpe brutal. Jérôme cambaleou interiormente, levantou-se e deixou o gabinete do bispo. Quando chegou à Rua Galande, Birthe percebeu que ele estava pálido e, obviamente, a audiência não tinha corrido bem.

— O que houve, Jérôme? — perguntou, preocupada.

Com lágrimas nos olhos e uma voz desanimada, Jérôme relatou a conversa e terminou com a frase mais dolorosa:

— Então ele me disse: "Digo-lhe, diante de Deus, que você é um mau cristão".

— Meu Deus!... E o que você respondeu? — perguntou Birthe, chocada...

— Nada. Porque sempre fui ensinado a respeitar os bispos.

Em maio de 1974, Giscard d'Estaing, recém-eleito Presidente da República, nomeou Simone como Ministra da Saúde, para preparar a lei sobre o aborto. Com Pierre Simon,[20] Grão-Mestre da Grande Loja da França, e cofundador do Planejamento Familiar na França, como assessor técnico de seu gabinete, Veil rapidamente apresentou um projeto de lei sobre o aborto à Assembleia Nacional. Jérôme, Chaunu, Clément e Foyer, presidente da Comissão de Direito do Parlamento, uniram forças para tentar novamente impedir o processo. Mas desta vez eles tinham pouca esperança. O Presidente da República e o seu ministro desejavam essa lei, tratava-se de uma promessa de campanha eleitoral.

Jérôme não estava feliz diante das hesitações de alguns líderes da Igreja da França, cujas palavras teriam um impacto considerável na opinião pública e, principalmente, nos muitos parlamentares católicos que se preparavam

---

19 Citação dada pela senhora Lejeune numa carta escrita ao Cardeal Lustiger, em 16 de fevereiro de 1986, mas nunca enviada.

20 P. Simon foi Grão-Mestre da Grande Loja da França de 1969 a 1971, depois de 1973 a 1975. Ele é o autor do livro *De la vie avant tout chose*, Éd. Mazarine, 1979.

para votar a lei. O silêncio da Igreja da França deixou bem isolados os católicos comprometidos com a luta. Jérôme também sabia que muitas eram as razões que explicavam, pelo menos em parte, essa posição distante dos debates políticos. As complicadas relações entre Igreja e Estado devem ser levadas em consideração. É preciso reconhecer também que a Igreja foi arrastada por um vento de contestação que perturbou os marcos da década de 1970. Maio de 1968 foi vivido por muitos cristãos como uma experiência libertadora, os desafios dentro da Igreja da França tornaram difícil encontrar uma linguagem comum e coerente. Desde o fim do Concílio Vaticano II, que convidou a Igreja a se abrir mais a um mundo em mudança, muitos fiéis e padres acreditaram ser uma oportunidade sem precedentes de inovar livremente. Alguns veem isso como uma possibilidade para revolucionar a Igreja, como podemos ver neste apelo do *Témoignage chrétien*:

> A presença dos cristãos na revolução pressupõe e requer a presença da revolução na Igreja, em seus modos de vida e seus hábitos de pensamento, em também na sua expressão coletiva e individual.[21]

O mal-estar foi geral: milhares de padres deixaram o sacerdócio, os seminários se esvaziaram e as igrejas também. Nas paróquias, todos sentiram-se livres para interpretar os documentos conciliares da forma que achavam melhor.

O relativismo foi ganhando os corações: o testemunho subjetivo e emocional, a tolerância que nivela o julgamento, substituíram o anúncio da verdade. A rejeição da autoridade levou à rejeição do Magistério: as decisões de Roma passaram a ser criticadas, os documentos magisteriais ignorados e a ausência de formação religiosa para os cristãos não tornou a tarefa fácil para os pastores. Nessas

---

21 "Appel aux chrétiens", publicado no *Témoignage Chrétien* de 21 de maio de 1968.

condições, quando o Papa Paulo VI publicou a encíclica *Humanae Vitae,* em 25 de julho de 1968, a condenação da contracepção em meio à revolução sexual teve o efeito de uma bomba. Quando os debates sobre o aborto começam na França, o episcopado ficou impotente para reagir. Confusos com os testemunhos de católicos que tinham feito aborto ou auxiliado na prática de abortos, influenciados pelos argumentos dos promotores da causa abortista, muitos deles católicos, os bispos franceses não ousaram condenar publicamente a lei que estava sendo preparada. Parte do clero até pensava ser um mal menor. É preciso dizer que os partidários do aborto não hesitaram em marchar diante dos bispos para apresentar a angústia das mulheres como um argumento principal, esquecendo simplesmente que jamais se pode matar alguém para aliviar o sofrimento de outro. Muitos clérigos eram politicamente ingênuos e ignoravam o fato de que as leis transgressivas sempre partem de exceções que, uma vez aceitas, são estendidas e generalizadas.

A Lei Veil, que descriminalizou o aborto, singelamente rebatizado de "interrupção voluntária da gravidez", foi apresentada à Assembleia Nacional em novembro de 1974 e, após três dias de debate, foi finalmente adotada e promulgada em 17 de janeiro de 1975. Neste drama, o único consolo de Jérôme é que, num ato de coragem, Jean Foyer conseguiu adicionar um primeiro artigo à lei, que afirma: "A lei garante o respeito a todo ser humano desde o início da vida". Pelo menos, o princípio foi relembrado. Uma provação terrível para Jérôme, pois ele sabia que aquilo era um golpe impiedoso nas crianças da França. E tentou explicar aos jornalistas que o questionaram sobre a derrota: "Não é nossa derrota, mas a derrota das crianças francesas".

Naquele dia, a voz do Dr. Lejeune tremeu levemente no microfone, como se já estivesse de luto por milhões de bebês.

Nessa batalha, Jérôme conseguiu absorver os golpes recebidos sem se amargurar. Durante o tempo de luta, algo parece ter mudado nele. Nas suas primeiras viagens aos Estados Unidos, no final dos anos 50, ele se irritava com algumas posturas e caracteres desagradáveis e registrava tudo em suas cartas a Birthe. Aos poucos, porém, esse tom foi desaparecendo. Jérôme, que tinha uma mente animada e o raciocínio rápido nas discussões, o que ajudava a desmontar seus adversários com uma ou outra palavra, parece ter alcançado, a certa altura da vida, aquele estado de paz interior e uma visão prodigiosa que, espontaneamente, permitia-lhe julgar atos e não homens, e também anunciar a verdade de forma muito serena. Essa extraordinária benevolência pelos homens cujas teses perigosas ele combateu com todas as forças só crescia com o passar dos anos, a ponto de seus parentes, às vezes, se surpreenderem admirados. Certo dia, um de seus filhos lhe fez a seguinte pergunta:

— Mas, pai, como você consegue ficar calmo e não insultar seus oponentes quando eles te atacam?

Jérôme respondeu gentilmente ao seu jovem interlocutor:

— Não é contra o homem que estou lutando, mas contra as suas ideias. Aquelas pessoas têm seus motivos para estarem lá fazendo o que fazem.

Depois de um momento de silêncio, ele acrescenta:

— Porque é mais difícil ser um descrente do que um crente. Quando se é um crente, há esperança; quando se é um incrédulo, há vazio, nada, e isso deve ser muito difícil de suportar.

Seu filho, pensativo, faz mais uma pergunta:

— Você os perdoa?

— Para perdoá-los, eles teriam de me fazer mal. Mas a raiva deles não é dirigida a mim, e sim à realidade que os faço lembrar. O que pensam de mim não me importa.

Todos os esforços de Jérôme na luta política a favor da vida humana não esmoreceram o seu ardor pelas pesquisas e consultas, pois o ponto central que sempre orientou sua vida eram os seus pacientes, aqueles de quem cuidava e para quem procurava um tratamento, aqueles cujo direito de viver se esforça para defender. Para ele, todos esses compromissos sempre estiveram vinculados. Sempre fortalecido pela presença de Birthe, Jérôme pôde se dedicar totalmente a esta causa tripla, mas que, no fim das contas, era única.

No Instituto de Progênese, a situação caminhava bem. Uma das pesquisas em andamento estudava a sensibilidade de crianças com Síndrome de Down a diversos medicamentos. Com o objetivo de evitar experiências perigosas ou desagradáveis para os pacientes, eles mediam as reações da íris, após a instilação de uma gota de líquido no olho. Este método permite medir o efeito de doses extremamente pequenas e, assim, descobrir alguma hipersensibilidade dos pacientes a certas substâncias. Graças a isso, puderam evidenciar um distúrbio possivelmente importante no mecanismo de debilidade mental dessas crianças.[22] Esse estudo, conduzido pelo Dr. Prieur, foi possível graças a um subsídio de 15 mil francos da Fundação para a Pesquisa Médica (FRM), que complementou de forma muito útil os fundos insuficientes alocados pela Administração de Pesquisa. Essas despesas, embora moderadas, não constavam no programa do orçamento do governo. Parte da bolsa contribuiu também para manter em atividade uma colaboradora técnica cujo trabalho era essencial para as importantes atividades do Instituto de Progênese, que centros de pesquisa como INSERM e CNRS ainda nem tinham se ocupado.

---

22 Relatório de atividades do Institute of Progenesis, para a Medical Research Foundation, 1975.

Outra pesquisa realizada por Odile Raoul, Marie-Odile Rethoré e Bernard Dutrillaux enfocou a trissomia parcial 14q por translocação materna.[23] Foi publicado em 1975 nos *Annales de genétique*, revista científica criada em abril de 1958 por iniciativa do professor Turpin e Jérôme. A equipe muito ativa também publicou um caso de trissomia 14 em mosaico no qual Sophie Carpentier estava trabalhando, dois casos de trissomia 11q por translocação,[24] um estudo particular realizado com Alain Aurias e Pierre-Marie Sinet, trissomia 10q24 10qter, a síndrome 4p — por translocação paterna[25] etc.

Esses esforços, coroados com importantes publicações, comprovaram a qualidade de seus colaboradores. Jérôme, ciente do seu valor excepcional, continuava a pedir à administração, de forma reiterada, e até mesmo insistente, a promoção e o aumento salarial recíproco. Em 1974, ele pediu um cargo de diretor de pesquisa para Marie-Odile Rethoré:

> Senhor e caro colega, tendo tido o privilégio de testemunhar o desenvolvimento da personalidade científica da Srta. Rethoré, que trabalhou no Instituto de Progênese por quase 20 anos, gostaria de expressar com toda a simplicidade e grande estima que essa excepcional pesquisadora merece. [...] Sua contribuição para a citogenética humana é extremamente importante e sua descoberta da trissomia 9p, antes mesmo do uso de técnicas modernas de marcação de cromátides, é um modelo para análise citológica e clínica. Desde então, suas primeiras descrições foram confirmadas em todos os países e sua fama internacional a torna uma das mais renomadas citogeneticistas. [...] Combinando uma delicadeza de coração muito rara com competência excepcional, ela é uma médica

---

23 Trissomia parcial 14q: I. Trissomia parcial 14q por translocação materna, t (10; 14) (p15.2; q22), Raoul O., Rethoré M.-O., Dutrillaux B., Michon L., Lejeune J., *Ann. Génétic.* 18, nº 1, 35–39, 1975.

24 Dois casos de trissomia 11q (q231 ter qter) por translocação t (11; 22) (q231; q111) em duas famílias diferentes, Aurias A., Turc CI., Michels Y., Sinet PM, Graveleau D., Lejeune J., *Ann. Génétic.* 18 nº 3, 185–188, 1975.

25 Síndrome 4p — por translocação paterna t (4; 20) (p15; p12), Lejeune J., Rethoré M.-O., Dutrillaux B., Lafourcade J., Cruveiller J., Drillon Ph., *Lyon medical*, 233.3, 271–274, 1975.

talentosa e uma pesquisadora excepcional. Certo de agir no interesse da ciência, gostaria de pedir-lhe, com a mais confiante insistência, para apoiar sua candidatura à direção de pesquisa que ela merece plena e longamente.[26]

Ele sustentou o pedido dessa carta com outras de vários colegas que atestavam o respeito à Dra. Rethoré:

> Entre essas descrições originais, amplamente confirmadas, tanto nos Estados Unidos quanto na Europa, citarei apenas: trissomia 9p, trissomia 4p, trissomias parciais 8q e 8q-, e a localização do gene LDHB no braço curto do cromossomo 12.

E acrescenta:

> Como pesquisadora há mais de dez anos, a Dra. Rethoré sofreu graves prejuízos ao longo de sua carreira por causa de erros graves cometidos por uma ex-comissão INSERM. É com o sentimento não de ocupar o cargo de chefe de departamento patrocinador de um de seus mais brilhantes colaboradores, mas de esclarecer colegas sobre a originalidade e a abrangência do trabalho de um pesquisador de altíssimo nível, que tomei a liberdade de lhe escrever esta carta.[27]

Em junho de 1975, após uma apresentação que impressionou o Conselho Científico do INSERM, Marie-Odile Rethoré foi nomeada diretora de pesquisa.

Jérôme continuava apoiando a promoção de Bernard Dutrillaux, para que ele fosse finalmente nomeado para o posto de mestre em pesquisa. Ele explicou mais uma vez em sua carta à administração:

> O Dr. Dutrillaux é um "localizador" nato. Pesquisador incansável com excepcional habilidade técnica, desde o início de sua carreira demonstrou um julgamento extremamente sólido aliado a uma grande capacidade de invenção.

---

26 J. Lejeune, *Carta ao Professor Jean Bernard*, 7 de fevereiro de 1974.
27 J. Lejeune, *Carta ao Professor Baulieu*, 4 de junho de 1975 e *Carta ao Professor Varangot* e sua resposta em 16 de junho de 1975.

> Muito conhecido no exterior, já tendo formado muitos pesquisadores de alto nível, é sem dúvida um dos mais brilhantes citogeneticistas de sua geração. Para relembrar apenas suas principais descobertas, que renovaram a citogenética, vou simplesmente apontar aquelas relacionadas à marcação dos cromossomos, à dinâmica da cromátide, à evolução do cariótipo nos primatas. [Jérôme os descreve]. Essa rica enumeração dá uma vaga ideia da contribuição excepcional do Dr. Dutrillaux para a citogenética humana. A nomeação do Dr. Dutrillaux para o posto de pesquisador sênior seria apenas um reconhecimento, infelizmente tardio, de seus méritos excepcionais.[28]

Consciente da importância de que seus jovens colaboradores participassem de congressos internacionais de qualidade, com frequência os indicava aos organizadores, como aconteceu, por exemplo, com o Dr. Sinet, para a IX Reunião dos Vencedores do Prêmio Nobel de Química em Lindau, Alemanha:

> Doutor em Medicina, geneticista convicto e bioquímico muito competente, o Dr. Pierre-Marie Sinet descobriu recentemente o excesso de atividade da enzima superóxido dismutase determinada pela trissomia do 21. Pesquisador com grande futuro e árduo trabalhador, o Dr. Sinet seria capaz de tirar o maior benefício das lições insubstituíveis que serão dadas nesta ocasião por tantos cientistas altamente competentes. Pessoalmente, ficaria extremamente feliz se esta preciosa oportunidade fosse dada a ele.[29]

Jérôme também não esqueceu o avanço dos membros técnicos da equipe, como a Sra. Lenné, para conseguir um contrato estável e ser promovida a auxiliar de laboratório especialista.

Ansioso por avançar a ciência por meio da formação de novas gerações, Jérôme também acolhia muitos estagiários de todos os lugares, sem contar com seu tempo e conselhos. Ele não tinha segredos para eles e compartilhava de bom

---

[28] J. Lejeune, *Carta ao CNRS*, 1975. Pedido reiterado por carta, 3 de maio de 1976.
[29] J. Lejeune, *Carta*, 23 de abril de 1975.

grado seus "truquezinhos". Assim, um jovem estagiário de Marselha, Dr. Jean-François Mattéi, que já tinha feito estágio num laboratório, perguntou-lhe:

> Senhor e querido mestre, permita-me, por ocasião do Ano Novo, reiterar meu fiel apego a ti. Desde nossa visita ao seu laboratório, nossas culturas têm se mostrado muito mais dóceis e os problemas menos intransponíveis. Se você não for contra, gostaríamos, minha esposa e eu, de passar novamente alguns dias no Instituto de Progênese em maio ou junho.[30]

E Jérôme aceitou de bom grado.

Ele, por sua vez, continuava a receber prêmios e distinções francesas e estrangeiras. Foi nomeado para a Sociedade Biológica Francesa em 1972, depois *doutor honoris causa* pela Universidade de Düsseldorf, em 1973, também *doutor honoris causa* pela Universidade de Navarra em 1974, e foi indicado pela segunda vez à Academia das Ciências da França,[31] cuja eleição não esperava, já que seu nome havia sido barrado no ano anterior e tudo ficava mais distante após o seu compromisso público com a vida. Mas isso não parecia importar muito para ele, afinal, o papel público que Jérôme assumiu jamais fora isento de consequências em sua vida profissional. Ele ainda era convidado para congressos científicos internacionais, mas já percebia uma queda: quase não o convocavam como presidente de congresso ou sessão ou mesmo como palestrante, como em Berkeley ou mesmo em Viena, onde sua conferência chegou a ser recusada. Birthe estava ciente disso. Certa noite, perguntou:

— Meu Jérôme, tenho a impressão de que você tem sido menos convidado para congressos científicos, principalmente nos Estados Unidos. É verdade, não é?

— Sim, você está certa. Também percebi.

---

30 J.-F. Mattei, *Carta a J. Lejeune*, 31 de dezembro de 1973.
31 Professor P. G, *Carta a J. Lejeune*, 2 de setembro de 1975.

Depois de pensar um momento, disse:

— Depois daquela primeira grande viagem aos Estados Unidos, em 1958, e até o discurso do Prêmio Allen Memorial em San Francisco, em 1969 — ou seja, uma década — falei em 50 reuniões, congressos e cursos nos Estados Unidos. E desde 1970 até hoje, cerca de cinco anos, só participei de cinco reuniões científicas. E isso não vai não melhorar porque, nos últimos dois anos, não recebi nenhum convite puramente científico. Agora, nos Estados Unidos, apenas a Fundação Kennedy requisita a minha experiência, pois compartilhamos a mesma análise sobre a situação do mundo.

— Mas me parece que você ainda é muito procurado por congressos científicos em outros países — lembra a esposa.

— Sim, muito: no Canadá, na Bélgica, no Reino Unido, na Argentina, em Portugal etc. Mas algumas das minhas intervenções não são aceitas, como em Viena, e nosso amigo Neel deixou claro para mim que é por causa da minha recusa do aborto.

Birthe responde, sorrindo:

— No discurso de San Francisco, e depois no NIH em Bethesda, em 1971, você tratou o assunto de maneira muito direta e forçou seus colegas a enfrentarem a realidade, algo difícil para eles que são ambíguos e sempre evitam tomar posição. Nem sempre é agradável ouvir a verdade, mesmo quando ela é dita com muita delicadeza.

— É verdade, responde Jérôme, mas não se pode manter essa confusão dos espíritos pelo silêncio, porque o que está em jogo, nos próximos anos, é o aborto de centenas de milhares de crianças deficientes. E, se eu não falar nada, estou certo de que meu silêncio me fará cúmplice.

Apesar da diminuição no número de convites da comunidade científica, Jérôme ainda recebia muitas cartas de todo o mundo pedindo sua opinião, consultando sua experiência ou solicitando sua colaboração. A Universidade Johns Hopkins, de Baltimore, por exemplo, propôs um estudo colaborativo, baseado em duas de suas publicações, sobre os tipos de cromossomos marcadores.[32] O Cornell Medical Center de Nova York solicitou sua experiência na abordagem bioquímica da Síndrome de Down,[33] e a Universidade de Yale, que estava em processo de desenvolvimento, procurou seu conselho sobre a escolha de novos pesquisadores para seu departamento de genética humana.[34]

Se o engajamento de Jérôme lhe valeu o ostracismo da comunidade científica, ele conquistou, por outro lado, a admiração dos servidores da vida, sejam os mais humildes ou mais cultos, e ainda estendeu sua fama até os confins do mundo. Enquanto algumas portas se fechavam, outras se abriam, maiores e melhores, e Jérôme, sem procurá-las, sem nem ter consciência disso, inspirou o mundo inteiro, tornando-se seu apoio moral, seu exemplo. A partir de então, quase metade de sua abundante correspondência passou a tratar de questões de ética, especialmente sobre a defesa da vida humana. No mais alto nível científico, a renomada *Encyclopédie de bioéthique* do Kennedy Center, da Georgetown University em Washington, solicitava sua experiência na escolha dos temas a serem tratados e o convida para ser membro de seu conselho.[35]

A experiência internacional de Jérôme o levou a promover um movimento mundial de médicos católicos. Ele sugeriu a criação da Federação Internacional das Associações de Médicos Católicos (FIAMC) e participou da sua

---

32 D. S. Borgaonkar, Johns Hopkins University, *Carta a J. Lejeune*, 21 de março de 1975.

33 A. G. Bearn, Universidade Cornell Medical College, *Carta a J. Lejeune*, 1º de dezembro de 1975.

34 Dr. Mahoney, Yale University, *Carta a J. Lejeune*, 9 de novembro de 1976, e a resposta de Jérôme em 16 de novembro.

35 W.T. Reich, Editor-chefe, *Encyclopedia of Bioethics*, *Carta a J. Lejeune*, 24 de janeiro de 1974.

fundação. Trabalhou nesse projeto junto com o professor belga Philippe Schepens. Durante um primeiro encontro na Holanda, que lançou as bases da federação, Jérôme definiu as diretrizes cautelares: "Comece com a base médica, não tente convencer adversários notórios porque você não terá sucesso. Primeiro, faça algum trabalho de base, inicialmente entre os médicos para formar um grupo".

E um dos médicos lhe pergunta:

— E que tipo de comunicação devemos usar?

Jérôme responde:

— Na verdade, não é nada muito complicado. Só temos de dizer o que é científico, moral, tudo o que seja lógico. Temos de chamar as coisas pelo nome. São eles que utilizam toda sorte de truques e estratagemas para tentar passar o aborto, a eutanásia etc. Eles precisam maquiar o mal para tentar convencer as pessoas; nós não precisamos de nada disso, basta dizer como as coisas são. Só temos de falar a verdade, sempre a verdade, nada mais que a verdade.

Então o grupo pede a ele para assumir a presidência dessa nova federação, mas Jérôme se recusa, assim como as outras posições oficiais que lhe oferecem:

— Cabe a vocês fazer isso. Posso ajudá-los, dar alguns conselhos, mas presidir e liderar cabe a vocês.[36]

As cartas continuaram a chegar, da França e de todo o mundo, para agradecê-lo, parabenizá-lo, pedir conselho, convidá-lo para algum evento. Ao voltar para casa na Rua Galande, sempre as encontra, organizadas por Birthe na mesinha da sala. Às vezes, a própria Birthe lia em voz alta, enquanto ele se sentava e acendia um cigarro. "Ouça, Jérôme! Um professor de neurologia no hospital de Washington está pedindo sua opinião sobre uma conferência que ele fará em breve sobre ética em genética".[37]

---

36 Conversa da autora com Philippe Schepens.
37 Sean O'Reilly, *Carta a Jérôme Lejeune*, 8 de novembro de 1973.

Ela pega outro envelope: "Olha! Esta é legal: uma jornalista canadense chamada Françoise Gaudet Smet lhe escreve estas palavras surpreendentes: 'Não consigo parar de pensar em ti, de me referir a ti, de me servir do teu trabalho e acompanhar tuas pesquisas! Obrigada, mestre!'".[38]

Jérôme sorri e comenta divertindo-se: "Bom saber que existe pelo menos uma jornalista que gosta de mim!".

Estas cartas exprimem a admiração dos remetentes pelo seu exemplo corajoso e pedem sua opinião esclarecida. São estudantes, médicos, padres, mães, que lhe pedem conselhos e argumentos sobre assuntos tão diversos como o aborto, o sacerdócio feminino, a ideologia de gênero e até mesmo sua colaboração na organização de um catecismo. A deferência e o imenso respeito que emanam dessas cartas mostra o quanto suas palavras são verdadeiras, esclarecedoras e fortalecedoras, como esta francesa que escreveu para ele no dia seguinte a uma conferência:

> Permita-me expressar minha admiração e gratidão pelos dons que você deu ontem à nossa Igreja. Fui abençoada ao presenciar a exposição de ideias revigorantes e deslumbrantes.

Ou esta pesquisadora protestante:

> Hoje em dia é tão raro ouvir vozes como a sua, de quem tem coragem de seguir por um caminho que não está na moda, por isso eu agradeço muito. Não posso deixar de expressar minha admiração por sua coragem.[39]

Ou ainda este médico, da Guatemala:

> Você merece — e também a senhora Lejeune pela grande colaboração — todo o mérito pela defesa da vida humana dos nascituros e pela preservação dos valores da família francesa.

---

38 F. Gaudet-Smet, *Carta a Jérôme Lejeune*, 21 de maio de 1974.
39 *Carta de PB*, 4 de dezembro de 1975.

A luta que está travando já surte efeito em muitos outros países.[40]

Em pouco tempo Jérôme se tornou a referência para os defensores da vida de todas as partes do mundo. Passou a ser convidado muitas vezes para eventos no Canadá, na Nova Zelândia, passando pelo Brasil e pela Austrália. Jérôme levou a defesa dos mais fracos das tribunas dos congressos científicos para o seio das instituições políticas e jurídicas.

---

40 E. Cofino, *Carta a J. Lejeune,* 27 de maio de 1974.

CAPÍTULO 10
Testemunha dos homens
1974–1977

— Jérôme, Jérôme! Uma carta do Vaticano! Para você!
Birthe sobe correndo a velha escada de madeira que leva ao apartamento deles. Ainda com o cigarro no canto da boca, entra na cozinha, onde Jérôme terminava o seu café, para mostrar-lhe a correspondência, com os olhos brilhando.
— Abra, abra! — disse, impaciente, remexendo na gaveta para encontrar uma faca para abrir o envelope.
— Pode abrir, minha querida!
Não precisou repetir duas vezes: Birthe deslizou a lâmina sob a aba do envelope, com todo cuidado para não rasgar o selo com a imagem do Papa Paulo VI e nem o carimbo do Vaticano, de 24 de junho de 1974. Jérôme colocou a xícara na pia, também curioso com a carta. Segurou o papel elegante e leu em voz alta:

> Prezado Professor, tenho a honra e a alegria de comunicar-lhe que Sua Santidade, o Papa Paulo VI, em consideração aos grandes méritos que o senhor adquiriu no mundo científico internacional, decidiu nomeá-lo membro da Pontifícia Academia de Ciências, atribuindo-lhe a cadeira n. 57. O Santo Padre acredita que essa alta distinção será, para o senhor, um motivo de profunda satisfação, e, para a Academia, uma honra.

Jérôme olha para Birthe, ansiosa, parada em sua frente:
— Por favor, termine de ler e diga quem está assinando.

Deixando-se abalar pela impaciência da esposa, Jérôme continuou:

> Informo que o Breve Apostólico da sua nomeação será entregue durante uma sessão extraordinária da Academia, a ser realizada solenemente em data ainda a ser definida. Alegro-me em acrescentar as minhas felicitações pessoais a este testemunho de estima prestado pelo Soberano Pontífice, e peço-lhe que aceite, prezado Professor, a minha respeitosa e cordial amizade.[1]

— Assinada pelo Cardeal Jean-Marie Villot — anuncia.
— O que foi arcebispo de Lyon antes de Dom Renard? — pergunta Birthe, curiosa.
— Sim — responde Jérôme. Ele foi para o Vaticano, servir em diferentes dicastérios, e agora é Secretário de Estado do Santo Padre... e soube que também é o camerlengo.
— Camerlengo? O que é isso? — pergunta Birthe, ouvindo aquela palavra pela primeira vez.
— É um alto prelado que desempenha um papel importante, especialmente no momento da morte do Santo Padre. É ele quem certifica e anuncia a sua morte, recolhe e quebra o Anel do Pescador, ou seja, o anel com as armas pessoais que o Papa usa no dedo. E, quando a Cátedra de Pedro está vacante, é ele quem zela pelo respeito dos bens e direitos temporais da Santa Sé.
— E essa Pontifícia Academia das Ciências é formada apenas por cientistas católicos? — pergunta Birthe.
— Não — responde Jérôme, levantando-se da mesa depois de dar uma rápida olhada no relógio. — O Santo Padre nomeia os melhores especialistas no seu campo científico, para que o informem sobre o estado de progresso da pesquisa científica no mundo e sobre os desenvolvimentos futuros: em física, matemática, astronomia,

---

1 Cardeal J.-M. Villot, *Carta a J. Lejeune*, 24 de junho de 1974.

neurociências, química, agronomia etc. Se são católicos ou não, é irrelevante, porque a ciência não é confessional. O objetivo dessa Academia é também promover o desenvolvimento moral da ciência, para o bem dos homens, e encorajar o diálogo entre fé e ciência. Grande parte desses cientistas tem o Prêmio Nobel. Creio — continua Jérôme sorrindo — que é na Academia que se concentra o maior número de ganhadores do Prêmio Nobel do mundo!

— Isso significa que o Santo Padre está muito bem-informado sobre os avanços científicos — observa Birthe, admirada.

— Sem dúvida. Ao contrário do que muitos acreditam, a Igreja aprecia muito a ciência, pois busca a verdade, e é muito bem-informada. Essa Academia começou com a *Accademia dei Lincei*, fundada em Roma, em 1604. Foi a primeira academia científica do mundo. E você sabe quem foi um dos primeiros acadêmicos nomeados?

— Não! — responde Birthe, interessada.

— Galileu. Tornou-se membro da Academia em 1610.

— Inacreditável! — Birthe responde, muito contente, antes de exclamar, entusiasmada: — Que bom que você foi nomeado!

— É uma grande honra para mim — celebra Jérôme, acentuando uma voz séria, mas que também expressava uma grande alegria —, pois poderei colocar meu conhecimento e minhas habilidades a serviço do Santo Padre. Nada poderia me deixar mais feliz.

Entregando a carta a Birthe, disse:

— Vejo você mais tarde, querida. Tenho que ir... não quero que meus pequeninos tenham de me esperar.

E enquanto a esposa tenta reacender seu cigarro, com a carta na mão, dirigindo-se para uma poltrona de veludo bordô perto da janela, Jérôme segue pela porta e desce a escadaria mal iluminada.

Algumas semanas depois, no dia 26 de julho, uma sexta-feira, ele foi a Roma — não para a Pontifícia Academia das Ciências, mas para uma missão que o Papa lhe havia confiado. Tinha sido nomeado membro da delegação oficial da Santa Sé para a Conferência Mundial da População, em Bucareste, que ocorreria entre 18 e 29 de agosto, e estava na Cidade Eterna para participar do encontro preparatório. Quando o avião pousou na pista de Fiumicino, Jérôme se deixou dominar por uma nova emoção:

— É a primeira vez que venho ao Vaticano para trabalhar com a Santa Sé. Que o Senhor me conceda servi-lo com o melhor de minha capacidade.

Mas sua reflexão é logo interrompida pela voz da anfitriã:

— *Signore, Signori, benvenuti a Roma*. A temperatura é de 38°C. Agradecemos por voar com nossa companhia e desejamos uma agradável estadia.

Jérôme desceu com sua malinha de mão e logo sentiu o calor opressivo do verão romano. Por um breve momento, teve a esperança de ser apenas um reflexo do calor das turbinas: "Não, não... infelizmente é a temperatura local", pensou, surpreso, ao descer a escadinha para a pista.

No táxi que o levava em alta velocidade pela rodovia cercada de pinheiros, seus olhos contemplavam a suave paisagem local: uma imensidão verde que terminava no céu azul. Aos poucos, o céu foi ficando rosado no final de tarde, realçando os tons ocre do terreno e das casas da Cidade Eterna. Tudo parecia vibrar na luz criativa do primeiro dia, enquanto já se anunciava, nas agradáveis sombras dos pinheiros, o belo descanso da primeira noite. Sob aquela áurea celestial, mesmo as casas fora do muro de Roma combinavam harmoniosamente com a paisagem. De repente, a cúpula da Basílica de São Pedro foi surgindo como um diamante azul oferecido ao céu pelo gênio humano, com tons aveludados abraçando sua beleza e atraindo todos os olhares, que depois vão se perdendo nas imponentes muralhas, com todas as suas histórias, deixando-nos maravilhados, em estado de contemplação. O táxi seguiu na Via Aurelia, passando por todas aquelas fortificações leoninas e, enfim, chegou ao Centro Histórico, onde o ficava o hotel de Jérôme, a dois passos do Panteão.

Na manhã seguinte, descendo a Via di Torre Argentina em direção à Ponte Sisto, Jérôme tentava, com dois amigos e conselheiros, reunir as ideias discutidas ainda em Paris. Na terça-feira anterior, tinha pedalado até a Basílica do Sagrado Coração, em Montmartre, para encontrar o Padre Gaudillière, com quem conversou por três horas e de quem recebeu muitos bons conselhos, além de um anuário pontifício desatualizado, mas útil para ajudá-lo a se orientar no organograma da cúria. À noite, jantou com Marcel Clément para conversar sobre os temas da conferência de Bucareste, sobre as perspectivas para o início do ano letivo e a apresentação que faria no Sínodo no dia 2 de outubro seguinte.[2] Mas naquela manhã, nas ruas romanas, Jérôme simplesmente não conseguiu se concentrar nos seus pensamentos enquanto admirava, maravilhado, as nuances daquela cidade. Com um sorriso nos lábios, ele observava a luz da manhã que ia despertando as fachadas dos palácios e igrejas ainda adormecidas, e se deleitava no labirinto dos becos de Trastevere. Quase uma hora depois finalmente chegou em frente ao Palácio de São Calisto e fora conduzido à reunião.

A delegação era composta de seis pessoas: o Padre Riedmatten, um dominicano que Jérôme imediatamente julgou ser "ótimo, engraçado e verdadeiro";[3] Monsenhor Gayon, a quem o Dr. Lejeune tinha muito apreço e que era o responsável pela delegação, além de uma médica muito eficiente, um sociólogo indiano, um demógrafo africano e o próprio Jérôme. O objetivo da delegação era

---

2 J. Lejeune, *Carta a Birthe*, 24 de julho de 1974.
3 Ibid., 28 de julho de 1974.

apresentar a doutrina da Igreja de forma simples e inteligente. As discussões entre os membros visavam a melhor forma de desenvolver argumentos, respeitando o espírito da encíclica *Humanae Vitae*. Pela manhã, Dom Benelli, substituto do Secretário de Estado, veio informar a importância que atribuía àquela conferência, e especificou o que estava em jogo para a Santa Sé. Jérôme teria de fazer uma intervenção sobre a família e, se necessário, falar durante as outras sessões. Cada um saiu com três quilos de documentos com linguagem característica da ONU, e deveriam assimilá-los o mais rápido possível.

Já em Bucareste, Jérôme ficou como observador nos debates, mas estava pronto para transmitir a mensagem da Santa Sé. Além de uma intervenção que já estava prevista, ainda foi nomeado relator de uma sessão essencial e teria que desempenhar um papel muito mais importante do que o previsto, elaborando a defesa da resolução apresentada pela Santa Sé.[4] Depois dos longos dias de trabalho e debates, que duraram de 18 a 29 de agosto, Jérôme estava satisfeito porque parece ter conseguido colocar e tirar do texto tudo o que era necessário. Com o sentimento de dever cumprido, estava feliz em partir para a Dinamarca, onde finalmente poderia encontrar sua família.

Nos dias seguintes, sentado nas pedras da praia de Kerteminde, contou a Birthe os detalhes de todas as reuniões e também o conteúdo de suas discussões.

Os sinceros agradecimentos que recebeu do Cardeal Villot, algumas semanas depois, indicavam que a Santa Sé também estava muito satisfeita:

> É para mim tarefa agradável expressar-lhe a satisfação e a gratidão da Santa Sé pela maneira eficiente com que o senhor participou nos trabalhos dessa Conferência. A sua competência e devoção, junto com o espírito de equipe e amizade que animaram a delegação da Santa Sé na fidelidade ao magistério

---

4 Ibid., 8 de agosto de 1974.

> da Igreja, permitiram-lhe oferecer uma contribuição especial ao evento. Gostaria de destacar, particularmente, o seu auxílio como cientista, com todas as informações sobre questões de genética, além das suas considerações de alto valor científico e moral a respeito dos graves problemas do aborto. É por isso que o Santo Padre, que acompanhou de perto o desenrolar da conferência e as atividades dos membros da delegação, confiou-me a tarefa de expressar-lhe um agradecimento sincero pela sua colaboração e também pela competência com que expôs e defendeu as teses morais e humanas da Santa Sé.[5]

No dia 1º de outubro de 1974, Jérôme estava de volta a Roma para sua primeira sessão na Pontifícia Academia das Ciências e também para uma intervenção no Sínodo dos Bispos. Foi recebido no aeroporto pelo prelado francês, Monsenhor Bernard Jacqueline, percebendo logo que se tratava de um notável homem de fé, e, no hotel, teve o prazer de reencontrar o eminente Professor Carlos Chagas Filho, médico, biólogo, especialista em neurociências e filho de Carlos Chagas, célebre médico brasileiro. Chagas Filho era presidente da Pontifícia Academia de Ciências e Jérôme ficou feliz em poder continuar, durante o jantar, a longa conversa iniciada com ele em Paris, dois meses antes. Tinham pontos de vista muito parecidos e a discussão fluía bem.

No dia seguinte, Jérôme aproveitou a manhã livre para acompanhar a missa na Basílica de São Pedro, depois subiu os inúmeros degraus que levam ao topo da cúpula, onde pôde desfrutar uma esplêndida vista de Roma e da Cordilheira dos Apeninos, ao leste. Do mirante, de onde se avista os jardins do Vaticano com suas fontes, seus arbustos cortados milimetricamente e seus incríveis canteiros com os brasões do Santo Padre, o Dr. Lejeune identificou, por trás de um tufo de vegetação, a Casina Pio IV, um charmoso pavilhão do *Cinquecento* que abriga a Pontifícia Academia das Ciências, onde, aliás, ele deveria comparecer ao

---

[5] Cardeal J.-M. Villot, *Carta a Jérôme Lejeune*, 18 de outubro de 1974.

meio-dia. "A Casina toda decorada com mosaicos e afrescos, além de seu pátio oval adornado com fontes e estátuas, é, sem dúvida, a mais deliciosa academia que se poderia sonhar", pensou Jérôme. Por isso se apressou em descer da cúpula da basílica e seguir seu caminho para não chegar atrasado. Diante da porta da Paróquia de Sant'Ana, onde se apresentou para entrar no Vaticano, foi barrado pela guarda suíça. É preciso dizer que Jérôme não tinha nada que autorizasse a sua entrada, porque havia esquecido seus documentos no hotel, ao sair bem cedo para a missa, e não havia nenhuma autorização em seu nome. Mas após algum tempo e algumas explicações, foi liberado e o acompanharam até a Casina, onde foi recebido pelo chanceler, Padre Rovasenda, descrito por Jérôme como um homem "culto e muito educado".[6]

A sessão na Academia foi seguida de um almoço com o Cardeal Villot, que fez questão de sentar ao lado de Jérôme para questioná-lo demoradamente sobre o respeito à vida, o aborto e a ciência. O Dr. Lejeune fez um relato do que vinha ocorrendo na França e compartilhou suas ideias sobre as verdadeiras raízes do problema. Ficou impressionado com a inteligência e a educação encantadora do cardeal. Depois do almoço, Jérôme ainda tinha uma longa tarde pela frente, pois era esperado no Sínodo dos Bispos para uma conferência às 17 horas.[7] Ele havia trabalhado muito no que iria dizer. Falar no coração do Vaticano, e aos sucessores dos Apóstolos, era uma responsabilidade que jamais cumpriria de forma leviana. Na tribuna, enquanto o moderador o apresentava e destacava alguns aspectos de sua carreira, ficou observando aqueles homens atentos, com suas fisionomias tão diversas. Em seguida, tomou a palavra e iniciou sua reflexão sobre a

---

6 J. Lejeune, *Carta a Birthe*, 1º de outubro de 1974.
7 J. Lejeune, "A mensagem da vida", Sínodo dos Bispos, em *L'Homme Nouveau*, outubro de 1974.

vida, a lei natural, o surgimento do homem, deixando claro que sua hipótese adâmica não é comprovada, mas simplesmente plausível. Também abordou outra questão que achava muito importante: a evangelização da comunidade científica. Falou francamente, sem hesitar em dizer que era necessário enviar missionários que tivessem fé, e não "ectoplasmas sempre dispostos a abjurar diante da última teoria".[8]

Após a conferência, surpreso e comovido com tantos cardeais e bispos parabenizando-o e agradecendo-o, escreveu a Birthe, antes de dormir:

> Algumas pessoas ficavam exultantes em certas passagens. Nunca falei diante de um público tão estudioso e solidário. Algumas mentes são admiráveis, muito diversas, mas de uma profundidade estontante. Se Philippe estivesse lá, teria permanecido em contemplação.[9]

Depois de ter se tornado membro da Pontifícia Academia das Ciências, Jérôme pôde acompanhar de perto o trabalho científico da Igreja em sua busca pela verdade, por isso decidiu escrever um artigo sobre o assunto. Em julho de 1975, publicou, no jornal francês *L'Homme Nouveau*, um belo texto intitulado "Paulo VI e a Ciência". O artigo foi lido em Roma e, poucos dias depois, Jérôme recebeu uma carta do Cardeal Villot enviando-lhe os sinceros agradecimentos do Santo Padre.[10]

Tendo cumprido com êxito as primeiras missões que lhe foram confiadas pelo Vaticano, Jérôme passou a ser chamado regularmente para dar uma contribuição científica à reflexão da Igreja sobre as implicações morais das novas técnicas da Medicina. O Cardeal Franjo Šeper, prefeito da Congregação para a Doutrina da Fé, pediu-lhe

---

8 Essas palavras são uma citação da carta de Jérôme para sua esposa relatando a conferência, e não do texto da própria conferência.
9 J. Lejeune, *Carta a Birthe*, 1º de outubro de 1974.
10 Dom Benelli, *Carta a Jérôme Lejeune*, 24 de julho de 1975

várias notas, em 1975 e 1976, e o Secretariado para os Não-Crentes, na pessoa de Dom Jacqueline, o consultava regularmente, em particular sobre as relações entre fé e ciência.[11] Além de colaborar como os outros acadêmicos no trabalho da Pontifícia Academia das Ciências, sua experiência científica também era solicitada pelo Presidente da Academia, para enriquecer a reflexão da Igreja sobre o significado moral de certas práticas médicas.

O Vaticano não era o único Estado a recorrer a seus talentos. Jérôme foi chamado também por alguns países par testemunhar perante os parlamentos que se preparavam para modificar as leis sobre o início da vida dos homens. Em 7 de maio de 1974, fez uma intervenção no Senado Americano, e lá compareceu novamente, em 1976, perante a Comissão sobre a Separação de Poderes. Também foi convidado a testemunhar perante o Parlamento Austríaco, em 1976, uma viagem que fez com prazer, afinal, era uma boa oportunidade para revisitar Viena. Nos Estados Unidos, a Conferência Episcopal pediu sua opinião sobre a aparente neutralidade em relação ao aborto de uma organização americana que lutava a favor de crianças doentes, *The March of Dimes*. Jérôme respondeu ao Padre James T. McHugh, diretor do Comitê dos Bispos Católicos para Atividades Pró-Vida:

> Tendo ouvido os representantes da *March of Dimes*, não acredito que eles rejeitam o aborto. Pelo contrário, parecem aceitá-lo plenamente, uma vez que não fazem nenhuma objeção.[12]

Ao mesmo tempo, Jérôme viu sua "agenda de eventos" ficar cheia com um número crescente de convites para dar conferências. Com seus colegas médicos, alunos de

---

11 Dom Jacqueline, *Carta a Jérôme Lejeune*, 16 de maio de 1975.
12 J. Lejeune, *Carta ao Padre James T. McHugh*, 21 de julho de 1976. As palavras referem-se a *The March for Dimes*, de 1976, e não um pré-julgamento sobre a situação da organização no momento em que este livro foi escrito.

grandes escolas como a Politécnica e a Naval, ou ainda para um público em geral, como em Limoges, Sénanque ou Saint-Louis-des-Français, e também em Roma, no dia 19 de maio de 1975.

De todas essas solicitações, uma marcaria especialmente Jérôme pelo calor do acolhimento recebido e pelo dinamismo da comunidade. Enquanto o Ocidente se fechava, com a diminuição dos convites dos Estados Unidos, uma região do globo se abria: da França, o Oceano Índico se revelava para que Jérôme pudesse ampliar seus horizontes. Grupos da Nova Zelândia e Austrália insistiam para que Jérôme os visitassem.

Tudo começou com uma carta recebida na rua Galande em 30 de agosto de 1974. O remetente era o Dr. Bergin, de Wellington, Nova Zelândia,[13] um neurologista, membro da Guilda dos Santos Lucas, Cosme e Damião, e vice-presidente da Sociedade para a Proteção do Feto, criada por Sir Albert William Liley, que havia realizado, dez anos antes, a primeira transfusão de sangue intrauterino do mundo. Muito ciente da reputação de Jérôme, através dos seus encontros e das suas leituras, queria convidá-lo para ser a figura-chave no seu próximo congresso sobre o respeito pela vida, a realizar-se no ano seguinte, e a programação prometia ser intensa, entre conferências, entrevistas e encontros científicos. Jérôme aceitou e partiu para Wellington em outubro de 1975.

Além do inicialmente planejado, os organizadores acrescentaram uma tarefa de extrema responsabilidade para Jérôme. Assim que chegou à Nova Zelândia, foi recebido pela Comissão Real de Auckland para fornecer evidências científicas sobre o início da vida humana. Apesar do cansaço da viagem e do *jet lag*, Jérôme teve de ouvir os representantes por quatro horas, e responder

---

[13] J. Bergin, *Carta a J. Lejeune*, 30 de agosto de 1974.

exaustivamente às objeções e dúvidas. A reunião foi muito apreciada por todos.

Naquela primeira noite, muito exausto, Jérôme mal teve forças para escrever a Birthe:

> Minha querida, que dia difícil! Tive uma audiência esta manhã, às 10h, perante a Comissão Real. Achei que duraria meia hora, mas já era meio-dia e meia e o interrogatório ainda não havia terminado. Parecia um dos romances de Agatha Christie: cada grupo, os pró-vida e os abortistas, tinha o seu advogado nomeado para cozinhar as testemunhas. Quem me atacou foi um certo F., que tentou me confundir [...] mas isso lhe custou caro. Retomamos às 14 horas, e a disputa terminou, por nocaute ao referido F., por volta das 14h40. Assim que voltei para a casa dos Lileys, fizemos um filme com todos os filhos dos vizinhos e uma pequenina com Síndrome de Down. Cena após cena, que durou até a hora do jantar. Então, às 19h30, fui recebido para um coquetel com um grupo pró-vida local e, em seguida, tivemos uma longa sessão com uma conferência minha. Estava tão exausto que achei minha fala medíocre. Eles foram muito simpáticos e me agradeceram muito. Bom, já é meia-noite e não consigo mais ficar em pé... e nem mesmo sentado!
>
> Um beijo com todo meu carinho, minha querida, e para nossos cinco.
>
> Teu Jérôme que te ama.[14]

Nos dias seguintes, Jérôme deu uma série de conferências para associações locais. Ficou impressionado com as pessoas que conheceu: "Todos esses católicos neozelandeses são fortes, corajosos e devotos", mas também observa que "se deixam levar por todos os 'truques' dos abortistas". Por isso, aproveitou aquela série de reuniões para "alertá-los e vaciná-los",[15] na esperança de que consigam resistir à pressão de forma mais efetiva do que os franceses. Ele também ministrou palestras na Universidade de Medicina e no Laboratório de Genética

---

14 J. Lejeune, *Carta a Birthe*, 7 de outubro de 1975.

15 J. Lejeune, *Carta a Birthe*, 10 de outubro de 1975.

Humana, onde era aguardado com ansiedade pelo Dr. H. R. McCreanor,[16] que o Dr. Lejeune havia recebido como estagiário em Paris, em 1973. Na ocasião, Jérôme aproveitou a viagem para aceitar um convite da Universidade de Sydney, na Austrália.

Aquela primeira viagem à Nova Zelândia e à Austrália, por iniciativa de Sir Liley, que o acolheu e se tornou um amigo querido, foi o início de uma longa e bela colaboração de Jérôme com os cristãos locais, que o admiravam cada vez mais. O sucesso de sua jornada rendeu-lhe um novo convite alguns meses depois, desta vez de Patricia Judge, membro da associação *Right to life* de Sydney, que estava organizando uma grande turnê pela Austrália.[17]

Jérôme aceitou de bom grado, mas só para 1978, dois anos depois, por conta de tanto trabalho acumulado.

Birthe não temia o cansaço, mas conhecia bem a resistência limitada do marido, por isso ficava se perguntando como ele conseguia manter aquele ritmo: "Aquele que dizia ser fraco e preguiçoso tornou-se o apoio, a inspiração, a esperança de milhares de pessoas na França e em todo mundo. Ele não para nunca e fortalece a todos". Ela admirava a força do marido, uma virtude que não conhecia antes de se casarem. "Como é possível?", perguntava-se.

Para suportar a pressão dessa enxurrada de atividades e tribulações, Jérôme contava com o amor da esposa e dos filhos. A família era a sua fortaleza, mas não a única. Na agitação de sua vida, sempre conservou um tempo precioso para rezar, para acessar a fonte de todo o amor. Era esse amor que o mantinha de pé, que o ajudava a perseverar. Em sua agenda muito ocupada, sempre encontrava um meio de assistir à missa dominical, rezar e

---

16 H. R. McCreanor, *Carta a J. Lejeune*, 25 de março de 1975.

17 P. Judge, *Carta a J. Lejeune*, setembro de 1976. E resposta de Jérôme, 20 de setembro de 1976.

meditar as leituras da Bíblia. Sua fidelidade à missa impressionava até mesmo a sua comitiva profissional. Um dos seus colegas, certo dia, comentou: "Não sei como ele conseguia. Em congressos nos Estados Unidos ou em qualquer outro lugar, sempre encontrava tempo para ir à missa... nós, nunca!"[18]

Ao retornar de uma viagem, se não tinha ido à missa dominical antes de embarcar, Jérôme ia à missa no último horário da Notre-Dame, apesar do cansaço do *jet lag* da viagem. No verão, na Dinamarca, esforçava-se para manter a assiduidade. A igreja ficava longe e era raro ver os jovens dinamarqueses na missa. A motivação dos filhos, quando estavam na praia, era inconstante, tanto que, certa vez, um deles perguntou: "Papai, para que vamos à missa? A gente não entende nada, o padre é polonês, reza missa em dinamarquês e a maioria das pessoas são vietnamitas... é tudo muito complicado de acompanhar!".

Jérôme respondeu: "Sim, mas é importante. Temos um encontro marcado com o Senhor. E, quando você ama alguém, não falta aos encontros".

No domingo de manhã, na hora de sair, Jérôme era sempre o primeiro a se aprontar e ficava esperando ao volante até que, finalmente, chegassem os retardatários. Quando estavam em Paris, assistiam à missa em Saint-Séverin. Quando iam para o campo, frequentavam a pequena igreja paroquial de Chalo-Saint-Mars. Durante anos, participaram da missa em Étampes, onde Jérôme cantava no belo coro regido por seu velho amigo Raymond Legrand. Tempos depois, um novo sacerdote foi designado e, sendo um zeloso reformador litúrgico, expulsou-os de lá, mas foram para a igreja de Chalo-Saint-Mars onde o pároco, Padre Santa Catarina, os acolheu com alegria.

Jérôme gostava de ir à missa com as suas calças de veludo *country* e o seu grande suéter tricotado por Birthe.

---

18   Conversa desta autora com o cientista citado.

Também gostava de engrossar o coro e era responsável pela segunda leitura, enquanto o Sr. Leriche costumeiramente fazia a primeira. O Dr. Lejeune apreciava uma atmosfera simples e de oração. Muitas vezes, depois da missa, ele e Birthe convidavam os amigos da paróquia para desfrutar da paz dominical em torno de um bom aperitivo, servido no jardim ou junto à lareira, dependendo da época.

Também assistia à missa nas noites da semana, sempre que possível. Antes de voltar para casa, quando não estava muito atarefado com suas responsabilidades profissionais, dava uma passada em Saint-Sulpice ou em Saint-Séverin para participar da celebração litúrgica e aproveitar um momento privilegiado de recolhimento, depois do turbilhão do dia, e recompor as forças para continuar sua luta a serviço da vida.

Como médico, Jérôme sempre fora particularmente sensível à presença física de Cristo na Eucaristia. Esta dimensão corporal da presença real na hóstia consagrada o deixava fascinado, e ele comungava de forma muito piedosa. Depois da comunhão, recolhia-se, com a cabeça ligeiramente inclinada, como se quisesse ouvi-Lo melhor. Seu cuidado ao corpo de Cristo também se manifestava nas coisas simples. Um dia encontrou um crucifixo sem os braços numa lata de lixo e o guardou para consertá-lo na sua oficina em Chalo.

Também passava bons momentos meditando na palavra de Deus, com particular predileção aos Gênesis, ao Prólogo de São João e ao Evangelho de São Lucas, porque, também sendo médico, o evangelista dava pormenores que maravilhavam Jérôme. Aos poucos, suas cartas, suas reflexões pessoais e suas palestras vão se entrelaçando com referências bíblicas, explícitas ou não, e às vezes confiava o fruto de suas meditações a um público cada vez mais atento:

> O mais ilustre dos médicos, aquele cuja obra continua a ser um *best-seller* em todas as categorias... falo de São Lucas! Em poucas palavras ele nos revela as maravilhas da mais terna infância. Leiamos a Visitação novamente. Quantos anos tinha o pequeno profeta que se mexeu no ventre de Isabel ao se aproximar de Maria carregando Nosso Senhor? Seis meses *no útero*. São Lucas, como bom médico, esclareceu-nos esse detalhe. O próprio anjo, além disso, contara a Maria. Mas, na ocasião, quantos anos tinha a forma humana de Jesus? São Lucas não o diz, mas simplesmente nota que, assim que o anjo foi anunciado, a Virgem apressou-se em ir ver a sua prima: *Maria festinavit*. Nessa terra da Galileia as distâncias não são muito grandes e as viagens não são longas, seja cavalgando ou mesmo a pé. No momento da visita, a forma humana de Jesus tinha, portanto, apenas alguns dias, talvez uma semana... E João, o pequeno profeta, seis meses mais velho, estremeceu em seu coração! Se os médicos de nossos dias relessem esse evangelho, entenderiam, em seus corações, que a ciência não os engana quando os obriga, pela razão, a reconhecer que o Ser começa na concepção. Como os Magos, como todo homem, os médicos têm tudo a aprender na escola de Jesus.[19]

Provavelmente devido à influência do Padre Balsan, seu professor no Colégio Stanislas, que fazia os meninos rezarem o rosário para se tornarem homens, Jérôme guardava uma grande devoção à Santíssima Virgem, cujo apego se expressava em gestos simples e constantes, e a quem decididamente recorria em momentos difíceis. Ele rezava a Nossa Senhora, discretamente, durante seus longos passeios de domingo, nos campos de trigo que circundavam a casinha de Saint-Hilaire e, quando encontra um pouco de sossego na sua oficina, passava horas meditando e esculpindo cuidadosamente um terço, que ele sempre ofereceria a um ente querido com a seguinte dedicatória: "Este terço está protegido contra desgaste, você pode usá-lo quantas vezes quiser. E também pode oferecer uma *Ave Maria* para o artesão".

---

19 J. Lejeune, *Os médicos antes de Jesus*, texto citado em inúmeras ocasiões, como em *O sorriso de Maria*, jornal paroquial, 1977, ou em uma conferência na AFC de Lorient, em 28 de novembro de 1989.

Contemplativo, Jérôme gostava de desfrutar da calmaria na casa de campo, que ficava no meio que escondida num vale verde, e caminhava feliz pelos campos dourados de trigo que se espalham pelo planalto acima da aldeia. Tudo era motivo de admiração: o instinto das perdizes protegendo seus filhotes quando se aproximava um andarilho indesejável e a delicadeza das flores dos espinheiros. Essas longas caminhadas correspondiam a um momento de grande oração, um gostinho de eternidade em meio ao redemoinho da vida. Jérôme se inspirava com tudo aquilo e agradecia a Deus por ter criado tudo de forma tão bela. O diálogo interior entre o erudito cristão e o seu Criador é uma oração que abarca todo o ser. E, então, Jérôme se tornava um poeta:

> O tempo clareou de repente e um céu esplêndido circundou os campos que, já colhidos, estavam dourados de restolho e palha cortada. Deitado em uma pilha de palha em campo aberto, vivi um momento delicioso observando a delicadeza da atmosfera que cerca o planeta.[20]

Em 1977, num daqueles belos dias de verão, Jérôme recebeu um jovem sacerdote das redondezas de Étampes que queria entrevistá-lo para o boletim paroquial *Le Sourire de Marie*. Jérôme ficou muito contente e, pela primeira vez, deu respostas que revelam a sua fé, mas teve o cuidado de especificar no preâmbulo:

> É o catecismo da nossa infância que deveria ser questionado e não o geneticista em que me tornei. Porque, diante dos mistérios de Deus, o biólogo é tão desamparado quanto o antigo jogral que, para honrar Nossa Senhora, recorreu ingenuamente aos mais belos traços de sua arte! Embora a ciência tenha menos encantos do que um malabarista agradecido, e menos habilidade também, permita-me responder-lhe na linguagem que me é familiar.

---

20 J. Lejeune, *Carta a Birthe*, 5 de agosto de 1973.

Apoiando seu caderno nos joelhos, e com a caneta na mão direita, o padre ligou o gravador e, um pouco encabulado, começou a entrevista:

— Diga-nos, Prof. Lejeune, o que você responderia se Jesus Cristo lhe perguntasse: "E tu, quem dizes que eu sou?".

Jérôme reflete um pouco antes de responder:

— O próprio filho do Ser. Todas as informações presentes e reunidas, animando a matéria em uma forma humana.

Com a resposta rabiscada às pressas, o jovem padre retoma:

— Professor, você ama Maria? Se sim, por quê?

— É a maravilha das maravilhas. A biologia nos ensina que cada ser deve sua natureza à mensagem genética que o anima e lhe dá a vida. Para que em Maria toda a mensagem (intervenção do Espírito Santo) pudesse encontrar seu lugar e se fazer carne (Encarnação), a Virgem precisava ter sido concebida de forma perfeita (Imaculada Conceição), livre de toda imperfeição hereditária (Pecado Original)... e os teólogos já sabiam disso antes mesmo que a genética fosse inventada!

O padre, muito interessado, verifica rapidamente se a gravação está funcionando e retorna à entrevista com a seguinte pergunta:

— O que a Eucaristia representa para você?

Após um momento de silêncio, Jérôme sorri e responde:

— Jesus. Mas o mistério da Presença Real é sentido de muitas maneiras. Até podemos fazer uma comparação grosseira e bem desajeitada: é como se fosse uma antena de um transmissor de rádio, vibrando com uma mensagem eletromagnética que transmite a mais bela música... por exemplo, o *Magnificat*. Três observadores, cada um com seu rádio, discutem o fenômeno. O primeiro está com o seu desligado e, portanto, nada recebe, nenhuma transmissão. Então, diz que, positiva e materialmente, nada acontece. O segundo liga e sintoniza o seu aparelho, e pode até ouvir o *Magnificat*, mas se o rádio pega alguma interferência, ele não consegue ouvir mais nada. Então, afirma que a mensagem é apenas potencial e conclui que só existe para quem a recebe. Por achar este argumento pouco católico, o terceiro afirma que seu rádio ainda está funcionando, ainda que o de seus amigos não estejam, e pode concluir que a mensagem realmente existe, ainda que ninguém a receba. É claro que a Presença Real não pode ser comparada a uma transmissão de rádio, mas, por mais limitada que seja esta comparação, ela nos permite ter uma ideia do que seja a transubstanciação: durante a transmissão, o exame mais cuidadoso da antena mostraria que os átomos do metal estão estritamente inalterados em suas propriedades químicas ou em sua posição. Um engenheiro eletrônico, falando a linguagem dos teólogos (veja que o maravilhoso não me intimida mais), diria que "sob as espécies" do metal há uma mensagem que os transcende absolutamente.

Abandonando definitivamente suas anotações, não mais necessárias, e focando no significado dessas palavras, o entrevistador continua:

— Você ama a Igreja? O que ela é para o senhor?

— Uma família que se reconhece, pois os fiéis sabem que são filhos do mesmo Pai. A expressão "Nossa Santa Mãe Igreja" é uma descrição objetiva.

— Professor, qual o valor da oração para o senhor?

— Serve para sintonizar seu transistor interno, para se conectar com o Criador.

O jovem sacerdote sorri:

— Vou poder utilizar essa metáfora com os jovens que acompanho!

— Ah, que bom! — diz Lejeune, também sorrindo.

— E qual é o ideal de santidade e os meios para alcançá-lo? — continua o padre.

— Na verdade a santidade que é o ideal. Tentamos alcançá-la, mas não conseguimos sozinhos, por isso, temos de nos deixar ser conduzidos pela graça.

— Você gosta de ler a Bíblia? Por quê?

— É "o" livro, o único que não precisa de título. O Gênesis diz mais em três páginas do que todos os tratados juntos.

— O que o Papa representa para você?

— O fundamento paterno de toda a família.

O padre sorri novamente com esta resposta inesperada, então anuncia:

— Minha última pergunta, professor: qual deve ser, na Igreja, o papel dos sacerdotes, dos religiosos e dos fiéis?

Desta vez, Jérôme não precisou pensar muito para responder com entusiasmo:

— Os padres devem ser fiéis, e os fiéis, religiosos.[21]

---

21 Entrevista de Lejeune para o jornal paroquial *Le sourire de Marie*, em 1977. As respostas de Jérôme são citações exatas da publicação, embora, para efeitos literários, tenham sido reproduzidas aqui como uma conversa.

CAPÍTULO 11
Uma pedra no sapato
1978–1980

— Mãe, posso trazer um amigo de faculdade para almoçar?
— Claro, minha querida — responde Birthe, espontaneamente —, mas não vá se atrasar!
Clara se aproxima rindo e dá um beijo na mãe:
— Pode deixar, mãezinha querida, não se preocupe! Você é demais, sabia? A casa sempre cheia de gente que trazemos e você acha tudo normal! Não vê problema nem quando aparecemos às dez para jantar... e ainda sem avisar. Você é incrível! Obrigada.
E saiu correndo de casa, subindo a Rua Dante e atravessando o Boulevard Saint-Germain, para tentar chegar a tempo à Sciences Po, na Rua Saint-Guillaume.
Clara chegou pontualmente para almoçar e apresentou seu convidado: Kacim Kellal, que logo iniciou uma conversa com Jérôme. As crianças já estavam acostumadas, pois, sempre que vinham com os amigos e encontravam o pai, os convidados bombardeavam Jérôme com perguntas, às quais ele respondia voluntariamente, com muita gentileza. A conversa, naquele dia, era sobre direito natural e Jérôme, humorado, deu a sua opinião:

> Por experiência pessoal, sempre tive a impressão de que a natureza humana é óbvia para todos, desde que não se recusem a ver. Quando estou numa cidade que não conheço, visito, se possível, dois locais igualmente instrutivos: a universidade e o jardim zoológico. Nas universidades, sempre encontrei pessoas extremamente eruditas que balançam a cabeça e se

> questionam se seus filhos, quando muito pequenos, não são algum tipo de animal. Mas em jardins zoológicos nunca observei um congresso de chimpanzés se perguntando se seus filhos, quando crescerem, irão se tornar universitários![1]

Todos caíram na gargalhada, inclusive Kacim, cujas objeções, ditada por sua boa educação, derretiam-se como a neve ao sol, diante da simplicidade e do calor daquela família.

— Concluo — Jérôme retomou com mais seriedade —, que a natureza humana é óbvia para todos. Neste planeta, o homem é o único ser que se pergunta de onde vem, quem ele é e o que fazer com seu próximo.[2]

Clara, então, perguntou:

— Se existe uma natureza humana, quer dizer que existe uma lei natural?

— Sim — respondeu Jérôme —, e o sábio se beneficiaria muito em respeitá-la, pois é o modo de ser da própria natureza. E completou com um sorriso:

> A moralidade nunca foi bem-vista porque sempre foi um obstáculo para pessoas que gostariam de fazer o próximo desaparecer quando está incomodando, tirar seus bens por inveja, tomar a sua mulher etc. [...] Veja, por exemplo, como os motoristas se comportam: infringem as leis de trânsito a todo momento. É mais ou menos o que acontece no campo da moral. Da mesma forma que não podemos imaginar um trânsito sem regras, não podemos imaginar a vida humana sem uma moral.[3]

Kacim, que é muçulmano, concordou com essa observação, e aproveitou para perguntar:

— E, para o senhor, qual será a consequência no plano político?

---

[1] J. Lejeune, *Testemunho no Parlamento de Ottawa*, 21 de março de 1990.
[2] Ibid., "A condição humana e a moralidade sobrenatural", conferência em Roma, novembro de 1989.
[3] Ibid., "Não gosto de falar sobre ética quando se trata de moral", na *France catholique*, março de 1985, n. 1993.

— Os líderes políticos têm responsabilidades imensas — responde Jérôme. — Para que a civilização dure, será necessário que a política se conforme à moral: a esta moral que transcende todas as ideologias, pois está inscrita nas profundezas do nosso ser por este decreto impenetrável que rege tanto as leis do universo como a natureza de homens.[4]

Depois de um breve silêncio, acrescentou:

> A qualidade de uma civilização é medida pelo respeito que ela demonstra aos seus membros mais fracos. Não há outro critério de julgamento. Todo o amor, toda a dedicação, todo o dinheiro que será gasto para proteger os indefesos formam o preço, justo e certo, que uma sociedade deve pagar para permanecer humana. É possível imaginar uma sociedade tecnocrática na qual o velho e o doente são descartados. Uma sociedade desse tipo pode até ser economicamente muito eficiente, mas seria desumana. Seria completamente pervertida pela abominação do racismo contra os doentes.[5]

Karin aproveitou para perguntar:
— Pai, as pessoas costumam falar sobre ética, mas nunca sobre moral; ética e moral são duas coisas distintas?
Jérôme respondeu:
— Quando ouço alguém falar sobre ética, já fico preocupado: as pessoas que normalmente falam de ética querem abandonar a moral. Embora estas duas palavras, uma grega e outra latina, designem exatamente a mesma coisa, ou seja, a ciência dos costumes, temos notado nos últimos anos uma distorção do significado: quem fala de moral entende que os costumes devem estar em conformidade com as leis superiores, enquanto quem fala de ética pressupõe que as leis devem estar em conformidade com os costumes… mesmo os mais inferiores.[6]

---

4 Ibid., *Homenagem a Sakharov*, Moscou, 29 de junho de 1987.

5 Ibid., entrevistado por M. Leclercq, "Sim, devemos deixá-los viver", *Paris Match*, 7 de novembro de 1980.

6 Ibid., "Não gosto de falar sobre ética quando se trata de moral", na *France catholique*, março de 1985, n. 1993.

Kacim saiu daquele almoço muito empolgado com a conversa. Queria ligar para todos os seus amigos e contar-lhes sobre aquele momento incrível. Ficou até emocionado quando disse a Clara:

— Tenho que confessar uma coisa.

Ela o olhou, intrigada:

— É incrível! Quando você me convidou para vir almoçar na sua casa, fiquei um pouco nervoso com a ideia de conhecer o seu pai. Meus amigos da faculdade de medicina falam tanto sobre ele que, para mim, era mais ou menos como conhecer o Dr. Fleming, que descobriu a penicilina. Estava bastante apreensivo, mas foi só começar a conversar com o seu pai que fiquei muito tranquilo. Ele, o grande cientista, falou comigo como se eu estivesse trazendo todas as novidades do mundo, como se eu pudesse lhe abrir as portas do universo. Sem dúvida um grande homem, que acolhe, que escuta e é muito agradável... e, quando fala, além de ter o pensamento muito organizado, dedica toda a atenção ao interlocutor... eu me senti como se estivesse no centro do mundo, como se estivesse sozinho ali com ele. Jamais vou esquecer o seu olhar...[7]

Clara sorriu.

— Você parece impressionado!

— Sim, essa é a palavra: fiquei completamente impressionado. Além disso, vocês me receberam como se eu fosse um filho, de coração aberto. Seus pais são incríveis. Em árabe dizemos: "A tua casa é a casa de Deus".[8]

Clara olhou para o amigo e respondeu:

— Você tem razão: tenho muita sorte.

Entre todos esses amigos, que as crianças regularmente convidavam para a casa, havia um de Damien, chamado

---

7 São as palavras exatas de Kacim Kellal, contando-me sobre seu encontro com Jérôme Lejeune.

8 Ibid.

Aimé Ravel. Conheceram-se na missa da pastoral universitária, e, na época, Aimé estava no segundo ano de medicina e tinha aulas de genética com o Prof. Lejeune. Por isso, quando Damien o convidou para almoçar na Rua Galande, Aimé ficou ansioso com a ideia de estar na mesma mesa do grande professor. Durante o almoço, ele ficou atônito ao ver a simplicidade com que Jérôme o acolheu, e a demonstração de interesse dado à sua visita. Como Kacim, ficou com a impressão de ser único a estar ali, e ficou espantado quando, no fim do almoço, Jérôme sugeriu que deveriam continuar a discussão no laboratório. A partir de então, Aimé, o jovem estudante do segundo ano, passou a se reunir frequentemente com o Prof. Lejeune para conversar sobre os mais diversos assuntos.

Foi também nessa época que Anouk anunciou aos pais o desejo de se casar com o jovem filósofo Jean-Marie Meyer, que Jérôme e Birthe conheciam muito bem, pois o pai dele, que também era médico, participou de um programa de televisão sobre o valor da vida com Jérôme. O casamento aconteceu em 1976, para alegria de todos. Enquanto os noivos ainda recebiam os parabéns, outro Jean-Marie, cujo sobrenome Le Méné disfarçava as origens bretãs, dava seus primeiros passos no círculo familiar. Era um estudante que Karin havia conhecido, não fazia muito tempo, na Feira do Livro de Assas, e que desejava se tornar um oficial da Marinha. Passou a ser convidado com frequência na Rua Galande e se deleitava com os encontros com Jérôme, que já o ouvia com admiração desde os congressos de Lausanne que, na adolescência, frequentava com o pai.

Se Jérôme e Birthe não tinham ficado surpresos quando Anouk anunciou seu noivado, surpreenderam-se quando Damien, que tinha acabado de se formar como fisioterapeuta, interrompeu uma conversa sobre seu futuro profissional para anunciar:

— Em uma semana ingressarei no seminário. Vou para a comunidade de Saint-Martin.

Passado o momento de surpresa, Jérôme expressou sua alegria:

— Se Deus te chama, é uma honra para a família. Estou muito orgulhoso!

Na semana seguinte Damien deixou Paris para entrar no seminário.

Enquanto as crianças iam tomando seus caminhos, cada uma de acordo com a idade, Jérôme continuava trabalhando no desenvolvimento de seu laboratório. Em janeiro de 1977, recebeu uma carta da administração informando que a diretoria do CNRS estava renovando sua equipe de pesquisa. Infelizmente a notificação, recorrente, nunca chegava para anunciar um aumento dos recursos financeiros para suas pesquisas. Portanto, mais uma vez Jérôme foi obrigado a solicitar bolsas de organizações francesas e estrangeiras para gerenciar o laboratório de forma eficiente.

Em abril, Jérôme chegava à União Soviética para uma missão que lhe havia sido confiada pelo Ministério das Relações Exteriores. Ele deveria se encontrar com seus colegas soviéticos em Moscou e Leningrado. Começou pela Escola de Genética de Leningrado. A tão planejada entrevista com a professora Davidenkova foi cancelada no último momento, sem qualquer explicação. Mas Jérôme continuou sua visita ao Instituto de Genética de Moscou, chefiado pelo professor Bochkov, que se mostrou muito solícito. Jérôme observou que haviam realizado um excelente trabalho sobre a replicação dos cromossomos e ficou contente em ver que a cooperação científica entre o Instituto de Moscou e seu laboratório no Instituto de Progênese se dava de forma muito eficaz. No relatório enviado por ele ao Ministério das Relações Exteriores, na volta da viagem, Jérôme explicou:

> Nossos colegas soviéticos me pediram para apresentar o estado de nossa pesquisa em várias conferências nos Institutos de Moscou e Leningrado. Há, entre eles, um desejo de abertura muito grande. Eles precisam de nossa ajuda de muitas maneiras, tanto em termos de produtos escassos quanto em troca de jovens pesquisadores. Parece-me que o mais importante agora seria encorajar a vinda a Paris de pesquisadores jovens (ou não tão jovens) que pretendam familiarizar-se com os métodos mais atuais. Embora a literatura científica francesa chegue a Moscou e Leningrado, é muito difícil para eles se manterem atualizados, por isso é extremamente necessário que frequentem os laboratórios franceses.[9]

Em seguida, conclui, especificando:

> Por amizade e seguindo essa missão, nossos colegas me ofereceram a vice-presidência do próximo congresso geral de genética em Moscou (21 a 30 de agosto de 1978). Aceitei a posição, que é mais honorária do que ativa, considerando que o pensamento científico ocidental pode trazer muito a um país que outrora sujeitou todos os geneticistas à ditadura intelectual de um Lysenko.[10]

Além desta viagem à União Soviética, Jérôme participou em vários congressos durante aquele primeiro semestre, na Finlândia, Suíça e Bélgica. Depois do verão, teve de partir para Nova York e Washington, onde tinha sido convidado pelo professor Hellegers para dar uma palestra para a Fundação Kennedy, na Georgetown University.[11] No seu retorno, numa breve passagem pelo Reino Unido para uma intervenção no Centro de Pesquisa do Câncer e na Maison Française de Oxford, Jérôme recebeu um convite para falar em Milão, em junho de 1978, em um congresso sobre a família. O congresso seria inaugurado por um jovem

---

9 J. Lejeune, Relatório enviado ao Ministério das Relações Exteriores, 19 de dezembro de 1977.
10 Ibid. [Trofim Lysenko foi um agrônomo alçado a diretor do Instituto de Genética da Academia de Ciências da União Soviética, em 1940, com o apoio de Stalin. Lysenko perseguiu seus adversários e implementou um programa desastroso de reforma agrária.]
11 A. Hellegers, *Carta a Jérôme*, 28 de julho de 1977.

cardeal polonês chamado Karol Wojtyla, mas Jérôme, não podendo aceitar todos esses convites, cada vez mais numerosos, para testemunhar a favor da vida e da família pelo mundo, não pôde confirmar a sua participação. Passou a recusar esses convites quando estava com a agenda cheia de tantos congressos científicos ou então quando precisava se concentrar no trabalho. Buscar a cura para seus pacientes sempre fora a sua prioridade e isso envolvia muitas renúncias. Um dia ele até se abriu para um amigo que lhe solicitava artigos e conferências:

> Lamento muito não poder lhe dar uma resposta melhor, mas estou tão sobrecarregado com todos os artigos e palestras com os quais me comprometi que não consigo lidar com todos os deveres de casa. O laboratório funciona a todo vapor e eu acho que, para ajudar as crianças ameaçadas, é mais importante que eu esteja operacional no plano médico do que dizendo aos outros o que deveria ser feito.[12]

Para além desses pequenos discernimentos diários, no mês de novembro de 1977 surgiu a ocasião para que Jérôme fizesse uma escolha ainda mais radical. Ele recebeu uma carta carimbada de Washington. Abriu o envelope com um sorriso no rosto, afinal, raramente chegavam más notícias dos Estados Unidos. Era mais comum receber ajuda — e naqueles tempos difíceis para o laboratório, qualquer ajuda financeira seria bem-vinda. Mas aquela carta trazia algo diferente, que ele não poderia imaginar nem se quisesse. O remetente era Sargent Shriver, marido de Eunice Kennedy:

> Caro Dr. Lejeune: esta manhã tive tempo para escrever-lhe e aproveitar a oportunidade para dizer que tenho certeza de que você poderá prestar um grande serviço à genética e à Igreja, passando um ano acadêmico como professor visitante no Instituto Kennedy e na Escola de Medicina de Georgetown. Mais uma vez, envio-lhe o meu mais caloroso convite. [...] Em

---

12 J. Lejeune, *Carta a P. Judge*, 1º de outubro de 1978.

Washington temos uma concentração extraordinária de médicos e cientistas de excelência. [...] Seu entusiasmo científico e o seu prestígio certamente inspirariam os cientistas católicos dos Estados Unidos. [...] Nosso grande Shakespeare certa vez escreveu: "Há momentos na vida que, se bem aproveitados, conduzem à vitória". Acredito que esse momento chegou aqui na América, e também acredito que você pode dar uma contribuição excepcional para aproveitar ao máximo esta extraordinária oportunidade científica, intelectual e religiosa. Os Estados Unidos ocupam hoje um lugar tão influente no mundo do pensamento e da ciência que não devemos perder essa oportunidade de marcar presença e, a partir daí, poderíamos, como Arquimedes, alavancar o mundo.

Com os melhores cumprimentos, Sargent Shriver.[13]

Jérôme ficou um tanto desnorteado e comovido com o entusiasmo de Shriver. Aquelas linhas abriam as portas para um paraíso científico. "A oferta é tentadora. Parece que existe realmente uma conjunção histórica que me permitiria fazer as coisas acontecerem no mais alto nível, sem abandonar completamente minha pesquisa atual. O que fazer?".

Jérôme demorou alguns dias para refletir e responder:

Caro Sr. Sargent Shriver,
Fiquei muito emocionado com sua carta, e também com o convite de uma estadia no Instituto Kennedy, que se assemelha realmente a um Éden científico.[14]

Em seguida, recusou o convite, explicando a Shriver que tinha que terminar um estudo terapêutico que estava fazendo com crianças portadoras de Síndrome de Down, além da sua pesquisa sobre o código de congruência. Ele sabia que estava abrindo mão de uma oferta que não seria feita de novo, mas sua decisão também era definitiva. Em Paris poderia trabalhar melhor nas suas pesquisas e isso teve precedência nas suas decisões. Quando leu a carta,

---

13 S. Shriver, *Carta a Jérôme*, 22 de novembro de 1977.
14 J. Lejeune, *Carta a S. Shriver*, 22 de novembro de 1977.

Sargent Shriver ficou muito desapontado. Ainda assim, prometeu ajudar nas pesquisas de Jérôme. E manteve sua promessa! Os subsídios enviados regularmente pela Fundação Kennedy eram essenciais.

Em fevereiro de 1978, Jérôme partiu para a segunda viagem à Austrália. Patricia Judge,[15] muito devota à causa da vida, organizou a viagem e preparou um exaustivo programa de conferências e entrevistas em Sydney, Darwin e Melbourne. Jérôme passou por universidades, associações e canais de TV. Respondeu bem e com muita dedicação a todos os convites. E, mais uma vez, teve uma acolhida incrível naquela parte do mundo. No final da viagem, um dos organizadores confidenciou a Jérôme:[16]

> Gostei muito de sua participação no seminário sobre Síndrome de Down na NSW University, em Sydney. Cientificamente, tua contribuição foi fascinante. A maioria do público da conferência era de especialistas em citogenética de Sydney. Alguns deles me relatavam que poucos tinham tido a oportunidade de ouvir alguém com tanto conhecimento, com essa experiência e forma tão criativa de pensar. Achei ainda mais importante a sua intervenção no fim do dia, pois o fato de que um cientista tão eminente defenda os direitos dos nascituros que têm deficiência encorajou fortemente todos que compartilham dessa opinião, e ainda fez que aqueles que acreditavam que o aborto seria o melhor tratamento possível reconsiderassem sua posição.[17]

Logo que voltou a Paris, Jérôme recebeu uma longa carta de Patricia Judge, onde ela o agradecia muito por tê-los visitado, e ainda o convidava para retornar o mais breve possível com sua esposa.

Nos meses que se seguiram, Jérôme respondeu a alguns convites que o levaram à Suécia, onde foi oficialmente

---

15 P. Judge, *Carta a J. Lejeune*, 22 de fevereiro de 1978.
16 B. Kearny, *Carta a J. Lejeune*, 9 de março de 1978.
17 Universidade de New South Wales.

recebido como novo membro da Academia Real de Ciências, e também ao Egito, para um simpósio de genética, e Alemanha, na Academia de Ciências de Munique. Depois, no mês de junho, foi para na Faculdade de Medicina de Milão e finalmente, em julho, desembarcou no Canadá para uma conferência na Faculdade de Medicina de Winnipeg.

Em agosto, Jérôme foi para Moscou participar do 14º Congresso de Genética, do qual havia aceitado a vice-presidência no ano anterior, durante a missão realizada para o Ministério dos Negócios Estrangeiros. Infelizmente, acontecimentos políticos deram um rumo inesperado ao congresso, e os cientistas ficaram divididos quanto à decisão a ser tomada. Um de seus colegas soviéticos, o biólogo Sergei Kovaliev, foi preso devido a opiniões divergentes, sendo sentenciado a sete anos de prisão em um campo de trabalhos forçados, e depois a três anos no exílio. Para demonstrar seu profundo desacordo, alguns médicos decidiram boicotar o congresso. Jérôme achou mais salutar escolher outro caminho que lhe pareceu corresponder melhor às necessidades da ciência: participou do congresso, para não prejudicar os geneticistas soviéticos, mas fez questão de expressar o que pensava às autoridades políticas. Ele se propôs a ser o portador oficial da petição que denunciava a prisão e pedia, aos organizadores do congresso, a libertação de Kovaliev. No plano científico, decidiu refutar, como já havia feito na sua intervenção anterior em Moscou, os erros da genética marxista de Lysenko. A ciência nem sempre é tão objetiva quanto imaginamos...

Conforme planejado, Jérôme demostrou os graves erros do lysenkoísmo e entregou a petição às autoridades parlamentares, o que lhe rendeu calorosos agradecimentos dos dirigentes da comissão para a defesa dos biólogos presos por expressarem suas opiniões:

> Prezado professor, o senhor foi muito generoso ao entregar pessoalmente ao Prof. Boskov, durante o 14º Congresso de Genética, o apelo feito pelo nosso comitê em favor da liberdade de S. Kovaliev. Gostaríamos de agradecê-lo por este gesto que, esperamos, ajude S. Kovaliev e, através dele, todas as pessoas da União Soviética que se encontram privadas de liberdade por ter expressado suas opiniões.[18]

Qual não foi o seu espanto quando, ao regressar, folheando os jornais empilhados durante a sua ausência, descobriu no *Le Quotidien du Médecin* de 21 de agosto,[19] um artigo afirmando que "o professor Lejeune foi um dos poucos médicos que se recusou a assinar a petição a favor da liberdade de Kovaliev e não denunciou o lysenkísmo durante sua conferência"... E então Jérôme descobriu, pelo mesmo artigo, que ele teria participado, e de boa vontade, de um congresso da Alemanha nazista. Escandalizado com todas aquelas mentiras, Jérôme pegou a caneta e escreveu, no dia 7 de setembro, uma carta muito séria dirigida à Dra. Marie-Claude Tesson Millet, diretora do *Le Quotidien du Médecin*, pedindo direito de resposta:

> Prezada doutora, ao voltar do Congresso de Genética de Moscou, fiquei surpreso com a campanha de difamação realizada pelo seu jornal. Em um primeiro artigo (n. 1741) o Dr. G. K. me faz dizer: "Eu teria ido a um congresso na Alemanha nazista em 1939", frase ambígua que você copiou em seu editorial (n. 1743), e que o *Le Canard enchaîné* não perdeu a oportunidade de copiar também! Se seu colaborador quisesse, de fato, informar honestamente aos leitores sobre a entrevista que dei a ele por telefone, teria citado a minha fala completa. Eu a repito: "Falando de genética geral no Congresso de Moscou, não fingirei aprovar o *gulag*, da mesma maneira que, exercendo a genética humana na França, jamais fingi aprovar a Lei Veil.[20] Eu teria ido a uma convenção de genética na Alemanha nazista em 1939 simplesmente para dizer que o racismo é um erro

---

18 D. Anxolabehere e G. Periquet, *Carta a J. Lejeune*, 15 de setembro de 1978.

19 M.-C. Tesson Millet, "Est-Ouest", em *Le Quotidien du Médecin*, 21 de agosto de 1978.

20 A lei de 17 de janeiro de 1975 sobre a despenalização do aborto, conhecida como Lei Veil, foi preparado por Simone Veil, Ministra da Saúde da época.

científico". Foi com esse espírito de sinceridade que aceitei a vice-presidência do Congresso de Moscou.

Meu discurso em sessão plenária no Palácio do Kremlin denunciou a impostura do lysenkoísmo, que fez reinar uma ditadura pseudocientífica sobre todos os biólogos soviéticos. Em seu artigo n. 1749, seu correspondente, Nicolas Miletitch, relatando a sessão de abertura, lamenta que nós não discutimos a teoria de Lysenko! Ou este senhor esteve ausente durante a sessão, ou não entende inglês, nem russo (o francês não foi a língua oficial do Congresso).

Mas devo admitir que ele tem uma imaginação incrível ao me fazer declarar, ainda na mesma sessão: "O encontro de Moscou oferece grandes possibilidades em termos de contatos pessoais e de troca de ideias". No entanto, na minha apresentação de 40 minutos, falei apenas de duas coisas: lysenkoísmo e deficiência mental. Não disse nenhuma palavra sobre o Congresso. Talvez esse correspondente leia muito os jornais locais!

Porém, mais surpreendente é que, falando do pedido de libertação do pesquisador Sergei Kovaliev, o mesmo Sr. Miletitch afirma sem pestanejar: "A delegação francesa apoia esta iniciativa com exceção de algumas personalidades, como o professor Lejeune". No entanto, fui eu que entreguei ao presidente da comissão organizadora do congresso, professor Bochkov, a petição assinada por 160 cientistas franceses pedindo o fim da detenção do nosso colega Kovaliev!

Não estou acostumado com essa mistura de política e ciência, mas, em face dessa desfiguração sistemática dos fatos, a senhora compreenderá que esses artigos cuja falsidade beira a difamação exigem uma retificação completa. Por isso peço que publique na primeira página, como editorial, esta carta sem quaisquer modificações ou omissões.

Queira aceitar, senhora, os protestos da minha mais elevada estima.[21]

Este direito de resposta não foi o único que Jérôme teve de reivindicar. Requisitou vários ao longo dos anos, inclusive a um jornal cristão que jamais abriu suas colunas para ele, mas tinha o hábito de distorcer suas palavras. O Dr. Lejeune não procurava se defender, mas apenas

---

21 J. Lejeune, *Carta ao Dr. Tesson Millet*, em *Le Quotidien du Médecin*, 7 de setembro de 1978.

corrigir os erros ou mentiras falados contra sua pessoa. Tinha ciência de que, ao difamarem, buscavam desacreditar suas ações a serviço das crianças com Síndrome de Down e também dos nascituros. Não podia aceitar essas situações, por isso respondia, de forma muito consciente e firme, sempre que considera ser útil para seus pacientes e para a causa da vida.

Embora Jérôme fosse tratado dessa forma pela mídia francesa, nos Estados Unidos ele era regularmente requisitado como especialista nas cortes e tribunais. O primeiro caso surgiu em maio. Jérôme recebeu uma carta da Associação pelo Direito à Vida[22] pedindo sua ajuda no "Caso Barbara Lee Davis", que estava abalando Illinois. Os tribunais deveriam decidir sobre o caso de aborto realizado após o prazo legal de 12 semanas de gestação. Embora não fosse a primeira vez que um aborto era realizado fora dos prazos legais, era a primeira vez que o tamanho do feto permitia comprovar que havia ultrapassado a idade limite para o procedimento. Enviaram todo o arquivo para Jérôme, que confirmou:

> Pelo prontuário, o feto está com 16 semanas e de forma alguma pode ter 11 semanas como afirma o ginecologista, a menos que esteja sofrendo de um gigantismo nunca visto na espécie humana.[23]

Poucos meses depois, sua opinião foi consultada novamente nos Estados Unidos a respeito de um menino chamado Jean,[24] cujos pais não queriam operar seu coração por conta do diagnóstico de Síndrome de Down. Novamente, Jérôme não precisa viajar, com seu parecer por escrito sendo suficiente no tribunal. Estudou cuidadosamente o arquivo e respondeu:

---

22 Association for Right to Life, *Carta a J. Lejeune*, 15 de maio de 1978.
23 J. Lejeune, *Carta* à *Associação pelo Direito à Vida*, maio de 1978.
24 Nome alterado para preservar a pessoa.

> Parece-me que a decisão deve ser baseada em dois princípios simples e universais da medicina:
> 1) Todo ser humano tem direito a receber o tratamento médico completo, inclusive uma operação delicada, disponível pelas técnicas e conhecimentos atuais. Isso se aplica independentemente da idade, sexo, raça ou quaisquer características psicológicas ou genéticas que a diversidade humana possa oferecer.
> 2) Qualquer decisão relativa a uma operação vital, como uma operação cardíaca, só pode ser tomada após pesar cuidadosamente as vantagens e desvantagens da operação, e as vantagens e desvantagens de se abster dela, para a vida e o bem-estar do próprio paciente.

E continuou:

> Aplicados a Jean, esses dois princípios significam, na minha opinião, que os motivos da recusa de sua operação não são admissíveis.

Em seguida, conclui, com a lógica que sempre o caracterizou:

> Todo ser humano tem direito a receber tratamento médico adequado. A vida de Jean deve ser protegida, tal como ela é, assim como a vida de todas as pessoas. Se a deficiência de alguém pudesse ser um motivo para a não prestação de cuidados, isso levaria à conclusão de que apenas pessoas com excelente saúde poderiam receber assistência médica de excelência.[25]

Em fevereiro de 1979, o Canadá recorreu à sua perícia no "Caso Borowski", que se opôs ao Ministério da Justiça, a favor do aborto, com a *Declaração de Direitos Canadense* protegendo a vida de todos os indivíduos. Jérôme viria a demonstrar quando começa a vida humana, e estava pronto para testemunhar no tribunal.[26]

---

25 J. Lejeune, *Carta a R. Engel*, 10 de janeiro de 1979.
26 M. Shumiatcher, *Carta a J. Lejeune*, 5 de fevereiro de 1979.

Em uma nova solicitação dos Estados Unidos, foi requerida a presença de Jérôme. Ele foi convidado como observador da Igreja Católica a participar de uma reunião do Conselho das Igrejas Protestantes sobre a relação entre fé e ciência. O congresso extremamente longo — durou duas semanas — aconteceu no Massachusetts Institute of Technology (MIT), perto de Boston. Jérôme assistiu com atenção a todas as sessões. Certo dia, Antonio Battro, um jovem pesquisador argentino que Jérôme conheceu no local, e com quem fez amizade, disse-lhe:

> Acabei de voltar do laboratório de inteligência artificial onde meus amigos resolveram um problema interessante. Eles descobriram como um jovem com paralisia cerebral pode usar um computador para escrever uma carta. Isso é algo maravilhoso! Acho que você deve conhecer isso porque me parece que a medicina irá mudar bastante com isso![27]

Jérôme não perdeu tempo e os dois correram para o tal laboratório. Quando chegaram, o paciente já não estava mais lá, mas o engenheiro responsável pelo programa contou-lhes os fatos com detalhes. Então Jérôme se sentou e disse: "Essa novidade vai mudar a educação das crianças doentes".

Imediatamente Jérôme convidou Antonio Battro para ir à França usar a máquina com crianças com Síndrome de Down. Poucos meses depois, o argentino chegava em Paris como colaborador do Centro Mundial de Informática dirigido por Nicholas Negroponte,[28] e aproveitou o convite de Jérôme para trabalhar com alguns de seus pacientes.

Quando chegou pela primeira vez ao Hospital Necker-Enfants Malades, parecia não acreditar no que via. Nas

---

27 Conversa da autora com Antonio Battro, médico, psicólogo, especialista em lógica matemática, que publicou *Un demi cerveau suffit*, Odile Jacob, 2003.
28 Nicholas Negroponte criou em 2005 a associação *One Laptop per Child* [um computador por criança].

paredes do corredor que levava ao serviço médico de Jérôme, ficou escandalizado com diversos cartazes com mensagens do tipo: "Cuidado, Lejeune, o MLAC está de olho!"; "Lejeune assassino!".

O MLAC, Movimento pela Libertação do Aborto e da Contracepção, foi criado em abril de 1973. Jérôme sempre fora o alvo principal. Diante de tudo aquilo, Antonio fica parado, surpreso: "Meu Deus, como é possível dizer essas coisas?! Logo para Lejeune, que se recusa a matar!".

Ainda espantando, Antonio entrou no escritório de Jérôme, expressando imediatamente sua indignação, mas seu espanto aumenta quando Jérôme se contenta em responder:

— Sim, é o que dizem de mim. Em 1973, chegou a ter algumas frases pichadas nas paredes, em letras grandes e vermelhas: "Lejeune e seus monstrinhos devem morrer".

— E o que você fez?

— Ah, eu apaguei todas aquelas coisas ofensivas.

Antonio fica perplexo. "Como ele pode estar tão calmo? Este homem é a serenidade em pessoa".[29]

É preciso dizer que Antonio Battro chegou a Paris em 1979, ano da revisão da Lei Veil, aprovada em 1975 de maneira provisória por cinco anos. Jérôme voltou a participar dos debates sobre a descriminalização do aborto, pois ele ainda estava no centro da resistência e continuou sendo o principal oponente dessa revolução filosófica, médica e social. Se já não era mais convidado para os programas de televisão, continuava a falar na rádio, principalmente na France Inter, nos programas *Le Téléphone sonne*, *Morning Newspaper* e *Inter actualités*, mas a sua voz continuava muito isolada.

Jérôme também não era bem-vindo na Associação de Médicos Católicos da França desde um congresso da

---

29 Conversa da autora com Antonio Battro. Ele disse que essa frase de Jérôme o deixou muito impressionado na época.

associação em 1972, quando respondeu a um orador que apresentava o aborto como um mal necessário, explicando que matar um paciente inocente era realmente um mal, mas jamais necessário, principalmente para médicos católicos. Os fins não justificam os meios. Depois dessa intervenção, o nome de Lejeune foi retirado do conselho editorial do jornal da associação, *Médecine de l'Homme*. Em 1979, a situação não era melhor porque a associação, ignorando a mensagem da Igreja sobre o respeito pela vida humana, publicou em abril, na *Médecine de l'Homme*, um artigo no mínimo ambíguo. O texto foi assinado pelo presidente e capelão da associação, em meio a um debate para decidir se a Lei Veil seria prorrogada, e poderia influenciar a opinião de muitos médicos. Jérôme ficou enojado ao ler aquelas linhas. A coisa era grave demais para ser ignorada. Apesar da situação, ele escreveu, gentilmente:

> Caro colega, permita-me dizer-lhe com toda a amizade a dor que senti ao ler o último número da *Médecine de l'Homme*. Sua abertura é cheia de bom humor, mas o efeito causado na imprensa é terrível. O presidente Abiven e o capelão Michel Roy apresentam, ao que parece, uma série de perguntas, mas todo o pacote está muito perto de constituir uma opinião. Os jornalistas não tiveram dúvidas. [...] Isso já não é apenas levantar questões, mas fazer um jogo de palavras para expor uma posição favorável à manutenção da lei. Sei que Maurice Abiven, Michel Roy e você já falaram abertamente, por isso gostaria de lhe dizer algumas coisas amigavelmente. Todos concordamos que a ciência sem consciência nada mais é do que a ruína da alma. Mas a consciência sem ciência é apenas a ruína da inteligência, todos devemos também concordar. [...] Deixemos para os outros, para os de fora, como diria São Paulo, essa esquizofrenia da linguagem que fala de ser humano que ainda não é humano, ou dos pequeninos desumanizados. No entanto, se nós, médicos católicos, passarmos a impressão de que duvidamos, estaremos, na verdade, desorientando os outros. Quem falará pelas crianças se nós não tivermos coragem de o fazer? E em todas essas discussões, a criança sequer é mencionada!

> Permita-me lembrá-lo de como os abortistas conseguiram mudar as mentalidades até agora (você concorda que nenhum jornal católico teria publicado um artigo desse tipo há menos de dez anos). Primeiro eles falaram dos mais desfavorecidos, dos malformados, dos indesejados, dos infelizes, dos que não são amados; e foi a partir do dia em que certos médicos católicos aceitaram a ideia de suprimir — e suprimir *in utero*! — enfermos muito pequenos, gravemente afetados, que se tornou possível falar abertamente — e até solicitar — o aborto para todos, doentes ou não. A questão levantada pelos dois artigos do *Médecine de l'Homme* não é mais se os médicos católicos deveriam pedir a revisão da Lei Veil. Lendo seus argumentos, pode-se pensar que ela é bastante "tolerável", fazendo parecer que a questão trata apenas de como aplicá-la de maneira justa! [...]
>
> Esta carta, caro colega, é um apelo. Não é uma crítica e muito menos uma polêmica. Por favor, leia para o Abiven, para o Padre Roy, para o Dr. René e os outros colegas também. Entre os nossos colegas docentes, infelizmente sou visto como um excêntrico. Hoje em dia é um paradoxo estar absolutamente convicto de que devemos ficar ao lado dos mais pequeninos, dos que não têm voz, dos que ainda não têm uma forma visível. Isso é visto como desatualizado, antiquado! Mas esse antiquado mantém a mesma juventude por quase dois mil anos. Por que não deveríamos estar todos, resoluta e absolutamente, do lado da vida? Vocês não querem se juntar a nós?
>
> Com muita estima e amizade.[30]

Mas apesar de todos os esforços dos defensores da vida, a lei provisória que descriminalizava o aborto na França tornou-se definitiva: foi aprovada em 31 de dezembro de 1979. Como em 1975, Jérôme sofreu por todas as crianças que não veriam e nunca verão a luz do dia, e pelas mães que estão presas a esta escolha, sob o argumento de que "não têm escolha".

Para quem ainda tem dúvida da natureza dessas leis, basta consultar a obra bem explícita de Pierre Simon, grão-mestre do Grande Loja da França[31] e consultor

---

30 J. Lejeune, *Carta ao prof. Laroche*, 11 de abril de 1979.
31 P. Simon foi Grão-Mestre da Grande Loja da França de 1969 a 1971 e depois de 1973 a 1975.

técnico do gabinete de Simone Veil, publicado em 1979: *De la vie avant tout chose*.[32] O autor detalha a paciente estratégia da Maçonaria, desenvolvida a partir da década de 50, para obter a legalização do aborto. O livro se preza a dar ao público a plena medida do que está em jogo, demonstrando que não se deve subestimar a influência determinante da Maçonaria na campanha pelo aborto. Simon explica que depois que a sociedade francesa se opôs ao aborto em 1950, seus colegas maçons planejaram etapas para mudar as mentalidades, primeiro obtendo a legalização da contracepção, depois a do aborto. Eles acreditavam que, assim que a mulher se acostumasse a controlar a vida por meio da contracepção, para ter um filho exatamente "quando quisesse", ela não aceitaria mais uma gravidez inesperada e, dessa forma, estaria pronta para o aborto.[33] No livro, Simon também anuncia suas próximas lutas, a partir dos anos 80, por reprodução medicamente assistida e eutanásia. Curiosamente, esse livro muito instrutivo desapareceu das livrarias duas semanas após a sua publicação.

Mas Birthe e Jérôme conseguiram obter uma cópia. Ao lerem, confirmaram suas suspeitas: as raízes do combate são espirituais. O livro mostra que a medicina é usada apenas como uma arma para libertar o mundo de Deus, um mundo onde o homem se torna sua própria medida. Pierre Simon é bastante explícito:

---

32 P. Simon, *De la vie avant toute chose*, Éd. Mazarine, 1979.

33 Essa lógica explica por que a França atual, embora tenha uma taxa de contracepção muito elevada, tenha uma taxa de aborto também muito alta — 220 mil por ano, 8 milhões desde 1975, sem falar de 10 mil abortos de crianças deficientes por ano, elevando o número total de abortos para 9,5 milhões nos últimos 43 anos. O desenvolvimento da contracepção leva ao desenvolvimento do aborto: por um lado, a mentalidade contraceptiva incentivando uma vida sexual "liberada", ou seja, desconectada de sua dimensão reprodutiva, multiplica as oportunidades de gravidez indesejada; por outro lado, na mentalidade contraceptiva, a criança aparece como um risco, e nos casos relativamente frequentes de "falha contraceptiva", ou seja, no caso de gravidez, o aborto passa a ser a solução para corrigir o erro. Vale lembrar que hoje na França o aborto de crianças deficientes (eufemisticamente denominada Interrupção Médica da Gravidez, IMG) está legalmente autorizado, com a anuência dos médicos, até nove meses de gravidez.

> "Pela primeira vez a ciência e a tecnologia abriram à sociedade para a possibilidade de se libertar das leis da natureza" [...] "A ginecologia adquiriu dimensão de uma arma para a grande luta do conhecimento. Ela virá expandir o império do homem, mudar a vida e se recusar a considerar a presente condição humana como definitiva" [...] "A medicina é um dos meios para elevar o mundo e abalar a velha ordem".[34]

A vida não é mais recebida de Deus, não existe por si mesma, é apenas uma "coisa" pela qual os homens são responsáveis:

> "Não é só a mãe, é toda a comunidade que carrega a criança dentro dela. É ela quem decide se ele deve ser gerado, se deve viver ou morrer, qual o seu papel e o seu futuro" [...] "Essa carga de vida tem seu corolário; tome cuidado para que esse material não se deteriore. Seria nos degradar e arruinar a espécie" [...] "Dar a vida é trazer ao mundo crianças sem deficiência".[35]

O controle da natalidade deve permitir o controle total, promovendo um aumento da qualidade de vida — que para eles significa pessoas sem deficiência e com uma sexualidade liberada:

> A contracepção, portanto, tem um papel triplo a desempenhar. Em primeiro lugar, a preservação do patrimônio genético, propriedade de todos os seres humanos [...]. Bloquear a transmissão de defeitos hereditários conhecidos é um dever específico. O segundo papel é a gestão qualitativa da vida: a saúde tornou-se uma propriedade coletiva. Contribuímos com a Previdência Social pela qualidade de vida e saúde da comunidade. Todos são solidários com todos. O terceiro papel da contracepção é a modulação do novo padrão da família.[36]

Simon, que participou da criação da filial francesa da Planned Parenthood, em 1960, retoma a eugenia que

---

34 P. Simon, *De la vie avant tout choose*, Ed. Mazarine, 1979, p. 34.

35 Ibid., pp. 15, 16 e 54.

36 Ibid., p. 96.

permeia a ideologia criada por Margaret Sanger, em 1921, nos Estados Unidos. Em suas várias obras, Sanger é muito clara ao afirmar que devemos evitar que o "indesejado" se reproduza:

> Todas as misérias deste mundo se devem ao fato de permitirmos que os ignorantes irresponsáveis, analfabetos e pobres se reproduzam sem que tenhamos o menor controle sobre sua fertilidade.
> [Por isso, o controle da natalidade deve] em última análise, levar a uma raça mais aprimorada, pois é realmente o maior e mais autêntico método eugênico.[37]

É o primeiro passo no aperfeiçoamento da raça, enquanto se aguarda a implementação da segunda etapa: a eugenia seletiva.

> Antes que a eugenia e qualquer pessoa que trabalhe no aprimoramento da raça possam ter sucesso, eles devem primeiro facilitar o controle da natalidade. [...] Ambos perseguem o mesmo objetivo, mas insistem em métodos diferentes.[38]

Essa tese não surgiu do acaso. Está enraizada nas ideologias do final do século XIX e se desenvolveu, no mundo científico, diante dos olhos de Jérôme, desde o final da década de 60. O darwinismo desempenhou um papel importante ao apoiar, em nome do evolucionismo, a hipótese de um aperfeiçoamento da espécie humana que supunha, eles acreditavam, a eliminação dos mais fracos.

Darwin destaca "o quanto essa perpetuação de seres fracos deve ser prejudicial à raça humana", então, nessa lógica, quando por algum acidente a natureza se esquece de eliminar os "seres fracos", os médicos devem assumir

---

37 M. Sanger, *The Pivot of Civilization*, 1922, cap. 8.
38 M. Sanger, "The Eugenic Value of Birth Control Propaganda", em *Birth Control Review*, outubro de 1921, p. 5.

essa missão. Foi assim que a palavra "eugenia" apareceu pela primeira vez, cunhada por Francis Galton, um primo de Charles Darwin.

Em 1892, dez anos após a morte de Darwin, Charles Richet, ganhador do Prêmio Nobel de Medicina e eugenista convicto, previu, com assustadora capacidade de antecipação, as aplicações dessa filosofia:

> Por volta do ano 2000, quando nos familiarizarmos com as leis da hereditariedade e suas aplicações práticas [...], não nos contentaremos em aperfeiçoar coelhos e pombos, tentaremos aperfeiçoar os homens. Será então necessário preparar as bases de uma espécie de seleção artificial, por cujo efeito os homens se tornarão mais fortes, mais belos e mais inteligentes.

Para facilitar essa seleção, quatro anos depois, em 1896, o francês Vacher de Lapouge sugeriu o desenvolvimento do "controle da fertilização artificial", separando amor, prazer e fertilidade... A eugenia então se espalhou rapidamente em círculos universitários e até uma cadeira de eugenia foi criada na Universidade de Londres, em 1904. Curiosamente, a exploração nazista dessa ideologia não diminuiu o entusiasmo dos cientistas e, logo depois da Segunda Guerra Mundial, era moda ser membro de uma organização abertamente eugênica. Bastava dizer que a eugenia nazista nada tem a ver com a eugenia científica.[39] Tanto que, na década de 60, Francis Crick, codescobridor do DNA e do Prêmio Nobel de Medicina, disse, despreocupado:

> Nenhuma criança recém-nascida deve ser reconhecida como humana até que tenha passado por uma série de testes de dotação genética. Se não passar nesses testes, perde o direito à vida.

---

39 Sobre este assunto, consultar o livro de Daniel Kevles, *In the name of Eugenics*, Harvard University Press, 1998.

Portanto, a revolução médica, resultante da transição cultural iniciada no século XIX, está em curso e quem se opõe a ela devem assumir o papel de Davi contra Golias...

No final dos anos 60, Jérôme encontrava-se na encruzilhada histórica das correntes eugenista e malthusiana que, pela primeira vez, graças ao progresso da genética e da ginecologia, dispunham de meios para sua política em escala internacional. Testemunha dessa evolução, Jérôme logo entendeu, consternado, que sua descoberta da Síndrome de Down, associada à amniocentese de Sir William Liley, possibilitaria a concretização dessa política eugenista. Duas descobertas feitas para curar que foram desviadas de seu objeto, para o drama de seus autores. "Um tremendo desgosto", segundo Jérôme. Por isso, em 1969, naquela famosa viagem a San Francisco, ele denunciou abertamente os danos e a violência dessa conduta científica e, desde então, jamais parou. Apesar das intimidações e aborrecimentos, a notoriedade internacional de Jérôme continuava a crescer e, portanto, tornava seu testemunho cada vez mais convincente, para a aflição os promotores dessas leis eugenistas e malthusianas. Ele havia se tornado um verdadeiro incômodo, uma pedra no sapato para um movimento que vinha crescendo tanto.

Consciente de que a luta não havia acabado e que estava isolado em sua posição dentro da própria Igreja da França, Jérôme teve uma consolação nesses tempos difíceis, a de manter boas relações com o Vaticano. Monsenhor Bernard Jacqueline, do Secretariado para os Não-Crentes, consultava-o regularmente sobre a relação entre fé e ciência e sobre a hesitação dos cientistas em relação à fé. Jérôme oferece uma análise baseada em suas observações:

> A mentalidade científica e a prática das ciências positivas certamente têm um efeito colateral: sugerir que somente os objetos de reflexão analisados a partir do método científico são

dignos de interesse. Isso é o que chamo de distorção profissional: o verdadeiro contador só enxerga números; o cientista só enxerga os resultados experimentais confirmados pela repetição e analisados pela lógica do não contraditório. Essa distorção é muito prejudicial para a mente e exclui não apenas a religião e a metafísica, mas tudo o que não é repetitivo nem mensurável. Isso é a terrível limitação do real. Um cientista, assim bitolado, não pode se interessar por arte, poesia, história. Cientistas, bitolados ou não, têm as mesmas dificuldades que todos os homens para se curvar à religião ou se questionar sobre metafísica. Mas, como sempre dizia Pascal, primeiro é preciso se ajoelhar.

Já em relação às descobertas da ciência, Jérôme foi taxativo: "Nenhuma das conclusões atuais da ciência me parece contrariar a fé". Ele usa vários exemplos para ilustrar seu ponto:

> A respeito da origem da vida e da evolução. Primeiro, os animais marinhos, depois os pássaros, depois o gado e depois o homem: o Gênesis é um maravilhoso resumo da evolução observada pela paleontologia. Nada poderia ser mais curto, mais claro ou mais evolutivo, mas os clérigos parecem esquecer voluntariamente o aspecto sequencial descrito pela Bíblia. Em nenhum momento o pensamento religioso é fixista! E ainda assim o reprovamos! Dobzhansky, que foi um dos grandes teóricos do evolucionismo moderno, confidenciou-me: "A religião cristã é a única possível, primeiro é evolucionária (antes e depois de Cristo); segundo, é encarnada; terceiro, é histórica!".

Então, Jérôme aborda o seguinte ponto:

> Que eu saiba, nenhum sistema de pensamento leva à rejeição da fé e da religião por meio de abordagens científicas. Para as ideologias conhecidas, neopositivismo, estruturalismo, marxismo, freudianismo e outras, a rejeição de toda fé e de toda religião precede o desenvolvimento da própria ideologia. Ao reler Marx, Freud, Comte ou Monod, só entendemos o que eles querem dizer lendo a frase invisível colocada no topo de cada capítulo: Deus não existe, logo... O "logo" significa que esta suposta ausência deve ser substituída por um sistema particular construído para esse fim. Como essas teorias se contradizem, esse "logo" parece muito fraco em uma boa lógica. Nada pode ser tirado de uma hipótese nula!

Finalmente, Jérôme conclui:

> A ciência é antes de tudo uma escola de modéstia, é o sucesso técnico que torna a pessoa presunçosa. As teorias devem se submeter aos dados da criação. Reconhecendo que as ideias científicas são como os estágios sucessivos de um foguete, onde as várias partes contribuem para o todo, enfim, os historiadores da ciência admitem que existe um ponto de vista mais geral para o qual o conhecimento tende.[40]

Em novembro de 1979, Jérôme foi a Roma para participar da sessão plenária da Pontifícia Academia das Ciências, excepcionalmente marcada perto do dia 10 de novembro, a fim de poder comemorar o centenário do nascimento de Albert Einstein. Para a ocasião, a Academia organizou uma grande cerimônia para a qual também foram convidados os cardeais que moravam em Roma e o corpo diplomático junto à Santa Sé. No final da palestra, estava previsto que os acadêmicos fossem apresentados, pela primeira vez, ao Santo Padre João Paulo II, eleito para a Cátedra de Pedro no ano anterior, em 16 de outubro de 1978.

Jérôme guardava boas recordações dessa eleição. Por acaso — ou pela Providência — estava em Roma com Birthe para um encontro na Pontifícia Academia das Ciências. Ele lembrava que, reunidos na Casina Pio IV, os acadêmicos receberam um telefonema de um funcionário do Vaticano que lhes anunciou: "*Habemus papam*!". E todos aqueles acadêmicos respeitáveis saíram correndo pelos jardins do Vaticano para chegar logo na Praça de São Pedro! Passando por um guarda suíço, Jérôme perguntou-lhe:

— Quem é o Papa?

Com um bico de decepção, ele respondeu:

— Um polonês!

---

[40] J. Lejeune, *Carta ao Monsenhor Bernard Jacqueline*, extratos, 28 de maio de 1979.

Em seguida, deu o nome do tal polonês:
— Karol Wojtyla.

Essa resposta não ajudou muito. Nenhum dos eminentes estudiosos sabia quem era Karol Wojtyla. Jérôme também lembra do espetáculo extraordinário na praça de São Pedro, e a alegria surpreendente que dali emanava. Quando o Santo Padre disse em italiano: "Se eu cometer algum erro na sua língua, na nossa língua...", houve uma explosão extraordinária de entusiasmo; as pessoas jogavam seus lenços e chapéus para o alto. Depois, quando disse que iam rezar à Santíssima Virgem, Jérôme voltou-se para um amigo e disse-lhe: "Temos um bom Papa, um homem que fala da Santíssima Virgem no momento da sua eleição é necessariamente bom".[41]

Depois, Jérôme ouviu ele ser muito elogiado por Wanda Poltawska, uma amiga psiquiatra que havia conhecido em um congresso científico na Polônia e que tinha trabalhado muito com Wojtyla na pastoral da família e da vida. Ele ainda um jovem bispo, e depois cardeal da Cracóvia. Jérôme estava muito feliz em poder conhecê-lo naquele congresso da Academia.

Na magnífica Sala Clementina, adornada com afrescos admiráveis, Jérôme esperava pacientemente, quando, de repente, os convidados se levantaram todos juntos. Jérôme fez o mesmo. A porta dupla se abriu e surgiu a figura alta e atlética do Santo Padre, cercado por guardas suíços e prelados importantes. O Papa se dirigiu rapidamente à Sé Apostólica e, enquanto todos tentavam vê-lo, ele deu uma olhada com ternura para a assembleia silenciosa, antes de se sentar, logo acompanhado por toda a assistência. Desde as primeiras palavras do discurso que João Paulo II proferiu em um italiano, com ligeiro sotaque eslavo, Jérôme foi tocado no coração e na inteligência:

---

41 J. Lejeune, *Entrevista sobre João Paulo II*, com E. Ostian, sem data.

> Sinto-me plenamente solidário com o meu predecessor Pio XI e com os que lhe sucederam na Cátedra de Pedro, convidando os membros da Pontifícia Academia das Ciências, e todos os sábios com eles, a fazerem "progredir, cada vez mais nobre e intensamente, as ciências, sem nada lhes pedir a mais; isto porque, neste excelente propósito e neste nobre labor, consiste a missão de servir a verdade, da qual nós os encarregamos" (Pio XI, *In multis solaciis*, 1936).
>
> A investigação da verdade é a tarefa fundamental da ciência. O pesquisador, que se move nesta primeira vertente da ciência, sente toda a fascinação das palavras de Santo Agostinho: *intellectum valde ama* (ama muito a inteligência), e a função que lhe é própria, que é a de conhecer a verdade. A ciência pura é um bem, digno de ser muito amado, porque é conhecimento e, portanto, perfeição do homem na sua inteligência.[42]

Ao final da audiência, os acadêmicos são apresentados um a um. Chegada a sua vez, Jérôme se curvou com profunda alegria diante do Papa cuja grandeza ele já pressentia. Já o Santo Padre saudou com respeito o professor cujos méritos ele já conhecia pelos elogios de uma amiga em comum: Wanda Poltawska. Os sorrisos respondem um ao outro.

Em junho de 1980, João Paulo II vai a Paris. Era a primeira viagem de um pontífice romano à França desde a coroação de Napoleão! Jérôme e Birthe prepararam-se com entusiasmo para esta visita. Que honra para a Igreja da França! E que alegria para Jérôme, tão feliz por reencontrar o Papa, cuja bondade e inteligência o conquistaram.

— Devemos organizar uma acolhida maravilhosa — disse uma noite para sua família reunida para o jantar.

---

[42] João Paulo II, *Discurso à Pontifícia Academia de Ciências*, em comemoração ao nascimento de Albert Einstein, 10 de novembro de 1979.

— Sim, devemos... até porque tenho a impressão de que as autoridades não estão muito animadas e nem motivando o povo! — disse Birthe.

— Estamos pensando em organizar uma peregrinação com amigos — disse sua filha Karin, entusiasmada. Pretendemos partir à noite, para chegar à missa em Paris no início da manhã. Andaremos a noite toda, com o maior número de pessoas possível.

— Ótima ideia! — exclama Birthe.

— Vamos fazer!

Dias depois, Karin anuncia a seus pais o sucesso da organização:

— Graças às redes de amigos e ao Icthus[43] já conseguimos reunir quase mil pessoas. Principalmente jovens! É incrível! A nunciatura nos informou que a missa será celebrada em Le Bourget. Já estamos procurando um lugar para começar nossa peregrinação, a 25 quilômetros de Le Bourget.

Na mesma noite, na sede da organização, um dos jovens estendeu no chão um mapa dos arredores de Paris, e com uma bússola traçou um raio de 25 quilômetros, com o ponto no Bourget, formando um círculo acima da vila de Champlatreux.

— Acho que seria ótimo se pudéssemos nos encontrar aqui! — disse a todos ao redor.

Eis que, na noite de 31 de maio, um sábado, mil peregrinos, entre os quais Jérôme e Birthe, reuniram-se para uma grande vigília de oração no Parque do Duque de Noailles. Rezaram pelo Santo Padre, pela Igreja e pela França, antes de seguirem o caminho traçado. Nem a chuva diminuiu a alegria e as canções entoadas com alegria durante toda aquela longa caminhada noturna. Andaram 25 quilômetros até chegarem à Esplanade du Bourget,

---

43 Também conhecido como Ictus ou Rue des Renaudes, é um centro de formação cívica e cultural de acordo com a lei natural e cristã. Em particular, é responsável pela organização de grandes congressos em Lausanne, nos quais Jérôme falava regularmente.

bem antes do amanhecer — e também do Santo Padre, cuja chegada era esperada no final da manhã. Todos tentaram dormir um pouco, sentados ou deitados no chão, entre as poças d'água. Finalmente, às 11 horas, o Santo Padre chegou, entre aplausos e sorrisos de vários milhares de corajosos. Mas a recepção não estava à altura do padrão do evento. Menos de 400 mil católicos franceses estavam presentes para receber o Papa João Paulo II em sua primeira visita à França. Mas o Santo Padre, enfrentando o frio, conseguiu inverter a situação. Sua homilia, pronunciada em 1º de junho de 1980, sacodiu o desinteresse da França cristã. Ele, um filho da santa Polônia, convidou a França a redescobrir sua vocação:

> Permita-me, para concluir, perguntar-lhes: França, filha mais velha da Igreja, tu és fiel às promessas do batismo? Permita-me lhes perguntar: França, filha da Igreja e educadora dos povos, és fiel, para o bem dos homens, à aliança com a sabedoria eterna?

Essas palavras revigorantes sacudiram a indiferença espiritual e os medos. Renovando o testamento profético de São Remígio, anunciavam uma nova era para a França, o que deixou Jérôme muito comovido.

À noite, Jérôme estava feliz em poder continuar ouvindo as palavras do Santo Padre no Parc des Princes, durante a vigília para os jovens. Infelizmente, ele não achou a cerimônia nem bonita nem piedosa, com canções e textos sem expressão. Era quase uma afronta ao Papa. Mas, de repente, das arquibancadas do estádio, ergueu-se o *Salve Regina*, num coro de centenas de jovens. São os peregrinos de ontem, dispersos nas galerias, que cantam entusiasmados. O Santo Padre cantou junto. Foram minutos de visível felicidade. Um momento de graça.

Como em Roma durante o congresso da Pontifícia Academia de Ciências, Jérôme ficou muito comovido com as palavras de João Paulo II. O Santo Padre expressava o que Jérôme carregava em seu coração. Havia uma conexão, uma profunda compreensão espiritual e intelectual. Pela primeira vez, Jérôme não se sentia tão só. E estava tão feliz com esta nova graça, que ousou pegar sua caneta no final da viagem apostólica para escrever ao Papa, expressando sua gratidão:

> Santíssimo Padre, gostaria de agradecer por ter vindo nos trazer a verdade. A França está com a alma doente. Uma chamada *intelligentsia* possui os meios de informação e desencaminha as pessoas. Alguns defendem o "aborto de misericórdia" e, portanto, colocam em risco a vida de milhares de crianças. Um país que mata seus filhos mata sua alma. Hoje, as intituladas grandes consciências pretendem doutrinar os médicos, assegurando-lhes que cura melhor quem mata bem! Um país que desvirtua sua medicina mata seu coração. Estamos padecendo dessa intelectualidade que nos leva do aborto à eutanásia. Mas ainda queremos viver. É absolutamente necessário que as inteligências iluminadas ousem defender abertamente a doutrina católica.
> Teme-se que a ciência moderna seja oposta à fé. Isso é falso! E concordo plenamente com o que diz o professor Chaunu. Mas, para dar uma aparência a essa oposição que não existe, revelamos apenas uma parte dos fatos, estando a outra deliberadamente oculta [por exemplo, quando os médicos ingleses tiveram sucesso na fertilização *in vitro*, seguida pelo feliz nascimento de uma menina, disseram: "Vejam que a tecnologia nos torna mestres da vida". Mas a verdadeira conclusão científica foi bem diferente. A fecundação extracorpórea é a prova visível e experiencial de um fato que a moralidade sempre ensinou: "A vida humana começa com a fecundação". Ao mascarar uma parte do conhecimento, desfigura-se a ciência, dando-lhe um rosto terrível. É a doença da intelectualidade. E essa amputação da realidade leva ao desprezo pelo amor e à perda do respeito pela vida. É a doença do nosso país. A imensa tarefa, que termos sempre de recomeçar, é reconstruir as inteligências, porque uma falsa razão torna o homem insensível aos apelos do coração.
> É por isso, Santíssimo Padre, que desejo expressar-lhe a nossa imensa gratidão, porque, finalmente, o Senhor nos traz, com força e clareza, palavras de vida.[44]

---

44 J. Lejeune, *Carta ao Papa João Paulo II*, 5 de junho de 1980.

Jérôme retomou a batalha científica fortalecido pela alegria desse encontro. Uma alegria que, em breve, o ajudaria muito.

CAPÍTULO 12
Uma amizade providencial
1981–1982

Com as mãos na cabeça e sozinho em seu escritório, Jérôme refletia sobre sua difícil situação: "O que fazer? Temo que o silêncio da administração diante dos meus repetidos pedidos seja voluntário. Já passei um ano sem secretária e tive de me virar para arranjar uma! Com toda essa correspondência, compromissos e publicações, era impossível ficar sem uma secretária! Toda a equipe tem sido prejudicada. E agora o CNRS está me dizendo que vai reduzir ainda mais o financiamento! Com tão poucos recursos, não vou conseguir mais pagar o estagiário de meio período, que está conosco em tempo integral há mais de quatro anos. O que fazer?".

Inquieto, Jérôme busca uma solução. "Felizmente" — pensou — "ainda tenho o restante do Prêmio Kennedy, e poderei pagar a secretária por mais alguns meses. Depois terei de encontrar uma alternativa. Quanto desperdício! Todo mundo sai perdendo". De repente, toca o despertador. Jérôme ergue a cabeça e olha para o relógio. São 19 horas. Estendendo a mão, desliga o alarme com um gesto brusco, mas depois sorri, lembrando que, sem o relógio, não chegaria a tempo dos jantares de família pelos quais Birthe tanto prezava. Levanta-se apressado, tira o paletó e sai, feliz porque vai encontrar a família e poder compartilhar suas preocupações com sua esposa.

Imediatamente após o jantar, ele lhe conta sobre suas preocupações. Também preocupada, ela sugere:

— Por que você não escreve para o diretor-geral do INSERM? Talvez ele possa ajudar. Você não perde nada tentando.

— Boa ideia! Todo esse tempo que perco lutando por recursos para trabalhar significa menos tempo para pesquisa. Que coisa estúpida!

Jérôme escreveu sua carta e, algumas semanas depois, recebeu uma resposta tranquilizadora.[1] Para grande alívio, o cargo será financiado pelo INSERM. Com a verba reiterada pela Fundação Kennedy, que alocou 5 mil dólares naquele ano, e uma outra anunciada pelo Michael Fund, Jérôme fica mais tranquilo, pois poderá manter a atividade da equipe em 1981. "Depois, veremos. Amanhã é outro dia!", disse a Birthe.

Em sua corrida para salvar crianças doentes, Jérôme tinha apenas um desejo: dedicar o máximo de tempo possível à pesquisa para, enfim, encontrar o medicamento que não só poderia curá-los, mas também salvá-los, pois a trissomia, que não é uma doença fatal, poderá se tornar caso a triagem pré-natal vire uma rotina. Jérôme viu nos Estados Unidos que "o massacre dos inocentes" estava programado, e, portanto, a única forma de salvá-los era encontrar uma cura. Ele também sabia que as pessoas com Síndrome de Down não eram as únicas em risco. Corriam perigo todas as crianças com malformações detectáveis *in utero,* todas as que portassem anomalias cromossômicas, muitas vezes mais graves do que a trissomia 21. Jérôme as conhecia pessoalmente. O Dr. Lejeune recebeu 4 mil pacientes em consultas desde o início de sua carreira. Sua agenda estava sempre cheia. Lembrava de todos pelo nome e acompanhou suas histórias porque as recebia todos os anos para consultas

---

1 J. Lejeune, *Carta ao Dr. Laudat, Diretor Geral do INSERM*, 22 de abril de 1981.

regulares ou encontros pessoais com seus familiares. Jérôme também mantinha uma troca de cartas com as famílias, e essas cartas provam como ele conhecia bem cada um de seus pacientes. Numa delas, responde a uma mãe que lhe pergunta sobre seu filho, um jovem adulto, um artista, um pintor:

> Além de outras mil peculiaridades, que o definem precisamente, Matthieu[2] é um pintor. Outros são músicos (ou melhor, amantes da música, porque poucos são instrumentistas), alguns são escritores, poetas ou contadores de histórias. Há ainda os que têm o precioso talento de gostar de fazer as pessoas felizes e se contentam em ser pessoas encantadoras. Como qualquer pessoa com Síndrome de Down feliz, Matthieu é um pouco disso tudo. Mas como é que Bruno é poeta, Chantal escritora e Matthieu pintor, não sei. Essa natureza do artista, que floresce apesar das deficiências, não é tão surpreendente assim. A inteligência abstrata e raciocinativa, medida por testes e que sabemos colocar para funcionar, essa lógica admirável e quase mecânica, está ferida nas pessoas com Síndrome de Down. Eles não conseguem, por exemplo, ir além de um nível muito simples nos estudos da geometria.
> Mas naquela outra razão que está mais próxima do coração, onde as emoções se aproximam da realidade, lá onde é preciso ter sensibilidade, no domínio mais íntimo e privilegiado, as pessoas com Síndrome de Down não são mais prejudicadas do que outras. Neste campo da mente onde crianças, amantes e poetas se encontram, eles são tão livres quanto nós, tão livres quanto os homens podem ser.[3]

Jérôme concentrava-se na busca de algum medicamento para seus pacientes com Síndrome de Down, mas como seu trabalho não era fechado para as possíveis soluções que surjam, acabou indo na direção de outras anomalias cromossômicas, como a síndrome do X frágil, a mais comum após a trissomia do 21, devido a uma fragilidade do cromossomo X. Jérôme falava explicitamente da doença em conexão com essas anomalias

---

2 O nome foi alterado.
3 J. Lejeune, *Carta a uma mãe*, 1981.

cromossômicas porque acreditava ser possível encontrar uma cura. A dedicação era tamanha que sua pesquisa foi avançando rapidamente. Pela primeira vez, conseguiu modificar *in vitro* e *in vivo* uma anomalia cromossômica.[4] Os resultados eram convincentes e Jérôme concordou em falar sobre isso com um jornalista da revista *Paris Match*. A matéria saiu em 11 de dezembro de 1981, com o título "No terceiro dia, Ludovic finalmente começou a falar".[5] Jérôme sempre teve o cuidado de não dar falsas esperanças aos pais e, regularmente, escreve a jornalistas, atraídos pelo sensacionalismo, que falam de cura iminente.[6] Ele os exortava a ter muito cuidado para não "torturar os pais com esperança" porque "seria absolutamente injustificado sugerir que esses avanços correspondem ao desenvolvimento de um tratamento que ainda está por ser descoberto".[7]

Mas o próprio Dr. Lejeune estava muito entusiasmado com a mudança de comportamento de Ludovic, observada por ele e pelos familiares. Infelizmente, os resultados espetaculares que havia anunciado à imprensa se revelaram insatisfatórios, deixando Jérôme profundamente arrependido por ter feito o anúncio de forma prematura — ele, que sempre fora tão cuidadoso para não dar falsas alegrias aos pais!

Ficou perturbado com esse erro, mas isso jamais afetou a sua determinação: logo preparou um novo estudo para verificar se o ácido fólico tinha efeitos benéficos nas pessoas portadoras da síndrome do X frágil e se

---

4 J. Lejeune, *Carta ao dr. Laudat*, Diretor Geral do INSERM, 22 de abril de 1981. Eles conseguiram modificar *in vitro* e *in vivo* uma anomalia cromossômica: a fragilidade da zona q27 do cromossomo X.

5 J. Lejeune, entrevistado no *Paris Match* por Monique Cara, "No terceiro dia, Ludovic finalmente começou a falar... Uma esperança na luta contra a deficiência mental: Professor Lejeune cura duas crianças deficientes em Paris", 11 de dezembro de 1981.

6 J. Lejeune, *Carta a R. Norris*, 21 de dezembro de 1981, etc.

7 J. Lejeune, *Carta ao Presidente da ANAPEI*, 28 de janeiro de 1981.

podiam acelerar suas reações.[8] Jérôme acreditava tanto nos benefícios do ácido fólico, principalmente durante a gestação, que já recomendava às mulheres grávidas ao seu redor, o que de certa forma surpreendia seus colegas médicos. Mas já estava iniciando o ensaio clínico com mais de dez pacientes.

Entre 1980 e 1981, intercalou sua investigação com alguns congressos científicos. Foi a Israel e ministrou conferências de genética no Chile, na Argentina, em Portugal, no Reino Unido e na Itália. No Chile, foi recebido como professor honorário da Universidade de Santiago. Na Argentina, nomeado membro titular da Academia Nacional de Medicina e doutor honorário pela Universidade de Buenos Aires.

No plano político, esses dois anos foram relativamente calmos para ele, já que a Lei Veil foi votada e aprovada. Era muito menos procurado do que antes, mas ainda fazia suas intervenções, pois a mídia continuava a questionar regularmente os especialistas sobre a necessidade ou não de manter vivas as pessoas com deficiência. Quando Jérôme era convidado para um debate, concordava em participar, embora considerasse as questões inadequadas e violentas para os interessados. Mesmo assim ia, porque era o "advogado dos que não têm voz", e precisava, portanto, defendê-los. Certa ocasião, respondeu a um jornalista da *Paris Match* que pretendia publicar uma reportagem com o título "Devemos nos esforçar para salvá-los?", contendo duas entrevistas com visões antagônicas sobre o tema. Jérôme concedeu a entrevista intitulada "Sim, devemos deixá-los viver", onde reafirmou o valor imenso de toda a vida humana, mesmo com deficiência grave. Ele reiterou com veemência: "É preciso

---

8 J. Lejeune, *Carta a R. Gribble*, 24 de novembro de 1982, onde explica este estudo: embora os pacientes portadores de um X frágil não tenham deficiência de folato, mas sim um bloqueio no metabolismo dos carbonos, ele acreditava que o ácido fólico, se não poderia curá-los, poderia ao menos acelerar suas reações.

sempre estar do lado do paciente. Sempre!".⁹ Foi publicada em 7 de novembro de 1980. Poucos dias depois, Jérôme recebeu uma carta de agradecimento de uma jovem de 13 anos, cujas palavras encantadoras transmitiam a esperança de que seu testemunho a favor da vida crescia no coração das crianças:

> Professor, eu gostaria de parabenizá-lo do fundo do meu coração por sua entrevista na *Paris Match*. Suas ideias são maravilhosas e graças ao senhor e a todos os seus colaboradores que a medicina, a genética e principalmente a vida darão um salto espetacular. Tenho grande admiração pelo senhor, professor. Gostaria de ser como o senhor, para salvar vidas poder dar às pessoas a esperança de um futuro melhor. Tenho apenas 13 anos, mas já sou apaixonada por medicina e principalmente por genética. Pode ser apenas uma ideia adolescente, mas eu quero que crie raízes, que se torne minha vocação. Gostaria de ser daqui a 20, 30 ou 40 anos o que você é hoje, para dar continuidade a esse trabalho. [...] Esse artigo me marcou profundamente, e acredito que também a muitos outros jovens. Pessoalmente o senhor me deu inspiração e muita esperança no futuro.¹⁰

Suas inúmeras conferências ao redor do mundo espalhavam um espírito de alegria e de coragem nos países visitados, o que também lhe rendiam centenas de cartas de agradecimento e congratulações vindas de terras distantes. Tal como as palavras de um médico húngaro, de Innsbruck, que até se deu ao trabalho de escrever em francês:

> Nunca na minha vida encontrei um texto semelhante, unindo fé e ciência de maneira tão sublime!¹¹

Ou esta carta do Dr. Battro, que recebeu no dia seguinte à sua passagem pela Argentina, onde foi tão bem recebido:

---

9 J. Lejeune, entrevistado por M. Leclercq, "Sim, devemos deixá-los viver", *Paris Match*, 7 de novembro de 1980.
10 M. Rusnac, *Carta a J. Lejeune*, 15 de novembro de 1980.
11 P. Cholnoky, *Carta a J. Lejeune*, 2 de abril de 1981.

> Meu caro Jérôme, sua visita a Buenos Aires nos comoveu profundamente. Que Deus o abençoe por nos trazer uma luz extraordinária. [...] Você não só nos deu os princípios da maior descoberta médica de nosso tempo como também a alegria de compreender e amar a vida em seu mistério mais íntimo. Graças ao senhor o "humanismo integral" cristão pôde incorporar a dimensão biológica que faltava. A filosofia do espírito está descobrindo agora a "matéria informe" que lhe permite compreender melhor a unidade da alma e do corpo. Você nos abriu uma janela para o ponto mais sublime da inteligência humana e foi através de seus pequeninos pacientes que descobriu a grandeza do espírito humano. Você seguiu e o Evangelho e a Boa Nova lhe trouxe a verdade.[12]

Em abril de 1981, Jérôme era esperado nos Estados Unidos não para um congresso científico, já que não era mais convidado para nenhum simpósio médico havia mais de oito anos, mas para depor perante o Congresso e o Senado. Ele foi questionado como especialista científico em um projeto de lei que salientava que a vida humana deve existir desde a concepção.

No dia 23 de abril, perante o Comitê de Separação de Poderes do Senado dos Estados Unidos, Jérôme escolheu palavras simples para explicar o estado atual do conhecimento em embriologia a um público mais especializado em direito do que em ciência experimental:

> Quando começa um ser humano? Eu gostaria de tentar dar a essa pergunta a resposta mais precisa que a ciência pode fornecer na atualidade. A biologia moderna nos ensina que os ancestrais estão unidos aos seus descendentes por um vínculo material contínuo, uma vez que é a partir da fertilização da célula feminina (o óvulo) pela célula masculina (o esperma) que surge um novo membro da espécie. A vida tem uma história muito longa, mas cada indivíduo tem um início muito específico: o momento da sua concepção. A ligação material é o filamento molecular do DNA. Em cada célula reprodutiva, essa fita de cerca de um metro de comprimento é cortada em pedaços (23 em nossa espécie). Cada segmento é

---

12 A. Battro, *Carta a J. Lejeune*, 2 de novembro de 1981.

> cuidadosamente enrolado e embrulhado (como uma fita cassete magnética) para que no microscópio pareça um cotonete (é um cromossomo). Assim que os 23 cromossomos paternos são reunidos com os 23 cromossomos maternos, é reunida toda a informação genética necessária e suficiente para expressar todas as qualidades inatas do novo indivíduo. Assim como ao colocarmos uma fita cassete em um tocador inicia-se a reprodução de uma sinfonia, o novo ser começa a se expressar no momento exato em que é concebido. [...] Os cromossomos são as tábuas da lei da vida e quando reunidos no novo ser [...] descrevem inteiramente sua constituição pessoal. O surpreendente é a miniaturização da escrita. É difícil acreditar — embora não haja mais dúvida — que toda a informação genética necessária e suficiente para construir nossos corpos e até mesmo nossos cérebros, que o motor mais poderoso para resolver os problemas capazes até de analisar as leis do universo, possam ser resumidos a ponto de seu substrato material caber na ponta de uma agulha!

Jérôme parou por um instante para observar os rostos dos membros da Comissão. Depois retomou a explicação de que a mistura genética é tão complexa que cada novo ser é totalmente único e insubstituível. Em seguida, descreveu a autonomia desse pequeno ser vivo, um bailarino, um astronauta:

> Dentro de sua cápsula de vida, que é o saco amniótico, o novo ser é exatamente tão viável quanto um astronauta flutuando na lua dentro de seu traje espacial. O suprimento de fluidos vitais deve ser fornecido pela nave-mãe. Esse alimento é essencial para a sobrevivência, mas não "faz" a criança — assim como o mais tecnológico dos ônibus espaciais não pode produzir um astronauta. Essa comparação é ainda mais necessária quando o feto está se movendo. Graças a imagens de ultrassom muito sofisticadas, o professor Ian Donald, da Inglaterra, conseguiu produzir, no ano passado, um filme que mostrava o mais jovem artista do mundo: um bebê de 11 semanas dançando no útero. O bebê se divertia! Dobrava os joelhos, empurrava a parede do útero, girava de um lado para o outro. Como seu corpo tinha a mesma densidade do líquido amniótico, ele mal sentia a gravidade e dançava muito devagar com uma graça e elegância impossíveis em qualquer outro lugar da Terra. Apenas os astronautas, num ambiente sem gravidade,

conseguem executar movimentos tão suaves. Aliás, para a primeira caminhada no espaço, os técnicos tiveram que decidir onde terminariam os canos que transportavam os fluidos vitais. Acabaram por escolher a fivela do cinto de mergulho, reinventando, assim, o cordão umbilical.

O público parecia surpreso. Jamais tinham visto algo parecido. Era incrível ouvir um cientista expor um conhecimento tão complexo com tamanha simplicidade... Jérôme, então, chega finalmente à sua conclusão:

> Aceitar o fato de que após a fertilização um novo ser humano passa a existir não é mais uma questão de gosto ou opinião. A natureza humana do ser humano, da concepção à velhice, não é apenas uma hipótese metafísica, mas uma evidência experimental.[13]

No retorno a Paris, Jérôme teve alguns dias para reencontrar seus pacientes e dedicar algum tempo às pesquisas antes de fazer as malas novamente. Desta vez partiria para Roma, junto com Birthe, na época em que o debate sobre o aborto na Itália estava com grande repercussão. O aborto tinha sido legalizado em 1978, mas o *Movimento per la Vita* tinha organizado um referendo sobre o assunto em meados de maio. Poucos dias antes de partir para os Estados Unidos, Jérôme recebeu uma carta do Cardeal Benelli, Arcebispo de Florença, convidando-o a fazer uma intervenção:

> Prezado professor, permito-me lhe escrever, desculpando-me pelo pouco tempo livre que deixo à sua disposição para decidir, a fim de convidá-lo a realizar uma coletiva de imprensa, na Itália, sobre o tema do aborto, mas isto antes do dia 17 de maio, que é a data do referendo. Seria uma questão de falar contra o aborto e a favor do referendo do *Movimento per la Vita* que, como você sabe, propõe a derrubada parcial

---

13 J. Lejeune, Testemunho perante o Comitê do Senado dos Estados Unidos sobre a separação de poderes, 23 de abril de 1981.

da lei, após o Tribunal Constitucional ter nos impedido de realizar um referendo para exigir a revogação da lei. É apenas um primeiro passo, mas é essencial para a derrubada desta lei injusta.[14]

Jérôme aceitou imediatamente.

Em Roma, já no final da curta estadia, tiveram uma grata surpresa. Já preparavam as coisas para a viagem de retorno a Paris quando receberam um convite inesperado: havia uma mensagem no hotel dizendo que o Santo Padre os convidava para almoçar antes de partirem, no dia seguinte. Era quarta-feira, 13 de maio. Eles deveriam se apresentar às 12h30, no Portão de Bronze, sob a colunata de Bernini, à direita da Praça de São Pedro. Jérôme ficou tão emocionado que nem tinha palavras. Enquanto isso, Birthe já estava agendando o táxi que depois os levaria do Vaticano ao aeroporto. Por sorte, o avião deles decolaria somente no final da tarde.

No dia seguinte, cientes do extraordinário privilégio que estavam prestes a vivenciar, entraram nos aposentos do Papa escoltados por um de seus dois secretários e foram imediatamente conquistados pela calorosa recepção do Santo Padre. Durante o almoço, junto com outros dois convidados italianos — entre eles o jornalista Alberto Michelini —, a conversa se voltou para o próximo referendo sobre o aborto, marcado para o domingo seguinte. Era um assunto de grande preocupação para João Paulo II, que tinha acabado de criar, no dia 9 de maio, o Pontifício Conselho para a Família, para intensificar este ministério pastoral que ocupava um lugar importante em seu coração. Ele estava convencido de que a família, intimamente ligada ao serviço da vida, era o futuro do mundo. O Santo Padre interrogou cada um com grande atenção e muita gentileza.

---

14 Cardeal Benelli, *Carta a J. Lejeune*, 14 de abril de 1981

Naquelas duas horas de discussões maravilhosas com o Papa,[15] Jérôme teve a impressão de que o tempo havia parado. Infelizmente, era apenas uma impressão. As horas haviam passado muito rápido e o Santo Padre tinha de deixar seus convidados para encontrar o público na Praça de São Pedro. Enquanto o Papa se juntava aos milhares de peregrinos que o aguardavam, Jérôme e Birthe se apressavam para o Aeroporto de Fiumicino para não perder o avião, pois, naquela mesma noite, em Paris, Jérôme tinha uma pequena conferência a estudantes organizada pelo Padre Grimaud, e ele não queria desapontá-los com sua ausência.

Ao chegarem a Fiumicino, descobriram que todos os voos estavam suspensos. Ficaram aborrecidos porque não lhes deram nenhuma explicação. Esperaram quase três horas sem nenhum esclarecimento. Então, finalmente, foram convidados a embarcar. Duas horas depois, já em Paris, no táxi para casa, ouviram no rádio alguns repórteres se lamentando com muita comoção. Sem saber direito o que estava acontecendo, questionam o motorista, que respondeu de forma bem direta:

— O Papa morreu!

Jérôme ficou aterrorizado com a frase. O motorista continuou:

— Ele foi assassinado durante a audiência, na Praça de São Pedro.

Jérôme não podia acreditar. Aquela notícia era terrível e violenta demais para ele. Olhou para Birthe, pálido:

— Meu Deus... e pensar que estávamos conversando com ele meia hora antes de ser assassinado por esse bandido...

Ficou em silêncio por algum tempo, antes de retomar, com infinita tristeza:

---

15 Cf. J. Lejeune, *Carta a E. Shriver*, junho de 1981.

— Fomos os últimos a falar com ele.[16]

Jérôme sentiu imediatamente um mal-estar. Quando chegaram em casa, correram para a televisão. As imagens do Santo Padre desmoronando lentamente, nos braços de sua secretária, se repetiam. Um homem magro e moreno, que estava bem próximo ao Papa, disparou três tiros e foi pego por uma freira que o impediu de fugir. Uma gritaria na Praça de São Pedro. João Paulo II havia passado pela segunda vez no Papamóvel, diante do Portão de Bronze. Tinha acabado de beijar uma criança e devolvê-la para os braços da mãe quando recebeu os tiros. Fazia um sol radiante. Jérôme estava atônito. Uma de suas filhas o ouviu sussurrar: "Por que não foi comigo?...".

Ele estava sentindo uma dor terrível. Deveria descansar depois da viagem, mas a notícia o abalou profundamente. Além disso, era esperado pelos alunos. Manteve a palavra e partiu, muito triste e cansado. Só poderia falar sobre o Santo Padre, que tinha sido levado com urgência da Praça de São Pedro para o Hospital Gemelli. No momento em que Jérôme falava para os jovens, o Papa ainda estava na sala de cirurgia. Seu prognóstico era muito complicado. Havia perdido muito sangue e órgãos vitais tinham sido afetados. Só um milagre o salvaria. Jérôme, transtornado, escreveu um testemunho de fé num pedaço de papel oferecido pelos alunos:

> No dia 13 de maio, noite em que soubemos do ataque ao Santo Padre, falamos de amor, como o Santo Padre nos ensina todos os dias. Que Deus o guarde para nós.[17]

Quando voltou para casa, Jérôme se sentia tão mal que Birthe precisou ligar para o pronto-socorro. Ele foi

---

16 J. Lejeune, *Entrevista sobre João Paulo II*, com E. Ostian, sem data.
17 Este texto está emoldurado na escadaria da Rua Galande, perto das fotos do Papa João Paulo II recebendo Jérôme em audiência.

levado no meio da noite para o Hospital do Hôtel-Dieu. A angústia produziu uma dolorosa pedra no ducto biliar comum, uma forma de cálculo biliar, e ele precisou ser operado com urgência. No dia seguinte, quando Birthe foi visitá-lo no hospital, Jérôme ainda estava inconsciente. Só dois dias depois ele recuperou o ânimo. Birthe disse a ele que o Santo Padre também estava vivo. Após cinco horas de operação, João Paulo II estava salvo. Foi uma ressurreição para o Papa e para Jérôme, que, entretanto, teve de permanecer no hospital por mais algum tempo. Em cada uma de suas visitas, Birthe observou, surpresa, que seu marido tinha o mesmo boletim de saúde do Papa, que era anunciado em todas as rádios. No dia a dia, seu progresso foi semelhante: curva de temperatura, primeiros passos no corredor etc. Surpresa por essas coincidências, a família interpretou como um sinal de sua amizade e da ativa compaixão de Jérôme pelo Santo Padre. Mas Jérôme retrucava:

— Não, não tem sinal nenhum!

Ele se recusava a comentar. Permitia-se apenas a admitir: "Sim, é uma história bem estranha".

Levaria mais algumas semanas para ele conseguir retornar plenamente ao trabalho.

Alguns meses depois, em setembro, já recuperado da operação, Jérôme foi solicitado pela Pontifícia Academia das Ciências. Por causa de seu trabalho sobre os efeitos genéticos da radiação ionizante, a Academia o convidou a participar de um grupo de trabalho sobre as consequências de um bombardeio atômico. O pequeno grupo de cerca de dez especialistas se reuniria em Roma nos dias 7 e 8 de outubro para refletir sobre os cuidados médicos e hospitalares que poderiam ser prestados às vítimas de uma possível guerra atômica. Jérôme aceitou participar, e com grande interesse, desse trabalho de enorme importância numa época de Guerra Fria. No final da reunião, a conclusão parece de uma obviedade brutal:

> As condições de vida após um ataque nuclear seriam tão severas que a única esperança para a humanidade é evitar qualquer forma de guerra nuclear.[18]

Os acadêmicos propuseram um encontro com chefes de Estado portadores de armas atômicas para explicar-lhes os perigos de uma guerra atômica. O Santo Padre, que, em seus discursos, vinha repetidamente enfatizando o perigo de tal conflito, aceitou de imediato a sugestão.

De volta a Paris, Birthe fazia várias perguntas ao marido, que acabou lhe confiando o que pensava sobre o Santo Padre:

> Ele é um homem bom, e olha que não vi muitos homens que ousaria dizer que são bons. Quando fala com alguém, seja uma criança ou um idoso, um acadêmico ou um deficiente, fala com essa pessoa como se ela fosse a única no mundo — e neste momento, ela realmente é a única pessoa no mundo para João Paulo II. É algo excepcional. Já tive a oportunidade de conhecer muitas pessoas importantes na vida — ou pelo menos que se diziam importantes —, mas nunca vi esse grau de presença dedicado a cada pessoa em especial.
>
> Minha segunda impressão é de que é uma pessoa muito inteligente. É alguém com um nível intelectual impressionante. [...] Éramos um pequeno grupo da Academia no escritório dele e tínhamos escrito um texto sobre os perigos de uma guerra atômica [...]. Havia um inglês, um espanhol, um italiano, dois franceses, um ucraniano e um português. Discutiu com cada um, mesmo sendo um assunto incomum para ele, e ainda falava na língua nativa deles, sem nenhuma dificuldade para mudar de um idioma para o outro. Nunca vi tamanha facilidade em nenhum homem que não fosse tradutor profissional. Como um técnico das doenças da inteligência, e também por ter uma boa saúde, devo dizer que jamais tinha visto tamanha disposição. O Santo Padre é, portanto, um homem bom, e tem uma disposição intelectual que eu ainda desconhecia na humanidade.[19]

---

18 Carlos Chagas, *Carta a J. Lejeune*, 23 de novembro de 1981.
19 J. Lejeune, *Entrevista sobre João Paulo II*, com E. Ostian, sem data.

Birthe ficou observando o marido. Percebeu que sua voz trazia uma emoção particular. Seu rosto estava radiante. Então, comemorou: "Estes encontros com o Papa são para Jérôme um grande conforto. Nunca vi ele voltar de uma viagem tão feliz".

Jérôme recomeçou num tom mais leve:

— Ainda acrescentaria que seu humor é encantador. O Papa é muito atencioso e está de bom humor o tempo todo. Ele não é apenas um homem que age de forma espirituosa. Ao vê-lo, entendemos o que São Francisco de Sales quis dizer: "Um santo triste é um triste santo". Definitivamente, esse Papa não é um triste Papa.[20]

— E o que ele achou do seu trabalho sobre os riscos da guerra atômica? — Birthe perguntou.

— Ele parece favorável a um encontro com os chefes de Estado, mas estamos aguardando sua decisão — respondeu Jérôme.

Para transmitir a mensagem da Pontifícia Academia de Ciências aos Chefes de Estado que possuem a bomba atômica — o presidente Ronald Reagan [Estados Unidos], o secretário-geral Leonid Brejnev [União Soviética], o presidente François Mitterrand [França], a primeira-ministra Margaret Thatcher [Grã-Bretanha], a senhora Indira Gandhi [Índia], o senhor Deng Xiaoping [China] e também ao secretário-geral das Nações Unidas —, João Paulo II escolheu enviar os acadêmicos como seus embaixadores. Para falar com o chefe do Kremlin, designou três acadêmicos: Lejeune, Marini-Bettolo e Duve.

Jérôme recebeu sua carta de missão na última semana de novembro e tinha algumas horas para responder, antes do dia 1º de dezembro, porque depois dessa data seu silêncio seria equivalente a aceitação. Diante da importância dessa missão especial, Jérôme manda sua resposta positiva o quanto antes. Em 14 de dezembro, com

---

20 Ibid.

o passaporte diplomático do Vaticano no bolso, seguiu para Moscou. Tudo foi organizado pelos serviços do Vaticano, tanto os contatos com o Kremlin como os aspectos práticos. No entanto, não previram um importante acontecimento político que viria a ocorrer na Polônia, e que mudaria bastante o clima do encontro: na noite de 13 para 14, Lech Wałęsa[21] e a direção do Solidariedade foram detidos pela polícia e, no dia 14, o general Jaruzelski estabeleceu o estado de guerra. Jérôme tomou conhecimento dos fatos na manhã do dia 14, na hora de partir. Ele teria de liderar uma missão muito complicada... Era o enviado do Papa a Brejnev, o mesmo Papa que havia dado o apoio moral e espiritual que encorajou a revolução pacífica dos trabalhadores do Solidariedade contra o regime comunista polonês. Diante das circunstâncias muito delicadas que cercavam sua viagem, Jérôme observou com prazer: "Temos um Papa que sabe lutar contra a opressão com as poderosas armas da oração, da justiça e da verdade. Ele nos ensina a revolução cultural e espiritual do amor".

Ainda no aeroporto em Paris, antes de embarcar, Jérôme procurou uma cabine telefônica para fazer uma ligação extremamente importante. Antes de discar o número, deu uma conferida nas horas:

— Alô... como vai? Aqui é o professor Jérôme Lejeune.

Na outra linha, uma voz o responde:

— Bom dia, professor!

— Eu poderia falar com a sua superiora, por favor?

— Sim, claro, professor. Vou chamá-la.

Momentos depois, ele ouve uma voz límpida dizer:

— Olá, professor.

---

[21] Líder sindical polonês que ganhou o Prêmio Nobel da Paz em 1983, pela sua luta contra a opressão do regime comunista na Polônia. Foi um dos fundadores do sindicato *Solidarność* (Solidariedade) e presidiu o país entre 1990 e 1995, sendo o primeiro presidente eleito após a queda do comunismo.

— Olá, Madre. Estou no aeroporto... estou a caminho de Moscou para encontrar Brejnev a pedido do Santo Padre. Poderia recomendar esta difícil visita a você e a toda a sua comunidade?

— Claro, querido professor. Que Deus o acompanhe!

A madre carmelita garantiu-lhe as orações da sua comunidade, como sempre fazia quando o professor lhe apresentava intenções difíceis. Ele, confiante, desligou. Sua missão agora estava entregue nas mãos de Deus.

Jérôme chegou a Moscou no meio de uma tempestade de neve em Moscou. O encontro com Brejnev estava marcado para o dia 15 de dezembro, mas a pequena delegação, formada pelo italiano Marini Bettolo e o próprio Jérôme — já que o colega Duve não pôde viajar —, foi recebida na noite do dia 14 por colegas da Academia Soviética. Foi uma recepção muito agradável e, após o jantar, segundo os costumes dos soviéticos, todos fizeram um brinde poético. O acadêmico Bochkov fez citações de *Guerra e Paz* e *Anna Karenina* com muito esmero, e passou a vez para Jérôme. Ele se levantou, olhou para todos, segurou a voz por um momento, e começou a se lembrar de uma história familiar para esses tempos próximos ao Natal:

> Há muito tempo, três homens eruditos do Oriente visitaram um príncipe muito poderoso. Eles observaram sinais no céu, anunciando que pensavam boas novas, paz na Terra aos homens de boa vontade. Cerca de dois mil anos depois, cientistas do Ocidente também visitaram um homem muito poderoso. Mas a história aqui é diferente. Porque sabemos — nós, cientistas — que se infelizmente surgissem no céu enormes sinais disparados pelos homens, não seria o anúncio de uma boa notícia, mas sim o do massacre dos inocentes.[22]

---

22 J. Lejeune, *Relatório da entrevista com Brezhnev*, 15 de dezembro de 1981.

Um breve silêncio permaneceu, como se convidasse todos à reflexão. Jérôme fez um cumprimento e se sentou. Todos o parabenizaram.

No dia seguinte, Jérôme e Marini Bettolo foram levados ao encontro com Brejnev. O primeiro secretário do partido os recebeu com muita gentileza, apesar de todo o protocolo burocrático. Os jornalistas tiravam muitas fotos, enquanto Brejnev lia um texto de mais ou menos 15 minutos sobre a política da União Soviética. As palavras escolhidas para apresentar aquele longo discurso chamaram a atenção de Jérôme. Com elas, Brejnev destacou o caráter incomum do encontro, e especificou que era a primeira vez que recebia enviados do chefe da Igreja Católica. Ainda acrescentou: "Não se pode excluir que esteja ligado ao momento difícil e perigoso que a humanidade está passando".

O clima estava esquentando. Depois, conduzindo os enviados papais a uma sala privada, Brejnev deu-lhes a palavra e Jérôme finalmente explicou o motivo da visita:

> Senhor Presidente, se viemos vê-lo a pedido do Santo Padre é porque nós, cientistas, chegamos à conclusão de que não há nenhuma solução tecnológica, militar ou médica para fazer frente aos desastres de uma guerra atômica. Nós cientistas sabemos que, pela primeira vez, a humanidade se depara com o fato de que sua sobrevivência depende da aceitação, por todas as nações do mundo, de preceitos morais que transcendem todos os sistemas e todas as especulações.[23]

Quando o intérprete ouve as palavras "preceitos morais", volta-se para Jérôme e pergunta:

— Você realmente quer usar essas palavras: "preceitos morais"?

Jérôme responde "Sim", e o intérprete traduziu com fidelidade.

---

23 Ibid.

Quando Jérôme parou de falar, Brejnev permaneceu em silêncio por um momento e então respondeu: "*Da*" (Sim). No final do encontro, Brejnev expressou seu grande respeito por essa atitude do Vaticano e reconheceu "um sério obstáculo moral e político no caminho para o desencadeamento de uma guerra mundial".[24] Em seguida, Brejnev, que não parecia ter pressa em dispensar seus convidados, continuou a conversa em um tom menos oficial. Anunciou que era seu aniversário e disse a Jérôme:

— Graças a Deus e ao meu médico, estou bem de saúde.

Ao ouvir Brejnev dar graças a Deus, o intérprete ficou sem palavras. Jérôme também. Curiosamente, esta missão extraordinária não repercutiu muito na imprensa francesa,[25] mas foi amplamente comentada nos jornais e televisões oficiais soviéticos, em sintonia com a excepcional recepção dada pelas autoridades soviéticas aos enviados papais.

Em 1982, Jérôme retomou com afinco suas pesquisas sobre o X frágil. O tratamento com ácido fólico parecia dar ótimos resultados, mas suas observações ainda eram muito incertas para serem anunciadas. Vinte pacientes já estavam estão recebendo tratamento e Jérôme tinha outros 36 que viriam fazer parte do protocolo de pesquisa. O Dr. Randi Hagerman, do Hospital Infantil de Denver, Colorado, quis conhecer mais sobre este programa, e Jérôme lhe escreveu:

> Caro dr. Hagerman, [...] eu teria muito interesse em ver você e sua equipe planejando um estudo sistemático sobre o possível efeito do ácido fólico em pacientes com a síndrome do X frágil. [...] A cooperação é certamente necessária e estou pronto para lhe dar acesso a todos os nossos dados, caso você tenha interesse. [...] É ainda muito cedo para falar

---

24 Ibid.
25 J. Lejeune, "Meu encontro com Brejnev", na *France-Soir Magazine*, 23 de janeiro de 1982.

de uma melhoria da inteligência, mas é certo que teremos o primeiro levantamento de dados daqui a cinco meses.[26]

Jérôme já sabia que os resultados do ensaio clínico sobre transtornos comportamentais estavam além de uma simples flutuação estatística, por isso dedicava-se cada vez mais a essa pesquisa, que se mostrava promissora. "Se pudéssemos finalmente encontrar algo para os pacientes!", dizia a si mesmo com alegria. Mas continuava cauteloso porque, desde 1952, quando passou a pesquisar um tratamento para crianças com deficiência mental, muitas vezes acreditou que tinha a solução, mas acabou se frustrando, com meses de trabalho perdidos e esperanças destruídas. Na verdade, era o sonho de sua vida, renovado a cada manhã, quando encontrava um sorriso ou uma lágrima de seus pequenos pacientes. Todas as manhãs ele saía com uma nova possibilidade de pesquisa, uma nova energia, uma nova esperança. E, claro, com uma determinação cada vez maior.

Mas desta vez estava realmente esperançoso. Achava que poderia, de fato, obter resultados positivos, disposição que é muito útil no laboratório, onde as dificuldades são cada vez maiores. Há algum tempo notava uma mudança em seus funcionários. A ambição deles não havia mudado, mas o entusiasmo já não era mais o mesmo. A maioria não se inscrevia mais em seus projetos de pesquisa, como se não acreditassem mais neles. Porém, Jérôme achava que se tratava de uma questão crucial. Uma noite, ele se abriu para Birthe:

> Entenda, minha querida, a minha equipe é a única que está buscando um tratamento para pacientes com deficiência intelectual. Então, se meus colaboradores desistirem, a esperança de encontrar esse tratamento diminuirá terrivelmente.

---

26 J. Lejeune, *Carta a R. Hagerman*, 14 de junho de 1982.

Jérôme não sabia como renovar a motivação de todos, e nem como conscientizá-los do interesse daquela pesquisa, que era o que motivava a sua vida inteira na medicina. Depois de muita hesitação, decidiu escrever uma carta na qual confia seus medos, suas dúvidas e suas esperanças como pesquisador. Naquela noite, depois que o silêncio se instalou na casa da Rua Galande, sentou-se na sua escrivaninha e, escolhendo cuidadosamente cada palavra, escreveu estas linhas simples e diretas:

> Carta pessoal, destinada aos senhores Couturier, Dutrillaux e Aurias:
>
> Meus caros, a relutância dos senhores — para não dizer recusa — em se juntarem a mim em um projeto de pesquisa muito promissor me é duplamente dolorosa. Por outro lado, vejo-os, dessa forma, negligenciando uma oportunidade em que suas inteligências e, sobretudo, competências, teriam grande peso. Mas sinto que está se formando na nossa equipe, que sempre fora muito unida e cooperativa, um espírito de separação que me entristece muito. É claro que entendo suas dúvidas, e talvez eu devesse ter-lhes trazido mais perto dessa pesquisa logo no início. Tentei várias vezes, sem sucesso, e hoje me arrependo por não ter sido tão convincente. Mesmo assim, pensem sobre isso. Vale a pena apostar nessa pesquisa, pois trata-se nada menos do que encontrar uma possível melhoria de uma doença até então incurável. Além disso, o modelo teórico permite pensar que outras condições, além do X frágil, também podem ser suscetíveis a esse tipo de investigação.
>
> Escrevo essa carta para que possam pensar com calma sobre isso. Não poderia deixar essa possibilidade passar sem ao menos tentar. Claro, por vocês não conhecerem o P., nem o P., e muito menos o G., e as melhorias espetaculares observadas pelos pais deles, esse meu entusiasmo em relação à pesquisa pode parecer apenas devaneios [...] talvez esses ganhos em inteligência lhes pareçam incertos [...].
>
> Lamento profundamente que, tendo terminado suas teses, e desejando dedicarem-se ao estudo da fina estrutura dos cromossomos, vocês acabem negligenciando esta possibilidade de estudo. Também lamento o fato de não pretenderem retomar uma participação mais estrita na atividade clínica,

que é um resultado lógico da citogenética humana. Gostaria de não omitir nenhum meio de induzi-los a reconsiderar esta proposta, que é do interesse do laboratório e, principalmente, dos pacientes.

As apostas são tão sérias que, muito em breve, terei de tomar a decisão de recrutar assistentes realmente determinados em me ajudar nessa pesquisa. É óbvio que terei de reestruturar o Instituto de Progênese e modificar profundamente o tipo de trabalho em andamento. A atividade dos laboratórios hospitalares é admirável e a dedicação de vocês é fundamental, mas não posso deixar o pessoal do Instituto de Progênese abrigado em seu pequeno nicho, ficando à margem desse tipo de pesquisa [...].

Pensem bem, meus queridos amigos. Sinto-me sozinho nessa caminhada, porque vocês não acreditam mais no que acredito. Claro que não são os únicos. Até meu amigo Grouchy deixou de acreditar! Entendo perfeitamente o que estão sentindo, pois passei pela mesma dificuldade há 25 anos com a Síndrome de Down. Cheguei a ser muito criticado por alguns co-signatários de uma nota de uma pesquisa, que me acusavam de arriscar a reputação deles em algumas conclusões que eles não acreditavam.

De qualquer forma, a proposta não é tão desanimadora quanto parece, afinal, vocês terão que retomar todo o estudo de farmacologia e estruturas moleculares para desenvolvermos plenamente esse novo projeto. [...]

Claro que não estou aqui como um chefe expondo as diretrizes, trago apenas algumas ideias. Aliás, esse chefe nunca existiu, porque sua única função até hoje foi ser um pesquisador. Portanto, ele jamais viria propor algo diferente do que sempre fez. E vocês sabem o que passei nas experiências exaustivas com serina, porfina e hidroxiprolina em pacientes com Síndrome de Down que não deram em nada. Nenhum efeito detectável. Não seria, portanto, uma condenação do modelo de mono-carbonos, uma demonstração da fragilidade das observações que me fizeram acreditar, há dois anos, num efeito benéfico, pequeno, mas real, da serina? Vocês também sabem que todo o código de congruência molecular, no qual trabalhei tão arduamente cinco anos atrás, ficou sem futuro. Todas essas coisas, todas essas falhas estão em suas memórias (quem poderia culpá-los?). Desta forma, vocês acham que se aventurar novamente comigo nessa nova pesquisa poderia um erro de julgamento que não querem cometer.

Queridos amigos, eu sei de tudo isso tão bem quanto vocês. Compartilho das suas reservas e até mesmo de sua repulsa pela ideia de contar centenas de milhares de X frágeis. Mas esta é a conclusão que proponho: é preciso fazer uma escolha entre ficar pesquisando a citogenética como nos moldes atuais — encontrando uma nova síndrome aqui, uma nova filiação evolutiva ali —, ou entrar num combate corpo a corpo com o desconhecido para encontrar qualquer vestígio de conhecimento que possa dar base a uma possibilidade de tratamento.

Aguardo suas respostas com muita naturalidade. Vocês são livres para ficar de fora dessa aventura. Só me permito insistir para tentar trazê-los comigo, até por consideração por tudo o que passamos — e não gostaria de ser cobrado, daqui a dois anos, por não lhes ter chamado.

Será preciso formar uma nova equipe, preparar novos alunos, despertar uma nova esperança. Farei isso de qualquer maneira, com vocês, se Deus quiser, ou sem vocês, se infelizmente não conseguir convencê-los.

É isso que eu queria dizer, meus queridos amigos, de forma bastante simples e direta. Ficaria muito feliz em trazê-los para participar dessas descobertas! Aguardo sua resposta até o final da próxima semana.

Em amizade.[27]

Jérôme ergue a caneta, aliviado por ter conseguido dizer tudo que tinha em mente, de forma direta, sem rodeios.

"Mas faz sentido enviá-la?", pergunta-se. Ele ainda hesita. Cansado demais para decidir, foi para a cama e deixou para pensar no dia seguinte, com a cabeça descansada. Mas não enviou.

Apesar das dificuldades, Jérôme continuou suas pesquisas, colocando tanta energia nelas que foi forçado a recusar várias viagens, incluindo uma que já estava planejada para o Uruguai. Sua agenda já estava lotada para o ano inteiro, mas conseguiu participar, em agosto, do grande congresso internacional da família na Cidade

---

[27] J. Lejeune, *Carta a M. Dutrillaux, M. Aurias, M. Couturier*, 24 de março de 1982. Esta carta manuscrita foi encontrada nos arquivos pessoais. de J. Lejeune; nunca foi enviada; inclusive, perto do cabeçalho, está escrito à mão: "não enviado".

do México, onde se encontrou novamente com Madre Teresa de Calcutá, tão acolhedora quanto da primeira vez. Ele estava tão apaixonado por seu incrível trabalho que escreveu a Birthe: "O que ela realiza é algo inimaginável".[28]

Durante o congresso conheceu também uma mulher muito comprometida com o serviço da vida, Mercedes Wilson, que se tornaria uma grande amiga de sua família.

Como Jérôme estava muito atarefado naquele ano, aceitou fazer apenas algumas conferências que julgou mais importantes, como a prevista em Notre-Dame de Paris, em outubro. Essa intervenção em particular exigiu dele muito trabalho, por isso pediu aos seus amigos sacerdotes que a colocassem como intenção nas suas orações.[29]

Preparou tudo de forma meticulosa, como habitual, pois sua facilidade de oratória era fruto de um longo trabalho. Mas desta vez, pela importância, aplicou-se ainda mais para encontrar as palavras que fossem dignas de serem pronunciadas diante do sorriso delicado de Nossa Senhora... Portanto, foi com certa emoção que ele falou sob as abóbadas da catedral, na noite de 10 de outubro de 1982. Mas a reunião tomaria um rumo inesperado. Manifestantes inescrupulosos conseguiram cortar o microfone, a ponto de ser impossível restaurar o sistema de som. Assim, Jérôme foi forçado a descer ao subsolo para ministrar sua palestra para um público muito pequeno por causa da falta de espaço. Mas quem disse que esse contratempo diminuiu a força do seu discurso?

> É uma grande honra e um grande felicidade poder pronunciar em Notre-Dame de Paris estas simples palavras: "Caríssimos irmãos". É uma honra porque essa irmandade vem de Deus, que nos fez à sua imagem, e uma felicidade

---

28 J. Lejeune, *Carta a Birthe*, 22 de agosto de 1982.
29 J. Lejeune, *Carta ao Padre Patrick Chauvet*, outubro de 1982.

porque a biologia moderna nos ajuda a reconhecer nossa origem comum. Longe de ser uma utopia de sociólogos, essa fraternidade é um fato da natureza. Deus criou o homem *ish* e *isha*, homem e mulher ele os criou (Gn 1,27). E se nossa espécie é bem específica em cada um dos sexos, a natureza humana é totalmente comum a ambos, e até mesmo por sua origem, como veremos nesta conferência.[30]

Então Jérôme conduz seus ouvintes pelas extremidades dos tempos: parte da criação do mundo, da luz e da vida, para chegar ao Jardim do Éden e encontrar Adão. Ao reler o livro do Gênesis à luz dos dados da ciência, ao admitir que o mecanismo da evolução ainda é pouco conhecido, ao contrário das ideias aceitas do neodarwinismo, ao propor sua hipótese adâmica para explicar o surgimento do homem na Terra, Jérôme mostra com grande maestria — e também com poesia — o quanto a ciência é aliada da fé, e como ambas se complementam na busca da verdade. Essa conferência, na qual expõe admiravelmente o seu pensamento, foi um grande sucesso e rendeu-lhe muitos agradecimentos. Recebeu muitas cartas de congratulações de pessoas que puderam ouvi-lo ou ler o texto publicado nos dias seguintes:

> Isso nos permitiu lê-lo e relê-lo com a mente limpa e extrair dele benefícios espirituais que você nem imagina. [...] Quem pode se gabar, com todas as leituras e vivências, de nunca ter sentido uma dúvida insidiosa ou uma aridez espiritual? Porém, sua escrita irradia uma certeza tão luminosa que só podemos conferir, humildemente, a alguém muito mais iluminado do que a nós mesmos; e é por esta tranquilidade da alma que lhe sou infinitamente grato, senhor Lejeune".[31]

Mas também recebeu críticas, ao ser acusado de equiparar Ciência e Revelação. No entanto, Jérôme deixava

---

[30] J. Lejeune, "Biologie, conscience et foi", conferência em Notre-Dame de Paris, 10 de outubro de 1982.
[31] MA, *Carta a Jérôme Lejeune*, 31 de dezembro de 1982.

claro quais eram os perigos do concordismo, "pela razão, sempre a mesma, que a ciência evolui e as teorias passam, enquanto a Verdade permanece".[32] Algum tempo depois, ele submeteu suas observações ao Padre Jules Carles, que lecionava na Universidade Católica de Toulouse, e com quem mantinha uma correspondência muito amigável:

> Tenho o prazer de lhe enviar em anexo o texto de uma conferência na Notre-Dame. Sobre este assunto, recebi uma carta muito irada do Padre D. que professa um santo horror ao concordismo! Mas o que podemos fazer se a genética se recusa a contradizer a Revelação? Gostaria muito de saber a sua opinião a respeito.
> Com a mais alta estima e afeição.[33]

No laboratório, o trabalho continuava. Desde julho, Jérôme tinha como estagiária uma jovem médica mexicana chamada Pilar Calva de Vazquez, que estava preparando sua tese e auxiliava nas consultas. E, em setembro, a jovem Aimé Ravel se juntou à equipe. Trouxeram ao laboratório um novo entusiasmo, que era muito importante para Jérôme, que não havia conseguido reacender a motivação nos seus colaboradores, cada vez mais distantes de seus trabalhos. Porém, em relação à pesquisa, não havia progresso notável. Jérôme até confidenciou a um amigo:

> O trabalho em X frágil está progredindo muito lentamente. Vários novos métodos de tratamento estão a caminho,

---

32 Ibid.
33 J. Lejeune, *Carta ao Padre Jules Carles*, 31 de dezembro de 1982. Jérôme está livre com seus amigos e não hesita em contar-lhes sua discordância. Assim, em 28 de julho de 1986, escreveu ao Padre Jules Carles para lhe contar sobre sua decepção ao ler seu artigo, "Embryons et personnes", publicado em 19 de junho de 1986 em *La Croix l'Événement*: "Não posso esconder minha tristeza [...]. Dizer que uma pessoa só existe aos sete anos... descer para cinco anos uma linha inferior é realmente incrível! Quanto a "no céu só encontraremos quem o merece": não sabes que nesse caso estaria vazio? Negar o Reino dos Céus "ao menor dos meus" é impossível. É a eles que pertence, muito antes da idade da razão! Perdoe-me por lhe escrever assim, pai. [...] Com meu carinho muito deferente, muito fiel e muito arrependido".

mas ainda não sei de nada. É preciso alguns meses para ver alguma coisa!³⁴

Jérôme ainda tinha esperanças. Mas, desta vez, de uma forma incomum, suas palavras revelavam um certo cansaço. Algo como um pressentimento...

---

34 Ibid.

CAPÍTULO 13
Atravessando o deserto

1982–1984

No início de novembro, a situação mudou de forma drástica. Jérôme ficou sabendo que uma lei que o afetava diretamente tinha acabado de ser aprovada. Ela proibia que um diretor de unidade de pesquisa exercesse essa função por mais de 12 anos, não importando sua idade, seus méritos e o valor de suas pesquisas. A lei atingia apenas a três diretores na França, e um deles era Jérôme. Quando voltou para a Rua Galande na noite desta importante notificação, confidenciou a Birthe, exausto:

— É um desastre, minha querida, tanto para minha pesquisa quanto para os pacientes. Significa que minha equipe será desfeita em um ano.

Birthe ficou assustada com a notícia e o olhou com preocupação. Jérôme continuou com uma voz vazia:

— Somos os únicos a procurar tratamento para os pequeninos. Vou lutar o máximo possível, talvez ganhe mais um ano, mas não mais que isso.

Ele ficou em silêncio, pensativo. Naquele momento, Birthe achou melhor não interromper. Jérôme sabia que, ao buscar tratamento para seus pacientes, recusava implicitamente uma política pública de saúde baseada no aborto e, claro, a sua teimosia desagradava muito a administração. Qual o motivo de se pesquisar um tratamento para doenças que poderiam ser eliminadas com o aborto? Era o próprio objeto do seu trabalho que desagradava.

Na melhor das hipóteses, era inútil; na pior, perigoso, porque era divergente. As pressões sobre sua carreira não tinham sido suficientes para fazê-lo se curvar — além de ser marginalizado, não recebeu promoção ou aumento por mais de dez anos, e, embora seu nome fosse repetidamente indicado ao Prêmio Nobel, era descartado por causa de seu engajamento.[1] Resolveram, então, atacá-lo através da sua própria pesquisa. Para neutralizá-lo, reduziram as verbas e agora estavam literalmente afastando-o.

De repente, ele levantou a cabeça e disse a Birthe, que, sentada a seu lado, permanecia em silêncio:

— Vou lutar muito, pode ter certeza.[2] Ainda não sei como, mas vou encontrar os meios para continuar.

Birthe também se recuperou rapidamente:

— Certamente alguém poderá ajudá-lo. Alguém que entenda a importância da sua pesquisa. No CNRS, no INSERM, no ministério...

Jérôme pensou por um momento:

— Será que não deveria tentar escrever para o professor Boiron? Ele é presidente da Comissão Científica especializada em biologia celular e patologia. Talvez possa me ajudar. Eu sei que não compartilhamos as mesmas ideias a respeito da vida... você sabe que ele foi o assessor técnico de Simone Veil na época da lei e que criou o primeiro centro de aborto no Hospital Saint Louis. Mas talvez ele possa entender a importância de nossa pesquisa e agir pelo bem da ciência.

— Escreva imediatamente — incentiva Birthe, feliz por ter ao menos o início de uma solução.

---

1 P. Chaunu, *Homenagem a Jérôme Lejeune*, 6 de abril de 1994. Extrai: "Nobelizável, sem a menor dúvida, o testemunho vem de todos os lugares". Nobelizável, mas não nobelizado — às vezes é difícil ser um profeta em seu país, ainda mais na própria família, quando tais questões entram em jogo. É por isso que, ainda mais do que os títulos recebidos, sou sensível àqueles que são privados em função da recusa em capitular diante dos poderes estabelecidos e do horror da nossa época". Prof. P. Kamoun, entrevistado por F. Lespés, *op. cit.*

2 J. Lejeune, *Carta a H. Ahern*, 16 de novembro de 1982. Jérôme anuncia ao escrever a seu amigo: "Vou lutar muito"; "Não vou desistir".

— Hoje não, estou muito cansado.

Depois de mais um período de silêncio, voltou a falar:
— Vou tentar convencer meus colegas a colaborar com as minhas ideias, mas sem dinheiro vai ser difícil.[3] Terei de encontrar financiamento. Vou expor essa dificuldade nos Estados Unidos, quando for a Chicago em dezembro para a palestra na faculdade de medicina, e depois em Nova York. Acho que eles podem me ajudar.

Birthe olhou para o marido com compaixão e pensou com tristeza: "Ele, que nunca tem um centavo no bolso e jamais se interessou por dinheiro, agora é forçado a mendigar para continuar sua pesquisa. E pensar que teria todo o dinheiro de que precisava se estivesse nos Estados Unidos. Mas quer permanecer e trabalhar na França... e é assim que a França o trata. Meu Deus, que situação...".

No dia seguinte, 15 de novembro de 1982, Jérôme escreveu ao professor Michel Boiron:

> Desde a descoberta da patologia cromossômica em nossa espécie, esse novo capítulo da medicina se desenvolveu rapidamente e a ERA 47 foi criada pelo CNRS em 1967, ao lado do Instituto de Progênese e da cátedra de genética fundamental. Esta decisão da CNRS tornou possível a realização do único programa existente na França, destinado a reunir as disciplinas disponíveis, citogenética, genética clínica e bioquímica em torno de um único objetivo: a busca de um possível tratamento para a deficiência mental. Apesar das medidas já tomadas e de certos sucessos citogenéticos, bioquímicos e clínicos, registrados mais especificamente em duas condições, trissomia do cromossomo 21 e fragilidade do cromossomo X, este objetivo ainda não foi alcançado.
>
> A abolição da ERA 47 significaria o desaparecimento desta abordagem multidisciplinar, que é a única possível. Por favor, leve isto em consideração e aceite, sr. Presidente, a garantia da minha maior consideração.[4]

---

3 J. Lejeune, *Carta a R. Engel*, novembro de 1982.

4 J. Lejeune, *Carta a M. Boiron*, 15 de novembro de 1982.

Em seguida, Jérôme partiu para os Estados Unidos. Em Nova York, quando descreveu a situação de seu laboratório em Paris, imediatamente recebeu uma oferta de emprego.

"Seria tão fácil aceitar! Não teria mais obstáculos no caminho; e teria dinheiro para minha pesquisa...".

Jérôme se deixou levar, por alguns segundos, por essa perspectiva antes de recusar o convite, sem hesitar. Mais uma vez declinava, porque, apesar de todas as dificuldades, era na França que queria fazer suas pesquisas.

Nessa altura, em Paris, a administração propôs ao seu colaborador, Dr. Dutrillaux, assumir a direção de uma nova unidade de investigação do CNRS, levando todos os membros da equipe de Jérôme. Bernard Dutrillaux hesita, mas depois aceita.[5]

A notícia caiu como uma bomba para Jérôme. O Dr. Dutrillaux ainda o convidou para se juntar nesta nova equipe, e que ela ficaria sob sua autoridade, mas Jérôme se recusou porque, ainda que mantivesse a sua posição, isso não iria lhe assegurar a continuidade de seu trabalho. Ele não ligava para a posição que ocuparia.

Com 56 anos, preferiu dar continuidade às consultas e também permaneceu como professor da cátedra de genética fundamental na Faculdade de Medicina. Então, já tinha muito trabalho a fazer, sem falar de todas as suas palestras na França e no exterior. O que o preocupava mesmo eram os seus experimentos. Ele sabia que, sendo destituído da direção do centro de pesquisa, a administração daria fim aos trabalhos multidisciplinares necessários para encontrar algum tratamento. Jérôme estava indignado, com muita raiva, mas também de mãos atadas. "Como não conseguem entender a importância dessa pesquisa?", pensava, lamentando.

---

5 B. Dutrillaux, entrevistado por F. Lespés, *op. cit.*

Foi um golpe terrível porque seus projetos e esperanças científicas estavam ameaçados. Tinha raiva porque se sentia impotente para evitar esse desastre. A pesquisa para descobrir um tratamento era muito complexa, e o ideal seria formar várias equipes de pesquisadores em diversas frentes, mas na realidade a sua equipe era a única na França à procura de algum tratamento. E, daquele momento em diante, nem haveria mais uma equipe, e Jérôme seria obrigado a procurar um tratamento sozinho.

Há uma ruptura. Dutrillaux e Jérôme se separam. Dutrillaux manteve com ele o equipamento do laboratório e todos os colaboradores de Jérôme, com exceção de Marie-Odile Rethoré e Aimé Ravel,[6] que permanecem fiéis a Jérôme. A pequena equipe ficou apenas com o microscópio pago pelas fundações americanas e alguns poucos equipamentos. Eles embalaram suas caixas e deixaram a rua des Cordeliers para montar o Instituto de Progênese na rua des Saints-Pères, número 45. É uma situação bem estranha que Marie-Odile Rethoré não deixa de notar:

— Professor, voltamos ao início. Lembra como era no começo?

Sentado em uma caixa, com um ar exausto, Jérôme balança a cabeça ligeiramente.

"Aos 56, vou ter que começar tudo de novo", pensa, olhando ao redor. "Recriar tudo, encontrar novos colaboradores, conseguir dinheiro...".

— Teremos de começar do zero. Abaixo de zero... porque, quando comecei com Turpin, trinta anos atrás, tinha mais recursos do que hoje.

Sua raiva diminuiu. Ele não está mais chateado com os colaboradores que o deixaram. Compreendeu que, embora tivesse a amizade e o respeito deles, aos poucos eles foram perdendo o interesse por sua pesquisa, por desinteresse e cansaço, e também por falta de confiança em seus

---

6 O Dr. Aimé Ravel é agora diretor médico do Instituto Jérôme Lejeune.

métodos originais. Além disso, sabia que não era fácil ser rotulado de "colaborador do Lejeune", o mesmo Lejeune que estava na lista negra da comunidade científica. "Eles também têm bocas para alimentar e uma carreira a seguir... não posso culpá-los!", pensou.[7]

Como se não bastassem essas dificuldades, Jérôme tornou-se ao mesmo tempo alvo de uma campanha de difamação violenta e inesperada, que normalmente o faria sorrir se não tivesse alcançado proporções tão sérias. O golpe é sempre mais doloroso quanto envolve amigos.

Tudo começou com a visita de Jacques Cheminade, um representante francês do Partido dos Trabalhadores Europeus. Durante o encontro, ele pediu a Jérôme que fundisse as associações *Laissez-les-vivre* e *SOS futuras mães*, às quais Jérôme sempre deu apoio moral e científico, com uma das associações de que ele era muito próximo: o *Clube da vida*. Jérôme o escuta e então responde: "Mas eu não posso decidir por meus amigos sem pedir a opinião deles. Portanto, não posso tomar essa iniciativa antes de falar com eles".

Mas depois de ouvir Jacques Cheminade, Jérôme ficou convencido de que a fusão não era desejável. Ele não fez cálculos políticos, apenas avaliou os discursos. Além disso, a proposta de Jacques Cheminade não lhe parecia atraente.

Poucos dias depois, Jérôme recebeu um telefonema. Ele achava que o caso estava encerrado, mas ficou surpreso ao ouvir a voz de um homem falando inglês, que se apresentava como membro da organização do Sr. Lyndon LaRouche. Jérôme não conhecia nem o Sr. Lyndon LaRouche, político, ativista norte-americano e ex-trotskista, nem seu interlocutor, mas escutou educadamente. De repente,

---

7 B. Dutrillaux, que já tinha alguma ideia do quanto Lejeune tinha sido marginalizado, não demorou para receber uma prova disso. Assim que ele deixou a equipe, passou a ser convidado para eventos e muito cortejado. Então entendeu até que ponto Jérôme tinha sido condenado ao ostracismo e relata isso no documentário de F. Lespés, *op. cit.*

o tom muda e o homem passou a alertá-lo, em termos ameaçadores, que se ele persistisse em espalhar o boato de que a organização que ele representava era um desdobramento da KGB, sua reputação científica internacional seria destruída.

Jérôme desligou, estupefato, e caminhando para a mesa em que sua família o aguardava, perguntava-se: "Mas quem são essas pessoas?". Preocupado com muitos outros assuntos mais importantes para seu laboratório, logo se esqueceu daquele telefonema. Porém, algumas semanas depois, começou a receber recortes de jornais de vários colegas ingleses, italianos, alemães, americanos e espanhóis, que continham coisas muito estranhas.

Várias publicações multinacionais[8] diziam que ele tinha amigos nazistas na Suécia, fascistas na Espanha, fundamentalistas no Brasil e malthusianos em Roma. E que ele era "um agente duplo da KGB", que havia inventado a gravidez masculina, que se movia entre a memória sinistra do Quarto Reich de e uma Terceira Roma que ninguém sabe onde fica, e que ainda tinha amizades suspeitas com os assassinos do Papa.

Os textos também sugeriam que ele teria se encontrado com o presidente Brejnev para acertar os detalhes da tentativa de assassinato na Praça de São Pedro... E vinham com uma foto de um homem numa mata, à noite, prestes a atirar, cuja legenda mencionava Jérôme. O fato de o ataque ter ocorrido muito antes de Jérôme ter ido ao encontro de Brejnev em Moscou não parecia atrapalhar os autores dessas alegações que pretendiam informar o leitor com todos os detalhes das grandes teorias conspiratórias. Essas denúncias foram logo retransmitidas na França pelo jornal *New Solidarity,* que era vendido em frente à casa de Lejeune, e por alguns documentos distribuídos na saída dos metrôs e na frente

---

8 "Jérôme Lejeune: entre a III Roma e o IV Reich", em *New Solidarity,* 27 de maio de 1983.

da faculdade de medicina. Em junho, Jérôme e Birthe, sentados na sala de casa, receberam um folheto pela janela, que veio voando em forma de um avião de papel. Birthe pegou, desdobrou e leu o título: "Jérôme Lejeune apoia a KGB".[9]

Ela olhou para o marido, incrédula. Após um momento de surpresa, Jérôme respondeu de forma lacônica:

— Agora, definitivamente, já vimos de tudo nessa vida.

Birthe dobra o papel e o guarda em uma grande caixa de papelão, onde mais de 100 itens semelhantes já estão empilhados: um pior do que o outro.

O mais estranho é que, apesar dessa terrível campanha, a associação *Laissez-les-vivre*, com a qual Jérôme trabalhou tão bem na época da Lei Veil e da qual ainda era assessor científico, não queria romper com Jacques Cheminade. Portanto, Jérôme foi forçado a renunciar à associação e pediu que seu advogado, Jacques Tremolet de Villers, processasse Cheminade por difamação. Jérôme não deveria proteger apenas a sua pessoa, mas também a causa que ele representa. Ele sabia o que estava fazendo. Por que estava sendo envolvido em uma campanha internacional tão grande? Não era apenas por causa dele, o objetivo visava a algo maior. Jérôme logo percebeu que todas as vítimas da campanha de difamação, professor Chaunu, Padre Marx, Geneviève Poullot e ele tinham uma coisa em comum: eram defensores "reais" da vida humana. Marcel Clément, que o apoiou ativamente durante esses meses difíceis, lhe propôs uma análise:

> Obviamente, toda a operação tende a estabelecer uma hierarquia paralela, intelectual e moral, na direita anticomunista em todo o mundo.

Hierarquia que, então, poderia ser facilmente manipulada.

---

[9] "Jérôme Lejeune apoia a linha KGB", folheto do *Club de la Vie*, junho de 1983.

> Denuncia-se a KGB para atrair os anti-KGB e ligá-los a estruturas manipuladas pela KGB. Jérôme Lejeune foi escolhido porque polariza praticamente todos os que vão ser divididos: amigos do Papa polonês; cientistas católicos e/ou anticomunistas; homens capazes de alertar contra o armamento soviético etc.[10]

Os riscos são elevados, como revela a violência dos ataques... O Serviço de Inteligência francês levou esses ataques muito a sério, e chegou, em várias ocasiões, a investigar a Rua Galande. Nesse surto, Jérôme se manteve firme, mas continuava afetado pelas divisões que se seguiam. É sempre surpreendente como alguns se deixam influenciar por acusações tão grosseiras... Embora Jérôme tenha ganhado a ação contra o POE, as dificuldades continuaram por muitos meses. Recebeu cartas ofensivas até 1985, acusando-o de conspirar. Respondia sempre, na maioria das vezes de forma breve, como fez para um membro do *Laissez-les-vivre*:

> Caro amigo, não tenho e nunca tive nenhuma ligação com a Maçonaria, por isso, confesso que não entendo o propósito dos avisos que você está me enviando. Atenciosamente.[11]

Mas se Jérôme tinha motivos para se preocupar naquele ano de 1983, também teve muitas ocasiões para se alegrar no âmbito familiar. Depois da felicidade da ordenação diaconal de Damien, em 1982, que recebeu como graça, teve a alegria de assistir ao casamento da filha Karin com Jean-Marie Le Méné. Para comemorar a entrada na família de mais um Jean-Marie, este Comissário da Marinha, Jérôme, que amava um trocadilho, passou a chamá-lo de *Jean-Marítimo*, enquanto seu outro genro, o filósofo, foi promovido a *Jean-Maristóteles*.

---

10 M. Clement, *Carta a Jérôme Lejeune*, 17 de junho de 1983.
11 J. Lejeune, Carta a um representante de *Laissez-les-vivre*, 25 de novembro de 1985.

Jérôme também se encantava com as pequenas coisas do dia a dia, especialmente se compartilhadas com pessoas próximas a ele. Tudo conduzia à sua felicidade. Assim, em julho de 1983, escreveu a Birthe, que já estava em Kerteminde para o verão, e contou a ela sobre a serena felicidade de sua noite em Chalo:

> Depois do jantar, enquanto Clara, Loïc e Marie-Alix colhiam groselhas ao pôr do sol (uma deliciosa cena rural), saí com a minha bengala, meu cavalo e meu cachorro (ambos esculpidos no castão da bengala) para ver o pôr do sol sobre a planície de Beauceron. Já é tempo da colheita. Alguns dos campos já foram ceifados, o ar está perfumado com trigo, cevada e centeio, e ao poente toda a terra era dourada. Os passarinhos cantam e pulam numa alegria contagiante que os tornam ainda mais deslumbrantes do que de costume.
> Se não fosse tão tarde, eu também teria retornado ao campo. Ou seja, depois de um dia de atividade incessante, e ter me alegrado com o seu telefonema, restava-me apenas encontrar um pouco de descanso.[12]

Um mês depois, Jérôme se permitiu uma pequena fuga para o outro lado da França. O Papa havia anunciado que viria em peregrinação a Lourdes no dia 15 de agosto, para a festa da Assunção. Jérôme decidiu ir recebê-lo. Estava na Dinamarca e partiu sozinho para uma travessia de carro até Angoulême, onde fez uma parada na casa dos seus primos, e continuou a viagem de trem. Ficou tão feliz por ver o Santo Padre que voltou a Paris encantado com aquela viagem. Nem tudo tinha saído como o previsto, afinal, Birthe não estava lá para organizar as coisas... e sabendo que ela iria se divertir com suas trapalhadas, Jérôme se apressou para escrevê-las:

> Lourdes, 15 de agosto de 1983, 7h30.
> A chegada do trem interrompeu abruptamente a minha escrita, mas continuo no café, no mesmo clima agradável de boas-vindas que encontrei ao desembarcar. A cidade está

---

12 J. Lejeune, *Carta a Birthe*, 14 de julho de 1983.

muito bem decorada com as cores de Lourdes e o branco e dourado do Vaticano. [...] Como você sabe da minha pouca desenvoltura (o comandante [...] me perguntou se você tinha vindo e me olhou com certa pena quando eu respondi que não, como quem pensa: "Pobre Lejeune, como vai se virar sozinho!"), não sei se vou conseguir entregar ao Santo Padre a carta do APEL [Associação de Pais de Alunos do Ensino Livre] de Paris. Mas farei o meu melhor! [...]

Lourdes, 15 de agosto de 1983, 18h30.
Minha querida, você ganhou a aposta! Não consegui entregar a carta do APEL para o Santo Padre. Vou enviá-la de Paris! Para falar a verdade, talvez não tenha me esforçado muito! Mas não me parecia fazer sentido uma aventura tão complicada.

Mas deixe-me contar como foi o meu dia. Quando cheguei na esplanada tão familiar a você, do outro lado do Gave, conheci muita gente; especialmente uns espanhóis de Pamplona e de Santiago de Compostela. [...] O Santo Padre estava em excelente forma física e o Padre Stanislas também. Eu estava pelo caminho, correndo junto com as crianças [...] aplaudindo e gritando com eles. Não tenho certeza se o Santo Padre me viu, mas é possível. [...] A missa foi excelente, contemplativa e muito longa. Para confessar, encontrei um ótimo padre [...] que me reconheceu imediatamente! Encontrei uma dúzia de médicos que não conhecia, mas que me conheciam. Um deles, do serviço médico de emergência, parou a ambulância para me cumprimentar, o que me rendeu grande consideração por parte dos meus companheiros!

Em seguida, uma pessoa encarregada do serviço de segurança veio até mim e se ofereceu para me levar lá na frente, nos assentos oficiais. Como você não estava lá, agradeci muito a atenção amável e fiquei de pé no gramado. Mas descobri que não aguento mais ficar de pé por muito tempo. Depois, achei que não conseguiria entrar na Basílica de São Pio X, onde o Santo Padre falava aos jovens. De repente, quando estava numa das entradas, um dos responsáveis pela organização veio me dizer que ainda havia lugares lá na frente, mas que seria preciso passar espremido no meio de todo mundo. [...] Foi meio folclórico e, ao mesmo tempo, muito comovente ouvir aquela antiga igreja ressoando; mas os outros oradores não chegavam ao nível da oratória do Santo Padre.

É claro que perdi o trem de volta, mas, se tudo correr bem e se Deus quiser, como dizia o nosso antigo pároco, estarei em Angoulême depois da meia-noite e, se eu encontrar o carro, chegarei em Aumac mais ou menos 1 hora da manhã. Mas está tudo perfeito, tudo saindo exatamente como planejado! Um beijo do teu Jérôme que te ama.

Acho que esqueci um monte de coisas, mas como estou atrasado fica um pouco difícil escrever tudo![13]

Após essa curta pausa de verão, Jérôme voltou ao trabalho animado para enfrentar a situação financeira bastante adversa que lhe esperava. Era preciso formar uma nova equipe e encontrar material para dar um novo impulso à sua pesquisa. Enquanto tentava reconstruir um laboratório sem recursos, o ano letivo trouxe-lhe mais uma surpresa desagradável: o CNRS informou-lhe que, a partir do dia 1º de janeiro de 1984, ele não teria mais financiamento disponível. Não contente em ter-lhe tirado a sua equipe, a administração continuava firme no propósito desmantelar seu trabalho.

Só havia uma solução: se quisesse continuar suas pesquisas, Jérôme precisava encontrar os recursos necessários. Por sorte, o Michael Fund concedeu-lhe um subsídio que lhe permitiu aguentar por mais alguns meses, mas precisava se preparar para o futuro.

Ele confiou esta dificuldade a Martin Palmer, um advogado americano que o havia contatado após seu depoimento no senado dos Estados Unidos, e escreveu um roteiro para um filme baseado na história de Tom Thumb, contada por Jérôme. No final de uma das cartas que escreveu para Martin, expressa confiança:

> Depois do próximo verão, estaremos em uma situação muito difícil, para não dizer desastrosa. Mas tenho esperança e muita determinação. Jamais desistiremos.[14]

---

13 J. Lejeune, *Carta a Birthe*, 15 de agosto de 1983.
14 J. Lejeune, *Carta a M. Palmer*, 25 de outubro de 1983.

A atitude do CNRS foi tão injusta que comoveu muitas personalidades na França. A cidade de Paris, escandalizada por tamanha discriminação, decidiu conceder uma bolsa excepcional a Jérôme, com o apoio do seu prefeito, Jacques Chirac, e graças aos esforços de Bernard Billaud, seu chefe de gabinete. Jérôme havia sido eleito para a Academia de Ciências Morais e Políticas e para a Academia de Medicina, respectivamente, em 1983 e 1984. Também havia sido nomeado membro da Academia Científica dos Linces, em Roma, onde recebeu o Prêmio Feltrinelli.

Sua difícil situação também não passou despercebida aos jornalistas: em 19 de março, por ocasião de sua eleição para a Academia de Medicina, o *Le Parisien Libéré* observou:

> Curiosamente, embora tenha sido diretor de pesquisa na CNRS desde 1963, os subsídios que lhe foram atribuídos acabaram de ser retirados. Os americanos, que estão muito interessados em seus estudos, decidiram ajudá-lo, já que a França cortou seu financiamento. Sem dúvida, sua posição a favor do respeito à vida não é alheia à decisão oficial. Sua eleição pode ser uma consolação por ter sido "abandonado" por alguns.[15]

E enquanto outros jornais, como *Le Monde, Le Quotidien du Médecin* ou *La Croix*, se contentaram em citar a eleição, o semanário *Valeurs Actuelles* completou a informação, dizendo:

> A eleição do Professor Jérôme Lejeune para a Academia de Medicina é uma resposta ao CNRS, que acabou de privar o seu laboratório de fundos. Houve ainda outras reações favoráveis ao geneticista francês contrário ao aborto: a empresa C&A permitiu que ele continuasse sua pesquisa ao financiar um cargo de pesquisador-assistente, e o Michael Fund de Pittsburgh acaba de lançar uma campanha nos Estados Unidos

---

15 *Le Parisien libéré*, "Professor Lejeune é eleito para a Academia Nacional de Medicina", 19 de março de 1984.

para arrecadar 100 mil dólares para o departamento do professor Lejeune na Universidade de Paris-V.[16]

Ter sido eleito para a Academia de Ciências Morais e Políticas, uma das cinco Academias do prestigioso Institut de France, amenizou um pouco o seu ostracismo. Na verdade, era um reconhecimento da França pelo valor extraordinário de seu trabalho, e uma ocasião para uma cerimônia muito bonita e solene para a entrega da espada a seu novo acadêmico. Em 28 de novembro de 1983, uma multidão se reuniu na magnífica sala da Chancelaria das Universidades de Paris. Com um largo sorriso, Jérôme deu boas-vindas a inúmeros convidados que foram lhe dar apoio oficial ou amigável. Reconheceu na primeira fila, ao lado de Birthe, o Padre Rovasenda e o professor Chagas, da Pontifícia Academia de Ciências, o Mons. Oliveri, da nunciatura apostólica, o Padre André Vingt-Trois, Vigário-Geral do Cardeal Arcebispo de Paris, Jean Tiberi, deputado e prefeito do 5º distrito, Bernard Billaud, prefeito de Paris, e Jean Foyer, o corajoso ex-Ministro da Saúde. Também estava presente o seu amigo Pierre Chaunu, que já era membro do Instituto, sem contar o reitor e os decanos das universidades de Paris. Também avistou André Clément, Geneviève Poullot, Virgil Gheorghiu, Jean Daujat e tantos outros amigos.[17]

Os discursos se sucederam, retratando a carreira científica de Jérôme e o significado moral de seu trabalho. Marie-Odile Rethoré recapitulou trinta anos de frutuosa colaboração, enquanto Pierre Debray-Ritzen, professor de psiquiatria infantil do Necker, felicitou-o pela admissão na Cúpula com palavras que todos concordavam: "Caro Jérôme, é isso! Você está entrando na Terra Prometida. Esta é a sua recompensa. Você mereceu!".

---

16 "Reações em cadeia", em *Valeurs Actuelles*, 19 de março de 1984.
17 "A entrega da espada do acadêmico ao professor Jérôme Lejeune", in *L'Homme Nouveau*, 18 de dezembro de 1983".

Quando Marcel Clément toma a palavra, ressalta a riqueza da obra de Jérôme, que se estende muito além da esfera das ciências experimentais:

> O geneticista tornou-se, na própria lógica do seu pensamento, um antropólogo. O pesquisador viu-se compelido por suas descobertas a se tornar um moralista. O médico, enfim, dia após dia, foi se tornando, na França e no mundo, o arauto de uma política da vida. [...] Hoje, você é talvez tão conhecido por sua contribuição à antropologia, à ética e ao bem político comum, quanto pelo seu trabalho científico. A antropologia deve muito a ti. Você trouxe a ela uma nova base científica, que até então tinha sido substituída por hipóteses frequentemente arriscadas: você se questionou como a genética poderia contribuir, por sua vez, para a definição da natureza humana.

Finalmente, sob os olhos da radiante Birthe na primeira fila, Jean Fourastié se aproximou para entregar a espada a Jérôme. Mas antes de entregá-la, virou-se para o público e disse:

> É uma espada de 1830, que foi retrabalhada e dotada de novos símbolos. Esses símbolos, como de costume, resumem o trabalho científico e humano de Jérôme Lejeune. [...] Distingue-se aqui, em sua guarda, quatro séries de divisas; esta de cima é a dupla hélice do DNA. [...] O mote principal diz respeito ao espírito científico experimental, à ciência. É formado por uma lente de microscópio, onde podemos distinguir três cromossomos, uma alusão óbvia e direta à trissomia e ao cromossomo 21. Mas a ciência não é apenas observação, é intuição, é criatividade e imaginação. E aqui Jérôme Lejeune quis que fossem escritas as palavras *Deo juvante*, "se Deus quiser", no pergaminho em que a ciência escreve seus resultados. À direita destes símbolos, portanto de ciência-observação e ciência-intuição, diria até revelação, um telescópio à direita, e à esquerda um feto que Jérôme Lejeune deu a conhecer mundialmente: uma criança de dois meses já chupando o dedo. Prezado senhor e meu amigo, em nome do comitê honorário reunido pela senhora Rethoré, tenho a honra de dar-lhe esta espada.

Ele foi muito aplaudido. Então, enquanto se aproximava do microfone, o auditório foi silenciando:

> Nos últimos 30 anos, aprendemos a reconhecer o espírito prejudicado por um corpo imperfeito. Aprendemos a amar Pierre, Jacques, Paul, Madeleine ou Françoise, ao passo que a patologia não seja capaz de ver nada a mais do que uma síndrome. E nosso trabalho como geneticista apresenta o paradoxo de que podemos ser os últimos médicos de família, pois, ao longo dos anos, pacientes afetuosos e pais admiráveis acabam se tornando amigos.

Depois de agradecer e mencionar os discursos anteriores, concluiu:

> Enfim, uma frase de Santo Irineu de Lyon resume tudo: *"Gloria Dei est homo vivans* — A glória de Deus é o homem vivo". E tentar devolver, a cada um, a plenitude de vida a que chamamos liberdade de espírito, é o grande desafio para nós, para os nossos sucessores e para os que vierem depois deles. E se eu tivesse que resumir o programa científico que levará a essa conclusão em poucas palavras, diria como Monsenhor Vincent: sigamos em frente![18]

Ouvindo aquelas palavras, Birthe sabia o quanto eram cheias de significado. Traduziam, para além do efeito oratório, a sua disposição mais íntima: "Apesar das dificuldades que se acumulam, ele não desiste", pensava, admirada. Então, fitando o sorriso do marido, pensou: "Como ele consegue ser tão tranquilo e animado? Só eu sei como a serenidade que ele demonstra esta noite não é fingida. Jamais o vi perturbado. Seus raros momentos de desânimo são logo varridos pela esperança que guia a sua vida. Ele tem uma força interior incrível. Age como se tudo dependesse dele e, então, deixa-se guiar como se tudo dependesse de Deus".

---

18 Ibid.

A esperança havia se tornado uma virtude concreta para Jérôme, e a sua relação com a arte médica transformou-a num exercício cotidiano. Isso o ajuda a se levantar e perseverar, mesmo nas adversidades, e também dava sentido para a sua prática médica. Manifestava-se na forma como olhava para os seus doentes e na convicção de que a vida deles tinha valor, apesar do sofrimento, e os convencia dessa certeza. Não apenas por palavras, mas concretamente. Quando atendia seus pacientes sobrecarregados com o peso do sofrimento, Jérôme, de certa forma, compartilhava da dor deles, tomava-a como sua. Esta capacidade de compadecer, de consolar, ia manifestando, dia após dia, sua própria disposição interior diante da cruz. Ele sabia que por trás do sofrimento existe "um caminho de esperança".[19]

Por isso, Jérôme jamais buscou substituir Deus nem no cuidado que dedicava aos seus pacientes, nem na busca por um tratamento. Fazia tudo o que as suas forças lhe permitiam, com uma modéstia semelhante à de Ambroise Paré, que certa vez declarou: "Eu curo, Deus cura". Como cientista cristão, reconhecia que "o Céu não está vazio", que "a vida não é simples produto das leis e das causalidades da matéria", e que existe, sobretudo, "um Espírito que em Jesus se revelou como Amor".[20] Isso o levava, como médico, a buscar a salvação do homem não na ciência, mas em Deus. Recusava-se a substituir a esperança bíblica pela esperança científica. Colocava-se em seu lugar e não vestia um jaleco grande demais para ele: sabia que era apenas um médico, não Deus; sabia que não estava ali para salvar ou prolongar a vida de

---

19 Bento XVI, *Spe salvi*, n. 38: "Acolher o outro que sofre significa assumir, de algum modo, o seu sofrimento, para que também se torne meu", diz Bento XVI, mas, "por outro lado, o indivíduo não pode aceitar o sofrimento do outro, se ele pessoalmente não consegue encontrar no sofrimento um sentido, um caminho de purificação e de amadurecimento, um caminho de esperança".

20 Ibid.

ninguém, mas para servir. Sua luta, portanto, era para aliviar seus pacientes. Jamais acreditou na ideia de que seria melhor suprimir o paciente para criar um mundo sem sofrimento, pois sabia que o mundo perfeito no qual o sofrimento seria erradicado graças ao progresso da ciência era um mero devaneio.[21]

Jérôme estava ciente do jogo espiritual dessa atitude científica. Ele escreveu ao Papa no dia seguinte à sua visita a Le Bourget:

> Uma sociedade que mata seus filhos perdeu sua alma e sua esperança.[22]

Portanto, sempre escolheu a esperança do cientista cristão que se apoia em Deus, como fez na sua eleição à Academia ao gravar na sua espada acadêmica: "*Deo juvante*". Dizia que tinha sido Birthe quem trouxe a esperança que tomou conta dele. "Aquela pequenina, [...] sozinha, guiando as outras, como a estrela conduzia os três reis dos confins do Oriente",[23] esta pequena chama alegre, tão belamente descrita por Charles Péguy, passou a iluminar toda a sua vida.

No final de 1983, Jérôme estava sobrecarregado pelas dificuldades de seu laboratório, por isso tinha pouco tempo para se dedicar às solicitações que chegavam de todo o mundo. Lamentando, teve de recusar alguns convites importantes. Em outubro, por exemplo, recebeu uma carta do Bispo Carlo Caffarra, presidente do Instituto João Paulo II de Estudos sobre o Matrimônio e a Família, que tinha acabado de ser criado pelo Santo Padre no ano anterior, na qual lhe pedia para ser colaborador permanente para sua revista oficial. Jérôme estava plenamente alinhado aos temas desenvolvidos pelo Instituto, mas foi

---

21 Cf. Ibid., n. 30.
22 J. Lejeune, *Carta ao Papa João Paulo II*, 5 de junho de 1980.
23 C. Péguy, *Le porche du mystère de la deuxième vertu*.

obrigado a recusar esta colaboração fixa, embora tenha aceitado participações pontuais.[24] Deus sabe o quanto ele gostaria de poder ajudar mais nessa obra de João Paulo II, afinal, o dr. Lejeune percebia a importância desse compromisso profético pelas famílias!

"Dizem que o Santo Padre assinou com o próprio sangue a criação do Pontifício Conselho para a Família, que ele iria anunciar no dia que sofreu o atentado. Mas não tenho condições de me comprometer com uma contribuição regular porque tenho de concentrar minhas forças para reconstruir tudo no laboratório", recorda Jérôme.

Mesmo com tantos compromissos, Jérôme decidiu participar de um grupo de oração que se reunia todas as semanas no início da manhã. Christian Chabanis, escritor e jornalista, promovia um café da manhã espiritual com alguns intelectuais católicos e convidou Jérôme para se juntar a eles. Faziam algumas orações e discutiam temas pertinentes antes de iniciarem suas atividades profissionais. Jérôme apreciava aquelas reuniões semanais, onde encontrava leigos comprometidos e também alguns clérigos, como o padre Georges Berson, com quem fez amizade.

Em fevereiro de 1984, Jérôme recebeu um telefonema da Santa Sé. Foi solicitado que embarcasse em um avião para Roma e, logo em seguida, para Moscou, a fim de conduzir a delegação papal ao funeral de Andropov, que tinha acabado de falecer. Esta nova missão em Moscou duraria apenas três dias. Jérôme aceitou e, na madrugada do dia 13 de fevereiro, chegou em Roma, sendo recebido por Monsenhor Tauran, dos serviços diplomáticos do Vaticano. Preocupado, o jovem prelado não conseguiu evitar a pergunta quando viu a jaqueta que Jérôme estava usando:

— Professor, o senhor não tinha algo mais apropriado para o frio que vai enfrentar?

---

24 Mons. C. Caffarra, *Carta a Jérôme Lejeune*, 15 de outubro de 1983; e resposta de Jérôme.

Jérôme admite:

— Infelizmente, não! Peguei o que tinha de mais quente. Além dessa jaqueta, tenho apenas uma capa de chuva.

— Tudo bem, vamos encontrar um casaco mais adequado — respondeu Monsenhor Tauran.

— Também vou lhe dar um *chapka*, para o senhor não congelar no vento gélido da Praça Vermelha... eu ficaria com a consciência pesada se deixasse o senhor morrendo de frio — completa, sorrindo.

Jérôme agradeceu. Monsenhor Tauran providenciou um casaco de lã pesado, um gorro *chapka* forrado de pele e um visto diplomático do Vaticano. Junto com os demais integrantes da delegação vaticana, Jérôme foi levado ao encontro da delegação da Itália, para embarcarem no avião presidencial, onde tinham assentos reservados. Às 11 horas, o presidente Pertini deu as boas-vindas a bordo, junto com o primeiro-ministro Andreotti. Fizeram uma rápida escala em Budapeste, onde se encontraram com o embaixador soviético local, antes de finalmente pousarem em Moscou. A delegação papal foi imediatamente saudada e atendida por um "adido particular" que permaneceu junto a Jérôme e seus colegas em todo o momento, inclusive nos corredores do hotel.

Na tarde do dia 13, Jérôme foi convidado a visitar a sala onde estava sendo velado o presidente Andropov, na Casa Sindical, coberto de vermelho e preto.

A noite foi mais leve, com um belo e aconchegante jantar na Embaixada da Itália. No dia seguinte, 14 de fevereiro, às 11 horas, todas as delegações já estavam na Praça Vermelha. O funeral havia começado. Apesar do sol, a temperatura era de -12°C. Bem aquecido com seu casaco de lã, Jérôme agradeceu mentalmente ao Monsenhor Tauran.

Enquanto o adido pessoal da delegação explicava a eles que o rito era idêntico ao usado na morte do presidente

Brezhnev, Jérôme observava a dolorosa subida dos dirigentes ao mausoléu, pensando: "Não parecem tristes, mas desanimados perante o declínio de uma hierarquia que não se renova. Apesar de uma reprodução quase estereotipada da cerimônia de Brejnev, a impressão não é a de uma repetição, mas de um ensaio geral".

Além disso, os vários comentários ouvidos durante as breves trocas de palavras diplomáticas no final da cerimônia confirmaram esse desconforto. Pierre Mauroy, que estava representando a França, deixou escapar:

— Já estive aqui há um ano e meio, mais ou menos... e creio que, em breve, nos encontraremos novamente.

Em outra delegação, deixam escapar:

— Estamos transformando as embaixadas em agências funerárias!

No dia seguinte, a delegação pontifícia voltou para Roma e foi recepcionada por Monsenhor Tauran, que fez a gentileza de levar Jérôme de volta ao aeroporto imediatamente. Jérôme lhe devolveu o casaco, o *chapka* e o passaporte, fazendo um primeiro relato da situação.

Em Paris, a família estava ansiosa para saber como tinha sido a missão. Assim que chegou na Rua Galande, Birthe abriu a temporada de perguntas:

— Querido, quem você viu? E o que lhe disseram?

Thomas também perguntou:

— Como Chernenko está no comando agora?

Mesmo exausto, Jérôme sentia-se feliz por estar em casa. Por isso, não poupou os detalhes:

— O secretário-geral Chernenko apareceu em um estado físico não muito diferente do que estava o presidente Brejnev em dezembro de 1981. A impressão é que ele ainda está no poder, mas que sua vida está se esvaindo. No seu discurso, dava para perceber um fluxo de fala incerto, hesitante, às vezes interrompido. Estava com dificuldade para respirar e vacilou às vezes. Por outro lado — acrescenta Jérôme, rindo —, o marechal Ustinov parece muito marcial e o Sr. Gromyko, um bom orador.

Depois, virou-se para Birthe para dizer:

— Você se lembra quando fui ver Brejnev, em 1981, e ele nos recebeu com seu chefe de gabinete, Sr. Alexandrov?

— Sim, claro — responde Birthe, cuja memória nunca falha.

— Bom, quando me aproximei para oferecer nossas condolências na grande sala branca e dourada, percebi que ele estava de pé num dos corredores, dando instruções a algumas pessoas que se aglomeravam ao seu redor. Após a cerimônia, fomos almoçar na Embaixada da Itália, mas nossa delegação chegou atrasada porque tivemos de passar antes no hotel. Como o meu lugar estava reservado à direita do embaixador, o atraso infelizmente foi percebido. Durante o almoço, disse a eles que Alexandrov parecia desempenhar um papel discreto, mas muito relevante. Meu comentário foi considerado muito improvável, mas à noite, depois do jantar, ouvimos na televisão que Alexandrov tinha acabado de ser escolhido chefe de gabinete de Chernenko!

— Incrível — interrompe Birthe! Muita gente vai acreditar que você estava informado! — exclamou, rindo.

— Sim, é isso que é engraçado... porque bastava prestar atenção no que se desenrolava à nossa frente, na grande sala de condolências.

E continua:

— Eu contei ao nosso adido particular, que assistia à televisão conosco, a excelente memória que guardei do Sr. Alexandrov por sua cortesia durante nosso encontro com o presidente Brejnev, em 1981. Também lhe confidenciei que quase saí da fila para o aperto de mão diplomático, para ir cumprimentar o Sr. Alexandrov, mas desisti por achar que uma quebra de protocolo não seria bem-vista.

E acrescentou, rindo:

— De qualquer forma, provei que os adidos privados são uma instituição muito útil, pois constituem um bom meio de comunicação, constante e inevitável.

— E o que disseram os italianos a quem você fez o comentário sobre Alexandrov? — perguntou Birthe.

— Neste ponto é que fica mais divertido. No avião de volta, assim que deixei Moscou, um membro da embaixada italiana me perguntou com quais funcionários eu havia me encontrado. "Só os da Academia de Ciências", respondi, mas aparentemente ele não acreditou. Na escala em Viena, outro membro da delegação italiana me perguntou com insistência quais funcionários soviéticos encontrei e o que pensava deles. Respondi que tive grande interesse na discussão com meus colegas acadêmicos. Enfim, parece que nosso atraso para chegar ao almoço na embaixada italiana, juntando com minha observação sobre Alexandrov e a notícia, seis horas depois, de sua nomeação, sugeriam contatos inesperados entre a delegação da Santa Sé e alguns líderes soviéticos. Ainda bem que não fui cumprimentar Alexandrov! — conclui Jérôme com uma risada.[25]

Um mês depois, ele foi mais uma vez solicitado pela Santa Sé, para dar sua opinião científica sobre "Os aspectos biomédicos relativos à sexualidade, ao amor, à família".[26] E a Pontifícia Academia das Ciências havia constituído um pequeno grupo de trabalho sobre a fertilização *in vitro*, e pediu a Jérôme que contribuísse com sua experiência. Quando Birthe lhe perguntou sobre isso, Jérôme respondeu:

— Já me perguntaram várias vezes sobre o assunto desde o nascimento da primeira criança concebida *in vitro*, a pequena Louise Brown, no dia 25 de julho de 1978, na Inglaterra.

---

25 J. Lejeune, *Relatório sobre o funeral de Andropov*, 15 de fevereiro de 1984.
26 Card. Baum, *Carta a Jérôme Lejeune*, 13 de março de 1984.

— Sim, eu me lembro. No ano passado, você testemunhou na Royal Society of Medicine em Londres — recordou Birthe.[27]

— E você se lembra de que estive em uma convenção em Toronto muito antes, em outubro de 1979, para a "The Tiniest Humans Conference"? Eu estava lá com o Sir William Liley.

Seu amigo tinha falecido recentemente, e Jérôme ainda sentia muito:

— Com a morte de Sir Liley, a defesa da vida perdeu seu principal guerreiro![28]

Era um neozelandês vigoroso como um Hércules e teve uma carreira extraordinária, explica Jérôme. Inicialmente neurobiologista, Sir Liley tornou-se obstetra para proteger as crianças dos riscos do parto.

— Devemos a ele a descoberta da amniocentese — afirmou Jérôme. — Ele cuidou de crianças ameaçadas pela incompatibilidade RH, pois a mãe produz anticorpos capazes de danificar as células da criança, principalmente as hemácias. Ele foi o primeiro a ter a ousadia de, para examinar o estado da criança, usar uma agulha grande o bastante para furar a parede abdominal da mãe e depois passar pela parede do útero para tirar líquido amniótico. Se a criança estivesse muito doente, podíamos induzir imediatamente um parto prematuro, por volta dos sete meses, para fazer uma transfusão e salvá-la. Depois, ainda foi corajoso para não apenas furar o útero, mas também o próprio abdômen da criança agitada para inserir um minúsculo tubo de plástico e fazer uma transfusão de sangue *in utero*.

— Com a criança ainda viva? — Birthe pergunta espantada.

---

27 J. Lejeune, *Bebês de proveta são bebês*, testemunho perante a Royal Society of Medicine, Londres, 1983.
28 J. Lejeune, *Carta ao P. Vignes*, 1984.

— Exatamente! — confirma Jérôme. — Também foi ele quem descobriu que quando um produto amargo é injetado no líquido amniótico, a criança se recusa a engolir, mas, se for um produto doce, ela engole com muito mais frequência do que o habitual... e causa soluços.

— Foi um médico excelente! — comenta Birthe com admiração.

— Sim. Liley foi o fundador da patologia pediátrica e do tratamento de bebês ainda no útero. A rainha da Inglaterra concedeu-lhe a nobreza, mas a medicina o fez muito antes, reconhecendo-o como o pai da fetologia moderna.

Jérôme fica em silêncio por um instante, antes de confidenciar à esposa:

— Mas Liley sofria por ter visto uma de suas descobertas notáveis, uma técnica feita para curar, ser desviada de seu objetivo. Quando conversávamos sobre isso, partilhávamos o mesmo sentimento. O cromossomo 21 extra que encontrei em pessoas com Síndrome de Down era sinal de uma doença, mas alguns o tornaram sinal de morte.

Jérôme faz mais uma pausa e, depois de um breve silêncio, acrescenta com convicção:

— Ele foi, sem dúvida, o melhor orador na defesa da vida.[29]

Birthe olhou para o marido com certa surpresa e pensou: "É o que as pessoas costumam dizer de você!". Jérôme não percebeu o olhar afetuoso da esposa e passou a falar sobre a convenção de Toronto, já rindo:

— Comecei minha palestra tomando o exemplo inesperado do escritor irlandês George Bernard Shaw, homem de espírito que recebeu o Prêmio Nobel de Literatura, e da bela dançarina americana Isadora Duncan. Você se lembra dessa história?

— Não...

---

29 Ibid.

— Talvez eu não tenha te contado. É uma história divertida! Durante um jantar em que se conheceram, Isadora Duncan, que era muito mais conhecida por sua beleza do que por sua inteligência, disse a Bernard Shaw, que era mais conhecido por ser inteligente do que por ser bonito: "Vamos ter um filho juntos? Ele será o extraordinário: vou dar a ela minha beleza e você a sua inteligência". Bernard Shaw olhou para ela intrigado e perguntou: "Mas e se sair ao contrário?". Todo mundo riu.

Birthe também. Ela não gostava muito de humor francês, mas achava esse tipo de história divertida. No entanto, logo voltou a ficar séria e perguntou:

— Não foi nesse congresso que você conheceu Chuck Dean?

— Foi. Charles, mais conhecido como Chuck Dean, presidente da Virginia Society for Human Life. Questionava a legalidade da fertilização extracorpórea, para saber se ela deveria estimular ou impedir a criação de centros de fertilização *in vitro* em seu estado. Muito corajoso. Depois tentou impedir o estabelecimento dessas clínicas. Estávamos no início do grande mercado reprodutivo.

Birthe pergunta:

— E Chicago?

— Sim, verdade. Também fiz uma intervenção em Chicago um ano depois — Jérôme acena positivamente.

— Então você está bem preparado para responder à Pontifícia Academia de Ciências — conclui Birthe, levantando-se para fumar um cigarro.

Jérôme, que havia parado de fumar, pegou uma pastilha de alcaçuz e disse:

— Sim, você tem razão. Mas para a Pontifícia Academia de Ciências tenho que fazer uma reflexão mais profunda.

Então, Jérôme pesquisou as mais importantes pesquisas científicas e relatórios técnicos sobre a questão, a partir de seus contatos internacionais.

Nesse meio-tempo, recebeu uma carta do Monsenhor Caffarra, com o aval do Cardeal Ratzinger, Prefeito da Congregação para a Doutrina da Fé, com um texto para que ele fizesse uma análise crítica como "advogado do diabo científico".[30]

A partir de então, Birthe não se surpreendia mais em receber, na Rua Galande, lindos envelopes com selos do Vaticano, que haviam se tornado muito frequentes no início de 1984. Em março, Jérôme recebeu uma nova carta, desta vez escrita pelo Cardeal Ratzinger, que lhe pedia para indicar, "de forma cientificamente inexpugnável, quais eram todas as questões que a genética colocava, agora e no futuro imediato, à consciência moral do homem".[31]

Na resposta, Jérôme disse que, "de todos esses assuntos, o que exige a decisão mais séria é: a fertilização extracorpórea é ilícita *per se*?".[32]

A discussão continuou em agosto[33] com o bispo Bovone, secretário da Congregação, que pediu a Jérôme uma nova análise crítica. Em outubro, numa segunda carta, o Cardeal Joseph Ratzinger agradeceu ao Dr. Lejeune por essa troca.[34] Embora tenha sido um ano difícil, ele recebeu muitas cartas de parabéns e agradecimentos de homens como o Cardeal Ratzinger, Dom Tchidimbo,[35] ex-Arcebispo de Conacri, preso por oito anos pelo governo de Guiné, e da França por parte de Dom Thomas,[36] Bispo de Ajaccio, que o cumprimentava por seu compromisso pela defesa da vida.

---

30 Card. Caffarra, *Carta a Jérôme Lejeune*, e resposta de Jérôme, fevereiro de 1984.
31 Card. Ratzinger, *Carta a Jérôme Lejeune*, 5 de março de 1984.
32 J. Lejeune, *Carta ao Cardeal Ratzinger*, março de 1984.
33 Bispo Bovone, *Carta a Jérôme Lejeune*, 24 de agosto de 1984.
34 Card. Ratzinger, *Carta a Jérôme Lejeune*, 26 de outubro de 1984.
35 Bispo Tchidimbo, Carta a Jérôme Lejeune, 12 de junho de 1984.
36 Bispo J.-C. Thomas, *Carta a Jérôme Lejeune*, dezembro de 1984.

Jérôme também tentou se manter disponível para outros pedidos, especialmente os que vinham de seu novo amigo, o advogado Martin Palmer. Num deles, Martin perguntava a sua opinião sobre o projeto do Dr. Bernard Nathanson, um médico ateu norte-americano que foi um dos promotores do aborto nos Estados Unidos. Ele mesmo já havia feito mais de 5 mil abortos, e a "clínica" que dirigia chegou a realizar 60 mil em dois anos. Mas graças às mais recentes técnicas científicas, ele descobriu o desabrochar da vida[37] e se converteu. Não foi uma conversão religiosa, mas à vida. Tornou-se um de seus mais corajosos defensores e planejava fazer um filme mostrando a realidade do aborto, para esclarecer as mentes e corações. Martin apresentou seu projeto a Jérôme em junho de 1984. Inicialmente, Jérôme lhe responde dizendo:

> Tenho um pouco de receio desse projeto de filme. Não é meu método ensinar por meio do horror. Prefiro tentar convencer evocando as belezas da natureza, em vez de mostrar as sugestões diabólicas de técnicas distorcidas. Mas é apenas uma opinião pessoal.[38]

Alguns dias depois, esclareceu:

> Mas Nathanson tem alguma razão. Se o vídeo pudesse ser mostrado para todos os abortistas, todas as enfermeiras que trabalham em um centro de aborto, todos os ativistas, é certo que poderia fazer muito bem a eles. Este vídeo provavelmente poderia converter os abortistas e o Dr. Nathanson é, sem dúvida, a pessoa mais indicada para fazê-lo.[39]

Jérôme ainda encontrou tempo para palestrar em um congresso em Roma, onde conheceu Ângela de Malherbe, que era muito empenhada na assistência às famílias. Tornaram-se grandes amigos. Ele também deu

---

37 J. Lejeune, "The silent cry", em *Tom Pouce*, n. 2, junho de 1985.
38 J. Lejeune, *Carta a M. Palmer*, sem data, provavelmente junho de 1984.
39 J. Lejeune, *Carta a M. Palmer*, 3 de julho de 1984.

uma conferência em Ostend, cujo título, "Fisiologia da inteligência", indicava um assunto sobre o qual ele andava meditando na época: a liberdade de inteligência. Durante este congresso conheceu o Monsenhor Michel Schooyans, doutor em filosofia e teologia e professor da Universidade Católica de Lovaina, e também Carlo Casini, deputado democrata-cristão italiano muito comprometido com a defesa da vida. Conversaram muito e se tornaram amigos.

Três meses depois, Jérôme recebeu uma correspondência dos Estados Unidos, enviada por D. J. Kevles, professor de história do Instituto de Tecnologia da Califórnia (CIT), que lhe enviou o manuscrito de um livro que estava prestes a publicar sobre história da genética. Jérôme ficou comovido com aquela gentileza e respondeu esclarecendo alguns detalhes:

> Prezado professor Kevles, obrigado por me enviar o livro. Seu relato histórico é muito cuidadoso e tenho para oferecer apenas alguns pequenos detalhes. Apenas um, o último, é importante e, em caráter confidencial, devo dizer por quê. Na verdade, Turpin não me aconselhou a publicar os dados. Quando lhe ofereci uma coautoria, ele hesitou porque nunca havia olhado para os cromossomos, e disse: "Tudo bem, acho que vou assinar porque no estágio inicial que nos encontramos agora, ninguém vai se zangar se não estivermos certos". Além disso, na época da publicação, Marthe Gautier estava de licença e, quando voltou, disse-me que eu havia tomado uma liberdade excessiva ao colocar seu nome em uma publicação sobre a qual ela não estava convencida. Claro que essas memórias não devem ser mencionadas em um documento impresso. Seria uma grande falta de delicadeza para com Turpin e Marthe Gautier. Mas, por confiar em sua integridade como historiador, acho que deveria prestar-lhe essas informações, de caráter privado, para lhe explicar por que fiz uma breve modificação no texto.
>
> Agradeço-lhe muito por ter me confiado o seu excelente trabalho.[40]

---

40 J. Lejeune, *Carta a D. J. Kevles*, 1984, mês não especificado, mas provavelmente em setembro.

Jérôme, por respeito a seu mestre Turpin e delicadeza por sua ex-colega Marthe Gautier, nunca havia contado esses fatos. Somente sua família e seus entes queridos conheciam a história.

No final de 1984, uma nova provação aguardava Jérôme. A estrutura do laboratório continuava precária — ele ainda não tinha um computador para trabalhar — e, mais uma vez, teve de enfrentar uma grande decepção científica — desta vez, muito dolorosa. Depois de incluir várias crianças com Síndrome de Down em um ensaio clínico, ele observou, com indescritível alegria, que a circunferência da cabeça dos pacientes que se submetiam ao seu tratamento se desenvolvia muito mais do que os outros.

Parecia, finalmente, que havia encontrado algo! Mas não ousou acreditar antes de ter analisado meticulosamente todos os resultados. Após as verificações finais, acabou percebendo, infelizmente, que havia um erro grosseiro nos dados porque as fitas métricas eram diferentes, ou seja, a circunferência craniana, após o tratamento, parecia maior porque a fita usada para medi-la não era a mesma do início do exame. Depois de tantos anos de esperança e intenso trabalho, a desilusão era imensa. Não era a primeira vez que ficava desiludido, mas desta vez era diferente: Jérôme não só tinha esperança, mas estava certo de ter medido e conferido os efeitos do tratamento... Foi um golpe forte e certeiro, como confidenciou em seu *Diário*:

> É por isso que, depois de toda reflexão, me sinto desconcertado pela falha técnica anterior, preocupado com meus resultados e intimidado com a decisão a ser tomada.[41]

Essa nova desilusão, somada às grandes dificuldades materiais e ao ostracismo de que vinha sendo alvo na França, marcaram dois anos particularmente difíceis para Jérôme. Seus familiares conseguiam perceber que,

---

[41] J. Lejeune, *Reflexões pessoais*, 7 de dezembro de 1984.

apesar de seu ânimo, ele estava vivendo uma verdadeira travessia do deserto na vida profissional. Mas será que conseguiam perceber, por trás de sua calma e serenidade, sua extrema solidão intelectual e profissional? Não que estivesse totalmente sozinho — sua correspondência mostra os inúmeros intercâmbios científicos que mantinha com pesquisadores de todo o mundo —, mas os convites profissionais foram rareando, e suas conquistas, completamente esquecidas. Até os antigos amigos cientistas andavam afastados. Olhando a sua trajetória, a observação é contundente: o homem que revolucionou a genética ao trazer à tona, por meio de suas sucessivas descobertas, uma nova disciplina nomeada citogenética, para a qual criou o primeiro curso universitário, que foi cortejado e homenageado em todo o mundo pelo excelente trabalho realizado, que treinou gerações de geneticistas franceses e estrangeiros para as salas de aulas e para os laboratórios, aparentemente não tinha mais importância para a comunidade científica francesa. Já não tinha mais equipe e nem financiamento; já não era mais convidado para os eventos e sua carreira estava paralisada, ainda que mantivesse contatos privados com muitos pesquisadores do exterior. E isso não mudaria muito se ele tivesse encontrado o tão desejado tratamento para as doenças genéticas. Mas também aqui a realidade é impiedosa. Os resultados de todos aqueles anos tentando encontrar a cura para seus pequenos pacientes parecem escassos. Trinta e dois anos de esforço sem nenhum sucesso terapêutico. Ele fez descobertas importantes para identificar doenças, mas não tinha nenhum tratamento a oferecer. Tinha muitas hipóteses e esperanças desde 1959! Empenhou-se em segui-las, mas todas se revelaram sem futuro. Também sofreu derrotas na política: seus esforços para tentar salvar as crianças com deficiência, e os nascituros, não impediram a aprovação da Lei Veil. Havia falhado novamente. A realidade é cruel.

Jérôme aparentemente perdeu toda a glória e estava vendo tudo o que havia construído profissionalmente ser levado embora. Já desprendido dos bens deste mundo, agora se via despojado de todas as vaidades profissionais ou mundanas. Curiosamente, essas privações jamais afetavam sua serenidade. Continuava sempre o mesmo. Aceitou pacificamente os acontecimentos da vida, e sua liberdade interior, já manifestada no passado, revelava-se com um novo esplendor. Livre de tudo o que não é absolutamente essencial, Jérôme nada temia, a não ser ofender a Deus e não fazer o suficiente por seus semelhantes. Ele já havia entregado a vida nas mãos de Deus, agora lhe entregava seu futuro. Como um servo inútil. Nessa entrega total e confiante, sua vida assumiu outra dimensão. Dali em diante, foi chamado a curar não apenas o corpo, mas também as inteligências e os corações. Sempre com aquela pequena chama de esperança guiando sua alma. *Deo juvante.*

CAPÍTULO 14
Querido doutor
1985–1989

> Caro professor, você não me conhece, mas eu o conheço. Há 20 anos, sem saber, você mudou a minha vida e hoje quero lhe agradecer.

Jérôme para de ler um instante para conferir a assinatura. O sobrenome não ajudava a lembrar algo que lhe fizesse reconhecer a autora. Mas quando retomou a leitura desde o início, reconheceu o sobrenome de solteira, escrito entre colchetes.

— Ah, sim! Lembro-me daquela pobre mulher que veio me procurar. Mas o que isso tem a ver com essa que me escreve hoje?

Intrigado, retoma a leitura:

> Meu pai e minha mãe são agricultores, criadores em uma pequena fazenda [...]. Sempre trabalharam muito! E tiveram muitos problemas com os filhos porque eram RH positivo e nós, crianças, somos todos RH negativos. [...] Mamãe teve sete filhos. A primeira chamava Marie e morreu no parto em 1949 [...]. Em 4 de junho de 1950 nasceu minha outra irmã, a mais velha, que também se chama Marie. Depois nasceram gêmeos, no dia 26 de março de 1951, minha irmã Françoise e meu irmão Henri, com RH negativo, claro. Nasceram prematuramente, aos sete meses e meio, e pesavam aproximadamente 1 kg. Henri morreu logo após o batismo e pôde ser enterrado de maneira cristã. Minha irmã Françoise sobreviveu. Ela foi colocada numa pequena cama especial forrada com algodão perto do fogo, e o médico disse: "Vamos ver se ela consegue viver!". Sobreviveu, mas você pode imaginar as consequências. Um ano depois, em 2 de junho de 1952, foi a

minha vez. Eu era um bebê grande de 3,7 kg, normal, nem sabemos como, com RH negativo. Minha mãe ainda teve outro filho, que morreu prematuramente em 1956 e, em 2 de janeiro de 1963, nasceu minha irmãzinha Marie-Gabrielle, com Síndrome de Down. Foi concebida com tantos problemas que teve que ficar um mês na incubadora. [...] Ainda me lembro do nascimento dela, eu tinha pouco mais de dez anos. Lembro-me especialmente da visita do médico em casa. Nós, crianças, estávamos todos esperando nossa irmã e, de repente, vimos nosso pai, que era um fazendeiro muito forte, dobrando-se, curvando-se e chorando muito. Cheguei a pensar que minha irmã estivesse morta, mas ela sobreviveu e eu fiquei muito feliz. Vibrava: "Ela está viva, viva!" [...]. Sobreviveu, mas para meu pai foi uma catástrofe. [...] Para mim, a criança foi um dos amores da minha vida. Foi ela quem me ensinou o invisível, o essencial. [...] Jamais sofri com a doença dela, mas sofri pelos olhos dos outros, os olhos acusadores de quem dizia: "Seu pai é bêbado", o que ele jamais foi; ou "sua mãe está fazendo algo de anormal". Isso me fez ter dúvidas sobre os meus pais. Tínhamos que escondê-la, diziam para colocá-la num orfanato, caso contrário jamais nos casaríamos. [...] para o meu pai, foi uma verdadeira castração na sua descendência. Ele ficou completamente destruído. Fui equiparada à minha irmã Françoise, que era deficiente. [...] Os meninos fugiram de nós na adolescência porque diziam que estávamos contaminadas pela peste. [...] Mamãe nos dizia: "Não se preocupe, sua irmã está afastando quem não presta". E é verdade! Conheci meu marido, e minha irmã gosta muito dele. Quanto aos meus pais, eles se sentiam culpados. Mamãe sempre me dizia: "A culpa é minha!". Eles se sentiam derrotados com tantas crianças mortas! Sentiam-se humilhados porque diziam que a falha hereditária era uma punição de Deus. Éramos apontados o tempo todo. Pediam aos meus pais para que não nos levassem aos casamentos de família. Portanto, alguém sempre tinha de ficar conosco. Até que a cunhada da mamãe teve um bebê com Síndrome de Down [...] e te conheceu. Depois, disse para mamãe levar minhas irmãs até o senhor [...]. Mamãe foi e se transformou... se transformou porque, graças ao senhor, recuperou a dignidade perdida. Ela havia se tornado obesa, pesava 87 kg. Devolver a dignidade à minha mãe também devolveu a dignidade para toda a família. E a mim, a criança que fui, porque foi a minha tábua de salvação. Olhava para minhas irmãs... sempre as amei, mas precisava de apoio para não me deixar levar pelos olhos dos outros. Mas agora podia dizer: "o professor Lejeune disse isso e aquilo... e podia seguir em frente na vida, sem ter vergonha" — ou, melhor, com menos vergonha, porque na adolescência sempre temos um pouco de vergonha. Enfim, o senhor me permitiu ficar de pé e poder cuidar das minhas irmãs. E eu nem o conheci pessoalmente, mas o efeito que teve em mim foi gigantesco. Eu era normal, então não tinha motivo para me levarem até o seu consultório, mas o senhor confortou a mamãe, não éramos mais rejeitados. Afastamos essa história hereditária, porque eu também dizia a mim mesma que não poderia me casar porque minha hereditariedade estava comprometida. Mas quando você surgiu, essa ideia de que nossa hereditariedade era doente ou que meus pais tinham comportamentos nocivos como o alcoolismo ou qualquer outra coisa assim desapareceu. Agora, tudo era cientificamente compreensível e explicável. O trabalho do senhor é extraordinário, professor; cuidou não só das minhas duas irmãs, mas de todos nós, principalmente da minha mãe. E também a aconselhou: "Cuide de suas duas filhas normais porque, psicologicamente, para elas é muito difícil". Na época não havia psicólogo por aqui [...]. Quando abraçou minha irmãzinha com Síndrome de Down pela primeira vez, e disse: "Mas como é linda essa garotinha", essa atitude devolveu a vida à minha mãe. Ela mesma sempre nos dizia isso. A consequência dessas inúmeras visitas foi ter possibilitado uma reabilitação para a minha irmã Françoise. Você fez alguns exames, analisou-a. Ela era intelectualmente muito debilitada e não tinha condições de estudar, mas o senhor deu um tratamento especial à minha irmã Marie-Gabrielle porque ela sequer estava andando, e não andou até os cinco anos de idade. O senhor ministrou injeções fortificantes nela, restaurou a dignidade de todos nós. Ninguém pode imaginar como estaríamos hoje se não tivéssemos conhecido o senhor, professor! Meu pai passou a aceitar a minha irmãzinha e a expressar todo o amor que nutria por ela.

Por isso, para aquela menininha que fui, você foi a fortaleza para vencer a vergonha e a humilhação que se apoderava de mim diante dos outros, pois nos sentíamos como párias. Foi você que nos tirou dessa tragédia, nos devolveu a vida e cuidou de todos nós.[1]

---

[1] Este texto não foi realmente enviado a Jérôme Lejeune, mas é o relato exato, palavra por palavra, dado por Blandine S. a mim — e publico aqui com a sua permissão. A única modificação que fiz foi adaptá-lo como se tivesse sido enviado ao Prof. Lejeune. O texto expressa bem o conteúdo dos depoimentos que me foram dados sobre as mudanças que Prof. Lejeune realizou na vida das famílias das crianças que se consultavam com ele.

Jérôme ficou um tempo em silêncio com a carta na mão. Ele conhecia bem a dor das mães, dos pais, dos irmãos e de tantos familiares que sofrem com a deficiência de suas crianças, principalmente com a maneira como olhamos para elas, da rejeição que sofrem e do medo de olharem para o futuro e se questionarem: "Quem cuidará delas quando partirmos?". Jérôme ouvia essa pergunta angustiada dos pais e sempre tentava acalmá-los. Ficava contente em poder ajudá-los, por isso recusou o brilho do ouro do Novo Mundo. Sua riqueza era o bem que podia fazer àquelas pessoas e, sobretudo, a seus pequeninos.

Havia tanto sofrimento a ser aliviado; tantas gestantes preocupadas por estarem esperando um bebê com Síndrome de Down que precisavam de conselhos e a presença tranquilizadora de um médico. E ele estava sempre ali, disposto a ajudar e a aconselhar.

De repente, Jérôme lembrou-se de uma mulher que seu amigo Philippe lhe havia encaminhado. "Ela veio me ver quando o marido morreu, ainda jovem, com menos de 40 anos. Estava esperando o segundo filho e sabia que ele tinha Síndrome de Down. No começo, hesitou, estava com medo. Mas foi uma alegria quando Philippe me disse que ela havia acolhido o filho e que, agora, dirige uma associação para ajudar as pessoas com Síndrome de Down a se integrarem na vida em sociedade!".

Mas nem sempre o resultado é positivo. Jérôme também se lembrou de um telefonema no meio da noite. Mais uma daquelas muitas ligações, bem na hora do jantar, de pais preocupados ou mulheres angustiadas para pedir conselhos ou algum apoio. A conversa às vezes se prolongava e Jérôme, apesar do cansaço do dia, jamais deixou de atender. Mas numa noite a conversa foi breve: uma mulher lhe disse que havia abortado, que não teve coragem de ficar com o filho. Jérôme voltou pálido para a mesa. Quando seus filhos lhe perguntaram "Quem era?", respondeu: "Uma pobre mãe que não conseguiu encontrar alguém para ajudá-la. Infelizmente não estamos fazendo o suficiente".

Ele se sentou, pensando em como fazer mais. As inúmeras preocupações do laboratório não deveriam ser motivos para negligenciar a ajuda imediata aos "pobres dos pobres", as crianças doentes e as crianças por nascer. Para servir tanto quanto sua força o permita, onde só ele pode agir. Sem falhar em nenhum dever.

Esta disponibilidade como advogado para crianças em gestação foi rapidamente posta em prática no início de 1985, do outro lado do Canal da Mancha. No Reino Unido, alguns meses antes, o Comitê Warnock, instituído pelo Departamento de Saúde e Previdência Social, tinha se interessado pelos embriões humanos, ou mais exatamente pelo possível uso que os pesquisadores poderiam fazer deles. Esse comitê publicou, em 26 de junho de 1984, um relatório no qual propunha a experimentação em embriões humanos *in vitro* até o 14º dia depois da fecundação. Esta data, correspondente ao aparecimento da crista neural no embrião, é escolhida por consenso, mas de forma arbitrária, invocando os benefícios futuros esperados da experiência.

Em fevereiro de 1985 a proposta chegou ao Parlamento Britânico e Jérôme foi chamado para testemunhar perante a Câmara dos Comuns. As apostas eram altas, pois era o primeiro país europeu a propor a autorização de pesquisas com embriões humanos. Jérôme colocou todas as forças nesta nova batalha na Grã-Bretanha, ciente de que uma derrota no Reino Unido faria o mundo seguir o mesmo rumo catastrófico. Em 6 de fevereiro de 1985, perante a Câmara, ele demonstrou que, ao contrário do que alega o Relatório Warnock, a experimentação em embriões com menos de 14 dias de idade não proporcionaria solução terapêutica para hemofilia, miopatia, fibrose cística e trissomia 21.² Jérôme desconfiava que os membros do Comitê Warnock tinham ciência do vazio de seus próprios argumentos e não o perdoariam por ter demonstrado isso de forma ampla e irrestrita. Mas o que realmente importava para Jérôme era saber que, ao final desses primeiros debates, a votação na Câmara dos Comuns seria positiva. O *Unborn Children Protection Bill*, projeto de lei para proteger o feto, tinha passado. Ainda faltavam várias etapas para se tornar lei, mas já era uma primeira vitória. O amigo inglês que solicitou o depoimento de Jérôme deu-lhe os parabéns. Mas Jérôme respondeu:

> Tenho certeza de que os membros da Câmara dos Comuns não votaram o texto de Enoch Powell para me agradar ou porque os fiz mudar de opinião! [...] A ideia de proteger os pequenos ingleses não foi importada de fora. É a simples aplicação de *habeas corpus* que fez a dignidade da nação inglesa! É o *habeas corpus* que deve ser enfatizado (porque é verdadeiro).

E a seu amigo temendo represálias, Jérôme responde baixinho:

> Quanto aos ataques contra o meu trabalho ou o seu, são inevitáveis, mas pouco importa, porque não é o assunto da lei que deverá ser votada em maio.³

Em Paris, Jérôme tentava recompor seu laboratório aos poucos. Persistia no seu trabalho com o X frágil e a trissomia, mas estava muito cauteloso. Ao seu colega inglês que lhe perguntou sobre o assunto, respondeu:

> Não publiquei nada sobre ensaios terapêuticos na Síndrome de Down. Ninguém pode dizer que eu os finjo curar. Estou convencido de que é possível, mas ainda não sei como.⁴

---

2 Jérôme Lejeune estava certo: 34 anos depois, a pesquisa com embriões humanos não forneceu nenhuma solução terapêutica.

3 J. Lejeune, *Carta a R. Brinkworth*, 26 de março de 1985.

4 Ibid.

O ano de 1986 foi um pouco mais tranquilo que os dois anteriores. A situação do laboratório havia se estabilizado. Jérôme conseguiu reunir uma pequena equipe de jovens médicos pesquisadores, como a Dra. Marie Peeters, que tinha acabado de chegar do departamento de hematologia-oncologia do CHU de Nancy e tinha publicado um interessante estudo sobre leucemia em pessoas com Síndrome de Down. A Dra. Pilar Calva, que ele havia recebido como estagiária em 1983, havia retornado do México para trabalhar com ele por dois anos, e seu marido, um anestesista, os ajudava de vez em quando. Muitos estagiários franceses e estrangeiros também vieram se somar à equipe. Jérôme também foi muito auxiliado por Monique Baroni, que ele havia contratado como secretária da faculdade em 1979, e que lhe prestava um grande auxílio no envio de correspondência.

Também no nível financeiro as coisas foram melhorando. Jérôme se via menos apertado graças à generosidade de seus amigos americanos e australianos. A catástrofe havia sido evitada. Mesmo assim, a equipe e o financiamento continuavam inconstantes... Essa privação fazia que cada colaborador se dedicasse ao essencial e, assim, Jérôme seguia em frente, sempre movido por uma grande esperança:

> Nossa única conduta pode ser resumida em uma frase: o que quer que aconteça e o que quer que nos aconteça, jamais desistiremos.[5]

O que impressionava os visitantes quando chegavam ao novo laboratório de Jérôme era a atmosfera que ali reinava. Trabalhavam duro e de forma muito sóbria. E no escritório de Jérôme havia uma cruz preta numa parede branca. Um laboratório-oratório... Embora Jérôme não falasse de sua fé aos seus colaboradores, era evidente para

---

5 J. Lejeune, *Du bon usage de la génétique*, 1971.

eles o que o movia, bastava observá-lo, principalmente no hospital com seus pacientes. Certo dia um estagiário questionou um dos jovens médicos do departamento:

— Você não acha que há algo especial nesse jeito dele? Parece haver algo que o apoia nos momentos difíceis, para dar bons conselhos aos seus pacientes. Seu olhar é muito especial... com eles, conosco. Sinto que ele vê alguém especial em cada um de nós.[6]

A jovem lhe respondeu:

— Verdade. Ele não precisa nos dar grandes lições teológicas, nós o vemos em ação, através de seus pacientes.

Então, após um momento de hesitação, ela confidenciou:

— Seu exemplo foi uma conversão real para mim. Seu testemunho de respeito e amor à vida me transformou. Venho de família católica, mas não praticante. Fui batizada, mas não frequentava a Igreja. Durante as consultas do professor Lejeune, seu testemunho me transformou. E depois seu afeto, sua humildade, seu respeito pelas mulheres, sua coerência... Descobri que é possível ser católico e um grande cientista. Entendi que você pode usar a cruz e o jaleco branco ao mesmo tempo.[7]

Após um momento de silêncio, o estagiário retoma:

— Por falar na cruz, você sabe que outro dia um repórter veio ao laboratório e tomou a liberdade de pedir ao professor Lejeune que a retirasse... e ele respondeu: "Não, a cruz fica!". O jornalista respondeu: "Você não sabe o que o cinegrafista vai fazer com isso, você vai falar e ele vai dar um zoom nessa cruz e isso vai passar uma outra ideia para o espectador". Não sei como essa discussão acabou, mas sei que ela ocorreu porque o próprio jornalista me contou. E que o professor Lejeune terminou

---

[6] Conversa do autor com um ex-colaborador de Jérôme Lejeune.

[7] P. Calva de Vazquez, depoimento prestado à autora e em diversos meios de comunicação, como o *site* <www.amislejeune.org> ou jornais americanos.

dizendo: "Não vai causar nenhum constrangimento. Se ela está ali é porque tem de estar ali e ponto final".[8]

Embora não discutisse sobre Deus enquanto trabalhava com seus colegas, e estivesse sempre atento para discutir com argumentos de razão e não de fé com seus interlocutores científicos, Jérôme nunca escondeu o que era, o que pensava e a quem servia. Portanto, quando lhe era solicitado mostrar uma certa neutralidade, a fim de navegar sob a bandeira da complacência, ele respondia de forma muito natural: "Ao colocar a bandeira no bolso, ela se torna apenas um lenço".

Era algo inconveniente, mas íntegro: não havia um lado cientista e outro cristão. Era uma coisa só. Mas nem todos os seus amigos tinham a sua força e, por isso, demonstravam alguma preocupação por conta da animosidade que seu testemunho provocava em alguns cientistas. Numa dessas cartas de advertência, enviada por um amigo inglês, Jérôme respondeu com humor:

> Muito obrigado pela amável carta. A raiva do Sr. W. é um fenômeno curioso. Sou católico e ensino genética básica; são duas informações verdadeiras. Mas como é que o Sr. W. as mistura para produzir um "católico fundamentalista" para fora de seu tubo de ensaio? [...] A caridade nos diz que os erros não devem ser tomados por insultos. E um católico deve ser fundamentalista na caridade.
> Atenciosamente.[9]

Coincidência ou não, a partir do momento em que Jérôme passa a ser proscrito no meio científico, sua notoriedade entre os defensores da vida humana se espalhou tanto pelo mundo que ele passou a receber uma infinidade de convites. Recorriam a ele para defender a vida, as crianças doentes, as crianças por nascer, os embriões... e

---

8 História contada pelo jornalista a alguém próximo de Jérôme Lejeune, que a repassou à autora.
9 J. Lejeune, *Carta a Elspeth*, 30 de janeiro de 1986.

também a beleza da família e do amor. Passou a ser convidado por universidades, colégios, tribunais, parlamentos, para o sínodo dos bispos... Obviamente, não já era apenas o cientista que convidavam, mas o sábio. Aquele que transmite, com ciência e fé, as palavras da Sabedoria Eterna. Leigo e científico, tornou-se uma das principais referências morais para os defensores da vida e da verdade no mundo, fossem católicos ou não. Um grande apóstolo da verdade pela caridade.

O tom das cartas que Jérôme recebia indicam a profunda estima que tinham por ele, um respeito que às vezes beirava a veneração. Porém, no *Diário* que ele escrevia à noite, não deixou nenhuma palavra sobre esses convites. Preencheu diversas páginas com suas reflexões científicas e fórmulas bioquímicas. Apesar de serem inúmeras e terem muito prestígio, suas intervenções eram encaradas por ele como uma atividade adicional — útil, claro, mas nunca comparável às suas pesquisas.

Enquanto sua agenda mostra uma vida pública composta de muitas conferências e viagens, seu *Diário* era exclusivamente um periódico científico. Percebe-se uma evolução constante, desde que começou os registros, em 1959. Já não havia mais nada sobre a sua vida privada, suas reflexões ou intervenções. As páginas passaram a conter apenas a busca de tratamento para seus pacientes. Sua mente estava presa nisso. Era quase uma obsessão.

No entanto, tinha de responder a certos convites. Como Jérôme encarava isso como um dever, era sempre difícil encontrar um equilíbrio, porque tudo mudava com as circunstâncias. Desde o início de sua carreira, apesar das aparências, Jérôme sempre tentou não ficar muito ausente para preservar o equilíbrio entre o trabalho e a família. Sabia também que suas viagens atrapalhavam seu trabalho diário e, em certa medida, o de seus colegas. Mas em 1986 as coisas eram muito diferentes: no âmbito familiar os filhos já eram adultos — apenas

Thomas ainda morava com os pais. Birthe, livre das tarefas cotidianas, já podia acompanhar Jérôme. Já no âmbito profissional, tinha as suas consultas e os seus cursos, trabalhos que considerava essenciais, mas as viagens tornaram-se necessárias para a sobrevivência do laboratório. Elas permitiam que Jérôme recebesse os recursos necessários para a manutenção das suas atividades, que vinham graças ao dinheiro ganho em suas conferências e ao financiamento que obtinha com novos e generosos doadores. Era forçado a passar o chapéu ao redor do mundo para manter suas pesquisas, empreendidas graças aos créditos americanos, ingleses, neozelandeses, australianos e venezuelanos. Ele também recebia algumas doações privadas na França, que nunca foram significativas em termos materiais, mas expressavam uma magnífica generosidade, como a de uma garota de 15 anos que, depois de ouvi-lo numa conferência, escreveu-lhe:

> Resolvi juntar o dinheiro que minha família deu para meus presentes [de crisma] e enviá-lo a você, para ajudar na sua pesquisa, que se tornou difícil.[10]

No primeiro trimestre de 1986, o Dr. Lejeune viajou para a Austrália. Lá reencontrou sua amiga Patricia Judge, responsável pela Fundação Genesis, em Strathfield, que, como nas ocasiões anteriores, o recebeu calorosamente. Jérôme era aguardado perante o Senado Australiano para uma intervenção a favor do embrião humano. Em seguida, foi para Bruxelas, para falar no Parlamento Europeu, e depois novamente no Parlamento Britânico para defender mais uma vez o embrião humano.

Logo depois de 31 de maio, dia do casamento de sua filha Clara com Hervé Gaymard, a quem conheceu na Escola Nacional de Administração e encantou toda a família,

---

10 M. Deal, *Carta a Jérôme Lejeune*, 17 de maio de 1989.

Jérôme fez uma intervenção na Alemanha e outra em Mônaco, antes de partir para Roma.

A pedido de Dom Caffarra, ministrou um curso no Instituto João Paulo II para a Família. Depois, em agosto, viajou para Buenos Aires, na Argentina, para participar do Congresso da Federação Internacional dos Médicos Católicos, organizado com Dom Fiorenzo Angelini, presidente da recém-criada Pontifícia Comissão para a Pastoral dos Trabalhadores da Saúde,[11] da qual Jérôme tinha se tornado membro. Sua conferência foi muito apreciada e, no regresso a Paris, recebeu uma simpática carta de Dom Karlic, Arcebispo do Paraná, província de Entre Ríos, na Argentina:

> É preciso dizer que você tem sido uma verdadeira graça que o Senhor quis nos dar? [...] Espero vê-lo novamente antes da eternidade, quando tenho a certeza de que ouvirei o Senhor chamá-lo para o seu lado, porque escolheu passar a vida fazendo o bem para os pequenos, e é o que está fazendo.[12]

Durante o verão, Jérôme participou dos preparativos finais para o 9º Congresso Internacional da Família, que ocorreu algumas semanas mais tarde em Paris, entre 11 e 14 de setembro. Foi organizado por Angela de Malherbe, com o incentivo de Mercedes Wilson, que Jérôme conhecia bem desde o congresso da Cidade do México, e Christine Vollmer, que havia conhecido em Roma, e depois a reencontrou na Venezuela, num evento que ela o convidou para falar.

Angela de Malherbe embarcou nesta corajosa aventura pedindo a ajuda de Jérôme. Empolgado com a ideia, ele apoiou o projeto o quanto pôde, colocando Angela em contato com as pessoas certas e aconselhando-a para

---

11 Essa comissão, criada em 1985 pelo Papa João Paulo II, passou a ser o Conselho para a Pastoral dos Agentes de Saúde em 1988, cujo presidente continuou a ser Mons. Fiorenzo Angelini.

12 Dom Estanislao Esteban Karlic, *Carta a Jérôme Lejeune*, 18 de agosto de 1986.

evitar as armadilhas inevitáveis de tal empreendimento. A equipe conseguiu reunir palestrantes excepcionais: além de Jérôme, participaram o bispo Caffarra, o bispo Tchidimbo, o padre Daniel Ange e até Madre Teresa de Calcutá! Jérôme ficou admirado com o trabalho realizado e não deixou de expressá-lo com seu humor habitual: "Ângela, depositarei rosas aos seus pés!".

Esse congresso, organizado por leigos, não havia recebido muito apoio da Igreja da França, mas todos estavam muito esperançosos de que o Cardeal Lustiger pudesse vir. Na manhã de 11 de setembro, apesar das poucas inscrições antecipadas, o grande anfiteatro do Palais des Congrès estava lotado. Quatro mil lugares ocupados. Quem chegou atrasado teve de se ajeitar em pé ou sentado nos degraus. O público estava impactado diante daqueles gigantes da fé que estavam ali para falar sobre "A Fecundidade do amor".

O Cardeal Lustiger também apareceu e recebeu aplausos de todos. Foi um grande sucesso, algo inacreditável: mais de 4 mil pessoas se reuniram durante quatro dias em Paris para uma grande reflexão sobre a família no plano de Deus. Isso trazia muita esperança!

No dia seguinte, Jérôme viajou feliz para os Estados Unidos, onde viria a participar dos trabalhos da Conferência dos Bispos Americanos reunidos em Washington, de 15 a 18 de setembro. Levou com ele a memória do dia anterior e a certeza de que o Congresso tinha sido "o evento mais importante dos últimos dez anos. Mais de 4 mil pessoas durante quatro dias para reafirmar o respeito à vida humana e ao seu Criador!",[13] pensava, ao contemplar o céu maravilhosamente azul pela janela do avião.

Em 1987, a pequena equipe de médicos e pesquisadores reunida por Jérôme continuou a trabalhar corajosamente. Ele, que já não tem meios para promover a carreira dos

---

13   J. Lejeune, *Carta a T. Franquet*, 6 de novembro de 1986.

seus colaboradores, ainda encontrou uma oportunidade para nomear Marie-Odile Rethoré para a Academia Americana de Artes e Ciências.[14]

E as viagens continuavam. Antes do verão, acompanhado por Birthe, Jérôme participou de duas conferências científicas, uma na Iugoslávia e outra na Guatemala. Depois seguiram para o Líbano, Estados Unidos e Reino Unido.

No final de junho, Jérôme foi enviado a Moscou pela Academia de Ciências Morais e Políticas da França, para homenagear o famoso e corajoso físico nuclear russo Andrei Sakharov, exilado em seu próprio país. Ele havia sido eleito membro da Academia de Ciências e da Academia de Ciências Morais e Políticas, mas as autoridades soviéticas não permitiram sua viagem a Paris. Foi, portanto, na Embaixada da França em Moscou que Sakharov recebeu de Jérôme as insígnias de sua eleição, acompanhado por três membros da Academia de Ciências. Em seu discurso, Jérôme fez uma homenagem e deu seu apoio ao estudioso livre e corajoso, censurado pelo regime:

> Estou muito honrado, colega. É uma imensa alegria e um prazer estar diante do senhor como mensageiro da Academia de Ciências Morais e Políticas. [...] É também uma felicidade agradecer publicamente alguém que trabalha incansavelmente pela sobrevivência da humanidade. Se estamos unidos na mesma cruzada, é porque nos deparamos com as mesmas evidências: não há remédio tecnológico ou medicinal para as devastações abomináveis do extermínio atômico. Você conheceu, meu caro colega, depois das maiores honras, as mais severas desgraças... mas não vamos nos perder nas ideias.
> Seu afastamento para um lugar que os turistas quase nunca visitam lhe conferiu, se me permitem dizer, uma glória toponímia: todos os franceses, embora não muito inclinados à geografia, agora conhecem esta cidade ignorada: Gorky? Ah, sim, Sakharov! [...] Os líderes políticos têm imensas responsabilidades e os cientistas têm o dever de lhes revelar que não

---

14   J. Lejeune, *Carta a L. Smith*, 24 de agosto de 1987.

há como escapar desta observação brutal: "A ciência, sozinha, não pode salvar o mundo; a tecnologia é cumulativa, a sabedoria, não!". Da mesma forma que em cada um de nós o coração e a razão nem sempre se misturam, nas nações a moral e a política nem sempre convivem de forma inteligente. E, no entanto, essa inteligência é a única esperança possível: a razão também pode se deixar levar, e é o coração que a justifica. Para que a civilização perdure, será extremamente necessário que a política se conforme à moralidade: àquela moralidade que transcende todas as ideologias porque está inscrita na parte mais profunda de nós, por este decreto impenetrável que rege tanto as leis do universo como a natureza dos homens. Permita-me, caro colega, entregar-lhe este diploma de membro da Academia de Ciências Morais e Políticas. Sua vida e seu trabalho mostram que a dignidade do cientista é unir, apesar de tudo, a política, a moral e a ciência.[15]

Quando voltou a Paris, Jérôme leu no *Le Monde* que Sakharov tinha sido homenageado por três membros da Academia de Ciências, mas não havia nenhuma menção sobre sua presença. Aliás, Jérôme era o único representante da Academia de Ciências Morais e Políticas naquele dia. É claro que também não mencionaram uma palavra do seu discurso.

Mas em agosto foi diferente: Jérôme falou no famoso encontro de Rimini, na Itália, e a imprensa deu muita repercussão.

Depois, em novembro, voltou à Itália, desta vez para Roma, onde participou do congresso da Pontifícia Comissão para a Pastoral da Saúde e discursou no Sínodo dos Bispos para os Leigos. Como em todas as suas passagens pela Cidade Eterna, Jérôme teve o privilégio de assistir à missa matinal na capela privada do Santo Padre, que depois o convidou para o café da manhã. Era sempre uma grande alegria para Jérôme, ainda mais naqueles tempos difíceis. Os acontecimentos da época, e especialmente a publicação recente da instrução *Donum*

---

15 J. Lejeune, "Se você quer paz, proteja a vida", in *Tom Pouce*, n. 11, outubro de 1987.

vitae (O dom da vida),[16] davam-lhes muito assunto para discutir.

Na instrução, a Congregação para a Doutrina da Fé procura refletir sobre o respeito à vida humana em sua origem e a dignidade da procriação. Jérôme, que defendia a dignidade do embrião humano nos parlamentos da França e de países estrangeiros, ficou muito satisfeito com a qualidade, o tom e a beleza do documento.

> O dom da vida, confiado ao homem por Deus Criador e Pai, exige uma tomada de consciência do homem sobre o valor inestimável desse dom e que se assuma a responsabilidade pelo mesmo. É este o princípio fundamental a ser colocado no centro da discussão, a fim de esclarecer e resolver os problemas morais suscitados pelas intervenções artificiais na vida em sua origem e também nos processos de procriação.[17]

Mas a Instrução não foi bem recebida por grande parte do público, inclusive por muitos dos clérigos e fiéis católicos franceses, para quem o sofrimento da infertilidade legitimava o uso de técnicas de procriação medicamente assistida. Para eles, o objetivo nobre de conceber a vida justificaria os meios. Porém, a Instrução expõe os limites dessa prática que introduz uma terceira pessoa no ato conjugal, e mostra que essa substituição de pessoa é prejudicial para o casal. Foi a primeira voz a alertar as famílias para o alcance dessas técnicas, à medida que o mercado reprodutivo começava a se desenvolver. A Instrução, portanto, despertou fortes reações e Jérôme foi procurado pela mídia católica para explicá-la.[18]

Ele a defende com inteligência e confiança:

---

16 J. Ratzinger, A. Bovone, Congregação para a Doutrina da Fé, Instrução *Donum Vitae, sobre Respeito pela Vida Humana Emergente e a Dignidade da Procriação*, Introdução, Roma, 22 de fevereiro de 1987.

17 Ibid.

18 J. Lejeune, "Analogie", na rádio Notre-Dame, onde explicou a instrução *Donum Vitae* e expressou sua admiração pelo Cardeal Ratzinger, 26 de abril de 1987. Ver também "Ataques contra a instrução sobre o respeito pela vida", em *L'Homme Nouveau*, 3 de maio de 1987.

Da mesma forma que uma técnica não pode substituir o marido, outra mulher não pode substituir a mãe sem que haja, novamente, uma substituição de pessoa. O casamento consiste na união de duas pessoas para procriar uma terceira. Se você envolve outras pessoas, você não está mais diante de um casamento, e sim de uma espécie de procriação social. Acho que essa é a base da posição da Igreja. Se ela admitisse que há casos em que a fertilização extracorpórea é legítima, também seria forçada a revisar completamente sua teologia do casamento. Por exemplo, um homem impotente poderia ter um óvulo de sua esposa fertilizado *in vitro* com esperma coletado por punção em seus testículos. Embora a Igreja sempre tenha considerado que a não-consumação do casamento é um argumento absoluto para a nulidade, seria forçada a rever completamente sua posição, o que seria uma grande injustiça para as mulheres. Para o biólogo, portanto, a Igreja tem uma posição extremamente lógica: ou não existe teologia do casamento e a união conjugal é apenas um contrato impreciso, ou é no casamento, e exclusivamente pelos próprios cônjuges, que se estabelece as condições em que as células sexuais podem se unir. Mas está claro que, em qualquer que seja o método de fertilização, legítimo ou não, a criança é sempre um presente de Deus, ainda que seja de um pai desconhecido, de um doador ou gestada por uma mulher que não é sua mãe biológica. Ilegítimos são os métodos usados para estabelecer as condições para o surgimento de uma nova vida. Mas a nova vida é inquestionavelmente a de um filho do Bom Deus.[19]

Jérôme é ainda mais específico:

A Igreja não condena uma técnica que pode curar a esterilidade, pois essa técnica ainda nem foi descoberta. Muito pelo contrário: a Igreja incentiva os pesquisadores para que a encontrem. Pessoalmente, estou convencido de que esse desvio para fora do corpo materno, que é a fecundação extracorpórea, traz uma complicação técnica nada desejável. A verdadeira luta contra a esterilidade, dentro do casamento, nada tem a ver com a fertilização extracorpórea. A verdadeira resposta está na fertilização intracorpórea.

---

19 J. Lejeune, entrevistado por A. Bagieu, "Le Pr. Lejeune explique l'instruction *Donum vitae*", em *Famille chrétienne*, 9 de abril de 1987.

As defesas que Jérôme faz da Instrução *Donum vitae* não foram apenas em suas entrevistas na mídia, mas também nas intervenções concretas e corajosas em que ele era convidado a fazer, sempre correndo o risco de despertar a ira da comunidade científica e o público em geral. Certa vez, Jérôme teve de enfrentar uma equipe de médicos do Hospital Nossa Senhora do Bom Socorro de Paris, que, como o próprio nome indica, é católico e pertence à congregação das irmãs. Jérôme já havia ido a este hospital antes da Lei Veil, a pedido da madre superiora, para encontrar o bispo auxiliar de Paris com o intuito de impedir os abortos que ocorriam lá. Foi em vão. Porém, treze anos depois, com o novo arcebispo, as coisas tinham mudado. Desta vez, o Cardeal Lustiger despachou uma investigação para o hospital. A superiora, Irmã Jeanne, entrou em contato com Jérôme para implorar-lhe que ocupasse um lugar que estava sendo liberado no Conselho de Administração. Ela esperava que ele conseguisse, de dentro, ajudá-los a impedir os abortos e a fertilização *in vitro* iniciados em 1984 pelo Dr. Chartier. A situação tornou-se insustentável, especialmente depois que os médicos envolvidos escreveram um artigo no *Lancet*, um importante jornal científico internacional, para apresentar o novo método pré-natal que haviam desenvolvido para a detecção da trissomia 21. Fizeram, então, de um hospital católico um renomado centro mundial de triagem de crianças com Síndrome de Down, algo que Jérôme reportou ao Bispo Thomazeau[20] que trabalhava junto ao Cardeal Lustiger.

O Cardeal Lustiger nomeou Jérôme para a diretoria do hospital, e, em 15 de setembro de 1987, a diretoria votou pelo fim dos abortos e da fertilização *in vitro*. Furiosos, os médicos responsáveis por esses atos ilegítimos neste hospital católico, liderados pelo Dr. Chartier, pediram demissão.

---

20   J. Lejeune, *Carta ao Bispo Thomazeau*, novembro de 1986.

Alguns meses depois, no início de 1988, começou uma campanha de imprensa denunciando o obscurantismo e a arrogância do Magistério Romano, representado pelo Cardeal Ratzinger e seu defensor na França, Jérôme Lejeune. Por outro lado, a mídia exaltava os méritos do Dr. Chartier, apresentado como um médico católico praticante e de mente aberta o suficiente para criticar o Magistério. A campanha em favor do Dr. Chartier foi veiculada por dezenas de meios de comunicação,[21] incluindo o jornal *La Croix*.[22] E mais uma vez a lealdade de Jérôme ao Magistério rendeu-lhe um grande ataque da mídia.

— Se você fosse um crítico da Igreja, tudo seria muito mais fácil! — disse Birthe certa vez, rindo. — Seria convidado em todos os programas de TV!

— É verdade! Ainda mais se eu atacasse seus ensinamentos sobre a família e a vida — responde a ela, também rindo. — O problema é que a Igreja é realmente uma especialista em humanidade. Testemunho isso todos os dias.

Toda aquela turbulência provocou o cancelamento de uma conferência que Jérôme ministraria sobre a *Donum vitae* na Universidade Católica de Lille, a convite dos estudantes. Quinze dias antes da data marcada, Jérôme recebeu uma carta informando que o reitor tinha vetado o seu nome. "Belo exemplo de liberdade de expressão numa faculdade que se diz católica. É proibido falar do Papa, e ainda mais concordar com ele!",[23] Jérôme deixou escapar, ao saber da notícia.

Alertado por essa sucessão de incidentes, o Núncio Apostólico questionou Jérôme, que comentou sobriamente o episódio da Universidade Católica de Lille, mostrando as contradições de atitude de quem defende o diálogo, exceto com os católicos fiéis ao Magistério:

---

21 "O erro do Dr. Chartier", in *L'Événement du Jeudi*, 11 a 17 de janeiro de 1988.

22 "Os médicos de Nossa Senhor do Bom Socorro apoiam o Dr. Chartier", *La Croix*, 23 de janeiro de 1988.

23 J. Lejeune, numa carta a um amigo com o nome não especificado, 1988.

> É uma proibição muito curiosa vinda de um reitor que reclamava nos jornais sobre a falta de discussão na Igreja sobre esse tema [fertilização *in vitro*].[24]

O reitor, assim como outros católicos favoráveis aos métodos de procriação medicamente assistida, criticava o Vaticano por não ter ouvido os médicos que praticam a fertilização *in vitro*. Mas Jérôme sabia bem que eram críticas infundadas, uma vez que a Pontifícia Academia das Ciências estava sempre ouvindo os maiores especialistas no assunto. Jérôme explicou isso ao jornal da *Famille chrétienne*:

> Tanto o Dr. Edwards, o inventor da técnica, quanto o Dr. Frydman, promotor do método na França, apresentaram suas opiniões à Pontifícia Academia de Ciências.[25]

Jérôme ainda foi solicitado na instrução por muitos de seus interlocutores, aos quais respondia com precisão, como nesta carta onde expressa o essencial:

> A *substitutio personarum* (substituição de pessoas) se aplica quando o técnico realiza, no lugar de um dos cônjuges, um ato que, segundo a teologia do casamento cristão, não só é reservado exclusivamente aos cônjuges legitimamente casados, como também fundamenta a indissolubilidade do casamento. A consumação mais o consentimento reconhecido é a base do casamento cristão. [...] O ataque à *Donum vitae* é perfeitamente compreensível, até inevitável quando se pressupõe a indissolubilidade do casamento. Também é inevitável pela tentação de se conformar à opinião do mundo, representada pelo jornal com o mesmo nome. [...] Com a *Donum vitae*, o Cardeal Ratzinger traz aos homens a verdadeira moral, com o intuito de protegê-los de um abuso formidável da técnica capaz de provocar um colapso da própria moral. Releia *Admirável Mundo Novo*, de Huxley, releia Goethe e o

---

24 J. Lejeune, *Carta ao Núncio Apostólico*, 28 de dezembro de 1988.
25 J. Lejeune, entrevistado por A. Bagieu, *op. cit.*

segundo *Fausto* e veja a imensa necessidade de relembrarmos da *Donum vitae*, pois não se trata de uma inovação, e sim de nova tentativa de destruição de toda a moral cristã.

Então, Jérôme faz um comentário sobre o Cardeal Ratzinger, a quem ele admira muito:

> Sobre o Cardeal Ratzinger: eu o vi e ouvi durante uma sessão de trabalho a que fora submetido a ataques pessoais muito duros e raciocínios teológicos totalmente insanos, sem perder sua calma e bondade por um instante sequer. Então, retomou o assunto e, em poucos minutos, colocou tudo em ordem novamente, com todo o respeito ao público, diferente do que fizeram seus interlocutores. Nos debates, Ratzinger é o espírito mais claro e caridoso que já encontrei. Ele se curva apenas à verdade, sabe muito bem como procurá-la.[26]

Quando Jérôme participava desses debates para defender a beleza da vida e da família humana, sabia que seria submetido a xingamentos, mas ignorava, e aconselhava todos os católicos a fazerem o mesmo, lembrando-lhes que os críticos do mundo nada podiam contra a Sabedoria Eterna:

> Temos que ter uma referência, e até mesmo uma referência que seja muito mais forte do que a lei natural de que falei antes... e essa referência é muito simples. Todos vocês sabem disso, e ela pode ser resumida em poucas palavras, em uma frase que julga tudo, que explica tudo, que tudo contém; ela simplesmente diz: "O que fizerdes a um destes meus irmãos mais pequeninos é a mim que o fazeis".[27]

Essas palavras explicam toda a vida de Jérôme. Assim como João Paulo II, ele também nos convida a não ter medo. Foi nestes termos que se dirigiu aos bispos, no Sínodo para os Leigos, em Roma, em 1987:

---

26 Ibid.
27 J. Lejeune, "Não tenha medo de amar", conferência em Lorient, 28 de novembro de 1989.

> Os que defendem a família serão ridicularizados. Trarão diante de vós o espectro de uma ciência supostamente amordaçada por uma moralidade obsoleta, e erguerão o tirânico estandarte da experimentação a todo custo... Meus bispos, não tenham medo! Vós tendes a palavra da vida.[28]

Jérôme refuta facilmente o argumento que visa inibir os católicos e os convida a assumir seus deveres cívicos, defendendo democraticamente os valores morais:

> Eles dirão que que você está fazendo algo intolerável! Você, que respeita a vida; você que é católico... (Aliás, é curioso! Os católicos devem ter uma virtude particular, porque, quando alguém defende a vida, sempre perguntam: "Você é católico?". Nunca se pergunta: "Você é maçom?"). Mas dirão o seguinte: se você respeita a vida, é porque você é católico, e, se você é católico, não tem o direito de impor sua moral aos outros. Isso é muito interessante... porque é um argumento totalitarista [...]. Você vive, e eu também, em um país que se diz pluralista [...]. Isso quer dizer que, numa sociedade pluralista, é um dever — note que não estou falando *direito*, mas dever [...], enfim, é dever de cada cidadão lutar para que as leis de seu país incorporem, de forma legal, os valores morais que parecem superiores, caso contrário estaria traindo seu dever democrático, já que a democracia só será constituída pela lei votada pela maioria. Então, se cada cidadão não procura fazer da lei o melhor possível, está deixando de cumprir o seu dever.[29]

Para aqueles que acreditam que qualquer mudança positiva para a vida é impossível, afirmava:

> Dizem que o aborto se tornou algo normal em nossas vidas e que essa mudança é irreversível [...]. Mas é possível uma mudança em outra direção, e nem precisamos bancar o profeta para ter certeza de que vai acontecer. Pregar a saúde através da morte é algo absurdo. Só a vida pode vencer.[30]

---

28 J. Lejeune, "A ciência não salvará o mundo", discurso proferido aos Padres Sinodais, 8 de outubro de 1987, publicado no *L'Osservatore Romano* de 20 de outubro de 1987.

29 J. Lejeune, "La nature humaine est indisponible", palestra em Montreal, 20 de março de 1990.

30 J. Lejeune, "La santé pour la mort", in *Osservatore romano*, 2 de abril de 1976.

Toda a sua coragem e todo o seu empenho em estabelecer a verdade foram muito necessários em 1988, com o surgimento de outra ameaça contra os nascituros que Jérôme queria fazer o possível para evitar. Era a pílula abortiva RU 486. Depois de muitas reviravoltas, assinaram uma autorização para que essa pílula pudesse ser vendida. Jérôme ficou arrasado. Um mês depois, em outubro, foi convidado para um programa de televisão chamado *Duel sur la 5*, para debater com o professor Émile Baulieu, o inventor da pílula. Jérôme foi na esperança de conscientizar os telespectadores sobre os imensos riscos daquela invenção. Quando o jornalista perguntou a razão de Jérôme se opor à pílula RU 486, profere uma resposta delicada e firme, olhando para os espectadores:

> Por um motivo simples. Como médico, luto pela vida e não pela morte. E essa pílula do aborto serve para matar crianças, é terrível como qualquer aborto. O que espero, de todo o coração, é não iniciarmos uma guerra química. Pois estamos falando de um produto muito curioso, que tem uma toxicidade específica para o ser humano em um determinado estágio de desenvolvimento. Pode não agredir a saúde da mãe, mas impede que a criança sobreviva. É, portanto, um tóxico específico, diria que é o primeiro pesticida anti-humano. E, como médico, jamais poderia aceitar isso.

Logo depois que o professor Baulieu apresentou a pílula como um simples medicamento, Jérôme retomou sua argumentação:

> É preciso saber que este produto foi registrado e que a autorização para sua venda foi assinada com uma indicação... e apenas uma: trata-se apenas de um produto abortivo! [...] Será fabricado um número enorme de doses. Não sei quantas, mas certamente não serão poucas. Poderíamos falar em milhões? Isso significa simplesmente que milhões de crianças serão eliminadas. É preciso que o nosso telespectador entenda bem: se este produto está à venda — pouco importa a que preço —, se for usado indiscriminadamente e produzido em escala industrial, quer dizer que milhões de seres humanos

> serão descartados todos os anos. Digo isso de forma pausada para que todos possam entender. Esse produto é nefasto e vai matar mais seres humanos do que Hitler, Mao Tsé-Tung e Stalin juntos. [...] Serão pelo menos 10 milhões de seres humanos descartados todos os anos... isto é um fato que não devemos esconder!

Jérôme demonstrou grande habilidade nesse debate. Ele tinha se tornado mestre nesse tipo de programa. Repetiu muitas vezes a mensagem que queria transmitir, não deixava a discussão perder o foco e se recusava a ser levado para assuntos que não estavam sob sua alçada. Quando, por exemplo, o professor Baulieu tentou discutir a alma do embrião, Jérôme respondeu: "Não somos teólogos para falar da alma do embrião. Eu estaria pronto para discutir isso, mas com um teólogo, não com o senhor. [...] estamos aqui para discutir a letalidade deste produto".

No final do debate, Jérôme concluiu assim:

> Concordo com você num ponto, professor: gostaria que nossos filhos não conhecessem a guerra. Mas também gostaria que eles não conhecessem a guerra química. Reafirmo, porque é uma verdade absoluta: este produto é apenas um pesticida contra seres humanos. É surpreendente que isso esteja acontecendo. Por isso peço que, no país de Pasteur, não comecemos a usar a química para matar crianças.[31]

No final do programa, o Canal 5 fez uma enquete, perguntando aos telespectadores quem tinha sido mais convincente: 35,6% disseram Baulieu e 61,99% foram favoráveis a Jérôme. Após o programa, Jérôme voltou exausto para casa.

No dia 14 de dezembro, foi sabatinado pela Assembleia Nacional para esclarecer melhor o assunto, mas infelizmente a autorização para a venda da pílula não foi revogada. Os colaboradores mais próximos observaram o

---

31 J. Lejeune, em *DUEL sur la 5*, programa de televisão apresentado por Jean-Claude Bourret, outubro de 1988.

grande sofrimento de Jérôme, porque ele conseguia enxergar, com os olhos do coração e da inteligência, os milhões de embriões que seriam mortos por aquele "pesticida humano". Era um sofrimento profundo, quase paternal. Ele sabia e lamentava que todo embrião descartado é, de fato, uma criança que morre, e não apenas palavras.

"É absolutamente necessário ajudar mulheres grávidas em dificuldade", dizia a si mesmo. "Precisamos acolhê-las durante a gravidez, se assim elas desejarem. E o quanto precisarem. Elas precisam encontrar um lugar de conforto e ajuda material".

Ele decidiu falar com Geneviève Poullot, que fazia um excelente trabalho com mulheres grávidas em situação vulnerável.

— Penso em fazer isso há muito tempo — ela responde com entusiasmo. — Mas o problema é que precisamos de recursos que não temos.

— Não se preocupe, vamos consegui-los — respondeu-lhe Jérôme.

A Providência foi evocada e alguns meses depois um amigo generoso surgiu para dar-lhes uma grande casa, a poucos quilômetros de Paris, onde acolheriam as primeiras jovens que os procurassem. Restava encontrar uma anfitriã. Aqui, novamente, a Providência se encarregou de encontrar logo uma jovem com muita disposição, cujo nome Marie-Noëlle parecia ser uma mensagem do céu. Puderam, então, abrir a primeira Casa Tom Pouce. Era o pontapé inicial para centenas de outras *Tom Pouce* que viriam aquecer os corações de corajosas mães que as procuraram. Jérôme ficou muito feliz.

Com os congressos familiares difundidos pelo mundo sob o impulso do Pontifício Conselho para a Família, e com o empenho de associações locais muito dinâmicas, Jérôme intensificou sua participação nestes eventos amistosos e muito animados. Depois do congresso organizado em 1988 pelo Pontifício Conselho para a Família em Viena,

Jérôme participou no de Estrasburgo, em 1989, depois em Lorient e em Bruxelas. Nessa última cidade, sua chegada criou muita comoção: os organizadores receberam uma série de telefonemas exigindo o cancelamento da visita do Prof. Lejeune, e também foram avisados que, se não atendessem as exigências, perderiam financiamento. Apesar das pressões, a participação de Jérôme foi mantida e o congresso foi um grande sucesso. Mas os patrocinadores, sob pressão, acabaram se retirando um por um, o que fez com que os corajosos organizadores levassem um ano inteiro para conseguir reembolsar suas despesas.

Em agosto, depois das férias na Dinamarca, onde havia deixado boa parte da família para trabalhar nas suas pesquisas e atender alguns pacientes, recebeu um telefonema de seu amigo americano, Martin Palmer, que viria mudar os seus planos. Jérôme alegrou-se ao ouvir a voz do amigo:

— Olá, Martin!

Martin pensou que Jérôme ainda estivesse de férias, mas mesmo assim ligou. Ficou muito feliz por tê-lo encontrado e já foi logo dizendo:

— Querido doutor Lejeune, precisamos de você!

Em seguida, foi direto ao assunto:

— Em Maryville, uma pequena cidade no Tennessee, uma bela jovem, que é modelo, está se divorciando do marido após dez anos de casamento sem filhos. Acontece que eles tentaram a fertilização *in vitro*, porém, dos nove embriões concebidos, apenas dois foram implantados, mas não se desenvolveram. O marido pediu o divórcio e agora eles estão discutindo sobre o destino dos sete embriões congelados. O homem quer que sejam destruídos, argumentando que não são pessoas. A jovem pede que eles continuem congelados porque defende sua humanidade. O juiz Dale Young, que terá de julgar o caso, está muito confuso porque é a primeira vez que um tribunal deverá decidir sobre algo desse tipo.

Jérôme escuta com muita atenção.

— Liguei para o Dr. Christenberry, advogado da jovem, que se chama Mary...

— Tem muitos nomes evangélicos ao redor dessas crianças! — observa Jérôme.

— É verdade! — sorri Martin, nada surpreso com essa observação tão típica de seu amigo francês.

— Então, meu amigo, o Sr. Christenberry precisa da ajuda de um grande cientista para provar ao juiz que os embriões já são seres humanos. Esse caso, Davis *vs.* Davis, é extremamente importante porque abrirá um precedente. Você precisa vir.

Jérôme, então, pergunta:

— Mas o que diz a mãe?

— Ela diz que, se pudesse ter os embriões, gostaria de implantá-los. E se isso não fosse possível, por causa do marido, gostaria de dá-los a qualquer mulher que não possa ter filhos, para que seus embriões vivam.

Jérôme ficou impressionado com a história:

— Incrível! É o julgamento de Salomão! Não achei que isso fosse acontecer de novo na história! Mas você precisa de mim pessoalmente?

— Sim!

— Não daria para ser um testemunho escrito?

— Não! A tua presença é mais que necessária. O Dr. Christenberry me disse que pode adiar o julgamento por um dia para que você tenha tempo de vir. Não mais que isso.

Jérôme pensa por um momento e diz:

— Ligue daqui a meia hora. Vou ver se ainda tem passagens no aeroporto e também preciso avisar a minha esposa que está na Dinamarca.

Martin desliga, um tanto aflito. Meia hora depois, Jérôme confirma sua chegada:

— Vou pegar o avião amanhã à tarde porque não posso cancelar as consultas matinais.

— *Fan-tas-tic*! — comemora Martin antes de questionar, um pouco preocupado: — Mas como faremos com a passagem? Receio que o advogado não poderá pagar por isso.

— Não se preocupe. Será minha contribuição pessoal para salvar as sete esperanças de Mary.

Quando Jérôme chega a Maryville, em 11 de agosto, conhece o advogado de Mary, Dr. Christenberry, que ainda se questiona se fez bem em aceitar a oferta de Palmer de ter um médico francês para testemunhar no tribunal, pois ele não conhecia Palmer antes de seu telefonema sugerindo a presença desse Dr. Lejeune.

"Que maluquice!", ele pensa, com uma pitada de preocupação. "Por que aceitei isso? Bom, vamos ver como essa história vai acabar...".

Então ele chamou Lejeune para discutir em particular, antes da audiência. Fez um pequeno interrogatório e as respostas de Jérôme o tranquilizaram. Depois de conversarem mais um pouco, ficou até entusiasmado. Ao final, o advogado pergunta:

— Você é cristão?

Jérôme responde que sim.

Christenberry acena com a cabeça. Depois, olhando diretamente em seus olhos, pergunta:

— Mas para quem você trabalha?

Jérôme responde com simplicidade:

— Para meu Senhor.

E Christenberry não teve dúvida:

— Você será minha principal testemunha.[32]

Centenas de jornalistas de diferentes meios de comunicação fazem plantão em frente ao tribunal. Jérôme começa a falar numa sala de audiência lotada. Ele lembra, escolhendo cuidadosamente as palavras em inglês:

---

32 Christenberry, entrevistado por F. Lespés, *op. cit.* 399.

— O que todos sabemos é que, se a natureza humana não estivesse total e completamente inscrita no óvulo fertilizado desde o início, o embrião jamais poderia se tornar essa maravilha sempre renovada e insubstituível: um novo ser humano.[33]

Em seguida, descreve em detalhes, com o rigor do cientista e a poesia de um contemplativo, o desenvolvimento do embrião humano, um pequeno ser humano vivo, único. O testemunho de Jérôme teve um impacto considerável no juiz Dale Yong e, transmitido por centenas de meios de comunicação, foi acompanhado por milhares de americanos. Ao final da audiência, o juiz anunciou que dará sua decisão em quarenta dias.

Jérôme embarcou imediatamente num voo de volta a Paris, onde ficou apenas por 24 horas, pois já tinha de fazer as malas e partir novamente, desta vez para Compostela, onde iria receber, com jovens de todo o mundo, o Santo Padre João Paulo II. Além da alegria de ver o Papa, a viagem rendeu-lhe uma conversa inspiradora com o Cardeal Lustiger. Os dois se encontraram por acaso no aeroporto e o cardeal ofereceu-lhe uma carona. Naquela mesma noite, escreveu a Birthe: "Temos ideias muito parecidas. [...] Só esse encontro já valeu a viagem".[34]

Após um mês de deliberação, o juiz de Maryville deu seu veredito. Reconheceu a humanidade dos sete embriões, das crianças *in vitro* (*children in vitro*) e decidiu confiá-las aos cuidados de Mary, sua mãe. Jérôme ficou muito feliz e aliviado com esta bela decisão, que provavelmente abriria um precedente. Poucas semanas depois, o depoimento de Jérôme foi publicado em inglês e depois em francês, sob o título *L'Enceinte concentrationnaire*[35]

---

33 J. Lejeune, "As sete esperanças de Maria", em *Tom Pouce*, outubro de 1989.
34 J. Lejeune, *Cartas para sua esposa*, 17 de agosto e 21 de agosto de 1989.
35 J. Lejeune, *A symphony of the preborn child* (publicado na França com o título *L'Enceinte concentrationnaire*, 1990, Éd. Fayard Sarment). O depoimento foi publicado novamente em *Embryon mon amour*, de Céline Siorac, E-dite, 2004.

(segundo os termos usados por Jérôme em seu depoimento, *Concentration can*, referindo-se as caixas de crioconservação em que os embriões são depositados), e depois em italiano, espanhol, catalão e dinamarquês.

Jérôme ficou feliz com o resultado, mas a história não acabou aí, pois em Maryville, além do juiz que ficou muito impressionado com clareza do depoimento, havia um rapaz no tribunal que ficou desnorteado com o que ouviu. Seu nome era John Bruchalski, um jovem médico que trabalhava no Jones Institute of Reproductive Medicine, em Norfolk, um laboratório de ponta da medicina reprodutiva, justamente onde os embriões de Mary haviam sido concebidos. Lá também eram realizados muitos abortos de crianças deficientes, dos quais John havia participado. Como cristão, estava procurando uma maneira de conciliar sua fé com seu trabalho, por isso mesmo estava naquela audiência, para ver quem era o famoso Dr. Lejeune e conferir se ele poderia iluminar sua inteligência. John não concordava com a ideia de que deveria abandonar suas convicções religiosas na porta do laboratório todas as vezes que vestia o jaleco branco. Por isso, o assunto daquela audiência era de grande interesse para ele.

Ao ouvir Jérôme explicar que a vida começa na concepção, e que a palavra "pré-embrião" não designa nenhuma realidade, pois antes do embrião existem gametas, John Bruchalski ficou chocado. Ele sabia muito bem que Jérôme tinha razão, pois, no centro médico em que trabalhava, onde lidavam com embriões e realizavam abortos, usava-se o termo pré-embrião para se evitar questionamentos.

Ouvindo Jérôme explicar todas aquelas realidades óbvias de uma forma muito simples, e ao mesmo tempo científica, John sentiu estremecer sua alma de médico, pesquisador e ser humano. As palavras proferidas por Jérôme o ajudaram a enxergar a verdade: "Há uma maneira melhor de praticar a medicina", John descobriu, feliz, "e esse cara está me mostrando o caminho. Em vez de abortar crianças com Síndrome de Down, podemos ajudá-las, podemos tratá-las".[36]

Despertado espiritualmente pelo testemunho científico de Jérôme, John Bruchalski entendeu que deveria fazer uma escolha. As palavras de Jérôme e seu exemplo deram-lhe a coragem necessária para se libertar. Dias depois, pediu demissão e se propôs a criar uma rede de clínicas de última geração para receber gestantes em necessidade. E explicava a quem quisesse ouvir:

> O Dr. Lejeune disse: "Não há dúvida de que hoje somos mais poderosos do que nunca, mas não somos mais sábios. A tecnologia é cumulativa, a sabedoria, não". Depois de ouvir o Dr. Lejeune, era necessário buscar um novo caminho e descobri que minha consciência e minha fé eram tão importantes no meu relacionamento com meus pacientes quanto meu estetoscópio e minhas prescrições. O Dr. Lejeune é um realista e um visionário, um homem de profunda fé e rigorosamente científico. Ele mudou completamente a minha vida, para que eu pudesse praticar a medicina servindo aos outros e servindo a Nosso Senhor. Ele me transmitiu o amor de Cristo através da medicina. A genialidade de Lejeune é mostrar que a vida é uma bênção, uma dádiva![37]

Ao mesmo tempo, na França, uma mulher chamada Anne fez a mesma constatação. Casada e totalmente dedicada a seu trabalho na Bolsa de Valores de Paris, ela não queria filhos. Quando lhe perguntavam sobre a questão, respondia: "O mundo é tão feio que não vejo razões para transmitir a vida". Os amigos, então, insistiam para que ela participasse, junto com o marido, das conferências organizadas pelo centro de formação Icthus. Ela aceitou. Durante alguns meses, participou de alguns encontros e

---

36 J. Bruchalski frequentemente dá testemunho dessa conversão. Ele deu esse testemunho para este livro. Um breve extrato também está disponível em <www.amislejeune.org>. Dr. Bruchalski recebeu o prêmio *Um de nous*, em homenagem aos heróis da vida, em 2017, em Budapeste.

37 Ibid.

descobriu reflexões enriquecedoras. Num sábado, ela e o marido decidiram participar de um dia inteiro de formação. A última palestra era a de Jérôme. Eles já estavam tão cansados que pensaram em sair antes dessa última palestra, afinal, nem conheciam esse tal professor Lejeune. Mas acabaram ficando. Anne já não se lembra mais das palavras de Jérôme, mas jamais esqueceu o efeito que tiveram sobre ela:

> Lembro muito bem, e isso foi decisivo no final da conferência. Levantei-me e disse a mim mesma: "Se estou convencida do que estou ouvindo aqui, devo colocar em prática na minha vida". Assim tomei a decisão de transmitir a vida, se Deus me permitisse. Esse foi o ponto de partida para uma mudança radical. Aquela conferência-debate foi o ponto de partida de algo que parecia estar sendo preparado durante todos aqueles meses. Nunca imaginei que pudesse ocorrer algo tão drástico. A minha impressão foi a de que Deus estava agindo através do professor Lejeune: isso me comoveu muito.[38]

---

38 Testemunho de Anne, cujo nome mantemos em segredo por discrição, coletado pelo autor. Hoje Anne e o marido têm cinco filhos.

CAPÍTULO 15
Rei Mago dos tempos modernos
1990–1993

> Talvez o mais comovente seja que Deus envia seus anjos aos pequeninos, aos desfavorecidos, aos que têm coração, mas que não cultivam a ciência. Aos cientistas, ele envia apenas os fatos: cabe a eles entender, se pensarem. É exatamente o que fizeram os magos, mas eles eram excepcionais. Ninguém os seguiu. Ninguém viu o que eles viram, nem tentaram ver.[1]

Jérôme interrompe a escrita por um momento. Levanta a cabeça e, tranquilamente, no silêncio da casa adormecida, continua sua meditação sobre a contribuição dos estudiosos para a revelação do nascimento do Verbo Encarnado. Vontade e humildade. Estas são as duas disposições essenciais para "encontrar a Deus". A vontade dos Magos, que foram os únicos que procuraram a estrela e os únicos que a viram brilhar no céu; a humildade dos pastores, que não tinham instrução e receberam a visita direta dos anjos para lhes anunciar a Boa Nova. Assim, os magos e os pastores, seguindo os seus próprios caminhos, puderam encontrar o Menino e adorá-Lo.

"Pascal tinha toda a razão quando dizia: 'O que os homens com maior inteligência podiam saber, esta religião ensinou aos seus filhos'", refletia Jérôme. Mas a humildade

---

[1] J. Lejeune, *Histoires saines pour les enfants de Cœur*, reflexões pessoais, sem data.

não existe só para os pastores. Jérôme observa também que os magos, que eram eruditos, tiveram a humildade de consultar os teólogos para descobrir o que a ciência não era capaz de lhes revelar: o lugar exato do nascimento do Menino. E eles jamais duvidaram do que estavam vendo. Jérôme se inclinou de volta ao papel para escrever:

> Nem por um momento os magos duvidaram da competência dos doutores; eles decidiram ir e ver. Mas talvez o mais comovente seja que os doutos sequer levantam o nariz de seus livros. É claro que eu não estava lá para testemunhar e qualquer certeza pode parecer inventada. Mas conhecendo Mateus, que conta a história de uma forma tão bela, acredito que ele não teria deixado de retratar Herodes com sua corte, saindo com os escribas para olhar o céu e almejar um vislumbre do que os magos admiravam. Acredite, eles não o fizeram. Além do mais, provavelmente não teriam visto o que os sábios estavam vendo. Para decifrar a natureza é preciso ter muita paciência. Assim, cada um fazendo o seu trabalho de forma consciente, ouvindo o outro sem relutância, mas também sem abdicar nada do que seu conhecimento pode assegurar, enfim, esta conjunção de esforços conduziu os homens de boa vontade à Verdade. Quanto ao poder político, ainda que iluminado pela fé e advertido pela ciência, fez o que habitualmente faz: invocou razões de Estado e massacrou os inocentes. Exatamente como na nossa época.[2]

Ao escrever essas palavras, Jérôme ficou com o coração partido. "Felizmente" — disse a si mesmo — "os magos, tendo adivinhado as más intenções dos poderosos em relação ao Menino, não voltaram para informá-lo do local do nascimento. Tomaram outro caminho."

Essa história resume a boa relação entre o homem e a ciência numa palavra: humildade. Ela é necessária para o cientista reconhecer os limites de sua ciência e não a usar para servir a desígnios contrários ao desígnio de Deus. É a humildade do sábio que Jérôme exaltava em muitas de suas conferências:

---

2 J. Lejeune, "Foi et Science", documento de trabalho, sem data.

> A única dignidade do cientista é ter a ousadia de dizer: não sei! [...] Não são os cientistas que devem criar barreiras, pois não é a Ciência que determina o que é o bem ou o mal, isso é tarefa para a Moral. E se a Ciência não se submete à Moral, ela enlouquece. [...] A tarefa da Ciência é garantir que um ser humano é um ser humano, para então a moral dizer: todo ser humano deve ser respeitado.[3]

Jérôme via essa humildade do cientista traduzida no medo de ofender a Deus — não no medo servil, mas no respeito amoroso para com o Criador:

> [O medo em questão] não é de forma alguma medo da novidade ou terror da tecnologia; sujeitas a uma governança justa, são as chaves para a eficiência. Para evitar que a genética se torne desumana, é absolutamente necessário manter o respeito por cada criatura, e, para isso, nada melhor do que reverência pelo Criador. Como já dissemos: *Timete Dominum et nihil aliud*, esta é a verdadeira liberdade do Espírito. "Temei somente a Deus": só assim a ciência permanecerá fiel aos verdadeiros interesses da humanidade.[4]

Para Jérôme, esse temor piedoso é o melhor antídoto contra a loucura dos homens, porque quem teme a Deus sabe que atentar contra a vida humana é uma ofensa grave ao Criador, por isso só usa seu conhecimento para o bem da humanidade. Jérôme estava convencido de que,

> [...] além da inteligência, existem outras leis da vida que também regem a razão: o afeto pelo nosso semelhante, a proteção dos desamparados, a compaixão pelos que sofrem e o respeito ilimitado, mesmo aos que estão distantes, aos estrangeiros, os diferentes, e até para os desconhecidos que nos acompanham nesta caminhada.[5]

---

3 J. Lejeune, *De l'avortement aux manipulations* génétiques, em *La Nef*, n. 11, novembro de 1991.

4 J. Lejeune, Conferência em Aix en Provence, 10 de fevereiro de 1993.

5 J. Lejeune, *La Biologie dénaturée*, in *Idées et doctrine, Apocalypse de l'an 2000*, 63–75, Hachette, 1976.

Como os Reis Magos, Jérôme observava na natureza os sinais físicos que anunciavam a presença de Deus. Ele não tinha medo de se deixar guiar por sua luz discreta, mas inconfundível. Por isso, avançou no caminho do conhecimento ao observar tais sinais. Então, como os magos que consultaram teólogos na busca pela Verdade Encarnada que a estrela não indicava, Jérôme se voltava à Sabedoria Eterna que o conduz à Verdade total, quando a Ciência havia chegado no limite.

Como um novo rei mago, com todo seu imenso conhecimento, Jérôme seguia o caminho da Verdade para logo se prostar aos pés do Menino, tão pequeno, tão frágil. Dedicava-se a seus pacientes criados à imagem de Deus e, como os Magos, recusou-se a servir aos desígnios malignos dos poderosos em relação a eles.

Cuidando de seus pacientes, tornava-se um servo do Verbo Encarnado, que sempre fora o objeto de todas as suas atenções. Mas, ao contrário de Gaspar, Melchior e Baltazar, Jérôme não pôde evitar os poderosos e sua corte e voltar para casa por outro caminho. Ele é conduzido aos maiores deste mundo para anunciar-lhes a Boa Nova do início da vida e exortá-los a não repetir o erro de Herodes, cujo nome está para sempre ligado ao Massacre dos Inocentes.

Os ataques ao embrião recomeçaram no Reino Unido. Após a primeira batalha de 1985, em que Jérôme testemunhou perante o Parlamento Britânico, e a vitória na votação do *Unborn Children Protection Bill*, uma segunda batalha foi travada. Jérôme foi ouvido novamente e o Duque de Norfolk foi corajoso ao apresentar à Câmara dos Lordes um segundo *Unborn Children Protection Bill* para fechar a porta a qualquer desejo de pesquisa com embriões. Infelizmente, apesar dos esforços, o texto foi rejeitado e, em 1990, foi votada a autorização para pesquisas em embriões com menos de 14 dias. Jérôme ficou abalado. A batalha da Grã-Bretanha estava perdida e muitas crianças seriam condenadas à morte. Antes de a lei ser promulgada, Jérôme procurou uma solução que poderia salvar os nascituros. De repente, teve uma ideia. Ainda restava um pouco de esperança. Parecia algo muito ousado, mas não poderia deixar de tentar. Se houvesse qualquer chance de salvar aquelas crianças, ele não hesitaria em tentar. Depois de seguir o conselho do Duque de Norfolk, Jérôme decidiu escrever diretamente à Rainha da Inglaterra, Elizabeth II. Ele queria levar a ela, "muito respeitosamente, um assunto terrivelmente preocupante". Em 12 de setembro de 1990, escreveu:

> Que a benevolência de Vossa Majestade permita que um membro estrangeiro da Royal Society of Medicine leve uma questão importantíssima e inadiável ao vosso consentimento. A Lei do Embrião, atualmente em discussão, pretende negar a qualidade de ser humano aos embriões que ainda não completaram catorze dias. Assim, os mais jovens súditos de Vossa Majestade poderão ser entregues à vivissecção experimental até atingirem tal estágio, fixado por decreto. Todo fundamento genético para o *habeas corpus* seria legalmente abolido. E se, Deus nos livre, o Reino Unido parasse de proteger seus cidadãos mais indefesos, o que poderíamos esperar dos outros estados? *Est Regis Tueri cives*. Vossa Majestade poderia afirmar mais uma vez esta antiga máxima, recusando o consentimento real a esta decisão que privaria a dignidade dos humanos mais indefesos? A proteção moral de Vossa Majestade se estenderia não apenas aos jovens britânicos, mas a todas as crianças que irão nascer! Com essa esperança, peço a Vossa Majestade que perdoe a ousadia desta petição e que aceite a expressão de minha mais alta estima e profundo respeito.[6]

Mas não foi o suficiente. Como era mais provável, a rainha não interveio e a lei foi promulgada. Mas Jérôme ainda tinha a esperança de obter a proteção moral da rainha, alguns meses depois, em 3 de abril de 1990, quando o rei Baudouin da Bélgica ganhou o respeito de todo o mundo ao se recusar a assinar a lei que autorizava o aborto e

---

6 J. Lejeune, *Carta à Rainha da Inglaterra*, 24 de setembro de 1990.

escolher abdicar do trono ao invés de ser responsável pela morte de um de seus súditos inocentes. Em 19 de março, Jérôme tomou a liberdade de escrever ao soberano, que havia conhecido pessoalmente em 1985:

> Ouso implorar a Vossa Majestade que coloque todo o peso de seu imenso prestígio moral a serviço dos nascituros. Que os céus permitam que possa existir pelo menos um grande estado cujo líder não entregue a vida de seus súditos mais jovens à própria sorte. [...] Que Vossa Majestade me perdoe por esta demasiada liberdade, mas trata-se de um grito desesperado de um médico de crianças desafortunadas [...].[7]

Após a carta, o rei Baudouin recebeu Jérôme no Palácio de Laaken para um encontro privado. Jérôme manteve-se muito discreto quanto ao conteúdo da discussão, mas, ao voltar, quando Birthe o pressionou com perguntas, confessou-lhe que o rei o impressionara muito:

> Este homem tinha algo de sobrenatural. No final de nossa conversa [...] ele me perguntou: "Você se importaria se rezássemos juntos?". E naquele enorme salão se encontravam duas pessoas rezando ao Senhor. Então pude constatar, para além das minhas impressões, que estava diante de um rei muito cristão. A França sabe o que é isso, embora não tenha mais um rei. No entanto, ainda existe um rei muito cristão no mundo. É Baudouin, da Bélgica.[8]

Nos Estados Unidos, desde o retumbante julgamento de Maryville, Jérôme passou a receber muitos convites para testemunhar em processos judiciais e debates legislativos. Em junho de 1990, voou para Baton Rouge[9] para testemunhar no Parlamento da Louisiana a favor de uma lei que protegia o nascituro.

---

7 J. Lejeune, *Carta ao Rei Baudouin da Bélgica*, 19 de março de 1990.
8 J. Lejeune, entrevistado por Jean Ferré, *Radio Courtoisie*, 16 de agosto de 1993.
9 J. Lejeune, "Tables of the law of life", testemunho perante o Parlamento da Louisiana, 1990.

Quando retornou, fez os últimos ajustes nos termos de um projeto de lei sobre saúde humana,[10] que foi apresentado pelo senador Bernard Seillier no Senado francês, e enviou o texto recém-publicado a seu amigo Martin Palmer, que queria divulgar o projeto que visava proteger o embrião humano em vários estados norte-americanos e, inclusive, apresentá-lo ao recém-eleito Presidente dos Estados Unidos, George H. Bush. Depois de tudo isso, Jérôme ainda partiu para o Canadá, onde testemunharia perante o Parlamento de Ottawa.[11]

Essas solicitações do outro lado do Atlântico aumentaram consideravelmente em 1991. Jérôme era muito procurado em Nova Jersey, Tennessee, Carolina do Sul, Kansas e Illinois. Como não podia viajar para todos esses lugares porque sempre buscava dar prioridade a sua família, a seus pacientes e suas pesquisas, Jérôme ficava sempre disponível para enviar seu depoimento por escrito. Mas, no início de fevereiro, recebeu uma proposta que dificilmente poderia recusar.

Naquela manhã, em sua pilha de correspondência, um envelope chamou sua atenção. Vinha dos Estados Unidos. Depois de abri-lo cuidadosamente pelas bordas, leu o cabeçalho e descobriu que o remetente era o Cardeal John O'Connor, Arcebispo de Nova York:

> Prezado Dr. Lejeune, reconhecendo a natureza excepcional de sua experiência no campo da genética, além de seu apoio inabalável pela causa da vida, escrevo-lhe para pedir sua ajuda no caso de Alex Loce e outros doze manifestantes [...] presos em frente a uma clínica de aborto em New Jersey, no dia 9 de setembro de 1990. Este caso terá muita influência na legislação que garante o direito à vida de inúmeras crianças deste país. O Sr. Loce é o pai de uma criança que seria abortada nesta clínica na data do protesto, por isso, não há dúvida que o caso será de grande importância para se estabelecer um

---

10 Proposta de lei Seillier sobre saúde humana, 1990.
11 J. Lejeune, *Testimony before the Parliament of Ottawa*, 1990.

> precedente no reconhecimento dos direitos do pai de proteger a vida ameaçada de seu filho ainda não nascido. É por isso que solicito seu talento e sua experiência. Seu conhecimento de genética contribuirá muito para fortalecer a convicção de que a criança no útero é um ser humano com direito à vida. Seu testemunho certamente levará muitas pessoas à mesma e justa conclusão. Sei que isso sobrecarregará ainda mais a sua agenda, mas a causa da vida é tão importante que ouso, humildemente, pedir a sua ajuda. Se tiver condição de atender a este pedido, ficaria muito grato![12]

Passados dois dias, Jérôme recebeu uma carta do Dr. Nathanson com o mesmo pedido. Era impossível não os acolher, por isso Jérôme respondeu ao cardeal, informando que atenderia ao pedido, e informou ao Dr. Nathanson sobre esta decisão:

> Caro Bernard. Na verdade, farei o possível ir testemunhar, mais uma vez contigo, em nome dos Inocentes. O Cardeal O'Connor também me escreveu sobre esse mesmo caso, fazendo o mesmo pedido. Não poderia recusar, pois vocês me solicitam apenas para cumprir o meu dever.[13]

Em 11 de abril, Jérôme voou para New Jersey. Dois dias depois estava no tribunal de Monstown, testemunhando a favor de um pai que queria salvar seu bebê do aborto. Seu testemunho impressionou o juiz e também no Cardeal O'Connor, que alguns meses depois publicou um artigo no jornal *Catholic New York*, reafirmando sua admiração por Jérôme. Em 13 de fevereiro de 1992, o cardeal escreveu estas linhas, de Roma, onde havia encontrado Jérôme:

> É um mundo realmente incrível. Estou sentado na antiga Sala Sinodal, no coração do Vaticano, depois de falar para 75 membros e consultores do Pontifício Conselho para a Pastoral do Pessoal de Saúde, dentre eles profissionais da saúde e

---

12 J. O'Connor, Cardeal Arcebispo de Nova York, *Carta a J. Lejeune*, 5 de fevereiro de 1991.
13 J. Lejeune, *Carta a Bernard Nathanson*, 14 de fevereiro de 1991.

cientistas de todo o mundo. Eles me ouviram por educação, mas agora quem fala é alguém que está num outro nível, por isso, estão ouvindo com interesse. O palestrante é o Prof. Lejeune, indiscutivelmente o mais importante geneticista do mundo. [...] Mas não é isso que torna o mundo surpreendente. É a fé de uma pessoa como o Prof. Lejeune, uma fé que se eleva muito além dos resultados de sua meticulosa pesquisa. Em cada uma de suas palavras, pelo tom de sua voz, entendemos que ele se recusa a se apossar de um poder ou autoridade que pertence somente a Deus. Foi o Dr. Lejeune que testemunhou em um caso extraordinário em New Jersey no ano passado. Ele fez uma longa viagem de Paris aos Estados Unidos só para participar do julgamento. Este caso é talvez o mais importante ocorrido em um tribunal americano. [...] O juiz disse: "Descobri pelas indiscutíveis evidências médicas e científicas apresentadas a este tribunal que o feto de oito semanas a que se refere o caso era uma pessoa viva, um ser humano. [...]". Ao mesmo tempo, o juiz considerou o Sr. Loce culpado por violação, devido a decisão Roe *vs.* Wade da Suprema Corte dos Estados Unidos, de 1973, que autoriza legalmente a execução de um ser humano como o concebido pelo sr. Loce e sua noiva. [...] Este Dr. Lejeune é o mesmo que hoje fascina seus colegas médicos, os cientistas e a todos nós, na antiga Sala Sinodal, no coração do Vaticano. Sem dúvida, o que nos impressiona é o espírito de fé que emana de cada um de seus pensamentos e palavras. Que dom para a Igreja e para toda a sociedade! Sua palestra de meia hora valeu por um mês de retiro espiritual.[14]

Não foi apenas nos Estados Unidos que a ciência e a sabedoria de Jérôme foram solicitadas. Também o requisitaram na Assembleia Nacional da França, em 16 de julho de 1991, que preparava a futura Lei de Bioética,[15] e, em agosto, o Ministro da Ciência tchecoslovaco o convidou para visitar a cidade de Bratislava e participar de um importante programa de televisão sobre o respeito à vida humana. A viagem de ida e volta foi marcada para 15 de

---

14 J. O'Connor, Cardeal Arcebispo de Nova York, *A judge ruled a fetus was a living person*, em *Catholic New York*, 13 de fevereiro de 1992.

15 J. Lejeune, *Audiência sobre bioética na Assembleia Nacional*, 16 de julho de 1991.

agosto. Ao receber o convite, Jérôme enviou uma carta a Birthe, que já estava em Kerteminde:

> Queria estar na Procissão da Assunção em Notre-Dame; mas essa viagem vai mudar os meus planos. Parece que é algo muito importante para a proteção das crianças na Tchecoslováquia e eu não poderia me recusar a prestar este serviço. [...] Seria ótimo estar de folga amanhã, mas a Santíssima Virgem me perdoará por faltar ao seu encontro: é pelo bem dos pequeninos tchecoslovacos que virão![16]

Depois do longo dia de viagens e encontros, Jérôme voltou exausto, mas feliz. Além do programa de TV, teve uma ótima conversa com o Ministro da Ciência, a quem explicou a intenção do *Donum vitae*, e entregou o texto do projeto de lei Seillier. Jérôme também ficou feliz por ter participado de uma missa em Bratislava, celebrada em latim e inglês, e por ter a oportunidade de visitar as Irmãs do Padre De Foucauld, para pedir-lhes que rezassem pela causa que estava defendendo. Dois dias depois, Birthe leu com prazer o resumo da viagem de seu marido:

> Seguem aqui todas as notícias, minha querida. Foi uma viagem cansativa, mas protegida pela Santíssima Virgem.[17]

Poucos dias depois, Jérôme partiria para uma série de intervenções no Brasil e no Chile, que aconteceram de 23 a 30 de agosto. No Brasil, foi convidado para palestrar em um pequeno congresso de fetologia, e desta vez mandaram até a passagem. Contudo, quase na hora do embarque, o organizador brasileiro ligou para Jérôme e, ainda um pouco confuso, avisou:

> Professor, é um pouco constrangedor e peço-lhe desculpas, mas um médico francês, um ginecologista bastante influente, ameaçou boicotar o congresso se você participar. Por favor,

---

16 J. Lejeune, *Carta a Birthe*, 13 de agosto de 1991.
17 Idem, 16 de agosto de 1991.

venha de qualquer maneira, você não falará no congresso, mas já estamos organizando outras conferências para você, especialmente no Parlamento e na Conferência Episcopal.

Jérôme concordou em mudar seu programa e seguiu para o Brasil, apesar do imprevisto. Assim que chegou, viu que o organizador havia cumprido a promessa, preparando muitas reuniões para ele. Jérôme participou de conferências, entrevistas e palestras, em particular com bispos e médicos brasileiros. No dia 26 de agosto, de Brasília, escreveu a Birthe estas linhas tranquilizadoras:

> Minha querida, estou aqui em Brasília, depois de um voo muito agradável. O hotel é novo, assim como toda a cidade. [...] As pessoas são charmosas. Ontem não escrevi porque tive duas conferências de duas horas e meia, uma pela manhã e outra à noite. [...] Mal recuperei o sono porque, esta manhã, já tive de levantar às 7h para arrumar as malas e logo sair rumo a uma palestra para os médicos, em inglês, sobre inteligência e manipulação genética. Tudo correu muito bem, estavam todos atentos ao que eu dizia, e as perguntas foram muito relevantes. Meu amigo Camargo ficou encantado; parece que o reitor, que presidiu uma primeira conferência e me confidenciou que esta noite lhe era muito importante, assumiu um cargo oficial no pequeno congresso ao qual fui convidado e depois foi desconvidado por conta da ameaça de boicote do Dr. D., caso eu estivesse presente. O reitor acabou declarando sua decisão de votar contra qualquer mudança na lei para permitir o aborto eugênico. Como era uma liderança entre os obstetras, Camargo achou que só por essa declaração pública minha viagem já tinha valido! [...] Amanhã, parece que o presidente do Senado virá à minha conferência e talvez o do Paraguai, que está de passagem por aqui. Isso tudo é muito empolgante, mas o cansaço também começa a pesar.[18]

Mais de uma vez, quando uma porta se fechava para Jérôme, outras se abriram, como se houvesse um nexo causal, revelando horizontes mais amplos. A situação não passou despercebida ao Cardeal Moreira Neves,

---

18 Id., 26 de agosto de 1991.

Arcebispo de Salvador e Primaz do Brasil, que estava surpreso ao ser informado de que algumas pessoas se posicionavam contra o trabalho de Jérôme. Por conta disso, resolveu expressar sua admiração em um artigo publicado num jornal brasileiro, com um título provocador: "Quem tem medo de Lejeune?".[19] Jérôme, que já estava acostumado a ser boicotado, voltou satisfeito com o Brasil. Os que tentaram proibir sua palavra falharam, e o seu testemunho deu muitos frutos. Estava feliz, sobretudo porque iria reencontrar sua família e suas pesquisas — primeiro a família! Pois no fim de setembro Thomas havia se casado com Isabelle Collet, uma adorável jovem a quem Jérôme tinha sido apresentado há mais de um ano. Era uma grande felicidade para ele ver todos os seus filhos bem encaminhados na vida e poder desfrutar do afeto de cada um. Gostava, sobretudo, das noites de verão em que seus filhos ou genros vinham lhe fazer companhia, quando estava sozinho em casa, na época em que o resto da família havia partido para as férias na Dinamarca. Eram noites bem tranquilas, mas agradáveis, com um jantar preparado pelos visitantes e boas conversas que giravam em torno de temas políticos e filosóficos, sempre com o bom humor habitual dos Lejeune. Jérôme ficava radiante com essas visitas.

Jérôme era bastante discreto na relação com os filhos. Tomava muito cuidado para não se intrometer na vida deles, respeitando sempre a independência das suas decisões, ainda que, às vezes, o surpreendessem. Isso refletia, em grande medida, a personalidade de Jérôme, mas também a educação dinamarquesa transmitida por Birthe. No caso de Jérôme, ele respeitava tanto a liberdade das pessoas que jamais ousaria questioná-las de forma indiscreta. Jamais lhe passava pela cabeça interferir em seus assuntos pessoais, muito menos em querer influenciar suas

---

19 L. Moreira Neves, "Quem tem medo de Lejeune?", agosto de 1991.

decisões. E isso seria fácil, considerando sua autoridade moral. Porém, ao contrário, com delicadeza, evitava qualquer comentário sobre as escolhas ou hábitos de cada um deles. Tornou-se um avô plenamente realizado, feliz por ver o número de netos crescer a cada ano: Erwan, Sixtine, Theophane, Teresa, Jean-Thomas, Louis-Marie, Blandine, Philothée, Bérénice, Thaïs e Amédée.

Jérôme mantinha uma relação semelhante com os membros da sua equipe. Naquele ano, ela cresceu com a chegada de uma nova técnica, Catherine Maunoury, e uma jovem médica chamada Dra. Clotilde Mircher,[20] que havia defendido, com sucesso, a sua tese em julho. Jérôme a convidou para a sua equipe e ela começou a trabalhar com ele em dezembro daquele ano. Logo depois, mais um jovem médico chegou, o Dr. André Mégarbané,[21] que Jérôme tinha conhecido em Beirute e feito o convite para trabalhar em seu laboratório em Paris. Conseguiu, assim, em pouco tempo, organizar uma nova equipe de jovens talentosos e motivados, e isso o deixou muito contente por ver que estavam, juntos, construindo o futuro.

A pesquisa voltou a ocupar toda a atenção de Jérôme, que tinha pressa por conta dos acontecimentos da época. A elaboração da Lei de Bioética — que não anunciava um aumento da proteção de embriões e fetos, mas abrandava a lei anterior de proteção à vida humana — confirmava a urgência de encontrar uma cura para crianças com Síndrome de Down. Seria ainda mais urgente se a Lei de Bioética, que estava sendo discutida, autorizasse a triagem pré-natal de crianças com Síndrome de Down. "Ou vamos curá-los de sua inocência ou será o Massacre dos

---

20 Dra. Clotilde Mircher hoje é a geneticista do Instituto Jérôme Lejeune, onde também participa dos projetos de pesquisa.

21 O professor André Mégarbané, agora no setor privado, foi diretor da unidade de genética médica do Hospital Saint-Joseph em Beirute e professor da Faculdade de Medicina da Universidade Saint-Joseph, além de membro do Comitê Consultivo Nacional de Ética do Líbano. Também trabalha com o Instituto Jérôme Lejeune.

Inocentes",[22] pensava Jérôme, preocupado. "Minha única opção é curá-los para salvá-los".[23]

Jérôme também sabia que não tinha muito tempo. Muitos anos de pesquisa ficaram para trás, e tão pouco tempo pela frente. Em 1991, já com 65 anos, sua aposentadoria era iminente. No último ano, era professor em tempo integral da cadeira de genética e chefe do serviço de atendimento do Hospital Necker. Mas, felizmente, estava previsto que, ao deixar o cargo de chefe de departamento, ele poderia continuar atendendo consultas por mais três anos. Quanto à pesquisa, passou a trabalhar, como vinha fazendo desde que o CNRS cortou seu financiamento, com os recursos que recebia de generosos doadores. Em uma carta endereçada a um deles, escreveu:

> Muito obrigado pela generosa ajuda. Este cheque de US$ 4.855,75 é muito bem-vindo. Nossos esforços estão dando frutos. Um novo teste medicamentoso está em andamento (os primeiros resultados foram encorajadores) e será desenvolvido ao longo de um ano. Seria uma bênção chegar a algo concreto para o meu último ano como professor em tempo integral (depois, terei três de "consultas", *Deo juvante*!).[24]

Em 1992, Jérôme iniciou a transferência da chefia do serviço de atendimento das consultas de genética do Hospital Necker-Enfants Malades para o professor Arnold Munnich, e continuou a receber seus pacientes num pequeno consultório que lhe fora designado. A partir de outubro de 1993, passou a apenas a atender consultas. A convivência com o novo chefe de departamento era ótima, pois Jérôme era financeiramente independente graças aos subsídios que recebia do exterior, e continuava suas pesquisas com parceiros importantes, como o professor Kamoun. Jérôme não via nenhuma dificuldade em passar

---

22 J. Lejeune, *Diário*, 14 de dezembro de 1969.
23 *Symphonie de la Vie*, Fundation Lejeune, 2000, p. 23.
24 J. Lejeune, *Carta a C. Vollmer*, 22 de maio de 1991.

por essa transição profissional, desde que continuasse a receber seus pacientes para consulta e prosseguisse suas pesquisas em seu laboratório na Rua des Saints-Pères.

Com mais tempo livre depois da redução de suas aulas e por não ser mais o responsável pela organização do serviço de consultas, ficou disponível para atender aos pedidos de palestras que lhe eram dirigidos de toda parte do mundo, mas principalmente dos Estados Unidos. Em março de 1992, Jérôme recebeu uma nova carta do Cardeal John O'Connor,[25] que lhe apresentou um caso semelhante ao pai querendo salvar seu bebê de um aborto, no qual Jérôme havia testemunhado em 1991. O cardeal requisitou sua presença para que acompanhasse o caso Blow *vs.* Roe, pois seu testemunho seria decisivo. Jérôme embarcou para New Jersey e se apresentou perante o tribunal do condado de Monmouth.

Martin Palmer aproveitou para pedir que Jérôme acompanhasse a sequência do julgamento de Maryville. Após a decisão do juiz Dale Young de preservar os sete embriões de Mary Davis, o caso foi parar na Corte de Apelação e, em seguida, na Suprema Corte do Tennessee, que acabou anulando a decisão de Maryville, e decidiu pela eliminação dos embriões. Desde então, Martin Palmer vinha lutado para levar o caso à Suprema Corte dos Estados Unidos, mas Jérôme não sabia direito como ajudá-lo. Na correspondência que trocou com ele e com o advogado Christenberry, Jérôme mostrava sua extrema preocupação com o destino daquelas crianças. Assim escreveu, em dezembro, a seu amigo Christenberry:

> Não esqueci do julgamento de Maryville. Nosso querido amigo Martin Palmer está fazendo o possível para levar o caso à Suprema Corte dos Estados Unidos. Você poderia ajudá-lo, reunindo todos os dados que considera importantes? Como podemos ajudar os juízes a compreender a situação? Julgar ou

---

25 J. O'Connor, *Carta a J. Lejeune*, 23 de março de 1992.

> não julgar, eis a questão! E uma questão de vida ou de morte, não para o pobre Yorrick [personagem da tragédia de Shakespeare, *Hamlet*], mas para milhões de bebês em gestação. Nesta época da Natividade, não consigo afastar o seguinte pensamento: como posso ser útil para eles?[26]

As cartas de Jérôme a Martin são muito emocionadas. Percebe-se que, à medida que o Natal ia se aproximando, mais ele refletia sobre as crianças que não teriam a oportunidade de nascer. Essas confidências ficam ainda mais comoventes considerando que tratava-se de um fato concreto. Jérôme estava muito preocupado com "as sete esperanças de Maria", a ponto de pedir orações ao público que assistiu uma conferência dada por ele em Nantes. Mas, infelizmente, ainda em 1993, apesar de todos os esforços contrários a Suprema Corte decidiu pela destruição dos sete embriões.

Depois de uma viagem às Filipinas, onde ministrou uma conferência em Manila, e de uma rápida passagem pela Rússia, para um congresso no Ministério de Assuntos Sociais, em Moscou, Jérôme estava de volta à França para um julgamento inusitado. Acusaram o famoso Dr. Bernard Nathanson de falsificação, por conta do seu filme que mostra "o grito silencioso" da criança abortada. A película era exibida desde 1985 nos Estados Unidos, mas tinha acabado de chegar à França. Os que atacavam o Dr. Nathanson pretendiam, obviamente, proibir o filme, que mostra a realidade de um aborto. Jérôme foi chamado para a defesa. No julgamento, o advogado do Dr. Nathanson pergunta a Jérôme:

> A primeira coisa que gostaria de saber do professor Lejeune é se, como foi dito aqui antes, seria uma fraude usar a palavra "criança" para se referir a um feto. Então, professor, seria uma fraude dizer que um feto é uma criança, como fez o professor Nathanson? Qual a sua opinião sobre isso?

---

26 J. Lejeune, *Carta a Christenberry*, 18 de dezembro de 1992.

Voltando-se para o presidente do tribunal, Jérôme respondeu:

> Sr. Presidente, não creio que seja possível falarmos em fraude, pois estamos diante de uma realidade: o ser humano existe desde o momento da fecundação. Isso é ensinado por todos os professores de genética fundamental em todo o mundo, sem exceção. Portanto, dizer que um pequeno ser humano é uma criança não pode ser mentira, pois podemos usar a palavra "criança" para se referir, por exemplo, "àquele que ainda não fala".[27] É uma linguagem que todos podem compreender, quando alguém vê um embrião, mais exatamente um feto, como no filme, um pequeno feto de dois meses, do tamanho do polegar. Aliás, tem uma história que todas as crianças gostam, a do Pequeno Polegar. Na França, aquele ser pequenino que leva uma vida extraordinária é chamado de bebê, de criança.[28]

Em seguida, Jérôme ergueu a mão para apresentar uma grande foto ao presidente, perguntando a ele:

— Eu tenho aqui esta foto, que não é de um ser humano. Pergunto respeitosamente: o que o senhor vê?

O presidente respondeu:

— Parece ser um pequeno elefante.

Jérôme concordou:

— Exatamente. É um aborto espontâneo de um elefante com a mesma idade do feto que vemos no filme. Fique tranquilo: ninguém vai acusá-lo de falsidade porque o senhor disse que é um pequeno elefante. Deveria ser igual quando descrevemos um feto humano, chamando-o de criança.

Então, Jérôme explicou que os nomes dados às diferentes idades da vida — embrião, feto, recém-nascido etc. — dizem respeito a uma e mesma vida que se desenvolve continuamente, da concepção até a morte. O presidente pergunta:

— Então, o termo *criança* seria um termo genérico?

---

27 O francês "enfant" vem do latim *infans, -antis*, "o que não fala". [N. E.]
28 Este depoimento foi retirado do testemunho do professor Lejeune no julgamento de Nathanson, 1992.

— Isso, termo genérico da espécie humana — responde Jérôme. — E, na minha experiência médica, quando converso com uma grávida, nenhuma delas acaricia a barriga e diz: "meu embrião..." ou "meu feto está mexendo". Garanto que, em 100% dos casos, elas dizem: "meu bebê... minha criança está mexendo!".

O juiz levantou uma última questão:

— Foi dito aqui, anteriormente, que era inadmissível que o professor Nathanson usasse os seguintes termos no seu filme: "O nascituro também é um ser humano. Como nós, é membro da comunidade humana, e possui todas as características próprias de seres humanos". Lembrando que está falando de uma criança, de um feto de dez semanas, você poderia nos dizer o que acha dessa frase do Dr. Nathanson?

Jérôme respondeu em detalhes e concluiu:

— Não passa de um jogo de palavras intolerável afirmar que o Sr. Nathanson não está dizendo uma verdade científica ao explicar que esse novo ser, o nascituro, já possui todas as características e qualidades específicas da espécie humana — e específicas quer dizer que *pertence à espécie*. Assim, acusá-lo de fraude científica, que é o insulto mais sério que se pode fazer a um acadêmico, não faz o menor sentido.

Então, Jérôme foi questionado longamente sobre a dor que um feto de dez semanas pode sentir, como vemos no filme, e seu movimento de recuo quando a cânula usada para abortá-lo se aproxima. No final, o Dr. Nathanson foi considerado inocente, e a seus acusadores restou pagar as custas processuais.

Em dezembro, Jérôme teve uma feliz surpresa. Logo pela manhã o carteiro trouxe-lhe ótimas notícias:

> Prezado Senhor, tenho o prazer de informar que, durante a sua última reunião, no dia 7 de outubro de 1992, o Conselho de Administração da ARC indicou como vencedores

dos Prêmios Griffuel de 1992 e 1993, respectivamente os Srs. Jérôme Lejeune e Samuel Broder. O Prêmio Griffuel de 1992, no valor de 550 mil francos, é concedido ao senhor em reconhecimento ao seu notável trabalho sobre aberrações cromossômicas e seu papel nos processos tumorais. Permita-me estender meus parabéns ao senhor e sua família. O Prêmio Griffuel 1993 foi concedido ao professor Samuel Broder, diretor do Instituto Nacional do Câncer [...].

Por fim, gostaria de ressaltar que, dada a qualidade científica do trabalho dos dois laureados, amplamente reconhecida pelos membros do Conselho de Administração, a votação foi unânime.[29]

O prestigiado Prêmio Griffuel foi um grande reconhecimento pelo seu trabalho sobre o câncer, e trouxe, no final daquele 1992, um grande incentivo a Jérôme e sua equipe.

Ele continuava a planejar seus inúmeros projetos de pesquisa, mas também acompanhava de perto o trabalho dos sucessores do seu antigo laboratório, do qual teve de sair havia mais de dez anos. A mágoa da separação já estava curada há muito tempo, a tal ponto que Jérôme não hesitou em propor a Bernard Dutrillaux para dar algumas aulas na cátedra de genética.

Em fevereiro de 1993, Jérôme foi novamente sabatinado na Assembleia Nacional da França, que preparava a primeira lei de bioética e, em abril, fez uma participação num evento no Canadá. O verão de 1993 prometia ser muito agitado, com uma viagem prevista para o México em julho, e outra à Espanha, em agosto. Antes, Jérôme iria, em junho, participar do Congresso Internacional do Sudário, que seria realizado em Roma. Ele tinha começado a trabalhar com o Sudário de Turim em 1988, com o Centro Internacional de Estudos sobre o Sudário de Turim (CIELT), logo após os resultados da datação do sudário pelo carbono-14. Os resultados pretendiam comprovar, segundo os autores do estudo, que a mortalha de

---

29 J. Crozemarie, *Carta a J. Lejeune*, 29 de outubro de 1992.

Turim teria sido produzida entre 1260 e 1390, portanto, não poderia ser a mortalha sagrada de Cristo. Anunciada com muita divulgação na imprensa, a notícia causou comoção. A Igreja, através do Arcebispo de Turim, o Cardeal Ballestrero, estava pronta para aceitar a conclusão da equipe de estudiosos. Jérôme, porém, ficou intrigado com os resultados e resolveu tirar algumas dúvidas. Acabou encontrando irregularidades no protocolo utilizado pelas três equipes, e, ao entrevistar algumas pessoas, descobriu diversas falhas na pesquisa. Fez um relatório e, em 8 de setembro de 1989, tornou públicas suas observações durante o simpósio científico internacional sobre o Sudário de Turim, organizado em Paris. Durante a sua intervenção, que encerrou o simpósio, explicou:

> O mais espantoso é ver esses homens de ciência, os mais frios, teóricos e desapegados de vaidades deste mundo, deixarem-se acender pela paixão — que os anima, aliás, de uma forma notável para o fisiologista que sou — quando se trata de uma imagem extraordinária que até agora qualifiquei como admirável, mas que no final desses dois dias sou obrigado a considerar misteriosa.

Em seguida, mostrou que os cientistas envolvidos no estudo do carbono-14, vindos do Museu Britânico e de três laboratórios muito competentes, no último momento, de uma forma completamente incomum em um protocolo de pesquisa, resolveram mudar as regras: abandonaram o estudo duplo-cego cuidadosamente planejado pelos organizadores daquela investigação extraordinária.

> Isto levou a um grande erro metodológico que, a meu ver, torna o experimento nulo e sem efeito da forma como foi feito. Porque, infelizmente, tendo renunciado ao duplo-cego, acabaram chegando a uma idade que as amostras testemunham. [...] Mas devo dizer — e me perdoem a piada, é apenas uma piada, espero que meus colegas não levem a mal — ... mas se eles tivessem feito uma análise da ceroula do bom rei Dagobert, considerando que tivessem achado, claro, mudando

o protocolo no meio, como fizeram, não poderiam ter outra coisa a não ser "um artigo às avessas".[30]

A plateia caiu na risada. Jérôme esperou todos conterem o riso e continuou, desta vez sem piadas: "Parece-me bastante importante retomar o estudo, mas não com o mesmo protocolo. É preciso pensar um outro, que seja mais apropriado [...]".

Portanto, os resultados do estudo do carbono-14 teriam de ser revistos. Era preciso analisar pontos que não tinham sido observados. Jérôme fez questão de participar.

Havia um códice do século XII que contradizia os resultados de datação por carbono-14. Trata-se do Códex Pray, nome em homenagem ao jesuíta húngaro, György Pray, que o descobriu no século XVIII. São manuscritos, datados com muita precisão de 1192–1195, mantido na Biblioteca de Budapeste, numerado como o primeiro dessa preciosa coleção. Quando Jérôme ficou sabendo da existência desse códex, decidiu ir conhecê-lo. Partiu em abril de 1993, poucas semanas antes do novo Simpósio sobre o Sudário, organizado em junho pelo CIELT. Graças à apresentação de um eminente medievalista do Instituto Húngaro de Paris, foram-lhe confiados, durante uma hora, os extraordinários manuscritos da Biblioteca Nacional de Budapeste.

Jérôme tomou todos os cuidados para fotografá-los, para poder examinar cada detalhe. Observou admiráveis desenhos a caneta adornando os quatro lados de um pergaminho dobrado ao meio. Para as três Marias que chegam ao túmulo vazio, um anjo aponta uma mortalha enrolada pela metade. Jérôme reconhece a reprodução do

---

[30] Trata-se do rei medieval Dagoberto I, da antiga Austrásia, que foi imortalizado numa canção infantil que o retrata como uma pessoa muito atrapalhada. Na piada, Lejeune refere-se à primeira estrofe da canção, *Le bon roi Dagobert Avait sa culotte à l'envers* ("O bom rei Dagoberto, com sua ceroula ao avesso").

que seria um tecido com vincos,³¹ em cavidades dispostas em L. Ele observou especialmente que as marcas dos códices de Pray são topologicamente idênticas às pequenas queimaduras vistas na mortalha de Turim.³² Graças ao seu trabalho anterior sobre a mortalha de Lier,³³ datada de 1516, e à arte do *origami* que lhe permitiu entender como as manchas de queimadura eram reproduzidas na espessura dos lados dobrados da mortalha, Jérôme sabia que essas manchas já eram anteriores ao incêndio em Chambéry no ano de 1532. Agora ele tinha provas de que existiam já em 1195.

Nas quatro cenas — descida da Cruz, sepultamento, Sudário dobrado e Cristo na Glória —, Jérôme também notou que o artista tinha acumulado uma quantidade impressionante de detalhes: a mortalha tem o dobro do tamanho de um homem; Cristo está barbudo com cabelos longos e tem uma mancha na testa, à direita; o corpo está completamente nu; a mão direita está cruzada sobre a esquerda e os polegares são invisíveis; finalmente, apenas três pregos são mostrados e o pulso direito está ferido. Então, observa Jérôme:

> Nenhuma outra imagem reúne todas essas peculiaridades, exceto a do Sudário de Turim. Como a escrita musical abaixo do último desenho está em "neumas" (notação anterior ao século XI), este detalhe confirma, necessariamente, a data de 1192–1195 do Códex Pray. Portanto, é preciso admitir que antes do Cerco de Constantinopla (em 1204), o mestre do Códex Pray pode ver uma mortalha idêntica àquela que conhecemos.³⁴

---

31 Característica já apontada por M. Cartigny e pelo Pe. Dubarle. Dubarle, O.P., *Histoire ancienne du linceul de Turin jusqu'au XIIIe siècle*, EYE, Paris, 1985.

32 JM Le méné, *Le Professeur Lejeune, fondateur de la génétique moderne*, Mame, 1997, pp. 117–134.

33 J. Lejeune, *Étude topologique des Suaires de Turin, de Lier et de Pray*, juillet 1993; e discurso de encerramento do Simpósio de Paris, em setembro de 1989.

34 J. Lejeune, *Codex de Pray et suaire de Turin*, in Lettre mensuelle du CIELT, junho de 1993.

Essa observação refuta o intervalo de datas apontado pelo carbono-14, que era entre 1260–1390. O Códex é anterior a ele em mais de 100 anos! Jérôme estava maravilhado: "O próximo congresso permitirá que esses resultados se tornem públicos". Então, Jérôme apresentou suas observações no Congresso de Roma, em junho. No final de sua demonstração, concluiu, satisfeito:

> Como a análise de carbono-14 aplicada ao Sudário de Turim deu um intervalo de 1260–1390, mas não temos dúvida da datação (1195) do Códex Pray, e, além disso, não se pode admitir a possibilidade de um tecido ser queimado antes de seu linho ser colhido, resta-nos apenas reconsiderar a datação por carbono-14.[35]

Embora excelente, a conferência de Jérôme não foi o evento mais importante do congresso. Logo depois de sua intervenção, ele retornou para refutar um francês, Arnaud Aaron Upinsky (cujo nome verdadeiro era Bertrand d'Entremont), encarregado pelo CIELT para organizar o congresso. Após a discurso de encerramento, feito por André van Cauwenberghe, presidente do CIELT, Arnaud Upinsky pediu a palavra quando os participantes já estavam se levantando para ir embora, e permite-se anunciar um determinado número de moções e resoluções, apresentadas como conclusões do Congresso. Entre essas moções, que tinham assuntos muito variados, ele citou um apelo à Unesco para que o Sudário de Turim fosse reconhecido como patrimônio da humanidade. Porém, o Santo Sudário é propriedade do Santo Padre, o único que pode garantir sua proteção. Jérôme literalmente saltou da cadeira quando Arnaud Upinsky afirmou que:

> Esta assembleia, representando toda a comunidade científica internacional envolvida na investigação deste achado

---

35 J. Lejeune, *Étude topologique des suaires de Turin, de Lier et de Pray*, julho de 1993.

arqueológico, tomou nota do fato de que o único *status* científico deste objeto, atualmente compatível com o estado atual da pesquisa, é o do autêntico sudário que envolveu o corpo de Jesus de Nazaré.[36]

Jérôme correu para o palco e pediu o microfone para deixar claro, em voz alta, que, na ausência de qualquer discussão e de qualquer voto dos participantes, nenhum desses textos poderia ser apresentado como moção do congresso científico em Roma. Tanto para Jérôme quanto para os pesquisadores mais sérios envolvidos nos estudos do Sudário era óbvio que não havia prova científica de que ele pertencesse a Jesus de Nazaré:

> Podemos demonstrar, até certo ponto, que muitos elementos coincidem entre a realidade física da mortalha e a história do Evangelho, mas não temos a prova definitiva de que é, de fato, a que envolveu o Cristo de Nazaré. Uma série de indícios levantam a possibilidade, mas não constituem uma prova, principalmente porque alguns desses indícios são questionáveis e ainda há muitas perguntas sem respostas. Por outro lado, os que afirmam que o Sudário é falso não conseguem oferecer evidências conclusivas. A ideia de um falsificador medieval desconhecido, por exemplo, obriga-os a afirmar que existia um artista na Idade Média capaz de produzir um tipo de imagem que ninguém hoje, com todos os meios tecnológicos disponíveis, conseguiria reproduzir.
>
> Certamente, podemos dizer que existe uma forte suspeita de que a mortalha de Turim é a que envolveu Jesus de Nazaré. A concordância entre as lesões observadas na mortalha e as relatadas pelo Evangelho é, de fato, tão perfeita que suscita essa convicção. Podemos até dizer que é muito pequena a probabilidade de que esta correspondência não seja real. Portanto, recusar-se a levá-la em consideração é "dar razão à improbabilidade".[37]

---

36 Citação do comunicado de imprensa preparado por A. Upinsky no dia seguinte ao Congresso de Roma, no qual ele repete suas próprias declarações, apesar da discordância do CIELT. Este comunicado de imprensa foi, portanto, recusado pelo CIELT, que redigiu outro texto.

37 Jacques Suaudeau, citando as palavras do biólogo e médico Yves Delage em *Le Linceul de Turin face à l'investigation scientifique*, vol. 2, L'Harmattan, junho de 2018: "O professor de zoologia experimental Yves Delage, biólogo e médico, que desejava permanecer fiel às

Enfim, ainda que não tenhamos como provar que é a mortalha que envolveu Cristo, isso não quer dizer que não estamos convictos de que seja ela mesma. Acontece que esta convicção está fora do campo da ciência empírica.

Na verdade, jamais será possível afirmar empiricamente que o Sudário de Turim corresponde à mortalha de Cristo deixada depois da Ressurreição, porque essa afirmação passaria do registro da ciência empírica, com seus limites, para o do testemunho evangélico, sem indícios materiais. Uma prova científica, por exemplo, seria a concordância entre o DNA de Cristo, preservado e identificado, e o DNA da mortalha. No entanto, não temos nem uma coisa nem outra, e não daria certo tentar colher alguma informação genética do Sudário, porque seria praticamente impossível isolar as amostras. Portanto, não há como provar materialmente a Ressurreição do Filho de Deus. Só podemos afirmar isso através da Fé, e isso está fora do escopo da ciência.[38]

Os participantes já estavam de pé, o barulho de tanta gente se dirigindo à porta, o público não ouviu direito nem as palavras de Arnaud Upinsky, nem as de Jérôme, mas André Van Cauwenberghe,[39] que acompanhou a

---

suas 'opiniões de livre pensador' e rejeitar os milagres que 'suas opiniões afastam a qualquer custo', não temeu dizer que, ao nos recusarmos a levar em conta a combinação de fatos e circunstâncias que aparecem na imagem da mortalha (flagelação, coroa de espinhos, ferida no flanco direito, duração do sepultamento, antiga mortalha oriental), estávamos dando razão à improbabilidade".

38 Estas explicações me foram dadas por dois especialistas no Sudário de Turim: Mons. Jacques Suaudeau, sacerdote, doutor em medicina e cirurgião, diretor científico da Pontifícia Academia para a Vida durante dez anos, que publicou o livro citado na nota anterior, e Mario Latendresse, cientista da computação no Artificial Intelligence Center da SRI International em Menlo Park (Silicon Valley). Suas pesquisas e contribuições sobre o Sudário de Turim o levaram a abrir dois sites bem documentados: <sindonology.org> (em inglês) e <linceul.org> (com menos documentos, em francês).

39 Só para não encerrar o assunto de forma superficial, republico aqui duas cartas recebidas por Birthe Lejeune após a morte de seu marido, e um documento de Jérôme algumas semanas antes de sua morte. Peço perdão ao leitor pela extensa digressão, que poderia perfeitamente ser assunto de um livro inteiro.

Segue um trecho da *Carta a S. de Beketch*, de Van Cauwenberghe, enviada em 8 de julho de 1993: "Outro e último incidente escandaloso. No encerramento do Simpósio, no final da manhã de sábado, proferi as palavras finais de agradecimento e despedida a todos os participantes. Em seguida, de forma deselegante, A. A. Upinsky pegou o microfone e proclamou uma moção segundo a qual o Sudário deveria ser reconhecido como patrimônio da humanidade e, portanto, colocado sob o controle da Unesco. Uma afirmação escandalosa e, sobretudo, insultuosa ao Papa, que tem a posse da mortalha sagrada. Lejeune, então, foi tomado por um acesso de raiva, correu para o palco e pegou o microfone para denunciar

cena de perto, compreendeu o que estava acontecendo e, na mesma noite, agradeceu a Jérôme por ter feito uma intervenção. A atitude de Arnaud Upinsky, tentando forçar uma situação, não lhe agradou. Já para Jérôme, Upinsky descumpriu um critério absoluto, que é o respeito total pelo Santo Padre.[40]

---

que tal moção não tinha sido votada. Mas A. A. U. arrancou o microfone de sua mão e o chamou de bandido".

Van Cauwenberghe, "Uma audiência perturbada no Vaticano", Carta a Birthe Lejeune, 1999. Indignado com o que leu em certas obras no Congresso de Roma sobre o Sudário de Turim, de 1993, Cauwenberghe enviou a Birthe Lejeune uma cópia das correções que ele tinha remetido a certos autores. Excertos: "No final da tarde, enquanto os organizadores do Congresso se preparavam para ir jantar, um mensageiro, que me fora enviado pela Secretaria de Estado do Vaticano, entregou-me uma carta pessoal contendo convites para a audiência pontifícia da manhã seguinte, quarta-feira, 9 de junho. Um convite coletivo para 20 participantes, além de três convites pessoais; estando a mim reservada a tarefa de indicar os nomes das três pessoas […] decidi, então, guardando um dos convites para mim, entregar um ao professor Lejeune, que era amigo do Papa João Paulo II, e dei o outro ao senhor Upinsky, que ousou me dizer: 'Não faz sentido dar um convite a Lejeune. Ele não fez nada pelo simpósio!'. Como meu caráter me impede de ceder a tais injunções, ignorei, é claro. […] Quando o Papa terminou sua fala, desceu do palco e se aproximou de nós, que fomos apresentados a ele pelo professor Lejeune. Tivemos uma conversa breve e, logo depois, ocorreu o incidente. Estava de frente para o Santo Padre, Upinsky à minha direita, Lejeune à minha esquerda. De repente, Upinsky se dirigiu ao Papa com aquela sua maneira ligeira, casual e descortês de se expressar. Perguntou: 'Que apoio o senhor pretende dar para o Sudário de Turim e quanto à sua custódia?'. Obviamente o Papa não entendeu a pergunta, e pediu que repetisse… 'O que você disse?'. Upinsky respondeu: 'A custódia do Santo Sudário, o Cardeal de Turim!'. Incomodado com este tipo de pergunta, o Papa disse: 'Agora não é o momento!'… e foi embora, sem nem se despedir de nós. Que falta de bom senso levantar essa questão ao sucessor de Pedro, uma questão que diz respeito à hierarquia da Igreja e não fazia nenhum sentido naquele momento. As coisas teriam acabado ali, mas, no início de julho de 1993, li no periódico *Le libre journal de la France courtoise* uma entrevista do Sr. Upinsky feita pela Sra. Françoise Varlet. Cito, entre outras coisas, esta passagem textual: 'Dizem que o senhor encontrou o Papa?'. 'Sim, na véspera da abertura do Simpósio. Perguntei a ele que tipo de apoio planejava dar ao Sudário de Turim. Ele me respondeu: 'Agora não é o momento'. O Sr. Upinsky, portanto, coloca na boca do Santo Padre uma resposta a uma pergunta que ele não entendeu. O Papa respondeu à pergunta parcialmente repetida: 'A custódia do Santo Sudário, o Cardeal de Turim'. Enquanto Upinsky o faz responder à pergunta: 'Que apoio você pretende dar para trazer à mortalha?', dando a entender que o Papa não estava interessado no Sudário, ao passo que a resposta dele, na verdade, significava: 'Este assunto não é da sua conta!'. Alguém até pode discordar ou não com a posição pastoral do Papa neste caso específico, mas não é essa a questão. O problema está no fato de Upinsky ter distorcido o que o Papa disse. Isso não é tolerável. E como testemunha direta do que ocorreu, senti-me compelido a me pronunciar.

40 J. Lejeune, *Carta a A. van Cauwenberghe*, 12 de dezembro de 1993. Trechos: "Um grave problema de saúde me impedirá de ir ao CIELT, por isso peço-lhe que, na reunião, tome qualquer decisão e participe de qualquer votação em meu lugar. Como não poderei participar dos debates, ficaria muito agradecido se você pudesse informar os membros presentes que, no final do Congresso de Roma, o Sr. Upinsky apresentou uma série de moções e resoluções sem consultar ninguém, usando um tom bastante inadequado, para dizer o mínimo. Um exemplo foi o apelo à Unesco para que reconheça o Santo Sudário como parte do patrimônio da

Jérôme sempre foi muito procurado pela Santa Sé. Além da Pontifícia Academia das Ciências, participou nos trabalhos do Cardeal Angelini, que afirmou que havia sido um de seus melhores conselheiros,[41] e também dos congressos para a família organizados pelo Cardeal Trujillo. Ele era sempre consultado sobre questões morais ligadas ao progresso científico: início ou fim da vida[42] (morte encefálica, sedação, eutanásia), e alguns temas emergentes, como a AIDS ou a superpopulação. Jérôme escreveu algumas notas sobre esses assuntos.

A análise de milhares de cartas que Jérôme recebeu mostra o quanto sua perícia e sabedoria eram exigidas em todos os níveis da Igreja. Em 20 anos, tornou-se o marco e a inspiração para inúmeros cristãos ao redor do mundo. As primeiras cartas elogiando seu trabalho chegaram na década de 1970 e, a partir daí, nas duas décadas posteriores, o progresso foi significativo, tanto quantitativa quanto qualitativamente. As correspondências chegavam de todos os países e expressavam a imensa admiração e a profunda gratidão pela fé, força, esperança e alegria transmitidas por ele. Certa vez, uma ouvinte de um programa de rádio do qual ele participou lhe escreveu: "O senhor me faz muito bem à alma, pois de tudo o que

---

humanidade. Se permitíssemos que ele apresentasse todas aquelas moções, teria desacreditado todo o Congresso. É por isso que, logo após o final do discurso de encerramento feito pelo presidente, e depois do incidente causado pelo Upinsky, fiz questão de salientar a todos que, na ausência de qualquer discussão e de qualquer votação dos participantes, nenhum daqueles textos poderia ser apresentado como moções do Congresso de Roma. Uma verdade óbvia, que aparentemente arruinou o plano elaborado pelo sr. Upinsky. Ele ficou bravo e guardou mágoa. Na reunião em Paris, após o congresso, ele espalhou uma estranha acusação, fazendo até mesmo circular um texto acusatório (fotocópia anexa). Para evitar problemas, recusei-me a entrar nesta polêmica e disse, diante de muitas pessoas presentes que podem confirmar: "Se o Sr. Upinsky fosse honesto, marcaria um debate comigo o mais rápido possível. Mas ele nunca apareceu". Ele até tinha se comprometido publicamente, mas sumiu, ninguém teve notícias dele. Assim, podemos concluir tranquilamente, dizendo: "A palavra do Sr. Upinsky não vale nada".

41 Conversa entre o autor e o Cardeal Angelini.
42 J. Lejeune, *Au commencement la vie, recueil de quelques-unes de ces conférences*, Mame, 2014.

fala emana amor e sensibilidade para com o homem e as crianças".[43]

Outro ouvinte canadense escreveu: "Se todos os grandes cientistas do mundo tivessem a mesma honestidade e pureza de coração que o senhor, seria muito bom viver em nosso planeta Terra".[44]

Também lhe escreveu um médico de Michigan: "A sua fé profunda, o seu bom humor e os frutos do seu trabalho nos dão muita esperança e consolação".[45] O tom das cartas expressam bem a evolução interior de Jérôme, sempre mais voltado para atender "os mais pobres entre os pobres". Essa atitude fazia sua presença se tornar especial.

Para responder a essas demandas, Jérôme passou a publicar um número crescente de artigos sobre moral. Escreveu 18 entre 1970 e 1979, depois 34 ao longo dos dez anos seguintes e 43 entre 1990 e 1993. Seus textos revelam como ele foi se preocupando com a evolução da medicina e, por isso, passou a convidar os cristãos para se envolverem com a verdade. Os estudos que fazia sobre o surgimento da inteligência no mundo e no homem, sobre a relação entre a matéria e o espírito, o *logos* e a natureza humana, deram lugar a reflexões sobre a Sabedoria Eterna e os dons do Espírito Santo. Ele também incentivava, cada vez mais, a todos falarem abertamente de Jesus nesta luta da vida contra a morte, sabendo que só Ele trará a vitória. Diante da cegueira das inteligências e do naufrágio moral da sociedade contemporânea, que observava com sofrimento, escreveu: "Não é mais tempo de ficar dissimulando a nossa fé, temos que escolher um lado: o de Fausto ou o de Jesus".[46]

---

43 M.A., *Carta a Jérôme Lejeune*, 12 de outubro de 1993.
44 G.G., *Carta a Jérôme Lejeune*, 13 de maio de 1993.
45 D.H., *Carta a Jérôme Lejeune*, 18 de janeiro de 1993.
46 J. Lejeune, *Carta ao Professor Schepens*, 10 de outubro de 1993.

Durante esses anos, Jérôme trabalhou também no projeto de um livro, do qual já havia escolhido o título: *La Table des Matières*.[47] Na introdução, diverte-se descrevendo "este ensaio sobre o mundo", escrito em forma de conversação:

> Com muita criatividade, criei uma ficção com um universo inteiramente semelhante ao nosso, porém, a principal diferença é que o inventei por completo. Demonstrei ali como os movimentos mais sutis da matéria, juntando-se a ela as sutilezas da energia, davam às coisas sua aparência, aos animais sua forma e aos homens o espírito. Pela mesma abordagem cuidadosa e quase insensível, finalmente descobri a poderosa harmonia que impulsionava esta imensa máquina. Eu tinha chegado a este ponto em meu trabalho. Restava nomear esta Causa Primeira que explica e unifica tudo [...].

Em seguida, trata da "ilusão de Aristóteles", da "canção de Galileu", da "máquina de Pascal" e do "Demônio de Maxwell", e ainda passa pelo "moinho do tempo", pela "alienação da matéria" ou "a descida à mina", para poder conduzir o leitor dos tesouros da matéria para o espírito que anima todas as coisas. Através da sua escrita, até o leitor mais rebelde, avesso aos discursos científicos, acaba se identificando com a alma de um pesquisador e de um físico. E também com a do filósofo. No estudo da alma encarnada e da liberdade humana, ele faz parecer simples assuntos bastante complexos. O objetivo de Jérôme, que era "trazer o coração e a razão de volta à harmonia", foi alcançado. Em seguida, o epílogo anuncia:

> Já estivemos em todo o mundo e estamos encontrando o essencial. O grande segredo não está apenas na estrutura de uma proteína ou na estrutura de um sistema, está em cada criança e em cada um de nós. Não é conversa fiada. Observe a inocência: não é precisamente a unidade entre a ternura do

---

47 J. Lejeune, *La Table des Matières*. Jérôme começou a escrever o livro em 1977, mas não terminou. O manuscrito, incompleto, nunca foi publicado.

amor e o rigor da eficiência? Veja esta linda criança que está prestes a completar cinco anos. Ele fala, já sente, já até mesmo raciocina, e tudo aconteceu mais ou menos de uma só vez. Não se faz distinção entre a ternura e a eficácia; dizem que ela está brincando, mas, na verdade, está vivendo, tudo de uma vez só, de forma plena.

Vamos acompanhá-la até a idade da razão. Seu olhar mais aguçado começa a dissecar o mundo, separando o que se sonha do que se vive, como se cortasse fatias do real para analisar a sua espessura. Grande conquista! Mas assim também vai cruzando os limites do paraíso que está prestes a perder. Logo já se anuncia a desproporção entre suas relações afetivas e as estruturas lógicas. A ruptura está lá, progredindo a cada dia. Chega, então, numa idade em que passa a raciocinar tentando submeter o mundo ao império de seu julgamento, e perde a paciência quando o mundo exterior insiste em resistir a essa ideia. Mas esse domínio da eficácia, fruto do desenvolvimento privilegiado de uma postura mais analítica, logo será desafiado por uma revolução mais profunda.

Ao chegar à puberdade, os hormônios vão se aflorando e revelando um despertar para uma nova atitude diante da vida futura. Então ressurge a ruptura de uma maneira ainda mais profunda. E a crise da adolescência se resume no conflito entre as razões e as vontades que chegaram aos seus limites. Tão previsíveis, e profundamente tão verdadeiras, um para a espécie, outra para o sujeito, estão em pontos de vista diferentes e se chocam por não serem capazes de ouvir uma à outra, porque mal conseguem dialogar. Tudo o que uma pessoa jovem sabe, tudo o que sente, deve ser reformulado e repensado de acordo com o modo das razões e a tendência das vontades. E quando o adulto emerge do período perturbador, esses dois aspectos do mundo, longe de estarem reconciliados, se estabelecem em ambos os lados da ruptura, que já está bem maior. Claro, ainda existe uma ponte estreita, mas a junção está longe de ter crescido na proporção que possa acolher as diferenças. Se todas as pontes fossem quebradas, o indivíduo não seria mais do que uma espécie de homem-robô de inteligência ou um escravo do instinto. Mas essa ponte estreita é um gargalo que se obstrui com muita facilidade.

É preciso desobstruir esta lacuna a todo custo. Todos os poetas falam disso, assim como os estudiosos e até os pedagogos. Porque alguns tomam partido pelos instintos, guiando-se a partir deles, e só usam a razão para construir uma fachada que possa disfarçar a agitação e a confusão. Outros tomam partido pela eficiência, do cálculo lógico e frio, tentando disfarçar suas arbitrariedades com um traço de sentimento sociológico ou humanista. Mas a grande maioria, recusando essa escolha agonizante, quando está diante do abismo naturalmente escolhe passar pela ponte estreita, mas permanece nela o mínimo possível. É assim que surge o homem oscilante, que nega seus amores quando tem interesse, e perde a razão quando a paixão o invade. Alguns, porém, com um coração maior, tentam compreender o mundo para encontrar a razão de viver, como fazem os artistas, os apaixonados e os místicos. Algumas pessoas com um forte senso de razão tentam analisar o mundo, a fim de compreender da vida; o mesmo acontece com os defensores da ciência e até mesmo com os acadêmicos, se forem de boa vontade. Mas aqueles que não têm medo de altura e conseguem olhar para o abismo sem ter nenhuma vertigem entram na ponte sem tomar partido, porque conhecem bem os laços frágeis que ligam os dois lados, por isso perseveram na oração ou na meditação. Disseram-me que o mesmo acontece com os sábios, e creio que também com os santos.

Para escrever essas linhas, Jérôme, como os defensores da ciência e os sábios de seu epílogo, precisou sair desse movimento oscilante para poder meditar. Por isso, em julho de 1993, no seu retorno de Roma, rumou ao campo para descansar com alguns de seus filhos e netos. À noite, contava a Birthe as suas aventuras com os trabalhos manuais e todos os contratempos que ocorriam:

> Minha querida, estou lhe escrevendo e meus olhos não param de piscar. Ontem à noite estava trabalhando no esmeril e voou uma faísca no meu olho direito. Incomodou muito para dormir, mas hoje pela manhã já estava me sentindo melhor e aproveitei para fazer algumas coisas. Primeiro no escritório: estava terminando a montar uma dezena do terço para Philippe (porque ele havia perdido o dele e me perguntou se eu tinha algum guardado, mas infelizmente eu não tinha) e, de repente, deixei a dezena cair no chão. Para encontrá-la, tive de mover a cama pesada que estava na minha frente há anos. Foi quando tudo desmoronou. Todas as estantes desabaram e o que tinha nelas se espalhou pelo chão. Para recolher tudo e colocar as coisas no lugar, tive que tirar o colchão e desmontar a base da cama que também ficou danificada. Consegui separar algumas peças que ainda estavam em bom estado.

O que sobrou da cama está agora na casa de Dulit. A coisa boa é que meu escritório ficou bem mais espaçoso. E, claro, encontrei a dezena, que não estava debaixo da cama, mas debaixo de uma velha escrivaninha, que estava bem danificada. Aproveitei para recuperá-la. Dei duas demãos de verniz nela e também aproveitei para envernizar a porta. Depois, com Jean-Maristote, fomos ver as ameixeiras que estão carregadas. Fiquei animado, pois me parecem ser ameixas-rainha, mas posso estar enganado, podem ser só ameixas-verdes. Vamos aguardar para saber daqui a dois meses.

É... foi um feriado muito produtivo!

Do teu Jérôme que te ama![48]

Alguns dias depois, recebeu uma carta da Santa Sé em que era convocado para criar a Pontifícia Academia de Medicina, que caberia a ele instituir e dirigir. Este projeto respondia à intuição de Jérôme que, muito preocupado com o estado da medicina, via a necessidade urgente de criar uma rede de médicos comprometidos com a vida, além de um fundo mútuo de ajuda financeira para eles: "São os pacientes que nos alertam para essa extrema emergência: a medicina está afundando".[49]

A criação da Academia era uma responsabilidade muito grande, e Jérôme a enfrentou imediatamente com muito empenho. Suas apostas eram tão altas que ele se dedicou totalmente a esse projeto. Mas todo seu esforço acabou sendo refreado por uma provação final.

Em agosto, Jérôme reclamou com Birthe de um cansaço incomum, a ponto de não conseguir participar da procissão da Assunção em Notre-Dame, que tanto adorava. Ficou com falta de ar e preocupado com a possibilidade de um problema cardíaco. Mas aguardou até setembro para fazer os exames médicos, que não revelaram nada sério.

No último semestre de 1993, Jérôme continuou a trabalhar com entusiasmo pela criação da nova Academia

---

48 J. Lejeune, *Carta a Birthe*, 13 de julho de 1993.
49 J. Lejeune, *Carta ao Padre Charlot: Um apelo urgente para salvar a medicina*, 2 de julho de 1993.

Pontifícia, que viria a se tornar a Pontifícia Academia para a Vida. Trocou muitas cartas com Wanda Poltawska, Cardeal Angelini e Dom Re, na época Substituto para Assuntos Gerais da Secretaria de Estado do Vaticano, para estruturar a Academia junto ao Santo Padre. Jérôme enviou um primeiro rascunho, sintetizando coisas que já vinha pensando há muito tempo, incluindo uma "Declaração dos defensores da vida", que cada acadêmico deveria pronunciar. Este texto, no qual cada palavra foi meditada, causou a admiração do Cardeal Angelini:

Declaração dos defensores da vida

Diante de Deus e dos homens, nós, que somos defensores da vida, afirmamos peremptoriamente que cada membro de nossa espécie é uma pessoa. O desenvolvimento da vida de cada ser humano não depende nem da idade, nem da deficiência que possa portar, porque é o mesmo ser humano que, da sua concepção até os seus últimos momentos, floresce, amadurece e morre.

Os direitos humanos são inalienáveis desde o início. O óvulo fertilizado, o embrião e o feto não podem ser doados ou comercializados. Não se pode negar o processo de seu desenvolvimento contínuo no organismo de sua mãe. Ninguém pode sujeitá-lo a qualquer tipo de exploração. Ninguém pode atentar à sua vida, nem seu pai, nem sua mãe, nem qualquer autoridade. É por isso que a vivissecção, o aborto e a eutanásia não são atos compatíveis com a defesa da vida.

Ao mesmo tempo, afirmamos que as fontes da vida devem ser preservadas. Como patrimônio de todos nós, o genoma humano não está disponível para se tornar objeto de especulação ideológica ou comercial. Suas particularidades não podem ser patenteadas.

Preocupados com perpetuar a tradição de Hipócrates, e com adequar as nossas práticas aos preceitos morais do Magistério Romano, rejeitamos qualquer dano deliberado do genoma, toda e qualquer exploração dos gametas e todo tipo de interrupção induzida das funções reprodutivas.

Reafirmamos que o objetivo de nossos esforços é buscar, a cada instante, o alívio do sofrimento, a cura das doenças, a preservação da saúde e a reparação de erros hereditários, considerando sempre o respeito e a segurança da pessoa que está sendo tratada.[50]

Em novembro de 1993, apesar do cansaço, Jérôme partiu novamente para Roma. Participou de uma reunião da Associação dos Médicos Católicos Italianos, que o elegeu membro honorário estrangeiro, em resposta ao seu afastamento do Centro Católico dos Médicos Franceses, e também esteve presente em encontro de um pequeno grupo de trabalho da Pontifícia Academia de Ciências. Essa visita a Roma deu-lhe, mais uma vez, a alegria de encontrar o Santo Padre.

Porém, ao voltar, Jérôme foi acometido de uma tosse tão forte e pesada que o fez suspeitar do mal que o estava consumindo. Desta vez, apressou-se a consultar um médico. Em 2 de dezembro de 1993, saiu o diagnóstico inapelável. Jérôme estava com um câncer de pulmão avançado demais para ser operado. Tinha, provavelmente, apenas alguns meses de vida.

---

50 J. Lejeune, Projeto da Pontifícia Academia para a Vida, "Declaração dos Defensores da Vida".

CAPÍTULO 16
Estamos nas mãos de Deus
1994

Jérôme viu seu pai morrer de câncer de pulmão, portanto, sabia bem o que isso significava. Agora era a sua vez de ser atormentado por esse mal. Ele discutiu abertamente as possibilidades de cura e o melhor tratamento a ser instituído com os professores Christian e Israël, este último um amigo oncologista que havia escrito o prefácio de seu último livro sobre a eutanásia. Havia 50% de chance de sucesso com uma carga muito pesada de quimioterapia, seguida de sessões de radioterapia. A "couve-flor", visível no lobo superior esquerdo do pulmão, era muito grande. Se conseguisse sobreviver, Jérôme tinha pela frente pelo menos seis meses de tratamento intensivo e doloroso.

Sua voz estava bem alterada, mas deu a notícia para sua esposa e filhos com o inefável sorriso de sempre. Toda a família ficou arrasada, mas ele ainda os tranquilizou:

— Não se preocupem, não vai me acontecer nada antes da Páscoa. — E, para uma de suas filhas que estava chorando, disse delicadamente: — Serei um bom paciente e, acredite, vou lutar até o fim!

Mas como não conseguia perder uma piada, arrematou:

— Estou sendo tratado por Israël e Christian... na Bíblia da medicina, estou em boas mãos: entre o Antigo e o Novo Testamento![1]

---

[1] C. Lejeune-Gaymard, *La vie est un bonheur, Jérôme Lejeune mon père*, pp. 143–145, Criterion, 2000.

Poucos dias depois, no início de dezembro, ele voltou ao Hospital Cochin para o primeiro tratamento de quimioterapia. Durou seis dias. Na véspera, ainda teve força moral e delicadeza para escrever a um amigo que acaba de lhe anunciar uma má notícia:

> Birthe e eu estávamos em missão em Roma e tive um grave problema de saúde ao voltar. Só hoje consegui voltar ao laboratório e recebi sua trágica notícia. Envio-lhe toda a minha solidariedade.[2]

Nem uma palavra sobre a trágica doença. A dor dos outros sempre vinha antes da sua, pois ele tinha mais interesse em seus pacientes e nas crianças por nascer do que em si mesmo. Então, na mesma semana, escreveu a seu amigo Palmer, nos Estados Unidos, para expressar sua preocupação com as leis de bioética sobre triagem pré-natal na França: "Este vai ser um caso decisivo em nosso país, mas infelizmente estou com um problema no pulmão".[3]

Nada mais sobre o seu caso. Essa disposição, que tinha sido constante em toda a sua vida, ficou ainda mais evidente naqueles últimos meses, assim como sua delicadeza e cortesia. Tanto que, ao anunciar sua terrível doença a Pierre Chaunu, e sentindo a consternação de seu amigo ao telefone, disse-lhe: "Perdoe-me, tenho a impressão de que estou te magoando".

Naquele ano, excepcionalmente, a família comemorou o Natal em Paris, pois Jérôme estava muito debilitado para ir ao campo, onde costumam se reunir. Eram quarenta com os netos, seu irmão Philippe e as três filhas, que todos os anos celebravam o Natal com eles. Vieram todos. Jérôme estava muito abatido e já começava a perder os cabelos. Nas unhas, já era possível ver traços que

---

2 J. Lejeune, *Carta a Christenberry*, 2 de dezembro de 1993.
3 J. Lejeune, *Carta a M. Palmer*, 27 de novembro de 1993.

indicavam crescimento atrofiado. Em 27 de dezembro, recebeu uma bela carta de um monge da abadia beneditina de Randol, oferecendo-lhe de suas orações:

> Rezo todos os dias por todas as crianças que correm o risco de serem assassinadas no ventre materno e por todos aqueles que as protegem [...]. Você está entre eles, em um bom lugar, com João Paulo II e Madre Teresa de Calcutá [...].

O monge também anunciou que toda a comunidade estava fazendo uma novena pela sua cura, uma graça tão importante para pessoas com Síndrome de Down e as crianças em gestação: "Por isso, invoco a amizade e digo ao Senhor: 'Nosso amigo e teu amigo Jérôme Lejeune está doente'".[4]

Os tratamentos aconteciam no Hospital Cochin. Ele é instalado em uma pequena sala, cujos corredores são extremamente barulhentos, prejudicando o seu sono. Ao lado, um senhor escuta televisão a plenos pulmões, com a porta aberta. Sua filha, Clara, lhe perguntou:

— Papai, você não vai descansar com todo esse barulho. Quer que eu peça a ele para fechar a porta e abaixar o volume?

Jérôme, cujo sofrimento às vezes é insuportável, responde:

— Não, querida. O pobre homem é surdo e, se ele deixa a porta aberta, deve estar se sentindo sozinho. Deixe-o lutar contra a doença da melhor maneira que pode.

Fisicamente, estava muito fraco. Além do tratamento, uma infinidade de sofrimentos que perturbam seu organismo: uma flebite, um catéter mal instalado, um hematoma impressionante no pescoço por procedimentos desajeitados de um enfermeiro... tudo parecia estar dando errado. Sentia frio em sua jaqueta grossa, mas

---

4 Carta de um monge da abadia beneditina de Randol para Jérôme Lejeune, 27 de dezembro de 1993.

nunca reclamava! Brincava e tranquilizava Birthe e as crianças. A Marie-Odile Rethoré, que foi visitá-lo, Jérôme anuncia, encantado: "Minha queria Marie-Odile, sou o mais feliz dos homens, consegui demonstrar o teorema matemático de…". Em frente à sua cama tinha lençóis espalhados com fórmulas matemáticas escritas neles.

Durante a noite de 13 de janeiro, teve um devaneio. Ou foi um sonho? Jérôme se vê entrando numa imensa sala, com uma multidão alvoroçada e alegre, onde queimam inúmeras velas. Ele viu o Santo Padre rompendo a multidão e se aproximando. O Santo Padre o chamou pelo primeiro nome. Então, "ele segurou minha cabeça com as mãos e me beijou na testa",[5] escreveu Jérôme, que foi acordado pela emoção.

Durante esses longos dias de doença, Jérôme teve a graça de receber a unção dos enfermos, de se confessar várias vezes, além de receber a comunhão com frequência. No dia 29 de janeiro, uma jovem noviça, tendo ajudado a freira que trazia a Eucaristia, escreveu-lhe:

> Gostaria de dizer o quanto você me impressionou e, principalmente, me consolou e revigorou a minha fé. Estava lá na primeira vez que vi uma pessoa receber com tal intensidade e tal verdade o Corpo de Cristo. Foi para mim um verdadeiro encontro do homem com Deus, como eu nunca havia visto antes. Eu queria dizer obrigada. Obrigada pelo seu testemunho, que me foi muito enriquecedor, porque em uma sociedade onde proclamar-se católico é nadar contra a maré, onde reinam a tibieza e a indiferença, vê-lo tão completamente habitado por Deus permitiu-me proclamar "Aleluia, Jesus Cristo vive. Sim, eu creio", e é bom crer em Jesus Cristo.[6]

No mesmo dia, Jérôme fica sabendo que receberia a Medalha Madre Teresa. De sua cama no Hospital Cochin, escreveu para agradecer a Mercedes Wilson, que havia

---

5 Sonho de Jérôme, 13 de janeiro de 1993.
6 A. D., *Carta a Jérôme Lejeune*, 29 de janeiro de 1993.

acabado de lhe contar a notícia. Este prêmio veio no momento em que ele trocava cartas e faxes com Mercedes Wilson e o Cardeal O'Connor[7] para organizar a ida de Madre Teresa aos Estados Unidos. As apostas eram altas. Queriam que ela pudesse intervir na Suprema Corte dos Estados Unidos no Caso Loce, no qual Jérôme testemunhou em New Jersey. Em 29 de janeiro, Jérôme escreveu ao Cardeal O'Connor:

> Estou convencido de que a presença de Madre Teresa seria da maior importância para a proteção dos mais pequeninos.[8]

No dia 10 de fevereiro, quando começou sua terceira sessão de quimioterapia, Jérôme recebeu uma carta do Papa João Paulo II encorajando-o e garantindo-lhe suas orações e bênçãos. No início de dezembro, uma carta do Bispo Dziwisz já o informava das orações "do Santo Padre que, com muito apreço, expressou grande dor"[9] no anúncio de sua internação. O Cardeal Carlo Caffarra também lhe escreveu:

> Caríssimo amigo e irmão em Jesus, sempre apresento o teu sofrimento nas minhas pobres orações. Peço a Cristo, que te chamou para segui-lo na Cruz, que o console e o fortaleça com a sua graça. Certamente a missão até que você tenha vivido na construção de toda a Igreja, agora continuará com eficácia mais profunda.[10]

Jérôme recebeu muitas cartas de agradecimento e de orações por sua recuperação, como esta, de um ex-aluno:

> Para expressar a você toda minha gratidão, todo meu agradecimento, por ter me comunicado seu respeito, seu amor pelos pequeninos, por ter me feito entender que era

---

7 Cardeal J. O'Connor, *Carta a Jérôme Lejeune*, 2 de fevereiro de 1994.
8 J. Lejeune, *Carta ao Cardeal J. O'Connor*, 29 de janeiro de 1994.
9 S. Dziwisz, *Carta à Sra. Lejeune*, 11 de dezembro de 1993.
10 C. Caffarra, *Carta a J. Lejeune*, sem data, mas arquivada em fevereiro de 1994.

preciso falar com simplicidade e que o respeito e o amor pelo próximo desempenham um papel muito importante na aceitação pelos pais da deficiência de seu filho. Agradeço-lhe também o testemunho dado pela sua fé inabalável, que é ainda maior pela sua notoriedade científica. É também um agradecimento a todos os pacientes que vos enviei, que voltei a ver e que vos transmito.[11]

A resposta de Jérôme tem a gravidade de um tratado de bioética:

> O ponto doloroso continua a ser o diagnóstico pré-natal [...]. Chegamos à difícil conclusão que tem gerado imensas dificuldades para o meu laboratório e me colocado na lista negra, como você bem sabe: o diagnóstico pré-natal visa exclusivamente a eugenia. [...] O que fazer na prática da citogenética? A resposta é uma só: [...] colocar a tecnologia a serviço da vida. É uma escolha difícil, mas é a única possível em um país que legalmente mata crianças se elas não estiverem "conforme o padrão".[12]

No hospital, Jérôme continuava trabalhando incansavelmente para buscar e defender a dignidade das crianças deficientes e das ainda não nascidas. Birthe, sempre destemida, enviava os faxes que ele escrevia com a mão já cansada. Exausto e com ânsia de vômitos por causa da medicação, ainda atendia o telefone para discutir alguma hipótese terapêutica com os colegas. Estava cheio de ideias para novas pesquisas e entusiasmado com projetos para implementar, a ponto de colher amostras de seus próprios tecidos para alimentar suas reflexões sobre o câncer, que eram enviadas ao professor Israël. Dizia aos seus parentes com pesar: "É uma loucura o tempo que desperdiçamos por estar doente". Ele achava um absurdo gastar tanto tempo para se tratar, ao invés de usá-lo para defender seus pacientes e os nascituros ameaçados. Na época, sua

---

11 M. C., *Carta a Jérôme Lejeune*, 14 de janeiro de 1994.
12 J. Lejeune, *Carta ao M. C.*, 1 de fevereiro de 1994.

preocupação era com os debates bioéticos que ocorriam no Parlamento Francês. Seu genro, Jean-Marie Le Méné, que acompanhava atentamente essas discussões, vinha sempre informá-lo sobre a situação. Na cama, Jérôme fazia suas anotações nos documentos e propunha uma nova declaração dos médicos para publicação. Também aproveitava para ajudar a nora Isabelle, que tinha passado no concurso de professora. Dizia-lhe: "Aproveite que estou com tempo", e ajudava a revisar toda a parte da matemática, apesar de quase sempre estar muito cansaço.

A Marcel Clément, escreveu:

> Até agora tentei ser o soldado do centurião a quem é dito, "vá", e ele vai! Mas, no momento, não posso ir muito longe e nem rapidamente. Sei que devemos defender os embriões que serão atacados no dia dos inocentes, mas já não tenho mais fôlego. Por enquanto, fiel à teoria do legionário *Et si fellitur de genu pugnat*, escrevo: se ele cair, lutará de joelhos.[13]

Jérôme continuava elaborando os estatutos da Pontifícia Academia para a Vida, e também compôs uma lista de colaboradores fiéis e eficientes para serem propostos como acadêmicos. Em 11 de fevereiro, João Paulo II o nomeou como primeiro presidente da Academia. Foi uma alegria imensa para ele, que via a Academia como uma excelente oportunidade para servir ao Evangelho da vida de forma mais segura e eficaz. O próprio Cardeal Angelini trouxe-lhe de Roma a nomeação do Santo Padre. Quando o Cardeal Lustiger soube dessa notícia, enviou a Jérôme as suas mais sinceras felicitações:

> O Santo Padre não poderia ter feito uma escolha melhor![14]

---

13 J. Lejeune, *Carta a Marcel Clément*, 18 de dezembro de 1993. Publicada em *L'Homme Nouveau* de 17 de abril de 1994.
14 Cardeal J.-M. Lustiger, *Carta a Jérôme Lejeune*, 8 de março de 1994.

No meio dos dois tratamentos, Jérôme pôde retornar à Rua Galande. Birthe organizou um quarto para ele no segundo andar, no qual podia se mover da cama para a mesa sem muito esforço. A cada momento de trégua ele escrevia, anotava, lia e trabalhava. Quando estava muito fraco, ditava sua correspondência. Em 4 de março, enviou a um amigo:

> A primeira qualidade de um paciente é ser paciente e a primeira qualidade de um pesquisador é pesquisar. Estou desenvolvendo um novo esquema bioquímico para o câncer.[15]

Ficava muito feliz em receber os amigos que vinham vê-lo, e também os netos que brincavam no andar de baixo e subiam, em silêncio, para dar um beijo no avô doente. Às vezes descia para comer na sala de jantar, mas desde novembro já não saía de casa, a não ser para as consultas e tratamentos no hospital. Estava muito exausto. Mesmo assim, abriu uma exceção no início de março. Sua aparência era como uma sombra de si mesmo, mas vestiu o mesmo traje elegante que usou na *Aula inaugural* de 1965, reuniu todas as suas forças e foi à Academia de Medicina de Paris apoiar a candidatura de sua mais fiel colaboradora, Marie-Odile Rethoré, numa espécie de passagem de bastão. Foi de ambulância e andou pelos corredores da Academia numa cadeira de rodas. Apresentou-se assim, na sua mais extrema fraqueza. No ano seguinte, Marie-Odile Rethoré foi a primeira mulher, após Marie Curie, a ingressar na Academia de Medicina de Paris.

Em 14 de março, Jérôme escreveu a Penny Robertson, presidente da Associação Australiana de Síndrome de Down, para cancelar sua visita, que havia sido marcada algumas semanas antes. Ele não se enganava sobre sua condição e falou abertamente à amiga:

---

15 J. Lejeune, *Carta a M. Palmer*, 4 de março de 1994.

> Devido ao tratamento de um câncer no pulmão, tive que cancelar todas as minhas obrigações para 1994, incluindo essa viagem à Austrália e à Nova Zelândia. Lamento muito ter de renunciar a essas visitas de amigos, filhos e parentes, mas não posso correr o risco de organizar tudo quando a possibilidade de eu ir é muito remota.[16]

No dia 15 de março, escreveu ao amigo, Dr. Israël, preocupado com a saúde de um padre que também sofria de câncer e aproveitou para lhe apresentar seus últimos estudos sobre o câncer. Nesse mesmo dia, ele ainda encontrou forças para responder a uma pessoa que lhe perguntava sobre anticoncepcionais. Ele afirma com rigor:

> Não é possível escolher, a partir do ensino do Magistério Romano, o que parece "normal", e rejeitar o que os meios de comunicação tentam apresentar como contrário à "norma moderna".

Foi sua última carta. Birthe a enviou com essas palavras:

> Meu marido não teve tempo de assinar a carta que escreveu para o senhor. Ele faleceu na manhã de Páscoa.[17]

Havia começado os tratamentos de radiologia, mas o pulmão não resistiu. A pleura se desprendeu e foi necessário uma cirurgia para drenar o líquido. Dois dias antes do Domingo de Ramos, Jérôme foi levado às pressas para a Clínica Val d'Or em Saint-Cloud, perto de Paris. Birthe e seu genro, Hervé, que chegara a tempo, testemunharam a saída da Rua Galande. O último olhar que Jérôme lhes deu antes que as portas da ambulância se fechassem foi de partir o coração. Ele sabia que não voltaria para casa.

No hospital, Jérôme sentia dores terríveis. A cada respiração, dia e noite, a dor era quase insuportável.

---

16 J. Lejeune, *Carta a P. Robertson*, 14 de março de 1993.
17 *Carta de Jérôme Lejeune*, ditada em 15 de março de 1994.

Jean-Marie, o marido de Karin, o visitou na sexta-feira, antevéspera do Domingo de Ramos. Jérôme lhe deu a lista que havia preparado com os nomes dos futuros membros da Academia para a Vida, para ser enviada a Roma. No dia seguinte, foi operado da pleura pelo Dr. Christian. No Domingo de Ramos, ele estava muito cansado e com muitas dores. Depois da operação, não conseguiu comer, mas ninguém da equipe de enfermagem se deu conta de que, dos inúmeros tubos que o acessavam, nenhum era de alimentação. Foi Birthe que percebeu isso após vários dias.

Na Quarta-Feira Santa estava exausto e com a língua cheia de feridas. Mesmo assim, recebeu as filhas Anouk e Clara com um sorriso imenso. Anouk sugeriu-lhe que recebesse novamente a unção dos enfermos. Jérôme achou uma ótima ideia. Ele ficava em silêncio durante alguns momentos por conta da exaustão, mas mantinha-se lúcido. À noite, teve uma febre de 40°C, com delírios. Foi, então, transportado para a Clínica de Pupliers, onde havia uma unidade de terapia intensiva. A febre diminuiu e o estado dele melhorou um pouco na quinta-feira. Ficava com a máscara de oxigênio na mão, a mesma que aplicava com tanto amor ao pai que sufocava com a mesma doença, há quase 40 anos.

No mesmo quarto havia outro paciente em estado grave, que roncava de forma ensurdecedora e ainda gritava durante a noite. Mas Jérôme respondeu negativamente ao pedido da sua família para que ele mudasse de quarto. Ele sabia que aquele pobre homem precisava dele. Certa noite, o homem caiu da cama e Jérôme, embora não pudesse ajudá-lo sozinho, conseguiu chamar as enfermeiras. Se não estivesse lá, o homem poderia ter passado a noite toda no chão.

Na Sexta-feira Santa, Clara perguntou se ele queria deixar algo para seus pequeninos pacientes. Respondeu, entre duas baforadas de oxigênio:

— Não, você sabe que eu não tenho muita coisa. Dediquei a eles a minha vida inteira, era isso que tinha para dar.

Então, depois de mais uma baforada, continuou:

— O que será deles agora? O que eles devem estar pensando?

Por fim, declara:

— Meus filhos, se posso deixá-los com uma mensagem, a mais importante é esta: estamos na mão de Deus! Isso é a coisa mais importante: estamos na mão de Deus! Eu mesmo já comprovei isso muitas vezes na minha vida. Os detalhes não importam.

Depois de um momento de silêncio, admitiu:

— Pode acontecer algo no dia de Páscoa.

Para Damien, que perguntou o que ele queria para o enterro, Jérôme respondeu:

— Podem fazer o que quiserem, meus filhos. Só quero uma coisa: que venham os meus pequeninos... só os que quiserem, claro! Providenciem lugares para eles.[18]

Tanto na hora da doença, como na da grande partida, seus "pequeninos" também não o esqueceram. Estavam lá, prontos para confortar o homem que tantas vezes os encorajou. Como Davi, em carta que Jérôme teve a oportunidade de ler antes de partir:

> Sempre falamos do senhor aqui em casa, quando preciso de uma ajudinha! Com o passar dos anos, entendi a importância da sua presença em nossas vidas! [...] Então, hoje estou escrevendo esta carta para lhe dar um pouco da minha força e da minha energia. Um grande beijo![19]

E também Cécile, que escreveu para ele esta oração comovente:

---

18 C. Lejeune-Gaymard, *op. cit.*
19 Davi, *Carta a Jérôme Lejeune*, 20 de março de 1994.

> Deus, por favor, cuide do meu amigo. Até minha família é descontente comigo, mas ele me trata como com amor, porque sabe do que é feito o meu coração.[20]

Sabendo que sua morte chegaria em breve, Jérôme impressionou sua família e os entes queridos que o ajudavam com a sua grande serenidade. Estava pronto, na paz de um homem justo que sabe que Deus, o Amor que o guiou, o esperava "do outro lado da vida".[21] Ele passou a espalhar a alegria na família, preparando-os para viver na paz a sua partida. Todos ficaram impressionados ao ver a sua transformação: mesmo sofrendo terrivelmente, até com a enfermagem, Jérôme adquiriu um total desapego das pequenas preocupações da vida cotidiana que antes o irritavam tanto. Eles observaram sua "aceleração espiritual". Sabendo que a morte estava chegando, ciente de sua condição, deixou tudo de lado para poder se entregar à Providência. Para um parente, disse sorrindo:

— Combati o bom combate... agora vou me preparar para ver o meu Bom Deus!

Jérôme viveu sua Páscoa recapitulando todo o trabalho realizado para seus pequeninos. Sua simplicidade e confiança incomodavam as pessoas próximas a ele. "Ele é um homem de Deus",[22] pensa um de seus visitantes, saindo do hospital.

Sexta-feira Santa e Sábado Santo, Jérôme pede para receber em particular cada um de seus filhos e sua esposa, Birthe. Depois viu seus irmãos Philippe e Rémi. No sábado, às 10 horas, Thomas e Isabelle voltaram para visitá-lo porque tinham uma notícia muito importante. Jérôme estava muito fraco, mas conseguiu ouvir. Na noite anterior, Isabelle disse a Thomas:

---

20 *Symphonie de la vie*, Foundation Lejeune, 2000, p. 53.

21 Poema escrito por Jérôme Lejeune poucos dias antes de sua morte.

22 Conversa do autor com este amigo de Jérôme, cujo nome manteremos em segredo por discrição.

— Estou com uma suspeita, mas quero ter certeza antes de anunciar.

Na época, os testes de gravidez tinham de ser feitos em jejum. Por isso, Isabelle acordou às 4 da manhã para confirmar sua primeira gravidez. Foram imediatamente ver Jérôme para contar-lhe a boa notícia em primeira mão. Thomas inclinou-se e disse: "Papai, você será avô pela vigésima vez!". Jérôme ficou tão feliz, quase sufocando de alegria. Thomas e Isabelle ficaram preocupados e até chamaram a enfermeira. Então, com a respiração estabilizada, Jérôme sussurrou: "É um dom de Deus, um ciclo que se fecha".

Seu último filho acabara de lhe dizer que iria ser avô pela vigésima vez. Ele estava muito feliz. Isabelle perguntou se poderiam anunciar para outras pessoas, ou se era cedo demais, pois a gravidez ainda estava bem no início, e Jérôme respondeu: "Como não anunciar uma alegria tão grande? Vá em frente, seja feliz!".[23]

A vida continuava. Além da nora Isabelle, suas outras duas filhas, Karin e Clara, estavam grávidas. Já no sábado à noite, Jérôme estava com cada vez mais dificuldade para respirar. Birthe queria ficar com ele, mas Jérôme não quis. Às quatro da manhã, ele entrou em agonia. O médico que cuidava dele queria avisar a família, mas Jérôme recusou. Ele tinha visto o seu pai sufocar, por isso queria poupar a família da cena trágica. Num último suspiro antes de ficar inconsciente, disse ao médico: "Veja, fiz o que era certo!".

Às 6h30, sua filha Karin "acordou chorando. Eram lágrimas estranhas... de alegria".[24] O telefone tocou dez minutos depois. Disse a si mesma: "Obrigada, Senhor, estou pronta!". Era manhã de Páscoa. Os primeiros sinos da Ressurreição soavam para receber a luz da manhã. Todos foram para a clínica. Ao chegarem, encontraram o padre

---

23 Conversa da autora com Thomas e Isabelle Lejeune.
24 Conversa da autora com Karin Le Méné.

que havia trazido a comunhão de Páscoa para Jérôme. Foi Birthe quem recebeu a Eucaristia que havia sido destinada ao marido. Uma paz forte e estranha habitava na família. Trouxeram o corpo de volta para a Rua Galande e o velório foi feito na sala. Jean Foyer, o amigo fiel, ligou para Birthe: "O que está acontecendo? Vi o Papa na televisão esta manhã. Ele estava triste, era visível em seu rosto. Na hora pensei que algo tivesse acontecido com Jérôme".

De fato! O Santo Padre tinha enviado, na noite anterior, um telegrama de afeto e votos de recuperação a Jérôme, por isso, a família fez questão de avisá-lo de sua morte pela manhã. No dia seguinte, o Papa enviou ao Cardeal Lustiger uma carta expressando sua extrema dor e sua admiração por seu "irmão Jérôme":

> Se o Pai Celeste o chamou desta terra no dia da Ressurreição de Cristo, é difícil não ver nesta coincidência um sinal.[25]

Informados pelo rádio ou por telefonemas, os amigos começam a ligar. Corajosa, Birthe os atendeu. À tarde, o dono do restaurante libanês que ficava ao lado da casa dos Lejeune tocou a campainha. Ofereceu suas condolências e perguntou:

— Imagino que a senhora não teve tempo para pensar no jantar desta noite. Mas não se preocupe, vou providenciar.

Realmente, era a primeira vez que Birthe não se encontrava em condições para organizar as coisas.

Um pouco antes do jantar, o homem voltou acompanhado por seus garçons, trazendo uma quantidade enorme de comida para a família e os amigos que tinham vindo se despedir de Jérôme.

Três dias depois, em 6 de abril, apesar do anúncio tardio na imprensa, uma multidão estava reunida na

---

25 João Paulo II, *Carta ao Cardeal Lustiger*, 4 de abril de 1994.

Notre-Dame de Paris. Com uma hora de antecedência, os bancos já estavam todos ocupados. Foram necessárias muitas cadeiras extras. Ministros, acadêmicos, amigos e deficientes físicos se misturam, fraternalmente, para uma homenagem final. Monsenhor Vingt-Trois presidiu o funeral concelebrado por numerosos sacerdotes em fervorosa oração. Padre Guérin, superior da comunidade de Saint-Martin, faz a homilia. O núncio apostólico leu a mensagem de despedida. Dois queridos amigos, o Ministro Jean Foyer e o Acadêmico Pierre Chaunu, fizeram suas homenagens. As palavras de Pierre Chaunu estavam carregadas de emoção:

> A esperança, a fé e a caridade estavam inscritas no coração desse grande cientista, do médico... do médico cristão dos mais necessitados, que também são os mais próximos de Deus. Do amigo como poucos! Do amigo de todos os feridos à beira da estrada de Jerusalém a Jericó, do samaritano que se encontra com Deus Todo-Poderoso para pedir ajuda ao ferido que estava agonizando..., do amigo, do santo, que partiu antes de nós.[26]

A multidão fica fascinada por Bruno, um jovem com Síndrome de Down que, seguindo o impulso de seu coração, faz ressoar estas palavras improvisadas pelas abóbodas de Notre-Dame:

> Obrigado, meu professor Lejeune, pelo que fez por meu pai e minha mãe. Sua morte me curou! Graças ao senhor, estou orgulhoso de mim mesmo.

Obrigado. É a palavra que tantos pacientes, familiares, médicos, pesquisadores, defensores da vida e amigos de todo o mundo tinham em seus corações. E foi também a última palavra que Jérôme registrou no seu *Diário*: *Deo gratias!*

---

26 P. Chaunu, *Homage to Jérôme Lejeune*, 6 de abril de 1994.

No fervor dessa missa, os fiéis compartilham uma esperança mais forte do que a tristeza. Os olhos são atraídos para a impressionante *Pietà* aos pés da imensa cruz de ouro no altar principal. Os braços abertos da Mãe dos vivos, contemplando seu Filho morto pelos homens, anunciam neste gesto de dor extraordinária a graça e a Ressurreição. A vida é mais forte que a morte. A família foi entendendo gradualmente que a obra de Jérôme era maior do que ele mesmo. Não tinha como parar. "Os pacientes continuavam na sala de espera". Foi só o começo. *Deo juvante*!

"Eu sou a Ressureição e a Vida. Quem crê em Mim, ainda que esteja morto, viverá" (Jo 11, 25).

Epílogo

Quando Jérôme morreu, muitos familiares de pacientes ficaram preocupados: "Quem o substituirá com a mesma habilidade e bondade?". "Para onde iremos?". A fim de responder a essas inquietações, Birthe, seus filhos, seu genro Jean-Marie Le Méné e Marie-Odile Rethoré decidiram continuar o trabalho de Jérôme. Criaram a Fundação Lejeune, dedicada ao cuidado, pesquisa e defesa da dignidade das pessoas com deficiências mentais, com Jean-Marie Le Méné como presidente e Birthe Lejeune como vice. Logo em seguida, abriram um centro médico que se tornaria o Instituto Jérôme Lejeune. Karin e Jean-Marie Le Méné contataram pessoalmente os médicos e ex-funcionários de Jérôme para pedir ajuda. Assim, em setembro de 1997, o Instituto Jérôme Lejeune passou a atender pacientes. As consultas médicas ficaram a cargo da professora Marie-Odile Rethoré e das doutoras Aimé Ravel e Clotilde Mircher. Aprovado pelo Ministério da Saúde em 1998, o Instituto é hoje o principal centro médico europeu especializado no acompanhamento de pacientes com Síndrome de Down e outras deficiências mentais de origem genética, acolhendo 10 mil pacientes.[1] Já a Fundação, além do apoio que presta ao Instituto, é a principal financiadora, na França, para pesquisas sobre a trissomia 21. Desde 1996, já financiou 700 programas de pesquisa em todo o mundo. Segue, como Jérôme Lejeune, na corajosa missão de ser "a defensora dos que não têm voz".

---

1 Para todas as informações sobre consultas médicas: www.institutlejeune.org; sobre pesquisas e defesa do paciente: www.fondationlejeune.org.

A causa de beatificação e canonização do Servo de Deus Jérôme Lejeune foi aberta em 28 de junho de 2007, em Paris, a pedido do Cardeal Arcebispo de Paris, André Vingt-Trois. Foi assim que o cardeal respondeu a inúmeras cartas enviadas por médicos, por famílias, por defensores da vida, da França e do exterior, pedindo a canonização de Jérôme Lejeune: "No dia de sua morte foi assinada uma petição na América Latina, enviada ao Vaticano para fazer este mesmo pedido. Por isso o Cardeal Fiorenzo Angelini, Presidente do Pontifício Conselho para a Pastoral da Saúde, solicitou oficialmente a abertura desta causa, assim como o Cardeal Elio Sgreccia e a Federação Internacional dos Médicos Católicos". Desde então, a fama de santidade do Servo de Deus Jérôme Lejeune continuou a crescer em todo o mundo: testemunhos[2] de veneração privada e graças recebidas chegam à postulação da França de muitos países, especialmente dos Estados Unidos, Canadá, Argentina, Brasil, Chile, Itália, Portugal e Espanha.

A causa da canonização é apoiada pela associação dos Amigos do Prof. Lejeune. O inquérito diocesano, aberto em 2007, cujo postulador era o padre Jean-Charles Nault, abade da abadia beneditina de Saint-Wandrille, terminou num evento na Notre-Dame de Paris, em 11 de abril de 2012, com a presença de 1.500 pessoas.[3] O estudo de sua causa continua agora em Roma, com Aude Dugast como postuladora.

---

[2] Alguns desses testemunhos estão disponíveis no *site* da Associação dos Amigos do Professor Jérôme Lejeune: www.amislejeune.org.

[3] No dia 21 de janeiro de 2021, o Papa Francisco reconheceu as virtudes heroicas do Dr. Jérôme Lejeune, proclamando-o "Venerável".

Posfácio

por Birthe Lejeune

Muitos anos se passaram desde que meu marido faleceu. Muitos anos se passaram desde que nos conhecemos. O amor que compartilhamos com nossos cinco filhos foi devidamente correspondido por Jérôme na sua paixão por seus pequeninos pacientes e na sua dedicação em servi-los. Guardo todas essas lembranças, os rostos, os acontecimentos que permanecem gravados na minha memória como se fosse ontem. Mas essas memórias interessam apenas para iluminar o presente e construir o futuro. Não gosto de olhar para trás e esse é um dos motivos pelos quais não gosto de ler os livros escritos sobre meu marido.

Admito, portanto, que no dia em que Aude Dugast me pediu para ler novamente esta importante biografia sobre Jérôme, tive alguma relutância. Aceitei por amizade, mas rapidamente o dever de amiga tornou-se um prazer. Certa noite, abri seu manuscrito e, logo eu, que me deixo adormecer muito rapidamente, acabei devorando cada página, sem parar, até a madrugada. Pela primeira vez na vida, depois dos 90, li até as duas da manhã. Fiquei muito emocionada! Reencontrei tantos eventos e pessoas que habitaram nossa vida! E até descobri alguns que me eram desconhecidos, mas que Aude Dugast tinha sido capaz de encontrar entre os inúmeros documentos de arquivo, e também graças aos seus inúmeros encontros com pessoas que foram próximas a Jérôme — pacientes, médicos ou amigos. Particularmente interessante é o *Diário* do pai de Jérôme, que jamais li, e no qual podemos aprender muito sobre sua infância. Também as cartas de seus correspondentes científicos que Jérôme recebeu no laboratório e só agora estou descobrindo, e até mesmo as cartas de noivado que nunca reli, das quais a autora desta biografia, delicadamente, selecionou alguns trechos. Enfim, uma obra-prima de referências.

Aude Dugast não conheceu Jérôme, mas estou surpresa de ver como tudo o que ela escreveu nesta biografia é fiel à vida e ao espírito de meu marido. A escolha das inúmeras citações e textos de Jérôme não é apenas muito criteriosa e reveladora de seu trabalho, vai muito além: os diálogos que ela precisou recriar para contar nossa história são muito próximos da realidade. Jérôme está definitivamente presente neste livro. Estas páginas revelam que Aude Dugast compreendeu seu espírito em profundidade. E ela narra tudo com o coração.

Birthe Lejeune
14/2-2019.

Agradecimentos

Permitam-me expressar aqui a minha gratidão a todos aqueles que me acompanharam neste trabalho.

À Sra. Lejeune, pela grande confiança e extraordinária simplicidade com que me abriu os seus arquivos e a sua memória, e pela amável paciência com que, durante vários anos, respondeu às minhas perguntas.

Philippe Lejeune, pelas nossas conversas, em seu estúdio, sobre seu querido irmão. Anouk e Jean-Marie Meyer, Damien Lejeune, Karin Le Méné, Clara e Hervé Gaymard, Thomas e Isabelle Lejeune, pelas memórias que me confiaram e pela gentileza por ajudarem no meu trabalho. Jean-Marie Le Méné, por nossas longas discussões alimentadas por seus numerosos colóquios com seu sogro.

Os amigos, colaboradores e pacientes de Jérôme Lejeune, que compartilharam comigo suas memórias pessoais, sempre preciosas e muitas vezes comoventes. O medo de esquecer alguns me impede de fazer uma lista, mas seus nomes estão mencionados nestas páginas.

Padre Jean-Charles Nault, Abade de Saint-Wandrille, por seus bons conselhos, sua objetividade beneditina e todo o seu entusiasmo. Françoise Raguet por sua ajuda multifacetada, sua disponibilidade permanente e seus inúmeros talentos. Bruno Galland, Lydwine Scordia, Gwendaël Poret, Anne de Nucé, Claude Harel, Françoise Chataignon, Bénédicte Leblanc que me permitiu, através de seu admirável trabalho de arquivo, apresentar tantos documentos inéditos nesta obra.

Padre Daniel Ols, Mayté Varaut, Geoffroy de Langalerie, Isabelle Muller, Charles-Henri d'Andigné, Bruno Calabrese, pelos sábios conselhos.

Minha família e amigos, por sempre me encorajarem.

Meus pais, que, com seus exemplos, tornaram Jérôme Lejeune tão familiar para mim.

Referências bibliográficas

BERNET, Anne. *Jérôme Lejeune, biographie*, Presses de la Renaissance, Paris, 2004.

DUGAST, Aude. *Prier 15 jours avec Jérôme Lejeune*, Nouvelle Cité, 2015.

LEJEUNE, Jérôme. *Il messaggio della vita*. Intr. Roberto Colombo, Siena, 2002.

LEJEUNE-GAYMARD, Clara. *La Vie est un bonheur, Jérôme Lejeune, mon père*, Criterion, 1997.

LE-MENÉ, Jean-Marie. *Le professeur Lejeune, fondateur de la génétique moderne*, MamE, 1997.

SIORAC, Céline. *Embryon mon amour, Jérôme Lejeune à Maryville*, E-dite, 2004.

VIAL CORREA, Juan de Dios; MORIZON, Ghislaine. *El profesor Jérôme Lejeune, gran defensor y apóstol de la vida*, in Edu. Medica, 1994.

BAR, Dominique; GAËTAN, Evrard. *Jérôme Lejeune, Serviteur de la vie* (Bande Dessinée), Editions du Triomphe, 2018.

ESTE LIVRO ACABOU DE SE IMPRIMIR
A 15 DE AGOSTO DE 2024,
EM PAPEL IVORY SLIM 65 g/m².